中国改革开放史料丛书

对外开放

陈　薇　张　娟　主编

中国工人出版社

“中国改革开放史料丛书”
编委会

总序

铭记改革开放历史
奋进新时代新征程

历史是一面镜子，也是一部教科书。重视历史，研究历史，借鉴历史，是中华几千年文明的一个优良传统。当代中国是历史中国的延续和发展，书写着中国人民和中华民族不懈奋斗的宏伟篇章。历史的无穷魅力在于包含了大量丰富的史料。史料是保存历史、记述历史、再现历史的基本素材和重要依据。重视历史的学习、研究和传承，必须重视史料的收集、整理、汇辑。

改革开放是中国人民和中华民族发展史上一次伟大革命，正是这场伟大革命推动了中国特色社会主义事业的伟大飞跃。1978 年底，中国共产党召开具有重大历史意义的十一届三中全会，开启了改革开放历史新时期。从那时以来，中国共产党带领全国人民以一往无前的进取精神和波澜壮阔的创新实践，谱写了壮丽史诗。改革开放 40 多年来，从农村到城市，从生产到投资、流通、分配、消费，从所有制结构到企业形式，从经济领域到生产关系和上层建筑的某些环节，都进行了系统和全面改革，成功实现了从高度集中的计划经济体制到充满活力的社会主义市场经济体制的伟大历史性转变；对外开放从建立经济特区到沿海、沿江、沿边，从东部到中西部地区，再到加入世界贸易组织，从大规模“引进来”到大踏步“走出去”，成功实现了从封闭半封闭到全方位开放的伟大历史性转变。我们在深化经济体制改革的同时，不断深化政治体制、文化体制、社会体制、生态文明体制改革和其他领域改革，不断推进国家治理体系和治理能力现代化。在改革开放推动下，我国经济和社会发展取得了举世瞩目的辉煌成就，实现了人民生活由温饱不足到小康宽裕的伟大历史性转变。事实雄辩地证明，改革开放是决定当代中国前途命运的关键一招，是当代中国发展进步的动力之源，是大踏步赶上时代前进步伐的重要法宝，为实现中华民族伟大复兴提供了充满新活力的体制保障和快速发展的物质条件，中华民族迎来了从站起来、富起来到强起来的伟大飞跃。

现在，我国在广袤大地上全面建成小康社会，正阔步迈向全面建设社会主义现代化国家的新征程。在庆祝中国共产党成立 100 周年大会上，习近平总书记强调，“以史为鉴，可以知兴替。我们要用历史映照现实、远观未来，从中国共产党的百年奋斗中看清楚过去我们为什么能够成功、弄明白未来我们怎样才能继续成功，从而在新的征程上更加坚定、更加自觉地牢记初心使命、开创美好未来”。改革开放以来的岁月将彪炳于中华民族发展的壮丽史册。40 多年来，中国共产党从理论到实践的伟大创造，探索和积累的宝贵经验是党和人民弥足珍贵的精神财富，对于新时代坚持和发展中国特色社会主义有着极为重要的指导意义，应当倍加珍惜。

2022年，党的二十大召开。“中国改革开放史料丛书”的出版，为了铭记改革开放以来的光辉历史过程，收集、保存、传承40多年的宝贵历史资料，也为了以实际行动落实党中央关于加强改革开放史教育的部署要求，展示改革开放历史的史料价值。

这套丛书共有20卷。分别是：《中国特色社会主义市场经济体制形成与发展》《计划投资体制改革》《农业农村改革》《对外开放》《行政体制改革》《财政税收体制改革》《价格体制改革》《经济特区发展》《城市改革与发展》《国有企业改革》《金融体制改革》《教育体制改革》《收入分配改革》《科技体制改革》《外贸体制改革》《商品与要素市场改革》《就业体制改革》《社会保障体制改革》《民营经济发展》《改革开放大事记》，力求从不同领域、不同角度，全面、系统、客观记录我国改革开放40多年的历史进程，重点收录具有重要价值的史料，特别是历史文献、重要人物和事件、实物和口述史料，以期在服务全面深化改革开放事业、加强改革开放史研究和教育中提供参考、发挥作用。

这套丛书的各卷主编和参与者大多是相关领域知名的专家学者，也是我国改革开放的亲历者、见证者。丛书集结了他们长期亲历和研究我国改革开放的重要成果，凝聚了他们对改革开放伟大事业的深厚情怀和责任担当。中国工人出版社对这套丛书的出版给予了大力支持，集全社之力，不舍昼夜，为本书如期付梓出版不辞辛劳；中国（海南）改革发展研究院作为30多年如一日勇立改革开放潮头、以建言改革为己任的改革智库，为此书的策划、组织和出版作出了重要贡献，彰显出改革智库记录好、传播好改革开放历史的初心使命。我作为这套丛书的编委会主任，在此向为本套丛书付出艰辛努力的各位编委会成员、作者，对中国工人出版社的领导、编辑表示由衷的敬意和感谢！

这套丛书内容时间跨度大，涉及领域多，涵盖方面广，力图史料全面、翔实、准确，任务艰巨。由于时间较紧，难免有不足之处，恳请读者批评指正。

魏礼群

2024年3月

前言

开放是过去40多年来中国一面鲜明的旗帜。回顾改革开放40多年的历史进程，正是在和平与发展成为时代主题的特定背景下，我国在持续扩大开放中融入世界经济，既推动了自身经济的较快增长，也提升了在全球治理中的战略地位。我国打开国门搞建设，极大地释放了发展潜能，成为世界第二大经济体、第一大工业国、第一大货物贸易国、第一大外汇储备国、第二大研发经费投入国。无论从综合国力看，还是从国际影响力看，都达到了新中国成立以来的历史新高度。

当前，国际格局正经历重大调整，经济全球化和区域经济一体化进程将发生某些重大变化，和平与发展的时代主题面临严峻挑战。面对世界百年未有之大变局，如何统筹安全和发展，应对复杂多变的外部形势；如何维护世界多边体系，关键在于高举改革开放旗帜，以高水平开放形成统筹发展与安全新格局；以高水平开放推动全球再平衡。

过去几年来，中国（海南）改革发展研究院围绕高水平开放深入开展研究，向有关方面提交了《以高水平开放形成改革开放新布局》《以高水平开放赢得未来》《在高水平开放中统筹发展和安全》等建议报告，出版了《二次开放——全球化十字路口的中国选择》《新型开放大国——共建开放型世界经济的中国选择》《构建开放型经济新体制：中国对外开放40年》等一系列著作，在国内外产生广泛影响。

2021年，中国工人出版社与中国（海南）改革发展研究院组织策划了"中国改革开放史料丛书"，力图用钩沉的方法回顾改革开放这一波澜壮阔的历史画卷。其中，《对外开放》分册由中国（海南）改革发展研究院团队承担。本书主要由三个部分组成：第一部分历程篇，力在回顾改革开放40多年来我国打开国门、实行对外开放、与全球经济不断交融的重大历史脉络；第二部分史料篇，选编辑录了我国开放进程中党和国家、相关部委和地方的重要政策法规、报刊文章、著作介绍和文献索引；第三部分是中国对外开放大事记，辑录了1978—2022年我国对外开放的重大事件线索。本书为2020年度国家社会科学基金重大委托项目"改革开放史专题研究"（20@ZH024）阶段性成果。

本书是我院研究团队集体创作的成果。主要编写者有迟福林、杨睿、陈薇、张娟、刘铁奇等。王丽君、邱佳佳等参与了资料收集和修改编辑工作。在编写过程中，得到了王梦奎主任的宝贵指导意见。中国工人出版社对本书的出版给予了大力支持；本书在写作过程中参阅了大量文献，在此对相关学者和单位一并表示感谢！

陈薇

2024年2月29日

目录

第一部分
历程篇

第二部分
史料篇

CHINA'S
REFORM
AND
OPENING
UP

第一部分

历程篇

总 论
走向高水平开放的中国

▼

习近平总书记在多个重大场合强调，“中国开放的大门不会关闭，只会越开越大”。改革开放 40 多年来，从“打开国门”，设立经济特区，到推进沿海沿边沿江沿线和内陆中心城市对外开放，再到加入世界贸易组织，深度融入经济全球化，我国开放水平不断提升、开放范围不断扩大、开放程度不断深化，走出了一条以扩大开放倒逼改革、以深化改革促进扩大开放的路子。

一、中国开放的大门只会越开越大

改革开放 40 多年，我国顺应时代潮流，不断扩大对外开放水平，实现了从封闭半封闭到全方位开放的历史性转变。

1. 打开国门，确立对外开放的基本国策

改革开放初期，邓小平就明确指出，对外开放是我们坚定不移的国策，“这不是短期的政策，是个长期的政策”[①]，要进一步扩大对外开放，胆子要大些，步子要快些，要实行“大开放”的方针。

---

① 《邓小平：“中国的对外开放政策是坚定不移的，这不是短期的政策，是个长期的政策。”》，中国共产党新闻网，2018 年 9 月 7 日。

1978年，我国经济总量世界排名第十位，占世界经济总量的1.8%；人均国民总收入190美元，处于低收入国家行列；与国际市场的联系较少，外贸依存度仅为4.7%，货物进出口总额为206亿美元，人均外汇储备折合人民币不足1元。[①]邓小平同志深刻认识到当时中国与世界的差距，作出我们“同发达国家相比较，经济上的差距不止是十年了，可能是二十年、三十年，有的方面甚至可能是五十年”的判断，[②]并意识到“关起门来搞不成现代化，中国的国门必须打开，不然就有被开除出球籍的危险”，“必须要有一个正确的开放的对外政策”[③]。

1978年12月，党的十一届三中全会将全党工作重心转移到经济建设上来，实行改革开放的方针。全会指出，“在自力更生的基础上积极发展同世界各国平等互利的经济合作，努力采用世界先进技术和先进设备”。至此，对外开放成为我国实现现代化的基本国策，拉开了我国对外开放的大幕。

20世纪70年代末到90年代，打开国门，以兴办经济特区为突破口，“杀出一条血路”，我国完成了由经济特区到沿海开放城市、再向内地扩展的多层次对外开放探索和实践，形成了点到线再到面的开放布局。

2. 加入WTO，持续扩大市场开放

2001年12月11日，中国加入WTO议定书正式生效，中国正

① 隆国强：《构建开放型经济新体制：中国对外开放40年》，广州：广东经济出版社，2017年版，第245页。

② 邓小平：《邓小平文选》（第二卷），北京：人民出版社，1983年版，第132页。

③ 余玮：《邓小平和特区的故事》，2008年9月2日。

式成为世界贸易组织成员，这是我国对外开放的里程碑。随着我国加入WTO，我国加快工业领域市场开放，深度参与国际分工和全球产业链体系，建成全球规模最大、门类最全、配套最完备的制造业体系，成为“世界工厂”。2010年，我国制造业增加值首次超过美国，成为全球制造业第一大国，自此以后连续多年稳居世界第一。

加入WTO以来，我国切实履行货物和服务开放承诺。2021年我国进口关税总水平为7.4%，低于9.8%的入世承诺，低于发展中成员的平均水平，接近发达成员水平；货物进出口总额从2002年的6208亿美元增加到了2020年的46559亿美元，年均增长11.8%，货物贸易规模从世界第六位上升到第一位。[①]适应产业结构转型升级进程，我国服务业市场开放明显加快。我国加入WTO时承诺开放九大类100个服务业分部门，目前实际开放近120个服务业分部门，在金融、保险、法律服务、分销等诸多领域推出重大开放举措。例如，加入WTO时承诺3年内证券企业的外资占比达到三分之一，仅用一年就兑现承诺。2002—2020年，我国服务进出口总额从855亿美元增加到6617亿美元，占全球服务进出口总额的6.8%，连续7年位居全球第二位。[②]

3. 从商品和要素流动型开放到规则等制度型开放

改革开放40多年来，我国在商品和要素流动型开放方面取得重大成就。与改革开放之初相比，我国逐步形成更大范围、更宽领域、更深层次的对外开放新格局。一是开放的重点由货物贸易转向服务贸易，要求推动以保障商品和要素自由流动为主的流动型开放

① 迟福林：《走向高水平、制度型对外开放》，《光明日报》，2022年12月8日。
② 迟福林：《走向高水平、制度型对外开放》，《光明日报》，2022年12月8日。

向规则导向的制度型开放转变；二是适应高标准国际经贸规则，开放措施从关税减免等措施向规则、规制、管理、标准等措施延伸；三是经济全球化处于规则重构调整期，作为全球第二经济大国，我国要通过制度型开放扩大对全球多边规则框架的影响力，共同维护并推进世界多边贸易体制变革。

二、对外开放深刻改变中国、影响世界

改革开放以来，我国积极融入世界经济，坚持以开放促改革促发展，既释放了巨大发展潜能，促进了经济快速增长，也改变了自身在全球经济格局中的地位。

1. 成为全球最具潜力的大市场

我国仍处于经济转型升级关键时期，虽然短期面临较大压力，但中长期蕴藏着巨大潜力。2020 年，我国社会消费品零售总额为 5.68 万亿美元，是美国同期的 97.6%。2022 年我国社会消费品零售总额达到 6.56 万亿美元。更重要的是，伴随着经济社会转型升级，我国居民服务型消费增长空间巨大。估计到 2035 年，我国居民服务型消费占比有可能从 2020 年的 42.6%提升到 60%左右，由此将带来数万亿美元的消费增量。我国市场潜力的释放，是全球市场的重大利好。在与世界经济进一步深度融合的背景下，我国强大市场需求潜力的释放，将对全球经济的稳定与增长作出新的贡献。

2. 成为开放型世界经济的重要推动者

加入WTO以来，我国已成为 120 多个国家和地区的最大贸易伙伴。面对百年未有之大变局，习近平总书记强调，“我们要站在历史正确的一边，坚持多边主义和国际关系民主化，以开放、合

作、共赢胸怀谋划发展，坚定不移推动经济全球化朝着开放、包容、普惠、平衡、共赢的方向发展，推动建设开放型世界经济”。实践充分表明，我国推进建设高水平开放型经济新体制，有利于充分释放市场潜力与活力，有利于深度融入全球经济，推动构建开放型世界经济。东盟国家为主体、中国政府积极推动的《区域全面经济伙伴关系协定》（RCEP）正式生效，标志着全球最大自由贸易区正式起航。我国主动申请加入《全面与进步跨太平洋伙伴关系协定》（CPTPP），是建设高水平开放型世界经济的重大举措，体现我国推动形成更加开放的全球市场的决心和行动。我国努力倡导各国维护经济全球化大局，坚持多边主义，积极推进多边双边自由贸易进程，在完善全球治理中发挥着积极作用。我国推动高质量共建“一带一路”取得重要成果，不仅积极促成具体项目落地，而且主动发起设立亚投行、丝路基金等，主动提供开放合作的全球性公共产品。

3. 成为全球经济增长的“主引擎”

我国的对外开放不仅使自身受益，也在推动世界经济增长中发挥重要作用。自 2002 年以来，我国对世界经济增长的平均贡献率接近 30%。2006 年以来，我国对世界经济增长的贡献率连续 15 年全球排名第一。作为一个拥有 14 亿多人口、4 亿多中等收入群体的全球最有潜力的大市场，我国以高水平开放推动构建新发展格局，不仅对自身实现高质量发展具有决定性意义，而且对世界经济增长与稳定将产生重大而积极的影响。

三、坚持高水平对外开放

当前，面对逆全球化、单边主义、保护主义思潮暗流涌动的严峻挑战，在中国与世界经济体系深度融合的条件下，不断扩大开放的中国，不仅将形成推动自身经济转型升级与高质量发展的重要动力，而且将为提升国内大循环效率和水平提供重要条件，并将在推动全球经济稳步复苏和增长等方面作出重要贡献。

1. 推进高水平开放

进入新发展阶段，我国实行高水平开放有着鲜明的时代特征：以制度型开放为突出特点，以推动服务贸易发展为重大任务，以打造高水平开放新高地为重要突破，以构建高水平社会主义市场经济体制为重要保障。

努力推进制度型开放。习近平主席在世界经济论坛“达沃斯议程”对话会上的特别致辞中说：“中国将着力推动规则、规制、管理、标准等制度型开放，持续打造市场化、法治化、国际化营商环境，发挥超大市场优势和内需潜力，为各国合作提供更多机遇，为世界经济复苏和增长注入更多动力。[①]”制度型开放已成为我国高水平开放的突出特点。

推动服务贸易发展。初步估计，到 2025 年，可数字化的服务贸易进出口总额将超过 4000 亿美元，占我国服务贸易总额的比重将达到 50%左右。此外，数字服务贸易将在服务贸易发展、全球经贸规则重构中发挥越来越重要的作用。

---

① 《习近平出席世界经济论坛“达沃斯议程”对话会并发表特别致辞》，新华网，2021 年 1 月 25 日。

打造高水平对外开放的新高地。近年来，我国自由贸易试验区数量不断增加并提质升级，在我国新时代高水平开放中扮演越来越重要的作用。此外，加快粤港澳大湾区建设进程，推进横琴粤澳深度合作区、前海深港现代服务业合作区建设，加快建设海南自由贸易港，积极打造成为我国对外开放的鲜明旗帜和重要开放门户。

以高水平开放推动深层次变革。开放是最大的改革。要以高水平开放推动制度性变革。例如，深化土地要素市场化改革，建立城乡统一的土地要素市场；着眼于释放人力资本活力，建立以人为本的科技创新激励机制；充分发挥企业家在资源优化配置中的重要作用；打造市场化、法治化、国际化营商环境，在竞争中性、市场透明、知识产权、环保标准等方面加强制度安排；等等。

2. 推动全球自由贸易进程

推进双边多边自由贸易进程。坚定捍卫经济全球化。我国努力倡导各国维护经济全球化大局，坚持多边主义，完善全球治理。我国相继出台扩大开放的一系列举措，全力保障全球产业链供应链稳定，在推进高质量共建“一带一路”中提升各国基础设施互联互通水平；维护全球自由贸易体系；积极推进双边多边自由贸易进程。

推动高质量共建“一带一路”。世界银行有关报告认为，到2030年，共建“一带一路”有望帮助全球760万人摆脱极端贫困、3200万人摆脱中度贫困。未来，高质量共建“一带一路”，要以基础设施互联互通为依托，实现各国联动发展；由产能合作为主向产能合作与服务贸易并重转变，进一步拓展合作内容；以建立多层次、多种形式的自由贸易网络为目标，加快构建全球互联互通的伙伴关系，推进全球共同开放；通过第三方市场合作等多种方式使更多国家从中受益。

携手构建人类命运共同体。“中国人始终认为，世界好，中国才能好；中国好，世界才更好。”构建人类命运共同体，是共同应对全球性挑战的“中国方案”。既要坚持多边主义的核心价值和基本原则，也要立足世界格局变化，着眼应对全球性挑战需要，在广泛协商、凝聚共识基础上改革和完善全球治理体系。

3. 在高水平开放中统筹发展和安全

我国是世界最大的发展中国家，统筹发展和安全是关系我国发展全局的重大战略部署。习近平总书记高度重视统筹发展和安全，强调“越是开放越要重视安全，统筹好发展和安全两件大事”、“安全和发展是一体之两翼、驱动之双轮”。面对外部环境的新变化，要保持战略定力，坚定不移推进改革开放，以高水平开放促发展强安全，以高水平开放推动高质量发展，以高水平开放强化发展战略。

从实践看，按照统筹发展和安全的要求推进高水平开放，重在优化内外开放布局，在扩大共同利益中形成“你中有我、我中有你”的更大范围、更高水平的安全发展。既要协同推动高水平开放与强大国内市场建设，在加快构建内外对接的市场制度规则体系方面全面破题，还要在高水平开放中补齐产业链、供应链、创新链短板。

高水平开放是我国最鲜明的旗帜。过去40多年，我国取得的显著发展成就得益于和平稳定的国际环境和经济全球化进程，得益于打开国门，坚持对外开放。今天，面对百年未有之大变局，要以新的战略眼光坚定不移推进高水平对外开放，在高水平开放中统筹发展和安全，在高水平开放中促进深层次市场化改革，以高水平开放赢得未来。

第一章
党的十一届三中全会到十四大前（1978—1992年）

▼

1978年12月，党的十一届三中全会召开。全会强调指出，在自力更生的基础上积极发展同世界各国平等互利的经济合作，努力采用世界先进技术和先进设备，确立了以经济建设为中心，实行改革开放的方针。从此，打开国门、对外开放成为我国实现现代化的基本国策。

新中国成立后，从国内看，经济社会百废待兴，人民生活贫困状况未得到实质改善；从国际看，第二次世界大战后随着西方国家经济全球化逐渐深化，我国面临承接东亚地区产业转移发展的机遇，尤其到了20世纪70年代末，东亚地区劳动密集型出口导向产业开始向更低成本的经济体转移，为我国通过承接产业转移发展有国际竞争力的劳动密集型产业提供了难得的机遇。同时，西方世界急需新兴市场。随着国际形势变化，中国外交政策逐渐趋于缓和，中美恢复交往、中日建交和中国恢复联合国合法席位，使得中国与以美国为首的西方国家的关系得到改善。在此背景下，为适应国际国内形势，党的十一届三中全会确立了以经济建设为中心，实行改革开放的方针，打开国门对外开放成为中国实现现代化的基本国策。

第一节　对外开放成为基本国策

在这一阶段，我国对外开放起步，以设立经济特区为标注开始破冰。1980年设立深圳、珠海、汕头、厦门四个经济特区，赋予特区发展外向型经济的优惠政策，1984年进一步开放上海、天津、大连、青岛、广州等14个沿海城市，1988年批准将海南建成最大的经济特区和1990年浦东开发开放，我国对外开放形成了突出的“以点开放”的特征和格局。与此同时，我国试行更多的市场调节手段，引进外资，允许设立外资企业，开展“三来一补”*加工装配贸易，扩大出口；开展以扩大进出口经营权、外汇制度改革为重点的对外贸易体制改革等。这一系列政策措施极大地推动了东部沿海地区经济增长和体制变革，产生良好的窗口示范效应。

*“三来一补”指“来料加工”、“来件装配”、“来样加工”和“补偿贸易”。

一、恢复引进国外先进技术和设备

在新中国成立后最初的17年间，引进国外先进技术和设备这一指导思想是明确的，只是由于国际环境和国内若干因素的影响，其实践受到了限制。[①]

① 谷牧：《谷牧回忆录》，北京：中央文献出版社，2009年版，第27页。

1976年后，国内经济百废待兴，人民渴望生活得到改善。1978年，我国经济总量排世界第十位，占世界经济份额1.8%，[①] 人均收入只有156美元，全球排名134位，[②] 人均国民收入190美元，处于低收入国家行业；与国际市场的联系较少，外贸依存度仅4.7%，货物进出口总额206亿美元，人均外汇储备折合人民币不足1元。[③] 为了发展经济，改善人民生活，中央将实现四个现代化提上议事日程，决定“恢复和扩大引进国外先进技术和成套设备”。1977年3月，全国计划会议提出了引进技术和设备促进中国经济发展的意见，并形成《关于1977年国民经济计划几个问题的汇报提纲》，提出善于学习前人的好经验，吸取外国的长处，这是后来居上的一个重要因素。闭关自守，拒绝学习外国的好东西，什么都要从头摸索起，那就会放慢我们一些工业技术的发展，那也是爬行主义。[④] 11月，中共中央政治局讨论国家计委《关于经济计划的汇报要点》，明确把扩大引进作为主要措施之一。12月，在全国计划会议形成的《关于经济计划的汇报要点》中指出，在今后5~8年内，要利用国际上的有利时机，在坚持独立自主和平等互利的前提下，运用更加灵活的方式，把我们急需的国外先进技术拿到手，把学习和独创很好地结合起来。1978年2月，五届人

① 隆国强主编：《构建开放型经济新体制——中国对外开放40年》，广州：广东经济出版社，2017年版，第245页。

② 《我国GDP从世界第十升至第四经济总量占世界6.0%》，《人民日报》，2008年10月28日。

③ 隆国强主编：《构建开放型经济新体制——中国对外开放40年》，广州：广东经济出版社，2017年版，第245页。

④ 张旭东：《1976—1978：中共对外引进政策的恢复与突破》，《党史研究与教学》，2007年02期。

大一次会议通过《发展国民经济十年（1976—1985年）规划的纲要》，对引进规模作了具体的规定。1978年6月，邓小平谈到技术引进时指出，“技术引进应当是全面的，一定要包括企业管理，要彻底革命，不要改良主义”，“引进技术改造企业，管理要完全照外国的办法”[①]。

二、改革开放初期对外考察

1978年后，中国领导层频繁出访国际探索先进经验。从1978年2月到1979年6月，中国领导人出国访问50多个国家，接待30多个国家的领导人来华访问。

1978年初，中国共产党代表团考察了南斯拉夫。访问后明确了一个认识：同样都是社会主义基本经济制度，可以有多种模式。这一点对于我国是有很大启发的。[②] 1978年5月，国务院带领包括六位省级干部在内的代表团出访西欧五国。这是新中国成立以后我国向发达资本主义国家派出的首支国家级政府经济代表团。代表团考察发现：第二次世界大战后，西欧资本主义国家的经济确有相当大的新发展。西欧这些国家对于同中国发展经济关系很有兴趣。我国1976年后安定团结的政治局面，使他们增强信心，潜力巨大的市场对他们很有吸引力。在发展对外经济关系中，许多国际上通行

① 中共中央文献研究室编：《邓小平年谱 一九七五—一九九七》（上），北京：中央文献出版社，2004年版，第334页。
② 于光远：《1978年：我亲历的那次历史大转折》，北京：中央编译出版社，2008年版，第170页。

的做法，我国也可以采用。这些办法可以缓解我们外汇支付能力的困难。[①] 6月30日，中央政治局听取代表团汇报，汇报建议：把欧洲当作争取第二世界的一个重点地区，利用欧洲的先进技术，为我国四个现代化服务。西欧目前经济萧条，产品、技术、资本都过剩，急于找出路。同西欧开展经济技术合作，正是有利时机。[②]

对国外经验的了解，开阔了视野，增强了中国领导人改革经济管理体制和加强对外开放的决心。

三、中美正式建交

20世纪70年代初，美国经济下滑，新的力量中心——欧共体崛起。1978年上半年，西欧共同市场向中国的出口比美国多3倍，日本比美国多5倍。[③] 面对国际形势发生的重大变化，美国需要借助中国的力量牵制苏联。中国大市场对美国有着巨大吸引力。

1978年5月21日，邓小平会见时任美国总统国家安全事务助理布热津斯基。布热津斯基表示，美国已经下决心同中国讨论中美关系问题。邓小平在会见布热津斯基时再次阐述我国的观点："要想实现中美关系正常化，我们历来阐明的就是三项条件，即断交、撤军、废约，这三项条件都涉及台湾问题。我们不能有别的考虑，因为这涉及主权问题。……没有实现关系正常化，我们受限制，你

① 谷牧：《谷牧回忆录》，北京：中央文献出版社，2009年版，第72页。
② 谷牧：《谷牧回忆录》，北京：中央文献出版社，2009年版，第57页。
③ 翁明：《邓小平主导中美建交》，《当代世界》，2004年08期。

们也常受限制。[①]”

1978年7月，中美开始建交谈判。12月16日，中国和美国两国政府分别在北京和华盛顿同时发表《中华人民共和国和美利坚合众国关于建立外交关系的联合公报》(以下简称《联合公报》)。《联合公报》指出，中华人民共和国和美利坚合众国商定自1979年1月1日起互相承认并建立外交关系。美利坚合众国承认中华人民共和国政府是中国的唯一合法政府。美利坚合众国政府承认中国的立场，即只有一个中国，台湾是中国的一部分。双方认为，中美关系正常化不仅符合中国人民和美国人民的利益，而且有助于亚洲和世界的和平事业……中华人民共和国和美利坚合众国将于一九七九年三月一日互派大使并建立大使馆。[②]在《联合公报》中美国政府接受中国提出的建交三原则：同台湾断交、撤出军队和设施、废除美蒋条约。

就中美建立的外交关系，我国政府当日提出《中华人民共和国政府关于中美建交的声明》，中华人民共和国和美利坚合众国自1979年1月1日起互相承认并建立外交关系，从而结束了两国关系的长期不正常状态。这是中美两国关系中的历史性事件。众所周知，中华人民共和国政府是中国的唯一合法政府，台湾是中国的一部分。台湾问题曾经是阻碍中美两国实现关系正常化的关键问题。根据《上海公报》*的精神，经过双方的共同努力，这一问题在中

*《上海公报》是1972年2月美国总统尼克松访问中国期间在上海与中华人民共和国国务院总理周恩来签署的《中华人民共和国和美利坚合众国联合公报》，这是我国政府与美国政府之间签署的第一个联合公报，标志着中美两国政府经过20多年的对抗，开始向关系正常化方向发展。

① 中共中央文献研究室编：《邓小平年谱 一九七五— 一九九七》(上)，北京：中央文献出版社，2004年版，第314页。

② 《中华人民共和国和美利坚合众国关于建立外交关系的联合公报》，载中共中央文献研究室编：《改革开放三十年重要文献选编》(上)，北京：中央文献出版社，2008年版，第12页。

美两国之间得到了解决，从而使中美关系正常化得以实现。如何解决台湾回归祖国、完成国家统一的问题，这完全是中国的内政。1979 年 1 月 1 日，《联合公报》正式生效，中美正式建交。我国与美国建交当日，美国政府宣布与台湾断交。

中美建交，为我国下一步推进现代化建设和改革开放创造了比较有利的国际环境。1979 年邓小平应邀访美，还代表中国政府同美国政府签订了具有重要意义的中美科技合作协定和文化协定。同年 7 月，中美双方签订了为期三年的中美贸易协定。

四、国务院理论务虚会讨论对外开放

根据 1977 年 7 月国家计委向国务院提交的 8 年引进计划，共需外汇 65 亿美元，国内配套工程的基建投资需要 400 亿元。当时我国的外汇储备很有限，1978 年仅有 15.75 亿美元。[①]

1978 年 7 月 6 日至 9 月 11 日，国务院召开了关于四化建设的务虚会，商讨如何加快现代化建设。会议总结了我国经济建设中的经验教训，为高速度发展国民经济建言献策，还重点讨论了引进国外先进技术设备、利用外资、扩大出口等问题。与会者强调要打破封闭状态，学习工业文明的先进经验，提出把国外先进技术很快拿来，必须采取多种方式，灵活运用国际上通行的各种贸易方式和合作方式。从我国情况看，首先必须学会运用以下方式：第一，技贸合作。第二，进出口结合。第三，合作生产。[②]

① 李正华：《改革开放的酝酿与起步》，北京：当代中国出版社，2002 年版，第 269 页。
② 刘向东：《对外开放起始录》，北京：经济管理出版社，2008 年版，第 4 页。

务虚会后，党中央、国务院对会上形成的一致意见，进行了多次讨论，在全国计划会议上、中央工作会议上基本形成共识，统一思想认识，为作出对外开放决策打下了思想基础。从引进技术和设备发展到利用外资以为社会主义现代化建设服务，是党的十一届三中全会前夕对外开放思想的一个巨大进步，为对外开放思想的确立及发展奠定了坚实的理论基础。仅在 1978 年一年中，我国引进签约金额相当于前 5 年（1973—1977 年）成交总额的两倍，相当于 1950 年到 1977 年 28 年中国引进累计完成总额的 89.2%。[①]

五、对外开放成为我国实现现代化的基本国策

1978 年 9 月，邓小平在视察东北时指出，“我们现在要实现四个现代化，有好多条件，毛泽东同志在世的时候没有，现在有了。中央如果不根据现在的条件思考问题，下决心，很多问题就提不出来、解决不了”[②]。“现在抢时间很重要”，“我们要以世界先进的科学技术成果作为我们发展的起点”，“引进先进技术设备后，一定要按照国际先进的管理方法、先进的经营方法、先进的定额来管理，也就是按照经济规律管理经济”[③]。

1978 年 12 月 13 日，邓小平在中央工作会议上作出《解放思

① 陈东林：《20 世纪 50—70 年代中国的对外经济引进》，《上海行政学院学报》，2004 年 06 期。

② 邓小平：《高举毛泽东思想旗帜，坚持实事求是的原则》，《邓小平文选》（第二卷），北京：人民出版社，1994 年版，第 127 页。

③ 邓小平：《用先进技术和管理方法改造企业》，《邓小平文选》（第二卷），北京：人民出版社，1994 年版，第 129–130 页。

想，实事求是，团结一致向前看》的讲话。这篇讲话实际上成为党的十一届三中全会的主题报告。邓小平在报告中指出，"我们要学会用经济方法管理经济。自己不懂就要向懂行的人学习，向外国的先进管理方法学习。不仅新引进的企业要按人家的先进方法去办，原有企业的改造也要采用先进的方法。在全国的统一方案拿出来以前，可以先从局部做起，从一个地区、一个行业做起，逐步推开。中央各部门要允许和鼓励它们进行这种试验，试验中间会出现各种矛盾，我们要及时发现和克服这些矛盾。这样我们才能进步得比较快"[①]。

1978 年 12 月，党的十一届三中全会召开，确立以经济建设为中心、实行改革开放的方针，从此拉开了中国改革开放的大幕。全会强调指出，在自力更生的基础上积极发展同世界各国平等互利的经济合作，努力采用世界先进技术和先进设备。[②]至此，对外开放成为中国实现现代化的基本国策。

1984 年 10 月，党的十二届三中全会召开，会议通过《中共中央关于经济体制改革的决定》（以下简称《决定》）。《决定》明确指出，"必须按照把马克思主义基本原理同中国实际结合起来，建设有中国特色的社会主义的总要求，进一步贯彻执行对内搞活经济、对外实行开放的方针，加快以城市为重点的整个经济体制改革的步伐，以利于更好地开创社会主义现代化建设的新局面"[③]。全会

① 邓小平：《解放思想，实事求是，团结一致向前看》，《邓小平文选》（第二卷），北京：人民出版社，1994 年版，第 150 页。

② 中国经济体制改革研究会编写组编：《中国改革开放大事记》，北京：中国财政经济出版社，2018 年版，第 12 页。

③《中共中央关于经济体制改革的决定》，北京：人民出版社，1984 年版，第 3 页。

还强调，党的十一届三中全会以来，我们把对外开放作为长期的基本国策，作为加快社会主义现代化建设的战略措施。

六、坚持对外开放政策，增强自力更生的能力

1981年6月，国务院批准国家进出口委《关于当前对外经济贸易如何为国民经济调整服务的报告》的通知，报告进一步指出，根据国民经济进一步调整的要求和当前国际条件下对外经济贸易的基本任务。

同年7月，中央书记处听取国家进出口委的汇报，深入讨论了对外经济贸易问题。汇报简述了发展对外经济贸易的战略设想，提出在拟订今后10年、20年经济发展规划时，应当增续解放思想，从立足国内、放眼全球的战略眼光出发，把我国丰富的矿产资源、劳动力资源、加工能力同广阔的国际市场联系起来，寻求更好的发展途径。

中央书记处听取汇报后指出，（1）对外经济贸易工作，要把战略眼光作为第一条。我们的经济工作有两种力量、两个市场、两种资源，要学会两套本领，既要提高国内工作的本领，又要走向世界。现在的政治战略、经济战略，都不是一个国家的事情，都要从全球、全世界来考虑问题。要争取时间、速度，取得站稳的机会。（2）发展对外经济贸易要解放思想。以我们之所长补我们之所短，是因为这完全是正常的，就是自力更生。要解放思想，放开手脚，积极打出去，打到国际市场上去。（3）出口要有一个大突破。不仅需要，要有可能，要发挥优势。（4）外贸体制要改革，不要一刀切，根本方针是统一领导，分头经营，发挥两个积极性。汇报会首

次确立了对外经济贸易在国民经济发展中的重要战略地位，进一步明确对外经济贸易的发展方向。[①]

1981 年 11 月，五届全国人大四次会议所作的政府工作报告《当前的经济形势和今后经济建设的方针》（以下简称《方针》），进一步强调将“坚持对外开放政策，增强我国自力更生的能力”作为今后经济发展的重要方针之一。《方针》还指出，“同国际市场联系起来，扩展对外贸易，引进先进技术，利用外国资金，以及发展各种形式的国际经济技术合作，所有这些都是以自己的长处，通过国际间平等互利的交换，补自己的短处，这不但不会妨碍而且只会增强我们自力更生的能力。在经济工作中，我们应该彻底抛弃自给自足的自然经济观点。一切闭关自守、墨守陈规的思想和行为都是错误的，一切单纯依赖外力、迷信外国的思想和行为也都是错误的。实行对外开放政策，开展对外经济技术交流，我们的经验还不够，必须认真学习。我们要利用两种资源，首先是国内资源，其次是国际资源；开拓两个市场，首先是国内市场，其次是国际市场；学会两套本领，一是管理国内经济的本领，二是开展对外经济贸易的本领”[②]。

七、和平与发展下的“两大转变”

“和平与发展是当今世界的两大主题”是邓小平在 20 世纪 80

① 刘向东：《对外开放起始录》，北京：经济管理出版社，2008 年版，第 114–117 页。
② 《当前的经济形势和今后经济建设的方针》，载中共中央文献研究室编：《三中全会以来重要文献选编》（下），北京：中央文献出版社，2011 年版，第 305–353 页。

年代中期对国际形势作出的重大判断。党的十一届三中全会前，以中日建交和中美建交为标志，中国的外交打开了新局面。党的十一届三中全会后，随着经济建设的开展，邓小平等中央领导同志认识到为发展经济，必须创造一个良好的国际环境；同时，改变了战争不可避免的观点，认为国际形势走向和平是有可能的。基于上述情况，邓小平作出了“和平和发展是当代世界的两大问题”的判断。在这一判断的基础上，中国的外交实现了两大转变，开始奉行独立自主的和平外交政策。中国的外交得到全方位发展，初步形成了有利于国内改革开放的外部环境。

根据“和平和发展是当代世界的两大问题”这一重大判断，邓小平系统回顾了中国对国际形势判断和对外政策制定方面的认识历程，进一步提出中国外交政策的“两大转变”：第一个转变是对战争与和平问题的认识。改变了原来认为战争的危险很迫近的看法。第二个转变是我国的对外政策。改变了过去的“一条线”战略，确立了中国作为一个和平、稳定、发展的亚洲大国地位。这两个重要转变对中国内政、外交的发展都具有重大的意义。第一个转变，使我们能够真正把重点转到建设上来。第二个转变，则使中国独立自主的和平外交政策特点更加鲜明。邓小平在1985年6月4日的中央军委扩大会议上最终明确提出了“两个转变”的重要思想。

1986年3月，六届全国人大四次会议上通过《关于第七个五年计划的报告》（以下简称《报告》）。在《报告》中，中国的对外政策被正式概括为“独立自主的和平外交政策”。报告从十个方面全面阐述了这一政策的主要内容和基本原则，标志着中国已基本完成外交政策的调整，与改革开放相配合的外交政策基本定型。中国外交逐渐显示出向多层次、全方位发展的新特点。

第二节　建立经济特区

一、试办出口特区与“三来一补”

从一开始举办经济特区就是从服务建设中国特色社会主义这一宏伟事业出发的，是建设有中国特色社会主义的一个重要环节。[①]深圳、珠海、汕头和厦门试办出口特区是我国实行对外开放的重要开端和突破。当时，世界上有 80 多个国家和地区设立 500 多个出口加工区、自由贸易区、自由港，有效地开展对外经济贸易和技术交流。[②]

1978 年 10 月，邓小平就提出，“要实现四个现代化，就要善于学习，大量取得国际上的帮助。要引进国际上的先进技术、先进装备，作为我们发展的起点”[③]。在1978 年底召开的中央工作会议上，时任广东省委书记习仲勋在发言中提出，希望中央能给广东更大的支持，多给地方处理问题的机动余地，允许广东吸收港澳华侨资金以及开展“三来一补”等。1979 年 1 月 8 日至 25 日，广东省委在广州召开四届二次常委扩大会议，会议明确提出，要利用广东毗邻港澳的有利条件，利用外资，引进先进技术设备，搞补偿贸易，搞加工装配，搞合作经营。4 月 5 日至 28 日，中共中央在北京召开工作会议，在会议期间，习仲勋向邓小平提出希望中央下

① 杨润时：《邓小平特区建设思想研究》，北京：社会科学文献出版社，1991 年版，第 68 页。
② 谷牧：《谷牧回忆录》，北京：中央文献出版社，2009 年版，第 260 页。
③ 邓小平：《邓小平文选》（第二卷），北京：人民出版社，1994 年版，第 133 页。

放若干权力，让广东在对外经济活动中有较多的自主权和机动余地；允许在毗邻港澳的深圳、珠海以及属于重要侨乡的汕头各划出一块地方，单独进行管理，作为华侨、港澳同胞和外商的投资场所，按照国际市场的需要组织生产，初步定名为“贸易合作区”。邓小平表示赞同，并表示：“还是叫特区好，陕甘宁开始就叫特区嘛！中央没有钱，可以给些政策，你们自己去搞，杀出一条血路来。[①]”根据邓小平的建议，经过中央工作会议讨论，7月15日，中共中央、国务院批转《中共广东省委、福建省委关于对外经济活动实行特殊政策和灵活措施的两个报告》，提出关于出口特区，可先在深圳、珠海两市试办，待取得经验后，再考虑在汕头、厦门设置的问题。[②] 8月13日，国务院印发《关于大力发展对外贸易增加外汇收入若干问题的规定》。其中有“试办出口特区”一节，决定“试办出口特区”，“在沿海少数有条件的省市，划出一定地区，如广东省深圳、珠海、汕头，福建厦门，上海崇明岛等单独进行管理”[③]。

试办经济特区为推动改革开放奠定了重要基础，积累了重要经验。1979年初，深圳引进70个“三来一补”企业，到1979年底，全市办起200个“三来一补”企业，掀起外商投资办厂第一个小高潮。[④] 到20世纪90年代初期，经济特区以工业为主的外向型经济框架初步建成。1990年底，四个经济特区吸收的外资占全国的

① 中共中央文献研究室编：《邓小平年谱 一九七五— 一九九七》（上），北京：中央文献出版社，2004年版，第510页。

② 中共中央书记处研究室经济组编：《对外开放政策文献汇编（一九七九年七月—一九八五年四月）》，北京：中共中央党校出版社，2004年版，第34页。

③ 中共中央书记处研究室经济组编：《对外开放政策文献汇编（一九七九年七月—一九八五年四月）》，北京：中共中央党校出版社，2004年版，第58页。

④ 深圳博物馆编：《深圳特区史》，北京：人民出版社，1999年版，第32页。

28%，深圳、汕头外资占产值63%以上，厦门接近一半，珠海也达三成。[①]

二、出口特区更名为经济特区

1980年3月，广东、福建两省工作会议在广州召开。当时两省的主要负责同志都参加了会议，到会的还有国务院有关部门和港澳工委的负责同志。会议认为两省的工作很有进展。1979年，广东、福建的外贸出口收汇都创造了历史最好水平，分别比上一年增长32%和30%，说明党中央的这项决策是正确的。此次会议对特区建设的方针作了详细的研究。集中为以下几点：第一，特区主要是吸收侨资和外资进行建设；第二，要做好总体规划，有序地开发，分期分片铺开，先搞好水、电、道路、通信等基础设施，创造投资环境；第三，在项目建设上，先上投资少、周转快、收效大的。第四，为了吸收侨商、外商投资，企业所得税、土地使用费可以略低于港澳，建议中央把外商投资企业的所得税定为15%；第五，特区的管理，在坚持四项基本原则和维护国家主权的前提下，可以采取与内地不同的体制和政策，特区的经济活动要充分发挥市场调节作用。通过这次会议，把中央举办特区的构想初步具体化了。[②] 会上还讨论建议改名为涵盖面更宽的"经济特区"。

1980年5月，中共中央、国务院批转《广东、福建两省会议

---

① 国家计委国土规划研究所等编：《中国沿海开放地区九十年代经济发展战略研究》，北京：中国计划出版社，1993年版，第4页。

② 谷牧：《谷牧回忆录》，北京：中央文献出版社，2009年版，第260页。

纪要》(以下简称《纪要》)，决定正式将特区定名为“经济特区”。《纪要》指出，试办经济特区，在经济上、意识形态上，有一个谁战胜谁的问题，而我们缺乏经验，因此，必须采取既积极又慎重的方针。[①]

同年 8 月，五届全国人大会常委会第十五次会议正式批准国务院提出的在粤、闽四市设立经济特区的建议，同时批准《广东省经济特区条例》，完成了设立经济特区的立法程序。国务院随即相继批准上述四个特区的位置和区域范围。对四个经济特区的范围和面积，作过多次调整，至 1993 年深圳为 327.5 平方公里，珠海 121.3 平方公里，汕头 234 平方公里，厦门 131 平方公里。[②]

三、特区工作会议纪要通知出台

1981 年 5 月 27 日至 6 月 14 日，广东、福建两省工作会议在北京召开，1981 年 7 月 19 日，中共中央、国务院批转了《〈广东、福建两省和经济特区工作会议纪要〉的通知》(以下简称《通知》)，提出两省在对外经济活动中特殊政策、灵活措施和试办经济特区，是一项重大改革，必然会遇到大量的新情况，需要解决许多新问题，在这种情况下，要把工作做好，必须具有敢于实验、敢于创新的革命精神，凡是符合党的路线、方针、政策，对两省和全国的经济调整和发展有利的事，就要大胆放手去干。

---

① 《广东、福建两省会议纪要》，载钟坚、郭茂佳、钟若愚主编：《中国经济特区文献资料》(第一辑)，北京：社会科学文献出版社，2010 年版，第 43 页。

② 谷牧:《谷牧回忆录》，北京：中央文献出版社，2009 年版，第 261 页。

《通知》进一步要求，要解放思想，统一认识，中央各有关部门要把两省当作经济改革的试验基地。《通知》回应了一系列疑问，比如，特区会不会变租界，是不是殖民地？回应认为，这些是没有根据的。我国特区是经济特区，不是政治特区。特区内全面行使我国主权，这和由不平等条约产生的租界、殖民地在性质上根本不同。世界上许多国家经验证明，特区是扩大出口贸易、利用外资、引进技术、发展经济的比较成功的好形式。《通知》还提出，两省要照顾全局，要考虑和估计到对全国的种种影响。尤其是对外经济贸易、利用港澳市场，要加强协调管理，坚持统一对外，做到“肥水不流外人田”。

《通知》针对“一定要把特区建设好”，提出了十条政策措施：特区的规划和建设要因地制宜，各有侧重，注重实施；海关对特区进口自用的货物、商品，实行特殊的关税优惠；对外商入出特区办理手续，实行简化，给予方便；特区用工实行劳动合同制；特区的对外贸易，在国家统一政策指导下自主经营；特区货币以人民币为主，外币限在指定范围内使用；可以有步骤、有选择地批准外资银行到特区设立分支机构；多方筹措特区建设资金，主要利用外资，特区土地开发收入可全部留用；特区的某些基础设施，允许吸收外资进行建设；加强特区的法制建设。这十条意见，是对中央作出举办特区决策以后的有关各项方针政策的集成和发展，对举办特区的指导思想、基本操作规程、重要的政策性措施、正确处理内外关系、内部权益分配等问题，构筑了总体框架。[①]

---

① 谷牧：《谷牧回忆录》，北京：中央文献出版社，2009 年版，第 263 页。

四、特区风波

1981年第四季度，广东、福建、浙江三省沿海出现了走私贩私泛滥的严重情况。1981年12月15日至23日，中共中央召开各省、自治区、直辖市党委第一书记座谈会。会议结束后不久，又与广东、福建两省的主要领导同志专门座谈讨论开展打击经济领域里包括走私贩私在内的违法犯罪活动问题。1982年4月，中共中央、国务院印发《关于打击经济领域中严重犯罪活动的决定》。1982年初，中共中央决定组建国务院打击走私领导小组，小组进行调查研究形成《关于举办特区工作的汇报提纲》。同年11月，中央书记处批准《关于举办特区工作的汇报提纲》，在国务院有关部门和广东、福建的领导同志讨论的意见整理基础上形成了《当前试办经济特区工作中若干问题的纪要》(以下简称《纪要》)。

《纪要》认为，我国试办经济特区，是根据对外开放的要求，参考国外经验提出来的。它是我国人民民主政权管辖下的一个行政区域，在政治、思想、文化上坚持社会主义方向，在经济上坚持以社会主义经济为领导，允许多种经济成分存在，在对外经济活动中采取更加开放的方针，吸引外资，引进技术，发展生产，扩大出口，改善人民生活，稳定边境地区秩序。我们的特区，是利用国外资源和国际市场的一条特殊渠道，为实现党的十二大提出的现代化建设宏伟战略目标服务。办好经济特区，对收回香港、促进台湾回归，实现祖国统一大业，也具有重要意义。

《纪要》还就三年来特区做的主要工作、试办过程中给出现的缺点和问题、当前需要解决的几个问题三个方面向中央进行汇报。在《纪要》中还提到，到1982年底，深圳（含蛇口）就引进了 728 个外商投资项目，1981 年工农业总产值比办特区前的 1978 年翻了一番多，其中工业产值增加三倍。城镇职工的收入，1981 比 1978 增长 90%，农村社员收入增长一倍。特别是深圳办特区之后，过去大批人员偷渡外流的状况基本没有了。珠海 1981 年工农业总产值比 1978 年增长 88%，财政收入增长近 5 倍。[①] 同时，《纪要》也指出，社会主义国家办经济特区是个新课题，我们的知识和经验都很缺乏，人才也很少，加上调查研究工作薄弱，实际工作中还存在不少缺点和问题。

这份《纪要》是有关特区工作的第四个中央文件，中央在批语中指出，举办经济特区，是我国在新的历史时期贯彻实行对外开放政策的重要措施。中央书记处和国务院分工由谷牧同志具体负责。1982 年初国务院成立特区工作组，以加强对特区工作的指导。

第三节　形成由点至面、由沿海到沿边的开放格局

一、开放沿海 14 个港口城市

1984 年 1 月 24 日至 2 月 10 日，邓小平视察了深圳、珠海、厦门三个特区，分别为这三个特区题词："深圳的发展和经验证明，我们建立经济特区的政策是正确的"、"珠海经济特区好"、

① 《当前试办经济特区工作中若干问题的纪要》，载钟坚、郭茂佳、钟若愚主编：《中国经济特区文献资料》（第一辑），北京：社会科学文献出版社，2010 年版，第 90–96 页。

“把经济特区办得更快些更好些”[①]。2月24日，邓小平同几位中央领导人商讨提出，“除现在的特区之外，可以考虑再开放几个港口城市，如大连、青岛。这些地方不叫特区，但可以实行特区的某些政策”[②]。3月26日，中共中央、国务院在北京召开了沿海部分城市座谈会，到会的有天津、上海、大连、深圳、珠海等市和海南行政区的负责人共90余人。5月4日，中共中央和国务院转发了这次沿海部分城市座谈会的纪要，作出决定：开放天津、上海、大连、秦皇岛、烟台、青岛、连云港、南通、宁波、温州、福州、广州、湛江、北海共14个沿海港口城市，建立经济技术开发区，以此带动整个沿海地带的开放和发展。

对于14个沿海港口城市，国家实行以下政策和措施：（一）放宽利用外资建设项目的审批权限。（二）增加外汇使用额度和外汇贷款。外汇使用额度，在今后几年内天津定为每年二亿美元，上海为三亿美元；大连增至一亿美元，其他几个市也要增加一定额度；有的还要适当增加些中国银行外汇贷款。（三）积极支持利用外资、引进先进技术改造老企业。抓紧老企业的技术改造，上一批对四化建设有重要作用的中小型项目，是这几个港口城市近期内利用外资、引进先进技术的重点。（四）对中外合资、合作经营企业及外商独资企业，给予若干优惠待遇。（五）逐步兴办经济技术开发区。这几个城市，有些可以划定一个有明确地域界限的区域，兴办新的经济技术开发区。（六）大力发展进料加工出口。（七）调整

① 中共中央文献研究室编：《邓小平年谱 一九七五——一九九七》（下），北京：中央文献出版社，2004年版，第957–958页。

② 中共中央文献研究室编：《邓小平年谱 一九七五——一九九七》（下），北京：中央文献出版社，2004年版，第963页。

几个城市的开放类别。（八）加强基础设施建设。（九）加强利用外资的计划指导。（十）在改革方面应当走在前头。这十四个港口城市的进一步开放，应当同内部的改革相结合，在经济管理体制改革方面走在前头。可以参照特区的某些成功经验，逐步推行基建工程招标和承包责任制、劳动用工合同制、干部招聘制、浮动工资制、各种管理责任制等。[①]

国家鼓励沿海开放城市的领导者和管理者大胆解放思想，发挥各自的创造性，为下一步更加广泛的开放积累更多的经验。由此，对外开放由经济特区的 4 个点连成 14 个沿海港口城市一条线。

到 1993 年，除北海以外的其他 13 个沿海港口城市都设立了国家级经济技术开发区。经过 40 多年的发展，沿海开放城市取得巨大的成就。截至 2021 年，14 个沿海城市及其下辖的县创造的地区生产总值占全国GDP的比重到 15.13%。其中 10 个城市超 5000 亿元，14 个城市人均GDP是全国的 19.71 倍。

二、开放沿海地区和积极参与国际循环

在创办经济特区和开放沿海城市的基础上，随着国际形势变化，我国“从点到线”，逐步开放到整个沿海地区。20 世纪 80 年代后期，世界产业结构的调整再次出现高潮。发达国家和地区及一部分新兴工业国家和地区，在产业结构的升级中将劳动密集型产业和部分资本密集型产业向劳动成本低廉的发展中国家转移。

① 《沿海部分城市座谈会纪要》，载中共中央文献研究室编：《改革开放三十年重要文献选编》（上），北京：中央文献出版社，2009 年版，第 326–327 页。

1985 年 5 月，中央将长江三角洲、珠江三角洲和闽南厦漳泉三角地区开放为沿海经济开放区。1987 年底，中央开始研究在对外开放上迈出更大步伐的措施。有学者提出实施沿海地区发展外向型经济战略，以积极姿态参与“国际大循环”的发展思路。[①]在这一思路的基础上，国务院向中共中央提交了《关于加快沿海地区对外开放和经济发展的报告》。1988 年 1 月，邓小平对国务院向中共中央提出的《沿海地区经济发展的战略问题》作出批示：“完全赞成。特别是放胆地干，加速步伐，千万不要贻误时机。[②]”9 月 12 日，邓小平进一步指出，“沿海地区要加快对外开放，使这个拥有两亿人口的广大地带较快地先发展起来，从而带动内地更好地发展，这是一个事关大局的问题”[③]。1988 年 3 月 4 日，国务院召开沿海地区对外开放工作会议。3 月 18 日，国务院下发《关于进一步扩大沿海经济开放区范围的通知》。3 月 23 日，国务院印发《关于沿海地区发展外向型经济的若干补充规定》。之后又将辽东半岛、胶东半岛、济南等地列入沿海经济开放区。至此，沿海经济开放区囊括了辽宁、河北、天津、山东、江苏、浙江、福建、广东的 40 个地级以上城市和 215 个市辖县，不仅包括城镇，也包括农村，从南到北连接成一条线。

随着沿海地区的不断开放，我国从南至北逐步形成了北部湾、

---

① 王建：《选择正确的长期发展战略——关于“国际大循环”经济发展战略的构想》，《经济日报》，1988 年 1 月 5 日。

② 中共中央文献研究室编：《邓小平年谱 一九七五— 一九九七》（下），北京：中央文献出版社，2004 年版，第 1223 页。

③ 中共中央文献研究室编：《邓小平年谱 一九七五— 一九九七》（下），北京：中央文献出版社，2004 年版，第 1247 页。

珠三角、闽南金三角、长三角、环渤海等各具特色的经济圈。比如，珠三角经济圈依靠劳动力等要素成本优势，积极承接港澳台地区及周边国家的产业转移，发展劳动密集型的加工贸易，带动了经济社会的全面发展。港澳对内地投资的40%集中在珠三角，而珠三角 60%以上的加工贸易由港澳企业实现。又如，长三角经济圈最初的发展是内向型的，形成了以乡镇企业驱动为主的苏南模式和以民营企业驱动为主的温州模式，随着对外开放的推进，该地区经济增长提速，质量和效益也明显提高，轻重工业并进，高新技术产业发展迅速。

三、开发开放浦东

1984 年 9 月，国务院改造振兴上海调研组到上海进行调研。三个月后，调研组联合上海市政府向国务院、中央财经领导小组提交《关于上海经济发展战略汇报提纲》，正式提出开发浦东的设想：重点是向杭州湾和长江口南北两翼展开，创造条件开发浦东，筹划新市区的建设。1985 年 2 月，国务院在批转《关于上海经济发展战略汇报提纲》时指出，在新的历史条件下，上海的发展要走改造、振兴的新路子，充分发挥中心城市多功能的作用，使上海成为全国四个现代化建设的开路先锋。1986 年 4 月，上海市政府提出开发浦东的初步方案，并向中央上报《上海市城市规划方案汇报的提纲》。1986 年 10 月，国务院在《关于上海市城市总体规划方案的批复》中明确指出，在浦东发展金融、贸易、科技、文教和商业服务设施，建设新居住区，使浦东新区成为现代化新区。1987 年 6 月，上海市政府正式成立浦东新区中外联合咨询小组，加快了浦东开发的筹备工作。

1989 年 6 月，邓小平在同中央负责同志谈话时指出，“现在国际上担心我们会收，我们就要做几件事情，表明我们改革开放的政策不变，而且要进一步地改革开放”[①]。1990 年 1 月，邓小平谈到建议开发浦东时说：“你们搞晚了，但现在搞也快，上海条件比广东好，你们起点可以高一点。[②]”此后又再次强调，“开发浦东，不只是浦东的问题，也是关系上海发展的问题，是利用上海这个基地发展长江三角洲和长江流域的问题”[③]。

1990 年 2 月，国家计委负责人赶赴上海，考察浦东。几天以后，中共上海市委和市政府撰写的《关于开发浦东、开放浦东的请示》呈送中共中央、国务院。4 月 12 日，中共中央政治局会议原则通过国务院提交的浦东开发方案。4 月 18 日正式宣布：中共中央、国务院同意上海市加快浦东地区的开发，在浦东实行经济技术开发区和某些经济特区的政策。4 月 30 日，上海市人民政府公布了开发浦东的十项优惠政策和措施，并宣布开发开放浦东的总体实施规划。6 月 2 日，中共中央、国务院下发《关于开发和开放浦东问题的批复》，指出开发和开放浦东是深化改革、进一步实行扩大开放的重大部署。浦东开发和开放，向世界显示了中国实行改革开放的决心，由此也拉开了中国 20 世纪 90 年代更高层次、更大范围的改革开放序幕。

---

① 邓小平：《邓小平文选》（第三卷），北京：人民出版社，1993 年版，第 313 页。
② 中共中央文献研究室编：《邓小平年谱 一九七五— 一九九七》（下），北京：中央文献出版社，2004 年版，第 1308 页。
③ 中共中央文献研究室编：《邓小平年谱 一九七五— 一九九七》（下），北京：中央文献出版社，2004 年版，第 1325 页。

四、海南建省办经济特区

（一）大力开发海南岛

海南岛是我国仅次于台湾岛的第二大岛，热带农业资源、矿产资源、海洋资源和旅游资源都相当丰富，是待开发的宝地。这里又是长期坚持革命斗争的老根据地。但是由于多种因素的制约，新中国成立以来，除了发展橡胶、开采铁矿之外，建设投入甚少，经济发展缓慢，与全国经济发展平均水平差距很大。[①] 1978 年 3 月，五届人大一次会议的《政府工作报告》提出要大力开发海南岛。国家十年计划中也提出要大力开发海南岛，积极发展橡胶、甘蔗、剑麻、咖啡、可可的生产。

1980 年 6 月 30 日至 7 月 11 日，国务院在北京召开海南岛问题座谈会。会上“大家在一些重大原则和方针政策问题上，取得了较为一致的意见，从而为解决海南岛长期遗留下来的历史问题，打下了良好的基础”[②]。7 月 24 日，国务院批转《海南岛问题座谈会纪要》（以下简称《纪要》），第一次把海南岛的开发建设同台湾联系起来。《纪要》提出，为了充分发挥海南的优势，并照顾少数民族的经济利益，当前主要靠发挥政策的威力，放宽政策，把经济搞活。对外经济活动可参照深圳、珠海市的办法，给以较大的权限。

1981 年 6 月，中共广东省委扩大会议上宣布，“要让海南有更多的自主权”、“开发海南主要靠政策”、“海南要以开放促开发”。

① 中共海南省委党史研究室（海南省地方志办公室）编：《海南改革开放实录》，海口：海南出版社，2018 年版，第 75 页。
② 刘田夫：《刘田夫回忆录》，北京：中央党史出版社，1995 年版，第 179 页。

其中，“以开放促开发”成为海南新的建岛方针。1982年12月，中央及地方相关负责人讨论如何充分利用国内外的有利条件，采取有力措施，扩大对外开放，加快开发建设海南岛的问题。会后，国务院组织由八个部委组成的工作组到海南，就加快海南开发建设问题进行调研。1983年3月，国务院常务会议讨论通过《加快海南岛开发建设问题讨论纪要（送审稿）》，同年4月，中共中央、国务院批转《关于加快海南岛开发建设问题讨论纪要》（以下简称《纪要》）。《纪要》提出，以对外开放促进海南岛的开发，强调积极稳妥地利用外资引进先进技术，发展进出口贸易和旅游事业。海南岛暂不作为特区，但在对外经济合作方面给以较多的自主权。[①]

（二）海南建省办特区

1984年2月，邓小平视察深圳、珠海等经济特区回到北京后，在同中央几位负责同志的谈话中，提出用20年时间把海南岛的经济发展到台湾的水平的设想。同年5月，六届全国人大二次会议审议通过国务院关于撤销广东省海南行政公署、成立海南行政区人民政府的建议。10月，《中央扩大海南对外经济贸易主权八项规定》出台。海南行政区的建立，进一步扩大了海南的自主权限。但是由于汽车倒卖事件，海南对外开放全面停顿。

1987年6月12日，邓小平在会见南斯拉夫共产主义者联盟中央主席团委员斯特凡·科罗舍茨时指出，“我们正在搞一个更大的

---

① 《中共中央、国务院关于转批〈加快海南岛开放建设问题讨论纪要〉的通知》，载钟坚、郭茂佳、钟若愚主编，《中国经济特区文献资料》（第一辑），北京：社会科学文献出版社，2010年版，第98页。

特区，这就是海南岛经济特区”[①]。1987 年 9 月 26 日，中共中央、国务院下发《关于建立海南省及其筹建工作的通知》（以下简称《通知》）。《通知》指出，国务院将给海南省更多的自主权，规定更为优惠的政策，使海南省成为我国最大的经济特区，同时成立海南建省筹备组。

1988 年 3 月 25 日至 4 月 13 日，七届全国人大一次会议召开。国务委员谷牧在大会上对《国务院关于提请审议建立海南经济特区的议案》作出说明。会议通过了《关于设立海南省的决定》（以下简称《决定》）。《决定》指出，批准设立海南省，撤销海南行政区，海南省人民政府驻海口市；海南省管辖海口市、三亚市等和西沙群岛、南沙群岛、中沙群岛的岛礁及其海域。与此同时，会议还通过了《全国人民代表大会关于建立海南经济特区的决议》。以此为标志，海南省成立，成为我国继深圳、珠海、汕头、厦门之后第五个经济特区，且是最大的经济特区。1988 年 4 月 26 日，中共海南省委、海南省人民政府正式挂牌。同年 5 月，国务院印发《关于鼓励投资开发海南岛的规定》，对海南经济特区实行更加灵活开放的经济政策，授予海南省人民政府更大的自主权。七届全国人大一次会议还通过了海南省人大及其常委会制定所属经济特区法规的授权。

（三）“再造香港”和“特别关税区”

20 世纪 90 年代，亚太地区掀起了“再造香港”的浪潮，从较早的新加坡，到菲律宾苏必克湾，南到泰国的普吉岛、马来西亚的

---

① 中共中央文献研究室编：《邓小平年谱 一九七五— 一九九七》（下），北京：中央文献出版社，2004 年版，第 1194–1195 页。

槟城、印度尼西亚的巴淡岛，北至俄罗斯的符拉迪沃斯托克、日本的冲绳岛、韩国的济州岛等，都有再造“香港”的打算和举措。我国的台湾岛也拟耗资3000亿美元，实现其雄心勃勃的六年计划。[①]

1988年6月3日，邓小平在会见“90年代中国与世界大会”的与会代表时就指出，“我们在内地还要造几个‘香港’”[②]。作为新成立的经济特区，当时海南提出认真研究香港的经济政策和经济法规，结合海南实际，大胆移植、大胆采用。海南作为全国最大的经济特区，完全有可能成为“在内地造几个香港”的先行试验区。[③]1988年12月，海南省委省政府形成《关于建立海南特别关税区的请示》(以下简称《请示》)，《请示》中提出6个方面的请求。这是海南第一次申请提出建立海南特别关税区。

1992年，邓小平视察深圳并发表南方谈话后，海南再次掀起设立特别关税区的研究和讨论热潮。在海南再造社会主义“香港”，再度成为街头巷尾议论的热点话题，海南省委省政府把研究设立特别关税区的问题重新提上重要的议事日程。1991年11月1日，刚成立的中国（海南）改革发展研究院，建院第一天，就举行了“海南对外开放战略研讨会”，重点研讨海南设立特别关税区。会后纪要中提出了设立海南特别关税区的总体构想。1992年8月8日，海南省委省政府再次向党中央、国务院提出《关于建立海南特别关税区的请示》，与此同时，海南省委省政府还形成了《关于请

① 许存茂、苏文：《关于海南特区再造“香港”问题》，《经济研究参考》，1993年01期。
② 中共中央文献研究室编：《邓小平年谱 一九七五— 一九九七》(下)，北京：中央文献出版社，2004年版，第1236页。
③ 迟福林：《痴心追逐“海南改革梦”》，《中国经济时报》，2018年11月29日。

求建立海南特别关税区的汇报提纲》。

五、沿边开放

改革开放后逐步恢复和和发展边境贸易，促进沿边地区的发展。1981 年，我国恢复吉林与朝鲜的边境贸易。1982—1984 年，我国先后开放黑龙江的黑河、绥芬河、同江，新疆维吾尔自治区的霍尔果斯、吐尔尕特，内蒙古自治区的满洲里，吉林的珲春等对苏口岸，与苏联的边境贸易全面展开。1991 年苏联解体后，霍尔果斯、阿拉山口成为对哈萨克斯坦的口岸，吐尔尕特成为对吉尔吉斯斯坦的口岸。1978 年中巴友谊公路通车后开始恢复对巴基斯坦的贸易。1985 年后，我国陆续开放了对老挝、尼泊尔、缅甸、印度、越南等周边的口岸。特别是 1984 年《边境小额贸易暂行管理办法》实施后，我国边境贸易得以恢复。1988—1991 年，年均边贸额在 10 亿美元以上，而此前五年累计只有 1.5 亿美元。[①]

第四节　开始鼓励加工贸易发展

一、开始对外加工装配和中小型补偿贸易

20 世纪 70 年代初，中央提出，为了大力发展出口贸易，要充

① 隆国强主编：《构建开放型经济新体制——中国对外开放 40 年》，广州：广东经济出版社，2017 年版，第 266 页。

分利用国内劳动力和部分产业优势，采取灵活的方式，扩大加工出口。从 1971 年开始，我国恢复了“以进养出”业务。为了抓住向外转移劳动密集型加工业的机遇，20 世纪 70 年代末到 80 年代中期，我国工业领域对外开放，但外商直接投资的开放程度较低，技术引进仍主要采取进口生产线和生产设备的方式，实行来料加工。

1978 年 7 月，国务院印发关于《开展对外加工装配和中小型补偿贸易办法》，率先在广东、福建和上海等地进行试点，来料加工业务首先在广东、福建等省市开展起来。同年 8 月，广东省签订了第一份毛纺织品的来料加工协议，在珠海创办了我国第一家加工贸易企业——珠海县香洲毛纺厂。经过一年的实践，在总结各地经验的基础上，1979 年 9 月，国务院正式印发《开展对外加工装配和中小型补偿贸易办法》，对开展加工装配和中小型补偿贸易给予审批、外汇、税收等方面的优惠。主要内容包括放宽审批，增加外汇留成及适用优惠结汇折合率，免征进口料件关税和增值税，并在保险、运输、工资等方面提供便利。来料加工业务在全国得到了快速发展。

1979 年 3 月，国务院印发《以进养出试行办法》，该办法提出：要千方百计地发展出口商品生产，在充分挖掘国内出口货源潜力的同时，积极利用国外原材料和技术，发挥国内生产能力，大力发展以进养出业务，把出口贸易做大做活，增加外汇收入，增强国家的外汇支付能力。根据该办法，“以进养出”的范围之一是进料加工，包括进口全部原材料或主要原材料，加工成品出口。1980 年，国务院在《关于〈广东、福建两省会议纪要〉的批示》中对海关的管理和关税的减免等方面作了一系列规定。

在一系列政策引导下，我国以“三来一补”为主要方式的加工贸易获得发展。1979年，我国加工贸易进出口总额23.5亿美元，占进出口总额293.3亿美元的0.8%。1981年，进出口总额达24.8亿美元，占进出口总额的5.6%，其中出口11.31亿美元，占年度出口总额的4.8%。1985年，我国加工贸易进出口总额达到75.4亿美元，占进出口总额的10.8%。出口33.16亿美元，占年度出口额的11.8%。[①] 其中又以来料加工为主。1980年，我国来料加工进出口额占全部加工贸易进出口总额的近79.6%。1980—1987年，来料加工进出口从13.3亿美元增至116.71亿美元，年均增加36.4%。在全国对外贸易中的比重由1980年的3.4%上升到1987年的14.1%。[②]

由于经营机制灵活，这一时期沿海地区的乡镇企业成为加工贸易的主体。广东省具有毗邻香港的优越条件，加上实行特殊政策、灵活措施，其来料加工业务发展迅猛，在1987年全国来料加工缴费外汇收入中，广东占75%，上海占5.9%，福建占5.9%，浙江占2.5%，北京占2.2%，5省市合计占91.5%。1986年，全国经营来料加工的工厂已达35000多家，遍及全国27个省、自治区、直辖市，对外签订合同21万多项。我国加工装配由初期的少数品种、简单加工发展到多品种深度加工。[③]

① 孙玉琴、孙倩、王辉:《我国加工贸易的历史考察》,《国际贸易问题》，2013年04期。

② 段芸芸、巫林:《浅论我国加工贸易发展及作用》,《商场现代化》，2007年15期。

③《国务院办公厅转发海关总署等部门关于加强综合管理促进对外加工装配业务发展意见的通知》，中国政府网，2012年2月17日。

二、成立海关总署，恢复海关单独征税

新中国成立后，海关管理体制几经变革。1952 年 12 月，海关总署划归对外贸易部领导，各口岸对外贸易管理局与当地海关合并；1955 年，各地海关受对外贸易部和所在地省或直辖市人民委员会双重领导；1960 年 11 月，各地海关建制下放到地方，成为各地外贸局的组成部分。[①] 1978 年 1 月，上海海关 9 位关员提出恢复海关征税和改革海关管理体制，并联名上书呈交国家领导人。[②]

1980 年 2 月，国务院印发《关于改革海关管理体制的决定》（以下简称《决定》）。《决定》提出改革现行海关管理体制，成立中华人民共和国海关总署，作为国务院直属机构，统一管理全国海关机构和人员编制及其业务。《决定》还提出，关税收入统一归中央，关税由海关单独计征，与外贸利润分开交库。自 1980 年 1 月 1 日起，全国海关正式恢复对进出境货物实行单独计征关税制度。各地海关对外贸公司进出口货物实行统一的报关制度，恢复海关征税，当年征税 31.8 亿元。[③]

三、1985 年关税制度改革和《海关法》颁布实施

1985 年 3 月，国务院公布《中华人民共和国进出口关税条例》，海关开始按照关税条例确定的《中华人民共和国海关进出口税则》

① 《风雨兼程三千年——中国海关发展史》，海关总署网站，2020 年 10 月 16 日。
② 《改革开放 40 年：一封信的故事》，海关总署网站，2018 年 12 月 17 日。
③ 《1980 年，恢复单独计征关税》，海关总署网站，2019 年 6 月 9 日。

计征关税。关税制度的高层次议事协调机构正式成立，国务院批准设立国务院关税税则委员会。随着国家对外贸易的快速发展，进出口货运量增长迅猛，加上国家调整税收及减免税政策，使得税基进一步扩大，海关税收也增长迅速。

1987 年 1 月 22 日，六届全国人大常委会第十九次会议通过《中华人民共和国海关法》，7 月 1 日颁布实施。这是中国海关法制建设上的一个重要里程碑。以《海关法》和《关税条例》为依据，一系列配套规章也相继出台，如《征税管理办法》《关于进口货物原产地的暂行规定》《海关审定进出口货物完税价格办法》《出口货物原产地规则》《进出口货物海关化验管理办法》等。建立了适合当时情况的进料加工监管办法，为加工贸易的发展提供了法律和政策保障。在完善国内立法的同时，我国还不断出台政策规章，并积极参与国际规则制定，努力与国际规则接轨。1987 年 9 月，国务院进一步修订发布《中华人民共和国进出口关税条例》。1992 年，我国加入《协调制度国际公约》*。

四、进一步发展进料加工

20 世纪 80 年代后期，全球经济形势发生较大的波动，世界性产业结构的调整与转移加速。“四小龙”**从美、日、欧承接过来的劳动密集型产业面临大幅度调整和转移的压力。1985 年“广场协议”签订后，港元贬值，使许多港澳商人愿意将增加的外贸订单

*《协调制度国际公约》（HS）作为世界海关组织（WCO）管辖下最重要的一部多用途商品分类目录，是国际贸易商品分类的一种“标准语言”。我国采取的关税配额、反倾销等一系列贸易管理措施政策的制定都是通过HS编码来体现的。

**“四小龙”指亚洲的韩国、新加坡和中国台湾、中国香港，他们从20世纪60年代开始，在短时间内实现了经济的腾飞。

转移到内地生产，成为内地大力发展来料加工贸易的有利时机。[①]我国综合国际和国内的形势，决心抓住这次难得的发展良机。1987年底，国家制定了沿海地区经济发展战略，并于1988年出台鼓励外向型经济发展的一系列政策，也称“大进大出”、“两头在外”的政策，以顺应世界经济和产业结构调整的潮流，抓住“四小龙”转移劳动密集型产业的时机，积极参与国际分工，振兴国内劳动密集型出口产业。

1987年8月，国务院办公厅转发海关总署等部门《关于加强综合管理促进对外加工装配业务发展的通知》，包括加强对加工装配业务合同的审批和行业指导；整顿承接对外加工装配业务的企业；进一步做好对外加工装配进出口货物的监管和后续管理工作；健全对承运加工装配料、件和成品的车辆管理制度；方便合法进出，为企业提供包括咨询在内的各项优质服务；坚决打击走私和违法活动；完善管理体制和加强管理干部队伍的精神文明建设。同年12月，国务院办公厅批转外经贸部《关于抓住有利时机进一步发展来料加工装配等业务的请示》，确立了进一步发展来料加工装配业务的原则。

1988年6月，海关总署发布《中华人民共和国海关对进料加工进出口货物管理办法》，进一步强化了对进料加工的鼓励和扶持，放宽了对进料加工的限制。

我国加工贸易再次获得了新的飞速发展，由来料加工这一初级阶段向进料加工中级阶段迅速发展。1989年，我国进料加工进出

① 孙玉琴、孙倩、王辉：《我国加工贸易的历史考察》，《国际贸易问题》，2013年04期。

口额达192.5亿美元，首次超过来料加工进出口额，在对外贸易总值中比重由1987年的9.1%飙升至1989年的17.2%，比来料加工1989年在外贸总值中的比重高出2.1个百分点；1991年，我国进料加工进出口额在对外贸易总值中的比重又提高到24.7%。①

以加工贸易为主的产业发展模式，使得我国对外贸易持续增长的同时，出口商品结构亦不断优化，初级产品的比重从1978年的50.3%下降到1990年的25.6%，而同期内工业制成品的比重则从49.7%上升至74%，实现了我国出口产品结构的第一个转变，即从以出口初级产品为主转向以出口工业制成品为主的转变。由此带来的规模效应夯实了我国工业大国的基础，拓宽了我国工业发展的资源利用途径和范围。

第五节　逐步扩大利用外资与对外投资起步

一、第一笔国外贷款

1978年8月，《中日和平友好条约》签订。1979年5月，中国人民银行负责同志访日期间，就借用海外协力基金一事，与日方有关部门进行商谈后回来汇报说，有希望争取到。1979年9月1日，谷牧率团访日，会见大平正芳首相时，日本首相表示，中日两国的经济关系，在继续保持和发展民间交往的同时，日本政府将尽

① 段芸芸、巫林：《浅论我国加工贸易发展及作用》，《商场现代化》，2007年15期。

力予以协助和支持。

在东京举行的记者招待会上，谷牧发表讲话，强调中日两国从各方面发展友好合作，是两国的共同需要，对两国人民都很有利。同时他在会上还宣布：我国建设所需资金主要依靠自力更生，但也要引进外资，只要条件适当，我国将接受所有友好国家的贷款，也准备参加联合国金融组织，接受世界银行等机构的贷款。①

12 月 5 日至 9 日，大平首相来访期间正式谈定了 1979 年度 500 亿日元的贷款（当时约折合 13 亿美元），年利 3%，还款期 30 年。这是我国在实行改革开放过程中获得的第一笔外国政府长期低息贷款，用于安排石臼所港口、京秦铁路、兖石铁路、秦皇岛港口二期工程、衡广铁路大瑶山隧道和五强溪水电站这六项基础设施建设。

二、抓好利用外资和引进先进技术十二条原则

1979 年 11 月，国家进出口管理委员会在北京召开全国进出口工作会议，会议就利用外资和引进技术提出了 12 条指导原则：（1）与国民经济调整相结合，主要用于加快国民经济薄弱环节的建设；（2）与加强能源和交通运输相结合；（3）与老厂的挖潜、革新、改造相结合；（4）与扩大出口，逐步改变出口商品结构相结合；（5）与提高机械制造能力相结合；（6）采取多种形式利用外资、引进技术；（7）技术、商务、贷款、合作生产、设备分交密切结合；（8）使用贷款要考虑条件，自由外汇贷款，只能供短期周

① 谷牧：《谷牧回忆录》，北京：中央文献出版社，2009 年版，第 251 页。

转，出口信贷可适当利用，政府间贷款要尽量争取；（9）要考虑国内配套能力，包括国内配套资金、建设力量、原材料、燃料、动力和交通运输等配套能力；（10）改进经营管理；（11）要考虑偿还能力，包括项目本身的偿还能力、国家的综合偿还能力；（12）建立明确的责任制。[①]

三、正式恢复世界银行和国际货币基金组织成员国席位

1980年4月，中国恢复国际货币基金组织的合法席位。同年9月，国际货币基金理事会决定将中华人民共和国列为单独选区，并增加一名中国执行董事。中国人民银行行长为国际货币基金组织理事会理事，代表中国政府参加活动。1980年5月15日，世界银行执行董事会正式决定恢复中国在世界银行、国际开发协会和国际金融公司的代表权。财政部代表中国政府参与世界银行理事会事宜，从此开始了我国与世界银行的长期密切合作。我国利用世界银行贷款的项目不断获得成功，成为第三世界发展中国家利用世界银行贷款促进国内科技、经济发展的典范。

为了使用好世界银行和政府间的项目贷款，国务院成立以谷牧副总理为组长的指导小组。根据指导小组的指导原则，由国家外资委协调管理这方面工作。根据1981年1月国务院批准同意的《关于世界银行贷款工作的情况和建议》，谷牧召集有关部委开会布

① 刘向东：《对外开放起始录》，北京：经济管理出版社，2008年版，第33页。

置，政府贷款工作指导小组就正确地利用世界银行或政府间的中、低息和无息长期贷款，对有关部门职责分工、工作程序等问题进行了研究。指导小组认为：在自力更生的前提下，正确地恰当地利用世界银行或政府间的中、低息贷款和无息长期贷款，对实现第六个五年计划的经济调整任务和今后国民经济的发展是有利的。在这项工作中，要头脑清醒，从我国的实际需要与可能出发，贯彻执行我国国民经济调整的方针政策，经过综合平衡，量力而行，慎重选择，纳入计划，妥善利用，充分发挥投资效果。1981 年 3 月，国务院批准进出口委等部门提出的《关于世界银行贷款和政府间贷款工作中各有关部门工作程序、职责分工的意见》，这项工作有序地开展起来。1981 年 4 月，由国家外国投资管理委员会、财政部、教育部、中国银行组成的政府代表团赴美国，与世界银行进行谈判，并与该行签订了我国与世界银行的第一个贷款 2 亿多美元的协议（我国也安排了配套基建投资和费用约 1.25 亿元），用于教育项目，使近 200 所高校教学科研条件得到了很大程度的提高。

四、外资企业三法

（一）《中外合资经营企业法》首次允许外商对华投资

1979 年 7 月，五届全国人大二次会议通过《中外合资经营企业法》，《中外合资经营企业法》作为第一部正式的外商投资管理法律，首次从法律层面明确允许外国公司、企业和其他经济组织或个人，经中国政府批准，在中国境内同中国的公司、企业或其他经济组织共同举办合营企业。《中外合资经营企业法》是我国对外开放的第一个正式的法律文件，也是我国公司企业制度走上法制化的新起点，开创了我国法律确认有限责任公司形式的先河。

《中外合资经营企业法》颁布同日，中国国际信托投资公司筹备组宣布成立，1979 年 10 月 4 日，该公司正式成立，成为我国第一家从事信托投资业务的公司。中国国际信托投资公司做了许多堪称中国第一的事情：第一个在国外发行债券；第一个开展信托投资；第一个创办国际经济咨询；第一个开拓租赁业务；第一个开展房地产业务。[①]

1979 年 9 月，中国签订了第一家外商对华直接投资协议；1980 年 5 月中港合资的北京航空食品有限公司（编号“0001”的合资企业）正式成立，开创了改革开放利用外商直接投资的先河。1982 年修改了《宪法》，从根本上确立外商投资企业在中国的法律地位。仅从 1979 年 7 月《中外合资经营企业法》公布到 1983 年底，批准的外商投资企业总计 1361 个，协议外商投资金额 43.4 亿美元，外商实际投入金额 10.1 亿美元（均不含海上石油合作勘探开发和商品信贷）。

（二）《中外合作经营企业法》出台

1988 年 4 月，七届全国人大一次会议通过《中华人民共和国中外合作经营企业法》（以下简称《中外合作经营企业法》），创立了中外合作经营及合作企业的模式。1995 年 9 月 4 日，对外贸易经济合作部对外发布《中华人民共和国中外合作经营企业法实施细则》，对合作企业的设立、组织形式与注册资本、投资、合

① 胡绳、王梦奎：《中国改革开放二十年》，北京：北京出版社，1998 年版，第 250 页。

作条件、组织机构、分配收益与回收投资等事项做出具体规定。

从1979年的《中外合资经营企业法》，到1986年的《外资企业法》，再到1988年的《中外合作经营企业法》及各自对应的条例、细则，经过近十年的探索与实践，我国逐步建立第一阶段的外商投资监管原则与主要法律体系。《中外合资经营企业法》《外资企业法》《中外合作经营企业法》，俗称"外资三法"，共同确定了我国这一时期的外商投资政策与制度安排。

1986年以后政府机关和政府制定和通过的重要法律法规还有：1988年7月国务院印发《国务院关于鼓励台湾同胞投资的规定》、1990年8月国务院印发《国务院关于鼓励华侨和香港澳门同胞投资的规定》、1991年4月七届全国人大四次会议通过的《中华人民共和国外商投资企业和外国企业所得税法》。从1979年至1994年的16年间，中国制定颁布了500多个涉外经济法规，其中有关利用外资的法规、条例达到70多项，另外与65个国家签订了投资保护协定。[①]

从1987年起，我国吸收外商投资一直呈现直线上升趋势，规模越来越大，形势越来越好，促进国民经济发展的作用越来越明显。1978—1991年，我国利用外资开始起步，并在探索中不断扩大试点，年均实际使用外资17.9亿美元，1991年实际使用外资达到43.7亿美元。[②]

---

① 裴长洪：《中国对外开放与流通体制改革30年研究》，北京：经济管理出版社，2008年版，第219页。

② 李成钢：《改革开放40年来利用外资法律制度的变迁与展望》，《中国人大》，2019年05期。

五、鼓励外商投资二十二条

我国从1979年实行对外开放政策，广泛吸收国际投资，到1986年12月末，7年合计实际吸收外商投入资金74.3亿美元，建立中外合资经营、合作经营、外商投资经营企业7783家。能源、交通、机电、原材料等重点行业的外商投资取得一定程度的进展，但离国家所期望达到的目标还相差甚远。

1986年10月，国务院公布《关于鼓励外商投资的规定》（以下简称“二十二条”），在税收、信贷、进出口等方面提出一系列鼓励外商投资的政策措施，是一个全面鼓励外商对华投资的规定。同时，“二十二条”重点鼓励产品出口企业和先进技术企业两类企业，对两类企业投资给予了特别优惠待遇。

“二十二条”发布后不久，北京、天津两市成功地召开首届对外经济技术洽谈会。北京在会上接待了踊跃而来的世界四大洲94家商社的300余位外商，共签署利用外资项目合同、协议16项，成交额达4.41亿美元，还在108个项目上与外商达成合作意向，占接洽项目总数的67%，买卖盛况空前。天津在会上与外商共签署合作项目合同20项，成交额达500万美元。①

① 杨爱群：《“在中国投资的春天来到了！”——国外对鼓励外商投资新规定的反应情况综述》，《国际经济合作》，1987年02期。

第六节　推进外贸体制改革

一、下放对外贸易经营权

（一）广东、福建两省试点扩大对外贸易企业权限

1978 年 7 月召开的国务院务虚会反复讨论的重点议题之一就是外贸体制改革。为了增加出口，有些制度和办法要做出相应的改革，例如改用贸易外汇牌价，让生产部门和单位直接出口交货，实行外汇留成。①

1979 年 8 月，国务院公布《关于大力发展对外贸易增加外汇收入若干问题的规定》，提出各地区、各部门要千方百计发展出口商品生产，积极组织非贸易外汇收入。现行的外贸管理体制和其他有关的管理体制，必须实行改革。② 1979 年 10 月，邓小平在中共中央召开的各省、市自治区党委第一书记座谈会上讲话时指出，“过去我们统得太死，很不利于发展经济。有些肯定是我们的制度卡得过死，特别是外贸。好多制度不利于发展对外贸易，对增加外汇收入不利”③。

按照邓小平的指示和党中央、国务院的部署，1978—1982 年，国家进出口委在调查研究的基础上，协调有关部门，推动对垄断外

① 李岚清：《突围：国门初开的岁月》，北京：中央文献出版社，2008 年版，第 318 页。
② 《关于大力发展对外贸易增加外汇收入若干问题的规定》，载中共中央书记处研究室经济组编：《对外开放政策文献汇编（一九七九年七月— 一九八五年四月）》，北京：中共中央党校出版社，2004 年版，第 58 页。
③ 邓小平：《关于经济工作的几点意见》，《邓小平文选》（第二卷）北京：人民出版社，1994 年版，第 200 页。

贸体制的改革，对外贸体制陆续进行了一些改革试点。1979年，国家批准广东、福建两省采取特殊政策，扩大两省对外贸易企业的权限，可以自主安排经营本省的进出口贸易，成立省属对外贸易公司，实行产销结合工贸结合和内外贸结合的灵活原则。

1979年8月，北京、天津、上海三市进出口工作座谈会召开，根据三个市的条件，又将上述政策扩大到三市。同年9月，国家对三个市的外贸管理体制改革，还做出以下改革：一是在中央统一的外贸方针、政策和计划的指导下，对外贸业务试行双重管理，以地方为主，三市进出口总公司和各进出口分公司实行独立核算；二是有各市编制外贸收购和出口收汇计划，逐步扩大地方经营商品的范围；三是除重要大宗进出口物资和政府间贸易，其他商品可由各市进出口分公司直接对外经营，不受口岸分工限制；四是开展多种形式的工贸结合试点；五是扩大地方审批出国人员的权限。

（二）扩大外贸经营自主权在全国范围内普遍推开

广东、福建两省实行特殊政策、灵活措施和试办特区及北京、天津、上海三市扩大对外经济贸易自主权，在全国许多省区市反响强烈，特别是沿海经济比较发达的省份对加快改革开放的要求更为迫切。

1979年11月，国家进出口委在北京召开全国进出口工作会议，会议历时一个月，提出必须采取积极的态度把外贸体制改革逐步全面推开。确定把给予北京、天津、上海三市的外贸自主权扩大到沿海、沿长江等省区，条件成熟一个，批准一个。同时，决定扩大地方经营出口商品的范围；发挥中央各部门抓出口的积极性；加强农工贸结合、产销结合；把下放地方和部门经营的商品，列入地方和部门的财务预决算；改革外汇结算制度，对内对外实行两种不同汇价，完善出口收汇超基数流程办法，允许生产出口产品的企业之间以外汇进行结算；开放长江港口，先由国轮航运；增开定期班轮；充分利用和发挥港澳有利条件，开拓国际市场，发展对外经济贸易。[①] 至此，扩大外贸经营自主权在全国范围内普遍推开。

与此同时，为了充分发挥各地和各部门发展外贸的积极性，扩大外贸途径，增加产品出口，经国家批准，各地方可成立本地区外贸专业进出口公司，对某些特殊商品出口，还可以成立工贸结合、产供销一条龙的外贸公司。此外，将外贸专业总公司经营的部分商品，分散到有关工业部门成立工贸、农贸进出口公司经营。在四年多的时间内，先后批准成立省、市及部门的外贸公司 400 余家。

二、实行外贸企业经营承包制

（一）改革外贸体制的初步意见

在下放外贸经营权的高潮中，由于缺乏经验，试点中出现了一些问题。对此，国务院经讨论得出意见：方向必须坚持，只能前进，不能后退。根据国务院的要求，国家进出口委、外贸部就外贸体制改革问题，向中央财经领导小组作了汇报。会后根据中央财经领导小组的指示精神，共同制订了《关于改革外贸体制的初步意见》，印发 1980 年 12 月召开的全国进出口工作会议征求意见。之后，又经过讨论，听取有关方面的意见，并在上述《关于改革外贸

① 刘向东：《对外开放是怎样起始的》，《中国外资》，2010 年 03 期。

体制的初步意见》的基础上于1981年10月提出关于外贸体制改革的设想：逐步实现政企分开、企业经营和行政管理分开，以企业或企业联合体为外贸的经营实体，工贸结合，产销见面。按照权、责、利三统一的原则，由经营进出口业务的各部门、各地方和各企业（企业联合体）直接承担国家的外贸计划任务，独立核算，自负盈亏。

（二）1984年外贸体制改革

1984年5月，中央和国务院批转了《沿海部分城市座谈会纪要》，决定对外开放沿海14个城市，以此为契机，各地、各部门掀起新一轮外贸经营权放开和外贸企业改革的高潮。在此期间，14个沿海城市、经济特区、计划单列市等都先后建立了外贸专业公司或技术贸易公司，生产企业如鞍山钢铁公司、第一汽车制造厂、吉林化学工业公司等获得进出口经营权。

同年9月，国务院同意并批转《对外经济贸易部关于外贸体制改革意见的报告》（以下简称《报告》）。《报告》提出，为了更好地发展对外贸易，适应社会主义现代化建设的需求，外贸体制必须进行改革，涉及面广，政策性强，任务艰巨。希望经贸系统、各地区、各有关部门，要统一思想，提高认识，破除老框框，冲破习惯势力的束缚，解放思想，敢于创新，锐意改革。《报告》确立了外贸体制改革的基本原则是：（一）政企分开，经贸部专司管理；（二）外贸经营实行代理制度；（三）工贸结合，技贸结合，进出结合。

1984年到1985年两年时间内，国家共批准400家外贸进出口公司，国家各部委，地方各省、市、自治区，基本上都建立了经营本部门（系统）和本地的产品对外贸易企业。同时还成立了一批技术贸易、技术开发及外贸咨询服务等专业贸易公司。

从1987年开始，在工业企业承包经营责任制的影响下，对外经济贸易部着手对所属外贸专业总公司实行出口承包经营责任制试点。其承包的内容是：根据出口总额、出口商品换汇成本、出口盈亏总额3项指标，实行超亏不补、减亏留用、增盈对半分成，并按3项指标完成情况兑现出口奖励。承包的方式由对外经济贸易部发包，外贸专业总公司总承包后再按公司系统逐级分包到各分公司、子公司，然后落实到基层，甚至到个人。

从1979年到1987年上半年，各部门各地区在下放外贸经营权的高潮中，纷纷成立外贸进出口公司。这一时期，全国经批准共成立各类外贸公司2200多家。公司新增500多家，增长4倍多；国家各部委新成立300多家增长40倍；地方外贸公司新成立1200家，增长近400倍；生产企业有外贸经营权的约200家。

三、全面推行对外贸易承包经营责任制

1987年10月，党的十三大报告指出，“为了更好地扩大对外贸易，必须按照有利于促进外贸企业自负盈亏、放开经营、工贸结合、推行代理制的方向，坚决地有步骤地改革外贸体制”①。

1988年2月，国务院印发《关于加快和深化对外贸易体制改革若干问题的规定》（以下简称《规定》），《规定》指出全面推行

---

①《沿着有中国特色的社会主义道路前进——在中国共产党第十三次全国代表大会上的报告》，《人民日报》，1987年11月4日。

对外贸易承包经营责任制，即由各省、自治区、直辖市及计划单列市向国家承包经营，少数商品由外贸和工贸进出口总公司承包并统一经营。承包指标为出口收汇任务、上缴国家外汇任务以及企业盈亏总额等，超过出口收汇任务的外汇收入大部分归承包单位留成。同时改革计划体制，进一步缩小指令性计划，减少国家统一经营的出口商品。

这一改革方案首先使执行承包制的主体发生重大变化，即不是由原来的外贸公司进行承包，而是由地方政府作为承包人。同时，在外贸的计划、财务经营、管理、价格和外汇分配体制方面，改革均取得一些新的突破。改革的核心主要是通过建立和完善以汇率、税收等为主要杠杆的经济调节体系，推动外贸企业实现自负盈亏。[①]

自 1988 年起，国家全行业实行承包经营责任制，进一步调动了外贸企业的积极性。第三次外贸企业经营权下放和发展的高潮进一步形成。到 1988 年底，全国各类对外贸易企业已发展到 5000 余家。1988 年我国对外贸易总额首次突破千亿美元大关，达 1027.8 亿美元，比 1987 年增长 24.4%。[②]

① 裴长洪:《中国对外开放与流通体制改革 30 年研究》，北京：经济管理出版社，2008 年版，第 59 页。

② 海关总署统计分析司:《改革开放 40 年中国对外贸易发展报告》，北京：中国海关出版社，2018 年版，第 100 页。

四、建立外贸企业自负盈亏机制

针对第一轮外贸企业承包经营产生的一些问题，1990 年 12 月，国务院作出《关于进一步改革和完善对外贸易体制若干问题的决定》，决定推行新一轮的承包经营，主要从实行外贸企业自负盈亏入手，在调整人民币汇率的基础上，促进外贸企业走上统一政策、平等竞争、自主经营、自负盈亏、工贸结合、推行代理制的发展轨道。

1979—1991 年，我国国内生产总值年平均增长率为 9.8%，而同期内对外贸易总额和出口贸易总额的年平均增长率，分别高达 16.6%和 17.4%，不仅大大高于同期内我国国民经济的增长速度，也超过了世界上绝大多数国家和地区的对外贸易与出口贸易的增长速度。①

五、外贸管理体制变迁

早在 1978 年 5 月，为了做好新技术的引进工作，国务院成立了引进新技术领导小组。小组由国务院副总理余秋里担任组长，副组长由当时国家计委的副主任顾明担任。小组的任务主要是统筹提出新技术和成套设备的引进计划，搞好综合平衡；向中共中央、国务院提出有关引进的方针、政策和建议；组织引进计划的实施，进行督促检查，总结交流这方面的经验；组织有关方面研究、消化和

① 裴长洪：《中国对外开放与流通体制改革 30 年研究》，北京：经济管理出版社，2008 年版，第 100 页。

发展引进的新技术等。另外，完善相关引进法规，使引进工作有根据、有保证。

对外开放成为基本国策后，为审慎做好这项工作，1979 年 2 月，中共中央、国务院专门成立国务院进出口领导小组*。同年 6 月，党中央和国务院决定成立中华人民共和国进出口管理委员会和中华人民共和国外国投资管理委员会，两块牌子，一套机构（同时撤销进出口工作领导小组）。7 月 30 日，五届全国人大常委会第十次会议决定成立中华人民共和国外国投资管理委员会，与中华人民共和国进出口管理委员会是一个机构、两个名称。

* 国务院进出口领导小组，由余秋里任组长，重大方针、政策、规划问题由领导小组审议，在领导小组领导下，建立进出口工作办公会议。

为适应对外经济关系发展的需要，统筹对外经济贸易发展的全面工作，1982 年 1 月，邓小平在中共中央政治局扩大会议上发表题为《精简机构是一场革命》的讲话，对机构改革的性质、任务和方针原则提出重要意见。随后，中央和国务院机构改革工作开始进行，并率先进行外经贸系统的机构改革，将国家进出口委、外资委、外贸部、对外经济联络部合并组建对外经济贸易部。对外经济贸易部统一归口管理我国的对外贸易、利用外资、技术进出口、对外经济技术援助、对外承包工程和劳务合作、联合国发展系统及其他多边经济技术合作；负责研究、制订对外经济贸易法令、方针、政策和规章，组织制订对外经济贸易发展战略、规划，统一指导、协调和管理全国的对外经济贸易活动。

1982 年 4 月，对外经济贸易部正式挂牌办公。在坚持联合、统一对外的前提下，实行外贸行政两级管理制度，即经贸部为一级，各省市自治区和计划单列市以及经济特区的经贸厅（局、委）为一级。根据分级管理原则，扩大了地方一级的出口管理权限。

六、调整改革外汇制度

1991年，我国进一步对外贸体制进行改革，通过调整和改革汇率机制、统一外汇留成，创造平等竞争环境，取消对外贸出口的财政补贴，彻底打破“大锅饭”机制，使企业开始走上自负盈亏、自主经营、自我发展的道路。

（一）实行外汇内部结算

1979年8月，国务院印发《关于大力发展对外贸易增加外汇收入若干问题的决定》，其中指出，改变出口贸易结算办法和兑换牌价，要研究制定一个较为合理的外汇结算价格，在内部实行。这项改革任务关系重大，涉及许多方面。经请示国务院领导由国家进出口委牵头，国家计委、财政部、外贸部、国家外汇管理总局、国家物价总局组成汇价改革领导小组，下设办公室，由各单位派人参加工作，制定出实施办法。经过二十多次领导小组和专业会议，邀请专家学者座谈，分别听取外贸专业公司、工贸公司意见，提出改革现行汇价制度，对贸易外汇和非贸易外汇实行两种价格结算势在必行。自1981年1月1日起，我国开始实行贸易外汇内部结算价，不对外公布。与此同时，仍保留国家公布的外汇牌价，但只限于非贸易外汇汇兑结算。这一举措，对调动各方面出口积极性、增加外汇收入起到了重要作用。

（二）制定《中华人民共和国外汇管理暂行条例》

1979年初，国务院批准设立国家外汇管理局，明确其为国家外汇主管机构，行使外汇管理职能。从1979年开始，国家进出口委员会同国家外汇管理局着手制定《中华人民共和国外汇管理暂行条例》，并把条例草案交12位外汇管理分局局长座谈会讨论，同时，还把条例草案列入全国进出口工作会议文件征求意见。经过不断修改最终定稿，于1980年12月18日由国务院批准，并于1981年3月1日起实施。

第七节　一国两制

一、发表《告台湾同胞书》

1978年12月，五届全国人大常委会第五次会议讨论通过《中华人民共和国全国人民代表大会常务委员会告台湾同胞书》（以下简称《告台湾同胞书》）。1979年1月1日，《告台湾同胞书》公开发表。

《告台湾同胞书》强调，台湾自古就是中国不可分割的一部分。近30年台湾同祖国的分离，是人为的，是违反我们民族的利益和愿望的，决不能再这样下去了。早日实现祖国统一，不仅是全中国人民包括台湾同胞的共同心愿，也是全世界一切爱好和平的人民和国家的共同希望。《告台湾同胞书》指出，中国政府已经命令人民解放军从今天起停止对金门等岛屿的炮击。希望双方尽快实现通航通邮，以利双方同胞直接接触，互通讯息，探亲访友，旅游参观，进行学术文化体育工艺观摩。我们相互之间完全应当发展贸易，互通有无，进行经济交流。《告台湾同胞书》呼吁：统一祖国，是历史赋予我们这一代人的神圣使命。让我们携起手来，为这一光荣目标共同奋斗！[①]

二、提出“一国两制”

“一国两制”即“一个国家，两种制度”，是从中国的实际出发，解决台湾问题、香港问题和澳门问题，实现祖国和平统一的伟大构想。1981年8月，邓小平在会见台湾、香港知名人士时指出，“我们要力求通过和平方式解决台湾问题，实现祖国统一，但是也不能排除在某种情况下被迫使用武力”[②]。

同年9月，全国人大常委会委员长叶剑英发表谈话，就实现祖国和平统一问题提出九条方针。邓小平指出，“九条方针是以叶剑英主席的名义提出来的，实际上就是一个国家两种制度。两种制度是可以允许的”[③]。

1982年9月24日，邓小平在会见英国首相撒切尔夫人时指出，“香港继续保持繁荣，根本上取决于中国收回香港后，在中国的管辖之下，实行适合于香港的政策。香港现行的政治、经济制度，甚至大部分法律都可以保留，当然，有些要加以改革。香港仍将实行资本主义，现行的许多适合的制度要保持”[④]。

---

① 《告台湾同胞书》，《人民日报》，1979年1月1日。

② 中共中央文献研究室编：《邓小平年谱 一九七五— 一九九七》（下），北京：中央文献出版社，2004年版，第764页。

③ 中共中央文献研究室编：《邓小平年谱 一九七五— 一九九七》（下），北京：中央文献出版社，2004年版，第797页。

④ 中共中央文献研究室编：《邓小平年谱 一九七五— 一九九七》（下），北京：中央文献出版社，2004年版，第854–855页。

三、中英关于香港问题的联合声明

从 1982 年 9 月开始，经过中英双方两年多共 22 轮关于香港前途问题的谈判，1984 年 12 月 19 日，中英双方在北京正式签订《中华人民共和国政府和大不列颠及北爱尔兰联合王国政府关于香港问题的联合声明》（以下简称《联合声明》）。《联合声明》指出，中华人民共和国政府于 1997 年 7 月 1 日对香港恢复行使主权，英国政府将于同日将香港交还中华人民共和国。1985 年 5 月 27 日，中英两国政府在北京互换批准书，《联合声明》正式生效，历史遗留下来的香港问题终获解决。《联合声明》是现代国际关系史上的创举，为国际社会通过和平友好协商解决历史遗留问题提供了一个范例，受到世界各国的普遍欢迎。

四、中葡签订关于澳门问题的联合声明

1986 年 6 月，中国政府和葡萄牙政府开始就澳门问题举行谈判。1987 年 3 月 26 日，中国和葡萄牙两国政府在北京草签了《关于澳门问题的联合声明》（以下简称《联合声明》）。同年 4 月 13 日，两国政府在北京正式签署。

《联合声明》共六条。中葡两国政府在声明中指出，澳门地区是中国的领土，中华人民共和国政府将于 1999 年 12 月 20 日对澳门恢复行使主权。中国政府宣布根据“一国两制”的方针，在澳门设立特别行政区。特别行政区享有高度自治权，按澳门特别行政区

基本法规定，50 年内不变。[①]

自《联合声明》生效之日起至 1999 年 12 月 19 日止的过渡时期内，葡萄牙政府负责澳门的行政管理，中国政府给予合作。在联合声明生效时成立中葡联合联络小组，根据声明附件的规定建立和履行职责。《联合声明》于 1988 年 1 月 15 日起生效。

《联合声明》的签订完全符合包括澳门同胞在内的中葡两国人民的利益和愿望，标志着中葡两国关系进入了一个新的发展阶段。

---

① 《中华人民共和国政府和葡萄牙共和国政府关于澳门问题的联合声明》，《中华人民共和国国务院公报》，2006 年 02 期。

第二章
党的十四大到党的十六大前（1992—2002年）

▼

在当时国际国内形势下，这一阶段我国以市场为基础，进一步扩大对外开放，深化对外经济体制改革，推进形成全方位开放格局，积极适应经济全球化趋势，推动加入世界贸易组织和积极参与区域经济合作发展。在构建外向型经济体制，汇率、外贸、金融、外资以及计划管理体制改革等方面取得进展，促进了进出口快速增长，从根本上缓解了外汇和资本短缺，实现了经济起飞。

1992年春天，邓小平南方谈话明确回答了长期困扰和束缚人们思想的许多重大认识问题，重申了深化改革、加快发展的必要性和重要性，并从中国实际出发，站在时代的高度，科学总结了党的十一届三中全会以来的实践探索和基本经验，将建设有中国特色社会主义理论与实践大大地向前推进了一步。这一重要讲话，是把改革开放和现代化建设推向新阶段的又一个解放思想、实事求是的宣言书，不仅对即将召开的党的十四大具有十分重要的指导作用，而且对中国社会主义现代化建设事业具有重大而深远的意义。

1992年10月，党的十四大在北京举行，明确提出建立社会主义市场经济体制，提出实行对外开放是改革和建设必不可少的，应当吸收和利用世界各国包括资本主义发达国家所创造的一切先进文明成果来发展社会主义，封闭只能导致落后。随后党的十四届三中全会通过了《中共中央关于建立社会主义市场经济体制若干问题的决定》，提出要进一步扩大对外开放，加快开放步伐，发展开放型经济，实行全方位开放。[①]

20世纪80年代的对外开放为90年代我国进一步扩大开放奠定了基础。但我国全方位、多元化的大开放格局尚未形成，对外出口和引进外商投资的80%仍集中在沿海12个省、区、市，开放的领域、范围也比较有限。与此同时，第二次世界大战后国际格局迎来巨大变化，1991年底苏联解体，东欧剧变，冷战结束，1997年东亚经济遭遇亚洲金融危机重创。世界贸易组织（WTO）取代关贸总协定，经济全球化的广度、深度达到了前所未有的水平。[②]以计算机和互联网技术为代表的科技革命，开始极大改变人类生产生活方式。

第一节　深化外贸体制改革

1993年，按照党的十四届三中全会关于建立社会主义市场经

---

① 《中共中央关于建立社会主义市场经济体制若干问题的决定》，北京：人民出版社，1993年版，第7页。

② 隆国强主编：《构建开放型经济新体制——中国对外开放40年》，广州：广东经济出版社，2017年版，第78页。

济体制的目标，我国提出深化对外经济体制改革，进一步扩大对外开放，充分利用国际国内两个市场、两种资源，优化资源配置。积极参与国际竞争与国际经济合作，发挥我国经济的比较优势，发展开放型经济，使国内经济与国际经济实现互接互补。依照我国国情和国际经济活动的一般准则，规范对外经济活动，正确处理对外经济关系，不断提高国际竞争能力。在对外经济贸易体制方面，坚持统一政策、放开经营、平等竞争、自负盈亏、工贸结合、推行代理制的改革方向，建立适应国际经济通行规则的运行机制。

一、外贸体制改革的实施

（一）出台《关于进一步深化对外贸易体制改革的决定》

1991—1993 年，我国进行了以取消出口补贴、统一外汇留成为主要内容的外贸体制改革，使外贸领域的计划经济色彩进一步减弱，市场调节作用加强，对外贸易迅速发展。但是，不少外贸企业还受到较多的行政干预，汇率双轨制的存在对外贸的进一步发展也存在很大的阻力。

1994 年 1 月，国务院作出《关于进一步深化对外贸易体制改革的决定》（以下简称《决定》），标志着新一轮的外贸体制综合配套改革开始实施。《决定》提出，为了贯彻党的十四届三中全会的决定，适应建立社会主义市场经济体制的需要，在金融、财税、投资、外汇等重点领域进行重大改革的同时，必须进一步深化对外贸易体制改革。中国外贸体制改革的目标是：统一政策、放开经营、平等竞争、自负盈亏、工贸结合、推行代理制，建立适应国际经济通行规则的运行机制。[①] 并且提出改革外汇管理体制，促进对外贸易发展，运用法律、经济手段，完善外贸宏观管理，转换外贸企业经营机制，逐步建立现代企业制度，强化进出口商会的协调服务职能，完善外贸经营的协调服务机制，保持外贸政策的统一性，增强外贸管理的透明度等方面的改革措施。

（二）出台《中华人民共和国对外贸易法》

为了扩大对外开放，发展对外贸易，维护对外贸易秩序，保护对外贸易经营者的合法权益，促进社会主义市场经济的健康发展，1994 年 5 月，八届全国人大常委会第七次会议通过《中华人民共和国对外贸易法》（以下简称《对外贸易法》）。

《对外贸易法》作为我国国家立法机关通过的一部重要法律，其作用主要体现在以下几个方面：

（1）维护对外贸易秩序。《对外贸易法》规定了对外贸易经营者的资格、经营活动等方面的要求，规范了对外贸易秩序，保障了国家对外贸易管理的公正性和透明度。

（2）促进对外贸易发展。《对外贸易法》鼓励中国企业积极参与国际市场竞争，推动我国的出口和进口贸易发展。该法还规定了对外贸易促进措施，包括出口退税、关税减免、扶持企业发展等，以促进中国的对外贸易发展。

（3）保护知识产权。《对外贸易法》强调保护知识产权，规定了与对外贸易有关的知识产权保护措施，包括商标、专利、著作权

① 《国务院关于进一步深化对外贸易体制改革的决定》，国务院办公厅网站，2010 年 11 月 15 日。

等方面的保护，以保障中国的知识产权权益。

（4）加强对外贸易调查。《对外贸易法》法赋予中国政府在必要时可以对进口商品进行调查的权利，以保护中国的国家利益和产业安全。

总之，《对外贸易法》是我国对外贸易领域的基础法律，对维护对外贸易秩序、促进对外贸易发展发挥了重要的作用。《对外贸易法》的颁布和实施，对于促进我国对外贸易持续健康协调发展，维护国家经济安全，推进改革开放和现代化建设具有重要意义。

这一轮外贸体制改革的实施，加强了市场机制的调节作用，促进了中国对外贸易市场化的进程并实现了高速增长，优化了资源配置和提高了资源使用的效益，彻底打破了以往国家经营对外贸易的体制，对于建立和完善社会主义市场经济体制，促进国民经济持续快速健康发展具有重要意义。

二、建立现代金融制度

为落实党的十四大关于建立社会主义市场经济体制的总体部署，这一时期，我国推进建立现代金融制度。

（一）印发《关于金融体制改革的决定》

1993 年 12 月，国务院印发《关于金融体制改革的决定》（以下简称《决定》），目的是改革现行金融体制，加强中央银行的职能，实行政策性银行和商业性银行分开及汇率并轨，逐步建立以国有商业银行为主体、多种金融机构并存的金融组织体系，推动形成统一开放、有序竞争、严格管理的金融市场。此外，《决定》提出改革外汇管理体制，协调外汇政策和货币政策，其核心实际是“汇率并轨”，建立人民币汇率市场化形成机制。

《决定》中明确了中央银行的主要职能是：制定和实施货币政策，保持货币的稳定；对金融机构实行严格的监管，保证金融体系安全、有效地运行。《决定》主要包含七个方面的内容：一是确立强有力的中央银行宏观调控体系。深化金融体制改革，首要的任务是把中国人民银行办成真正的中央银行。二是建立政策性银行。建立政策性银行的目的是实现政策性金融和商业性金融分离，以解决国有专业银行身兼二任的问题；割断政策性贷款与基础货币的直接联系，确保人民银行调控基础货币的主动权。三是把国家专业银行办成真正的国有商业银行。在政策性业务分离出去之后，现国家各专业银行（中国工商银行、中国农业银行、中国银行和中国人民建设银行）要尽快转变为国有商业银行，按现代商业银行经营机制运行。所有商业银行都要按国家有关金融的法律法规完善和发展。四是完善货币市场、证券市场，建立统一开放、有序竞争、严格管理的金融市场。五是改革外汇管理体制，协调外汇政策与货币政策。外汇管理是中央银行实施货币政策的重要组成部分。我国外汇管理体制改革的长期目标是实现人民币可兑换。六是正确引导非银行金融机构稳健发展。要明确规定各类非银行金融机构的资本金数额、管理人员素质标准及业务范围，并严格审批，加强管理。要适当发展各类专业保险公司、信托投资公司、证券公司、金融租赁公司、企业集团财务公司等非银行金融机构，对保险业、证券业、信托业和银行业实行分业经营。七是加强金融业的基础建设，建立现代化的金融管理体系。[①]

（二）改革外汇管理体制

党的十一届三中全会以后，我国的汇率体制从单一汇率制转为双重汇率制，经历了官方汇率与贸易外汇内部结算价并存、官方汇率与外汇调剂价格并存两个汇率双轨制时期。

1994年以前，人民币汇率由国家实行严格的管理和控制，企业、居民个人使用外汇需要获得外汇管理局的批准，不能自由买卖外汇。

1. 发布《关于进一步改革外汇管理体制的公告》

1993年12月，中国人民银行发布《关于进一步改革外汇管理体制的公告》，决定自1994年1月1日起，实行外汇收入结汇制，取消外汇分成。

境内所有企事业单位、机关和社会团体的各类外汇收入必须及时调回境内。实行银行售汇制，允许人民币在经常项目下有条件可兑换。在实行售汇制后，取消经常项目正常对外支付用汇的计划审批。

建立银行间外汇交易市场，改进汇率形成机制，保持合理及相对稳定的人民币汇率。实行银行结汇、售汇制后，建立全国统一的银行间外汇交易市场。外汇指定银行是外汇交易市场的主体。银行间外汇交易市场主要职能是为各外汇指定银行相互调剂余缺和清算服务。银行间外汇交易市场，由中国人民银行通过国家外汇管理局

① 《国务院关于金融体制改革的决定》，《中华人民共和国国务院公报》，1993年31期。

监督管理。1994 年 1 月 1 日开始，实行人民币汇率并轨。并轨后的人民币汇率，实行以市场供求为基础的、单一的、有管理的浮动制。由中国人民银行根据前一日银行间外汇交易市场形成的价格，每日公布人民币对美元交易的中间价，并参照国际外汇市场变化，同时公布人民币对其他主要货币的汇率。各外汇指定银行以此为依据，在中国人民银行规定的浮动幅度范围内自行挂牌，对客户买卖外汇。在稳定境内通货的前提下，通过银行间外汇买卖和中国人民银行向外汇交易市场吞吐外汇，保持各银行挂牌汇率的基本一致和相对稳定。

此外，提出取消境内外币计价结算，禁止外币在境内流通；加强国际收支的宏观管理等举措。

2. 本次汇率改革的成效

本次汇率改革建立了全国统一规范的银行间外汇交易市场，取得了超乎预期的成功。人民币并轨为单一汇率，大大推进了汇率形成机制的市场化改革，促进了出口、外商直接投资和外汇储备余额的增长。这个时期，外商直接投资成为我国利用外资的主渠道，尤其是发达国家的制造业跨国公司投资增长，带动了我国对外贸易的发展，我国深入融入国际加工贸易中。

1994 年 4 月 4 日，银行间外汇交易市场正式运营，各外汇指定银行依照中国人民银行公布的汇率，在规定的上下幅度内决定挂牌汇率，对客户买卖外汇。这时期人民币汇率有以下几个特点：第一，人民币汇率不再由官方直接制定，而是由外汇指定银行自行确定和调整；第二，由外汇指定银行制定出的汇率是以市场供求为基础，并以此形成了统一的汇率；第三，亚洲货币危机后人民币汇率处于超稳定状况，并单一盯住美元。

1996 年，随着国内经济“软着陆”逐步取得成效，国际收支形势较好，我国抓住有利时机，进一步推进了外汇体制改革进程：1996 年 7 月 1 日，外商投资企业的经常项目外汇收支纳入银行结售汇体系；居民因私兑换外汇的标准提高到每人每次可兑换 2000 美元；居民出境定居，其离退休金、退职金及抚恤金可全部兑换外汇；出入境展览、招商等非贸易经常性用汇的限制也被取消。1996 年 12 月 1 日，我国宣布实现人民币经常项目可兑换。

综上所述，实现人民币经常项目可兑换是我国外汇体制改革进程中的一个重大突破。由于前期的分步实施和准备充分，经常项目的开放并没有对我国的国际收支和市场环境构成重大冲击。1997 年，实现经常项目可兑换后的第一年，全国进出口总值就比上年增加了 12.2%，增速比 1996 年的 3.2%提高了 9 个百分点。

（三）出台《中华人民共和国人民银行法》

1995 年被称为我国的“金融立法年”。全国人大及其常委会先后颁布了“五法一决定”，即《中华人民共和国中国人民银行法》《中华人民共和国商业银行法》《中华人民共和国担保法》《中华人民共和国票据法》《中华人民共和国保险法》《全国人民代表大会常务委员会关于惩治破坏金融秩序犯罪的决定》。

其中，《中华人民共和国中国人民银行法》（以下简称《中国人民银行法》）是我国第一部由全国人大颁布的金融法律，于 1995 年 3 月由八届全国人大三次会议通过。《中国人民银行法》规定，中国人民银行是中华人民共和国的中央银行。中国人民银行在国务院的领导下，制定和执行货币政策，防范和化解金融风险，维护金融稳定。该法将中国人民银行作为中央银行的职能和责任以法律的形式固定下来。这是新中国成立以来的第一部金融大法，它的颁布和实施标志着我国金融事业步入了法制化、规范化的轨道。

1995 年 5 月 10 日，八届全国人大常委会第十三次会议审议通过了《中华人民共和国商业银行法》(以下简称《商业银行法》)。《商业银行法》是为了保护商业银行、存款人和其他客户的合法权益，规范商业银行的行为，提高信贷资产质量，加强监督管理，保障商业银行的稳健运行，维护金融秩序，促进社会主义市场经济的发展而制定的法律。这部法律总结了新中国成立以来特别是金融体制改革以来，我国商业银行改革的实践经验，根据建立社会主义市场经济体制下的商业银行体系*的需要，创造性地借鉴并吸收了各国商业银行立法的成功经验和做法，标志着我国商业银行的发展和监管开始步入法制化、规范化的轨道，为我国商业银行向现代化商业银行迈进明确了方向。

* 我国商业银行体系包括：国有商业银行、交通银行以及中信实业银行、光大银行、华夏银行、招商银行、福建兴业银行、广东发展银行、深圳发展银行、上海浦东发展银行和农村合作银行、城市合作银行等。

三、外贸领域多种所有制格局形成

外贸经营权制度改革是外贸经营体制改革的核心内容。改革开放以来，随着外贸经营权的放开，我国外贸经营主体日趋多元化。20 世纪 90 年代以后，随着我国大中型国有生产企业、商业企业和具备条件的科研院所获得自营进出口权，国有外贸企业迅速增加。我国国有外贸经营主体内部出现了外贸专业总公司、地方外贸公司、有进出口经营权的内贸企业及自营进出口生产企业等各种形式从事外贸活动的企业。此外，除了国有企业以外，还出现了股份制企业、集体企业、私营企业、中外合营企业及外商独资企业等。随着外贸经营权由审批制向登记制逐步过渡，获得外贸经营权的企业数量急剧增长。到2002年底，全国共有6.8万家内资企业获得了进出口经营权，外资企业达到42万余家。[①]

（一）放开外贸经营权

1. 赋予一批科研院所自营进出口权

1993年10月，外经贸部和国家科委联合发布《赋予科研院所科技产品进出口权暂行办法》。1993年3月，经贸部、国家科委、国防科工委和国家教委在北京召开大会，赋予我国首批100家科研院所科技产品对外经营权，并向这100家单位印发《对外经营权批准书》。

2. 赋予商业、物资系统企业外贸经营权试点

1993年11月，国务院批转《国家经贸委、外经贸部、内贸部关于赋予商业、物资企业进出口经营权试点意见的通知》（以下简称《通知》），正式赋予商业、物资系统的企业外贸经营权试点。《通知》规定，对于沿海地区物资、商业批发企业、商业零售企业，分别要求其年进出口额（试点初期可以销售额作为参照）在10亿元和3亿元以上，且出口额不低于上述进出口额的三分之一。

3. 赋予私营生产企业和科研院所自营进出口权

1998年9月，国务院批准对外贸易经济合作部《关于赋予私营生产企业和科研院所自营进出口权的暂行规定》（以下简称《暂行规定》），对私营企业从事进出口活动的主体经营资格全面松绑，成为我国外贸体制改革的的又一次重大突破。《暂行规定》对具备

① 中国对外经济贸易年鉴编辑委员会：《中国对外经济贸易年鉴（2003年）》，北京：中国商务出版社，2004年版，第73页。

* 具备条件的私营生产企业和私营科研院所即依法登记注册、资本属于私人所有或私人资本控股的生产性企业或科研机构，包括独资企业、合伙企业、有限责任公司和股份有限公司。

条件的私营生产企业和私营科研院所*全面放开了进出口权。2000年12月，外经贸部进一步下发《关于调整私营生产企业和科研院所申请自营进出口经营权资格条件的通知》，自2001年1月1日起私营生产企业和科研院所申请自营进出口权的资格条件按国有、集体生产企业和科研院所的标准执行，将私营生产企业注册资本由850万元以上调整为不少于500万元（少数民族地区和中西部地区应不少于300万元），私营科研院所、高新技术企业和机电产品生产企业的注册资本由应不少于200万元，不再考核销售收入和出口供货额等条件。[①]

4. 外贸经营权由审批制向登记制逐步过渡

1996年3月，国务院印发《关于经济特区企业进出口经营权问题的批复》（以下简称《批复》），为了进一步支持经济特区对外经贸事业的发展，深化外贸体制改革，原则同意外经贸部关于将经济特区作为逐步放开企业进出口经营权试点地区的意见，探索、总结外贸经营权由许可制向登记制过渡的路子和经验。

《批复》提出，从1996年起，对海南、深圳、珠海、汕头、厦门五个经济特区的企业申请进出口经营权，进行试点。第一，对经济特区内生产企业申请自营进出口权，试行自动登记制。即：经济特区内的生产企业，在向当地外经贸部门申请登记并经核准后，即具有出口自产产品和进口生产所需的机械设备、原辅材料的进出口经营权，可按规定到海关、商检、外汇、工商、税务等管理部门办理有关手续。第二，对经济特区内除生产企业以外的其他企业申请

① 《关于调整私营生产企业和科研院所申请自营进出口经营权资格条件的通知》，《中华人民共和国国务院公报》，2001年30期。

进出口经营权，试行由外经贸部总量控制，经济特区自行审批的办法。即在外经贸部重新核定各经济特区现有具有进出口经营权的企业数量的基础上，按照外贸企业总数和一般贸易出口创汇规模挂钩的原则，各经济特区一般贸易出口创汇总额每增加1亿美元或一般贸易年出口创汇增长率每增加5%，可增加1家外贸企业。各经济特区外经贸部门按照外经贸部规定的必要条件和标准，自行审批在经济特区内从事进出口业务的外贸企业，并报外经贸部备案。①

1999年1月1日，国家对全国大型工业企业*实行自营进出口权备案登记制，而且备案机关下放到省级外经贸主管部门，经营范围限定于自产产品的出口业务和生产所需的设备、零件、原辅材料的进口业务，经营国家统一联合经营的出口商品和国家实行核定公司经营的进出口商品仍需上报审批。

* 原国家经贸委、计委、统计局、财政部、劳动部、人事部六部委审定认证的大型工业企业。

进入21世纪以后，随着我国加入世界贸易组织，进出口经营权改革进入全新阶段。2001年7月，进出口权审批制正式进入进出口经营资格登记制和核准制分类管理。其中，生产企业（含科研院所）的进出口经营资格实行登记制。外贸流通经营资格实行核准制。

（二）改革进出口管理制度

1992年12月，国务院批转外经贸部《出口商品管理暂行办法》，对原出口管理体制做了较大调整。例如，取消出口商品一、二、三类的分类管理，改为少数关系国计民生等重要商品由国家有关公司统一联合经营，大部分商品放开经营，从而结束了长达10

① 《国务院关于经济特区企业进出口经营权问题的批复》，中国政府网，2010年11月22日。

年之久的三类商品分级管理的分经营模式。

在进出口经营主体审批管理方面，1992年5月，国务院批转外经贸部、国务院生产办《关于赋予生产企业进出口权有关意见》，提出审批经营主体的主要条件。对于产品技术密集的生产企业、一般机电产品的生产企业和非机电产品的生产企业，分别要求连续两年年均出口供货值在100万、200万和400万美元以上。

在出口退税制度方面，1994年，国家税务总局印发《出口货物退（免）税管理办法》，建立了以征税税率为基础的“征多少、退多少”的退税体系。

四、积极吸引外商投资

改革开放之初，我国外商投资主要来源于港澳地区，20世纪90年代扩展到亚洲国家。随着对外开放的逐步深入和经济全球化的不断发展，投资来源地已遍及全球200多个国家和地区。

（一）20世纪90年代利用外资的两个阶段

20世纪90年代，我国利用外资大致可分为两个阶段。1992年至1997年是我国利用外资的高速增长阶段。以1992年南方谈话和党的十四大为契机，我国对外开放出现了崭新局面，利用外资得到全力推进。1992年，我国批准外商投资企业48764家，超过改革开放初期13年的总和，实际使用外资金额开始稳居发展中国家首位。1993年批准的外商投资企业83437家，协议外资额和实际利用外资额各为1114.36亿美元和275.15亿美元。1992—1997年，我国实际使用外商直接投资由110亿美元增长至453亿美元，年均增速达32.7%。[①] 1994年、1995年，我国批准的外资项目数和协议外资额开始有所下降，但是实际利用的外商直接投资却继续增长。这一阶段，除了外资迅速增长以外，国际上一些著名跨国公司开始大量投资我国，投资领域和地域进一步扩大，欧美发达国家对华投资加速发展。

1997年以后，随着国内经济形势和国际环境的变化，我国利用外资进入一个新的转折阶段，其突出表现是吸收外资增长速度大幅度降低，其中1997年对外借款已陷入负增长，1998年进一步下降8.5%。1998年利用外资总额出现改革开放以来的第一次负增长，由上年的64亿美元减少到58.9亿美元，降幅达7.9%，其中外资直接投资由453亿美元增加到456亿美元，仅略增0.7%。[②]

（二）利用外资的政策和措施

1. 印发《指导外商投资方向暂行规定》和《外商投资产业指导目录》

1987年，我国首次印发《指导吸收外商投资方向暂行规定及其目录》。1992年，国务院印发《关于商业零售领域利用外资问题的批复》。1995年6月，经国务院批准，国家计划委员会、国家经济贸易委员会和对外贸易经济合作部发布《指导外商投资方向暂行规定》和《外商投资产业指导目录》。《外商投资产业指导目录》

① 《国家统计局新中国成立70周年经济社会发展成就系列报告之二十二——对外经贸开启新征程 全面开放构建新格局》，国家统计局网，2019年8月27日。

② 马宇：《实现第二次战略转变——面向21世纪的中国利用外资战略》，《国际贸易》，1999年09期。

明确规定了鼓励、允许、限制或者禁止外资进入的行业。对于鼓励类行业，在投资项目审批、所得税、进出口权和资金、外汇使用等方面都实行优惠政策，我国利用外资从单纯引进资金向技术引进和促进产业结构调整升级的方向倾斜。对我国鼓励发展的产业，在投资总额内进口的自用设备，除若干特殊商品外，均免征关税和进口环节增值税，充分体现了我国进一步扩大开放、不断提高对外开放水平的政策意向。至此，《外商投资产业指导目录》成为我国利用外资产业导向的重要政策工具。

1997 年，受到亚洲金融危机的严重冲击，外商投资企业进出口增速放缓。为促进外资经济持续发展，抵消亚洲金融危机对我国经济的不利影响，《外商投资产业指导目录》进行了第一次修订，对外资企业实行更优惠的税收政策。此后，按照国家发展战略重点调整，《外商投资产业指导目录》又进行了多次修订。

2. 进行试办中外合资外贸企业试点

1995 年 11 月，中国在亚太经合组织（APEC）*第三次领导人非正式会议上宣布，将在上海等地进行中外合资外贸企业试点。为了进一步扩大对外开放，促进我国对外贸易的发展，1996 年 9 月，对外经济贸易部发布《关于设立中外合资对外贸易公司试点暂行办法》（以下简称《暂行办法》）。

《暂行办法》出台后，3 家合资外贸公司即东菱贸易有限公司、上海兰生大宇有限公司与中技一鲜京贸易有限公司，于 1997 年 8 月在上海浦东新区揭牌，外经贸部部长吴仪和上海市市长徐匡迪为 3 家中外合资外贸公司揭牌，揭开了我国外贸体制创新与结构优化的崭新篇章。外资以合资方式进入我国对外贸易领域，是中国利用外资政策的重大突破。通过建立中外合资贸易公司，有利于强化外贸领域的竞

* 亚太经合组织是亚太地区重要的经济合作论坛，也是亚太地区最高级别的政府间经济合作机构。1989 年 11 月 5 日至 7 日，亚太经济合作会议首届部长级会议举行，标志着亚太经济合作组织的成立。

争，推动我国外贸企业深化改革和实行资产重组，走规模经营道路，有力推动我国外贸企业与国外有实力的大公司合作，学习先进技术和经验，参与国际分工和竞争。

3. 出台《关于进一步扩大对外开放提高利用外资水平的若干意见》

1998年，中共中央、国务院印发《关于进一步扩大对外开放提高利用外资水平的若干意见》，提出多渠道多方式吸收外商投资，实施利用外资多元化战略，以及进一步提高利用外资水平工作的要求，即“适应经济持续增长的需要，保持利用外资的一定规模，使吸收外商直接投资继续处于发展中国家的前列。引导外资投向，调整引进外资结构，为提高国民经济素质和效益服务。坚持以市场换技术的方针，加大引进高新技术产业和先进适用技术的力度，推动产业升级。促进解决经济和社会发展的突出矛盾，创造更多的就业机会，弥补资源不足。坚持国际收支基本平衡，保持必要的外汇储备。正确处理扩大对外开放与独立自主、自力更生的关系，维护国家经济安全”[①]。1999年，国家出台有关鼓励企业开展境外加工装配业务的意见，除了下放对外投资审批权限以外，还根据改革开放进一步深化、民营企业迅速崛起的新形势，取消了对赴境外投资企业的所有制限制，规定无论是国有企业、外商投资企业，还是民营企业，只要具有开展境外加工装配业务实力和优势的，都可以对外投资并享受相关的支持和鼓励政策。

在一系列利好政策影响下，1992—2000年，我国外商投资企

① 《关于进一步扩大对外开放提高利用外资水平的若干意见》，载中共中央文献研究室编：《十五大以来重要文献选编》（上），北京：中央文献出版社，2011年版，第261页。

业进出口贸易值年均增长率高达 24.3%，其中 2000 年进出口值突破 2000 亿美元，占同期我国外贸进出口总值的 49.8%。[①]

总的来看，从 1992 年党的十四大到 2001 年末加入世界贸易组织，我国经过不懈努力，初步建立了符合社会主义市场经济体制的外贸新体制。这轮改革以市场为导向，建立了适应国际经济通行规则的各项配套措施。比如，取消外贸指令性计划，完善出口退税制度，确定了以汇率、关税、税收、利率等经济手段调节对外贸易的管理原则；改革了外汇管理体制，实行人民币浮动汇率制度，实现双重汇率并轨和人民币经常项下的可自由兑换；改组国有对外贸易企业，将对外贸易经营权由审批制改为登记和核准制，推动了对外贸易主体多元化。

通过对外贸易宏观管理体制改革，市场机制在资源配置中的基础性作用明显增强，外贸经营权逐步突破中央与地方之间、部门之间、行业之间、不同所有制之间的界限，一步步从根本上重塑了我国对外贸易的微观基础，为多元化外贸主体运营创造了良好的体制环境。另外，为进一步借助外资在技术、管理等方面的经验和优势，推动国内产业升级，以市场换技术的外资政策陆续出台，国家对外资企业的各类限制开始松动，加之这一阶段我国为配合加入世界贸易组织谈判多次降低关税和非关税壁垒，一定程度上激发了企业参与对外贸易活动的积极性。到 20 世纪 90 年代后期，我国外贸体制发生了根本性变化，基本形成以市场为导向、与国际规则相适应的外贸体制框架。经过改革，我国参与国际市场分工程度加深，

---

① 海关总署统计分析司：《改革开放 40 年中国对外贸易发展报告》，北京：中国海关出版社，2018 年版，第 72 页。

对外开放水平明显提升，为我国对外贸易大发展奠定了良好基础，为我国加入世界贸易组织提供了良好的条件。

第二节　进一步形成全方位开放格局

进入20世纪90年代，为了适应经济全球化大趋势，迎接世界经济的挑战，发展外向型经济，我国对外开放战略进一步升级，地域上进一步向纵深推进。例如，内陆全面开放、周边开放以及全球开放不断纵深推进，基本形成从经济特区到沿海开放城市、沿海经济开放区、所有内陆地区的全方位的对外开放格局。

一、口岸和城市陆续开放

（一）开放口岸并改革口岸管理体制

从1978年到1993年的15年间，我国一共开放一类口岸211个。其中，海运口岸65个，河运口岸52个，铁路口岸12个，空运口岸46个，公路口岸35个。全国除了青海、宁夏回族自治区，其他省、自治区、直辖市，都有了开放的口岸和口岸管理机构。经一类口岸进出的外贸货物量由1978年的7033万吨增加到1993年的3.05亿吨，平均每年递增10%。①

1992年后，改革开放进入扩大时期，口岸空间开放体系向内

① 谷萌：《中国口岸发展报告》，《中国国情国力》，1994年07期。

陆推进，内陆与沿边口岸沿交通线和边境线带状开放，逐步开放河港、陆港和空港，各类口岸比例均衡，陆向开放趋势显著。[①]

1994—1997年，围绕建立依法把关、监管有效、方便进出、服务优良、管理科学、收费合理、国际一流的口岸管理机制和政企分开、统一协调、平等竞争、高效运作的港口运营机制，国务院推进深圳口岸管理体制改革试点，相继出台18项配套措施，着力推进边检人员职业化试点，重点改革卫检、动植检、商检、港监、引航管理体制和口岸收费制度及口岸管理机构，简化查验程序、提高工作效率，“边防管人、海关管物”，口岸现场查验机制基本形成，各项改革措施基本到位，达到了预期目标，取得了良好效果。1998年国家口岸管理机构职能调整后，口岸查验机构调整进一步整合优化，海关总署由副部级升格为正部级，国家层面口岸规划和审理职能划归海关总署承担；卫检、动植检、商检“三检合一”，组建国家出入境检验检疫局，由海关总署管理。2001年国家出入境检验检疫局和国家质量监督局合并，组建正部级的质检总局，原属垂直管理的各地出入境检验检疫机构和原地方管理的各地质量技术监督机构管理体制维持不变。[②]

（二）开放沿边城市，促进边境贸易

1987年，国家民委等十几个部委联合就边境贸易情况进行调研，并向国务院提交《关于积极发展边境贸易和经济技术合作促进

---

① 韩增林、曹凡、郭建科、李富祥：《改革开放以来中国口岸体系演化阶段识别及其开放特征分析》，《世界地理研究》，2022年03期。

② 朱振：《新中国口岸开放发展70年》，《边界与海洋研究》，2019年04期。

边疆繁荣稳定的意见》。1991 年 4 月，国务院办公厅转发《经贸部等部门关于积极发展边境贸易和经济合作促进边疆繁荣稳定意见的通知》，提出开展边境贸易和经济合作，对于促进我国边境地区经济发展，增强民族团结，繁荣、稳定边疆，巩固和发展我国同周边国家的睦邻友好关系都具有重要意义。各边境省、自治区和国务院有关部门要按照发挥优势、通贸兴边、加强管理、健康发展的方针，进一步做好这项工作。

从 1992 年起，国家实施沿边开放战略，继沿海地区和内陆城市开放之后，进一步扩大开放同周边国家接壤的沿边地区。1992 年 3—7 月，国务院发布了一系列文件，陆续批准黑龙江的黑河、绥芬河，吉林的珲春，内蒙古自治区的满洲里、二连浩特，新疆维吾尔自治区的伊宁、博乐、塔城，云南的畹町、瑞丽、河口，广西的凭祥、东兴、丹东等城市为沿边开放城市，实行对外开放的优惠城市。

这一时期，国家先后制定了一系列扶持、鼓励边境贸易和边境地区发展对外经济合作的政策措施，有力地促进了我国边境地区经济发展，对增强民族团结，繁荣、稳定边疆，巩固和发展我国同周边国家的睦邻友好关系，起到了积极作用。随着我国改革的不断深化和进一步扩大开放，这些政策措施需要按照建立社会主义市场经济体制的总体要求，作出必要的调整、规范和完善。1996 年 1 月，国务院下发《关于边境贸易有关问题的通知》，对边境贸易管理形式、税收等若干问题作出具体规定，强调要“积极支持边境贸易和边境地区对外经济合作的发展”。中国的沿边开放已初步形成以沿边地区的省和自治区中心城市为依托、以边境城市和边境经济合作区为重点、以开放口岸为前沿，面向东北亚和中亚以及东南亚市场的多层次的开放格局，对于发展与周边国家（地区）的经济贸易和睦邻友好关系、繁荣少数民族地区经济发挥了积极作用。

（三）开放沿江城市和内陆地区省会城市

继沿海、沿边城市相继对外开放之后，国务院1992年7月又下发通知，决定进一步对外开放重庆、岳阳、武汉、九江、芜湖5个长江沿岸城市，哈尔滨、长春、呼和浩特、石家庄4个省会（首府）城市，太原、合肥、南昌、郑州、长沙、成都、贵阳、西安、兰州、西宁、银川11个内陆地区省会城市，实行沿海开放城市的政策。

二、建设特殊经济区

（一）经济开发区

1992—2002年，我国国家级经济技术开发区增加到54个（含享受国家级经济技术开发区政策的上海浦东新区、苏州工业园区、宁波大榭开发区、海南洋浦开发区和厦门海沧台商投资区），规划面积达到725平方公里。2002年，全国经济技术开发区生产总值接近3500亿元，是1992年的20多倍，占全国GDP的比重3.4%；工业总产值是1992年的30倍，工业增加值占全国的比重达到5%。电子信息、汽车、装备制造、化工等一系列资本密集型和技术密集型的制造业集聚发展，已经成为我国乃至全球重要的高新技术产业基地。同时，物流、金融、服务外包等生产性服务业也初具规模。全国各省会、首府城市及中心城市都有国家级开发区，布局更加合理，更好发挥窗口、辐射、示范、带头作用。[1]

（二）高新技术开发区

为应对世界新科技革命的挑战，加速我国高新技术产业发展，20世纪90年代初，在邓小平“发展高科技，实现产业化”理论的指导下，国务院分两批共建设50余个国家级高新区。高新技术开发区在基础设施建设、信贷资金支持、吸引利用外资、进出口贸易、设立风险投资基金等方面享有国家赋予的特殊支持政策。

（三）保税区

1990年，上海外高桥保税区的建立标志着我国海关特殊监管区域探索的开始。保税区按照国际惯例运作，具有进出口加工、国际贸易、保税仓储和商品展示等功能，是当时我国对外开放程度最高、运作机制最便捷、政策最优惠的经济区域之一。到1996年，我国共批准15个保税区*。

* 这15个保税区是：上海浦东外高桥保税区，天津港保税区，深圳沙头，福田，盐田港保税区，珠海保税区，张家港保税区，大连保税区，广州保税区，海口保税区，厦门象屿保税区，福州保税区，宁波保税区，青岛保税区，汕头保税区。

三、实施西部大开发国家战略

世纪之交，我国开始实施西部开发战略。这是我国在经济发展地区布局上作出的又一次重大战略部署，关系到民族团结、社会稳定和边防巩固，关系到东西协调发展和最终实现共同富裕。

1999年3月，九届全国人大二次会议和中国人民政治协商会

---

① 改革开放简史编写组：《改革开放简史》，北京：人民出版社、中国社会科学出版社，2021年版，第128页。

议第九届全国委员会第二次会议上提出了西部大开发的战略思想。同年6月，在中央扶贫开发工作会议上，再次谈到西部大开发问题。9月22日，党的十五届四中全会正式提出“国家要实施西部大开发战略”。实施西部大开发战略被写入《中共中央关于国有企业改革和发展若干重大问题的决定》。

2000年1月，由国务院西部地区开发领导小组组织召开西部地区开发会议，研究加快西部地区发展的基本思路和战略任务，部署实施西部大开发的重点工作。同年3月，在九届全国人大二次会议上所作的《政府工作报告》中，对实施西部大开发战略作了详细论述。指出实施西部大开发，加快中西部地区发展，是党中央贯彻邓小平关于我国现代化建设“两个大局”战略思想、面向新世纪所作的重大决策。这对于扩大内需、推动国民经济持续增长，对于促进各地区经济协调发展、最终实现共同富裕，对于加强民族团结、维护社会稳定和巩固边防，都具有十分重要的意义。东部地区要采取多种形式加大对中西部地区的支持力度。中西部地区要抓住机遇，加快发展步伐，发扬自力更生、艰苦奋斗的精神，注重实效，扎实工作，努力搞好各项建设。

10月26日，国务院印发《关于实施西部大开发若干政策措施的通知》(以下简称《通知》)，标志着我国实施西部大开发战略迈出实质性步伐。《通知》指出，当前和今后一段时期，实施西部大开发的重点任务是：加快基础设施建设；加强生态环境保护和建设；巩固农业基础地位，调整工业结构，发展特色旅游业；发展科技教育和文化卫生事业。力争用5~10年时间，使西部地区基础设施和生态环境建设取得突破性进展，西部开发有一个良好的开局。到21世纪中叶，要将西部地区建成一个经济繁荣、社会进步、生活安定、民族团结、山川秀美的新西部。西部开发的政策适用范围，包括重庆市、四川省、贵州省、云南省、西藏自治区、陕西省、甘肃省、宁夏回族自治区、青海省、新疆维吾尔自治区和内蒙古自治区、广西壮族自治区。[①]

实施西部大开发战略，是中央从总体上把握国内政治、经济形势变化趋势，抓住历史机遇，对我国跨世纪经济发展作出的一个重大战略部署，是我国现代化建设进入关键时期提出的振兴中华的宏伟蓝图，对于国家经济、政治和社会发展等各方面都具有十分重要的意义。

至此，我国对外开放由南到北、由东到西，层层推进，基本形成了“经济特区—沿海开放城市—沿海开放经济带—沿江和内陆开放城市—沿边开放城市”的全方位、多层次、宽领域的对外开放格局。我国的对外开放城市遍布全国所有省份，标志着全面对外开放新格局的确立。

第三节　港澳回归和两岸交流扩大

“一国两制”是邓小平提出的具有中国特色社会主义理论之一。一方面，20 世纪 90 年代，香港、澳门先后回归祖国，香港和澳门问题的解决，不仅使我国统一大业迈出了重要一步，而且也为国际社会以和平方式解决国家间的历史遗留问题提供了新的范例。

① 《国务院关于实施西部大开发若干政策措施的通知》，《人民日报》，2000 年 12 月 28 日。

另一方面，两岸就建立制度化的协商与联系机制，进行了一系列商谈，为改善和发展两岸关系发挥了重要作用，两岸交流不断扩大。

一、香港回归

经过两年多的谈判，1984 年 12 月 19 日中英正式签署《联合声明》，决定从 1997 年 7 月 1 日起，中国在香港成立特别行政区，开始对香港岛、界限街以南的九龙半岛、新界等土地重新行使主权和治权。

1997 年 6 月 30 日午夜至 7 月 1 日凌晨，中英两国政府香港政权交接仪式在香港会议展览中心新翼的五楼大会堂举行。6 月 30 日 23 时 42 分，交接仪式正式开始。6 月 30 日 23 时 59 分，英国国旗和香港旗在英国国歌乐曲声中缓缓降落，随着“米字旗”的降下，英国在香港一个半世纪的殖民统治宣告结束。7 月 1 日零时，中华人民共和国国旗和香港特别行政区区旗在香港升起。至此，经历了百年沧桑的香港回到祖国的怀抱，我国政府正式开始对香港恢复行使主权。7 月 1 日，中华人民共和国香港特别行政区政府成立。

二、澳门回归

1999 年 12 月 20 日零时，中葡两国政府在澳门文化中心举行政权交接仪式，中国政府对澳门恢复行使主权。澳门回归祖国，象征长达 14 年半的“港澳过渡时期”和西方国家统治亚洲的漫长日子完全终结，也是继 1997 年 7 月 1 日香港回归祖国之后，中华民族在实现祖国统一大业中的又一盛事。澳门自 1999 年 12 月 20 日回归后，成为中华人民共和国的一个特别行政区，依据澳门基本法实行高度自治。在“一国两制”政策的指引下，澳门的社会和经济方面的特色会予以保留并得以延续。由于政权顺利交接和“一国两制”成功落实，澳门特别行政区政府、立法会和司法机关均按基本法之规定实施。

三、“九二共识”

在香港和澳门顺利回归祖国的过程中，大陆和台湾的关系也逐渐朝着增进交流、和平统一的方向发展，两岸隔绝的状态被打破。

1992年，海峡两岸关系协会与台湾海峡交流基金会授权达成各自以口头方式表述“海峡两岸均坚持一个中国原则”的“九二共识”。“九二共识”的核心要义是“海峡两岸同属一个中国，共同努力谋求国家统一”，这明确界定了两岸关系的根本性质，奠定了两岸关系发展的政治基础，对两岸关系改善和发展产生重大深远的影响。

第四节　加入世界贸易组织

世界贸易组织（WTO）与世界银行、国际货币基金组织一起，并称为当今世界经济体制的“三大支柱”。世贸组织是具有法人地位的国际组织，在调解成员争端方面具有更高的权威性。我国是1947年成立的关贸总协定*创始国之一。1984年，我国取得总协定观察员地位，1986年7月正式向总协定正式提出恢复关贸总协定缔

* 关贸总协定是一个政府间缔结的有关关税和贸易规则的多边国际协定。关贸总协定于1947年10月30日在日内瓦签订，并于1948年1月1日开始临时适用。关贸总协定是世贸组织的前身。

约国地位。

与此同时，进入20世纪90年代以后，我国根据发展社会主义市场经济的目标，适应申请恢复关贸总协定缔约国地位*与国际贸易规则接轨的要求，深化国内经济体制和对外贸易体制改革，加大国内市场和相关产业的开放。

* 1995年世贸组织成立后改为申请加入世贸组织。

一、中国正式提出加入世界贸易组织申请

1994年4月15日，在摩洛哥的马拉喀什市举行的关贸总协定乌拉圭回合部长会议决定成立更具全球性的世界贸易组织，以取代成立于1947年的关贸总协定。1994年4月，我国签署了乌拉圭回合最后文件和世界贸易组织协定。

1995年7月11日，我国正式提出加入世贸组织的申请，自此从“复关”转为“入世”。世贸组织决定接纳我国为该组织的观察员。同年11月，应我国政府的要求，“中国复关谈判工作组”更名为“中国入世工作组”。我国政府根据实际情况，多次重申了“入世”的基本立场，概括起来为以下三个基本原则：第一，根据权利与义务对等的原则承担与本国经济发展水平相适应的义务；第二，以乌拉圭回合多边协议为基础，与有关世贸组织成员方进行双边和多边谈判，公正合理地确定入世条件；第三，作为一个低收入发展中国家，中国坚持以发展中国家身份“入世”，享受发展中国家的待遇。同时我国政府照会世贸组织总干事鲁杰罗，把中国复关工作组更名为中国“入世”工作组，我国“复关”谈判变成“入世”谈判。

1997年6月23日，在日内瓦举行的第四次世界贸易组织中国工作组会议就中国加入世界贸易组织议定书中关于非歧视原则和司

法审议两项主要条款达成协议。同年 8 月，新西兰成为第一个同我国就中国加入世界贸易组织达成双边协议的国家。随后我国还与韩国、匈牙利、捷克等国签署了入世双边协议。

我国于 2000 年 5 月 19 日与欧盟代表在北京签署了关于中国加入世界贸易组织的双边协议；9 月 13 日与墨西哥就中国加入世界贸易组织达成双边协议。至此，我国完成了与世界贸易组织的所有双边市场准入谈判。

二、加入世界贸易组织

2001 年 9 月 13 日，我国政府全部完成了与世贸组织 138 个成员中向我国提出谈判要求的 36 个成员的双边市场准入谈判。11 月 10 日，世界贸易组织第四届部长级会议在卡塔尔首都多哈召开。此次会议以全体协商一致的方式，审议并通过我国加入世贸组织的决定。11 月 11 日，外经贸部部长石广生代表我国政府在入世议定书上签字，随后向世贸组织秘书处递交了国家主席对我国加入世贸组织的批准书。至此，我国入世的法律程序全部完成。

1993 年，谈判进入第二阶段，即开放市场的谈判，这一艰难又复杂的谈判持续了 6 年。谈判的焦点是：一方面中国是愿意开放市场的，因为我们执行的是对外开放的政策，但是作为一个发展中国家，又必须根据中国的国情、国力、自己的发展阶段，来决定开放速度，而且我国的开放必须要有条件。我国不可能无条件地接受开放市场。所以，这 6 年谈判的核心，就是围绕着开放市场的范围、速度和条件进行的，这也是我国多年来和美国、欧盟谈判的焦点。由于美国是最大的经济体，所以 1999 年 11 月 15 日中美达成协议，标志着中国“入世”谈判第二阶段的基本结束。

根据世贸组织规则，在2001年12月11日即提交批准书后30天，中国加入世界贸易组织的各种法律法规性文件开始正式生效。至此，我国正式成为世界贸易组织的第143个成员国，标志着中国全面重返世界经济舞台。正式成为世贸组织成员后，我国全面参与世贸组织的各项工作。随后，我国向世贸组织总部所在地——瑞士日内瓦派出中华人民共和国常驻世界贸易组织代表团，并派出大使。我国承诺全面享受世贸组织赋予其成员的各项权利，并遵守世贸组织规则，认真履行义务。

中国完成历时15年的“复关”和加入世界贸易组织谈判，开始融入经济全球化。加入世界贸易组织，有利于我国参与国际经济合作和国际分工，促进经济发展；有利于扩大出口和利用外资，并在平等条件下参与国际竞争；有利于促进技术进步、产业升级和经济结构调整，进一步完善社会主义市场经济体制；有利于改革开放、社会主义市场经济的发展和人民生活水平的提高；有利于促进世界经济的增长，也有利于我国直接参与全球经贸规则制定进程，是我国对外开放的历史性里程碑。

第五节　积极参与区域经济

1985年3月4日，邓小平会见日本商工会议所访华团时明确提出“和平与发展是当代世界的两大问题”的重要论断，为新时期党和国家制定对外政策提供了重要依据。在和平与发展的时代主题下，我国坚持独立自主的和平外交政策，积极参与区域经济和经济全球化，积极为我国现代化建设争取有力的国际环境，吸收和利用世界各国包括资本主义发达国家所创造的一切先进文明成果来发展社会主义。

一、应对亚洲金融危机

1997 年 7 月 2 日，泰国宣布放弃固定汇率制，实行浮动汇率制，泰铢贬值，一场遍及东南亚的金融风暴由此爆发。当天，泰铢兑换美元的汇率下降了 17%，外汇及其他金融市场一片混乱。此后，马来西亚、新加坡、日本和韩国等地迅速受到金融风暴的巨大影响。亚洲经济发展迅速放缓，一些经济大国开始出现经济萧条，甚至导致一些国家出现政治动荡。

1997 年 7 月以后，面对我国周边许多国家货币大幅度贬值给人民币带来的巨大压力，我国政府承诺坚持人民币不贬值，确保人民币汇率稳定。我国采取一系列防范金融风险措施，有效应对了金融危机，在此次金融危机中未受到直接冲击，并保持了国家金融和经济的持续稳定。为缓解亚洲其他国家的金融危机，我国政府还采取了一系列的积极政策：一是积极参与国际货币基金组织对亚洲有关国家的援助。1997 年金融危机爆发后，我国政府在国际货币基金组织安排的框架内通过双边渠道，向泰国等国提供总额超过 40 亿美元的援助，向印尼等国提供了进出口信贷和紧急无偿药品援助。二是我国政府本着高度负责的态度，从维护本地区稳定和发展的大局出发，作出人民币不贬值的决定，承受了巨大压力，付出了很大代价。此举对亚洲乃至世界金融、经济的稳定和发展起到了重要作用。三是在坚持人民币不贬值的同时，中国政府采取努力扩大内需，刺激经济增长的政策，保持了国内经济的健康和稳定增长，对缓解亚洲经济紧张形势、带动亚洲经济复苏发挥了重要作用。四是我国与有关各方协调配合，积极参与和推动地区和国际金融合作。

为有效防范和化解金融风险，中共中央和国务院决定对金融系统进行重大改革，同时采取扩大内需和积极的财政政策，以及鼓励出口和吸引外资等多种政策。1997 年 11 月，中共中央和国务院召开第一次全国金融工作会议。会议提出，力争用 3 年左右时间大体建立与社会主义市场经济发展相适应的金融机构体系、金融市场体系和金融调控监管体系，基本实现全国金融秩序明显好转，化解金融隐患；要加快国有商业银行的商业化步伐，并健全多层次、多类型金融机构体系等。

我国在成功应对这场金融危机的同时，履行了不对人民币实行贬值承诺，并通过国际机构和双边援助来支持东南亚国家的经济，充分展现了负责任的大国风范。这种负责任的积极态度，既赢得了国际社会的赞誉，也促进了中国金融业的平稳发展和国民经济的稳定增长，并对亚洲乃至世界金融和经济的稳定发展作出积极的贡献。

二、构建对外关系新局面

20 世纪 90 年代中期，面对世界多极化和经济全球化趋势，党中央明确提出建立以互信、互利、平等、协作为核心的新安全观，积极致力发展以“不结盟、不对抗、不针对第三方”为特征的新型大国关系。在这一原则指导下，中国与俄罗斯建立战略协作伙伴关系，并相继同法国、美国、加拿大、墨西哥、德国、埃及、韩国等国以及欧盟、东盟等地区组织建立不同类型的、面向21世纪的双边关系基本框架。[①]

（一）建立面向21世纪的双边关系基本框架

（1）中俄关系向前发展

苏联解体后，1991年12月，中俄两国在莫斯科签署《会谈纪要》，旨在解决两国关系的继承问题。中俄建交，实现从中苏关系到中俄关系的平稳过渡。1992年12月，俄罗斯总统访华，两国宣布互为友好国家。1994年9月，我国国家主席江泽民访俄，提出建立中俄新型关系等原则主张。1996年4月，中俄宣布发展平等信任的、面向21世纪的战略协作伙伴关系。1998年11月，中俄两国在莫斯科发表《关于世纪之交的中俄关系的联合声明》。2001年7月，我国国家主席胡锦涛对俄罗斯进行国事访问。这一时期，中俄解决了两国间绝大部分地段的边界问题。双方在经济、科技、文化、军事等领域的交流与合作也不断加强。

（2）中美关系发展

1993年11月，中美两国元首在西雅图会晤。1997年10月，我国国家主席江泽民应邀对美国进行国事访问，中美双方发表的联合声明指出，为促进世界和平与发展的崇高事业，中美应该加强合作，努力建立面向21世纪的建设性的战略伙伴关系。这为中美关系未来发展奠定了基础。1998年6月，美国总统克林顿访华并发

---

① 改革开放简史编写组：《改革开放简史》，北京：人民出版社、中国社会科学出版社，2021年版，第134页。

* “三不”主张即不支持“台湾独立”，不支持“两个中国”、“一中一台”，不支持台湾加入任何必须由主权国家才能参加的国际组织。

表对台“三不”主张*。

（3）积极发展同周边国家的睦邻友好关系

1996年，中国成为东盟“全面对话伙伴国”。1997年，中国与东盟发表《中华人民共和国与东盟国家首脑会晤联合声明》，确立了建立面向21世纪睦邻互信伙伴关系的方向和指导原则。2001年，为促进同东盟国家的经济交流，中国首倡并大力推动建立“中国—东盟自由贸易区”，得到东盟国家积极响应。

（二）上海合作组织成立

2001年6月14日，中国、俄罗斯、哈萨克斯坦、吉尔吉斯斯坦、塔吉克斯坦等“上海五国”元首在上海举行第六次会晤，乌兹别克斯坦总统卡里莫夫参加了此次会议。6月15日上午，中国、俄罗斯、哈萨克斯坦、吉尔吉斯斯坦、塔吉克斯坦、乌兹别克斯坦六国元首举行会晤。六国元首首先签署联合声明，吸收乌兹别克斯坦为“上海五国”机制成员，之后共同发表《“上海合作组织”成立宣言》(以下简称《宣言》)。《宣言》宣布，为更有效地共同利用机遇和应对新挑战与威胁，提升相互合作层次和水平，六国决定在“上海五国”机制基础上成立上海合作组织。上海合作组织是迄今唯一在我国境内成立、以我国城市命名、总部设在我国境内的区域性国际组织，成员国总面积近3018.9万平方公里，约占欧亚大陆面积的五分之三；人口约15亿，约占世界人口的四分之一；工作语言为汉语和俄语。①

① 《“上海合作组织”成立宣言》，《人民日报》，2001年6月16日。

（三）首次主办亚太经合组织（APEC）峰会

2001 年 10 月 21 日，亚太经合组织（APEC）第九次领导人非正式会议在上海科技馆举行。澳大利亚、加拿大、智利、俄罗斯、新加坡、泰国、美国等国家元首及中国香港特别行政区行政长官出席会议。

在亚太经合组织（APEC）第九次领导人非正式会议期间，江泽民发表了题为《加强合作，共同迎接新世纪的新挑战》的重要讲话，全面阐述了中国对当前世界和地区经济形势的看法，以及对推进APEC合作进程的主张。与会领导人以“新世纪、新挑战：参与、合作，促进共同繁荣”为主题，就当前世界经济形势以及“9・11”事件对经济发展带来的影响、人力资源能力建设和亚太经合组织未来发展方向等问题深入交换意见，达成了广泛的共识。会议通过了《领导人宣言：迎接新世纪的新挑战》和作为附件的《上海共识》《数字APEC战略》，发表了《亚太经合组织领导人反恐声明》。

三、成立博鳌亚洲论坛

自 20 世纪下半叶开始，亚洲经济与社会发展的成就显著，特别是 20 世纪 80 年代以后，创造了令世人瞩目的“东亚奇迹”。当时，人类正面向新世纪、迎来新千年，经济全球化和区域经济合作正在向纵深发展。亚洲各国国情虽不相同，但抓住机遇、迎接挑战、不断推进经济和社会发展，是亚洲国家共同面临的课题。

在这一背景下，1998 年 9 月，澳大利亚、日本和菲律宾倡议成立一个类似达沃斯“世界经济论坛”的“亚洲论坛”，旨在探讨增进亚洲各国协调和参与世界其他地区交流与合作。“亚洲论坛”这一概念一经推出即获得有关各国的一致认同。1999 年 10 月 8 日，中国、菲律宾和澳大利亚在北京议定亚洲论坛的筹设。此后，亚洲各国对成立“亚洲论坛”作出积极反应。

博鳌亚洲论坛于 2001 年 2 月 26 日至 27 日在中国海南博鳌举行大会。大会宣布博鳌亚洲论坛正式成立，并通过《博鳌亚洲论坛宣言》，海南博鳌为论坛总部的永久所在地。

作为一个非官方、非营利、定期、定址、开放性的国际会议组织，博鳌亚洲论坛以平等、互惠、合作和共赢为主旨，立足亚洲，推动亚洲各国之间的经济交流、协调与合作；同时又面向世界，增强亚洲与世界其他地区的对话与经济联系。博鳌亚洲论坛作为一个非官方的国际性会议组织，以亚洲国家和地区为主，又向其他地区开放，为各方人士提供一个共商亚洲地区经济发展、人口和环境等问题的高层次对话场所，反映了在经济全球化背景下亚洲各国希望加强对话、寻求合作、实现共同发展的时代要求。

第三章
党的十六大到党的十八大前（2002—2012 年）

▼

2001 年 12 月，我国正式加入世界贸易组织。加入世贸组织，改变了中国，也改变了世界。我国对外贸易快速发展，综合国力上了一个新台阶。“入世”十年，我国经济总量从世界排名第六位上升到第二位，成为世界上最大的商品出口国、第二大商品进口国。同时，我国全面履行落实入世承诺，从渐进式、局部性的对外开放转为大推进式的、全方位的对外开放，同时加速与国际接轨，启动自由贸易区工作，经济与全球经济的融合互动关系增强，坚持和平发展互利共赢战略，使得我国成为促进世界经济增长、维护全球金融稳定的关键力量。

2001 年底，我国正式成为世界贸易组织成员。2002—2012 年成为我国融入全球化的关键时期。这一时期，我国国内生产总值从 12.2 万亿元增加到 53.9 万亿元，年均增长约 6%；一般公共预算收入从 1.9 万亿元增加到 11.7 万亿元，年均增长约为 10%；货物进出口总额从 2.7 万亿元增加到 12.9 万亿元，年均增长约为 7%。WTO的多边贸易体制对我国的发展起到很大促进作用。

2002 年 11 月，党的十六大召开。会议提出，适应经济全球化和加入世贸组织的新形势，在更大范围、更广领域和更高层次上参与国际经济技术合作和竞争，充分利用国际国内两个市场，优化资源配置，拓宽发展空间，以开放促改革、促发展。会议还强调，实施“走出去”战略是对外开放新阶段的重大举措。鼓励和支持有比较优势的各种所有制企业对外投资，带动商品和劳务出口，形成一批有实力的跨国企业和著名品牌。积极参与区域经济交流和合作。2003 年 10 月，党的十六届中央委员会第三次全体会议通过《中共中央关于完善社会主义市场经济体制若干问题的决定》（以下简称《决定》）。《决定》提出，深化涉外经济体制改革，全面提高对外开放水平。文件还提出，按照市场经济和世贸组织规则的要求，加快内外贸一体化进程。增强参与国际合作和竞争的能力。2006 年 12 月中央经济工作会议提出“坚持互利共赢的开放战略，提高对外开放水平”。2007 年 10 月，党的十七大召开。会议提出，拓展对外开放广度和深度，提高开放型经济水平。会议还提出，实施自由贸易区战略，加强双边多边经贸合作。

第一节　进一步扩大产业和服务贸易开放

一、促进加工贸易转型升级

加工贸易是我国融入全球生产价值链的主要方式。1994—2008 年，加工贸易取代一般贸易，通过劳动密集环节参与全球生产价值链，成为我国对外贸易发展的主要方式，形成了我国在全球劳动密集型制成品上的核心竞争优势。2003 年，广东作为我国加工贸易的发源地，较早开始“腾笼换鸟”、转型升级的探索。

2011 年，商务部、国家发改委、工业和信息化部、人力资源和社会保障部、海关总署、国家税务总局联合发布《关于促进加工贸易转型升级的指导意见》，提出要“着力优化加工贸易产业结构和区域布局，提升产业层次，延长产业链，实现加工贸易发展速度、质量和效益的统一，发挥加工贸易转型升级在促进产业结构调整、推动外贸发展方式转变及改善民生方面的作用”①。加工贸易转型升级，加之全球经济处于繁荣期，外需强劲，我国货物出口进入高速增长期。从 2001 年我国加入世界贸易组织到 2008 年全球金融危机爆发前，我国年均出口增长 27.2%。我国在全球贸易体系中的排名快速提升，2009 年我国货物出口额首次超越德国成为世界第一，2013 年我国成为货物贸易进出口额第一大国。

二、坚定不移地推进服务领域对外开放

1. 发展服务贸易作为对外开放战略的新重点

我国签署《服务贸易总协定》（GATS）时，承诺对境外消费和跨境提供模式减少限制。在商业存在模式方面，在世界贸易组织服务贸易分类的 160 多个部门和分部门中，我国对 100 多个部门和分部门作出了开放承诺，占服务部门总数的 62.5%，不过，在多数承诺开放的部门仍然保留了不同的限制，如股比限制、地域限制、经营范围限制或高管人员的国籍限制等。在自然人跨境流动模式中也

① 《商务部 发展改革委 工业和信息化部 人力资源社会保障部 海关总署 税务总局关于促进加工贸易转型升级的指导意见》，商务部网站，2011 年 12 月 15 日。

保留了较多限制。

加入世界贸易组织后，我国把发展服务贸易作为对外开放战略的新重点，2006年商务部成立服务贸易司，负责服务贸易促进与协调工作。

2009年1月，国务院办公厅下发《关于促进服务外包产业发展问题的复函》，批准北京、天津、大连等20个城市为中国服务外包示范城市，加快我国服务外包产业发展。其后，中央政府和地方政府制定出台了一系列促进服务贸易发展的规则与政策文件。

随后，服务贸易进入快速增长期。2002—2006年，我国服务贸易出口和进口增速分别达到23.5%和20.9%，比全球服务贸易出口与进口增长速度分别高近9个百分点和7个多百分点。2012年，我国服务贸易进出口总额达4705.8亿美元，位居世界第三位，其中出口额位居世界第五位，进口额居第三位。

2. 着力提高服务业对外开放水平

我国相继颁布了40多项开放服务业的法规、规章，有步骤地推进服务业对外开放。2007年3月19日，国务院印发《关于加快发展服务业的若干意见》(以下简称《意见》)，提出要着力提高服务业对外开放水平。《意见》要求坚定不移地推进服务领域对外开放，着力提高利用外资的质量和水平。按照加入世贸组织服务贸易领域开放的各项承诺，鼓励外商投资服务业。正确处理好服务业开放与培育壮大国内产业的关系，完善服务业吸收外资法律法规，通过引入国外先进经验和完善企业治理结构，培育一批具有国际竞争力的服务企业。加强金融市场基础性制度建设，增强银行、证券、保险等行业的抗风险能力，维护国家金融安全。

《意见》还强调，把大力发展服务贸易作为转变外贸增长方式、提升对外开放水平的重要内容。把承接国际服务外包作为扩大服务贸易的重点，发挥我国人力资源丰富的优势，积极承接信息管理、数据处理、财会核算、技术研发、工业设计等国际服务外包业务。具备条件的沿海地区和城市要根据自身优势，研究制定鼓励承接服务外包的扶持政策，加快培育一批具备国际资质的服务外包企业，形成一批外包产业基地。建立支持国内企业“走出去”的服务平台，提供市场调研、法律咨询、信息、金融和管理等服务。扶持出口导向型服务企业发展，发展壮大国际运输，继续大力发展旅游、对外承包工程和劳务输出等具有比较优势的服务贸易，积极参与国际竞争，扩大互利合作和共同发展。[1]

3. 推进服务业开放试点

（1）推进上海建设国际金融中心和国际航运中心

2009 年 4 月 14 日，国务院印发《关于关于推进上海加快发展现代服务业和先进制造业建设国际金融中心和国际航运中心的意见》（以下简称《意见》）。《意见》提出，在应对国际金融危机的关键时期，要站在全局和战略的高度，充分认识加快上海国际金融中心和国际航运中心建设的重要性。

《意见》提出，推进上海加快发展现代服务业和先进制造业，建设国际金融中心和国际航运中心，既是上海实现又好又快发展的需要，也是更好地服务于全国发展的需要。现代服务业和先进制造业发展水平，是衡量一个国家经济社会发达程度的重要标志，是一个国家综合实力、国际竞争力和抗风险能力的集中体现。提高现代

① 《国务院关于加快发展服务业的若干意见》，载中共中央文献研究室编：《十六大以来重要文献选编》（下），北京：中央文献出版社，2009 年版，第 1007-1008 页。

服务业和先进制造业就业比重和产值比重，提升产业附加值和国际竞争力，是推进产业结构升级、加快转变经济发展方式的必由之路；是适应全球化新格局和对外开放新形势，加快构筑新的竞争优势，提高国家整体竞争力的有效途径。推进上海加快发展现代服务业和先进制造业，建设国际金融中心和国际航运中心，有利于上海突破资源环境承载力逐渐下降的制约，增强可持续发展的能力；有利于拓展金融资源运作空间，提高金融资产配置效率，更好地维护国家经济金融安全；有利于强化航运枢纽中心地位，更好地满足周边地区和全国的国际航运要求；有利于通过改革开放和创新的先行先试，加快形成更具活力、更富效率、更加开放的体制机制，奠定科学发展的体制基础。

《意见》还指出，推进上海加快发展现代服务业和先进制造业，建设国际金融中心和国际航运中心，有利于更好地夯实并充分发挥上海的比较优势。上海具有比较完善的现代市场体系、现代金融体系、先进的港口基础设施、高效的航运服务体系，以及便捷的交通运输网络；有广泛参与全球竞争的周边经济腹地，具有加快形成国际金融中心和国际航运中心的有利条件。采取有力措施，加快推进上海国际金融中心和国际航运中心建设，大力发展金融业、航运业等现代服务业和先进制造业，率先转变经济发展方式，可以使上海更好地发挥综合优势，更好地发挥带动示范作用，更好地服务长三角地区、服务长江流域、服务全国。[①]

---

① 《国务院关于关于推进上海加快发展现代服务业和先进制造业建设国际金融中心和国际航运中心的意见》，载中共中央文献研究室编：《十七大以来重要文献选编》（中），北京：中央文献出版社，2009 年版，第 29–30 页。

（2）支持深圳前海深港现代服务业合作区开发开放

2012 年 6 月 27 日，国务院公布《关于支持深圳前海深港现代服务业合作区开发开放有关政策的批复》（以下简称《批复》）。《批复》支持深圳前海深港现代服务业合作区实行比经济特区更加特殊的先行先试政策，打造现代服务业体制机制创新区、现代服务业发展集聚区、香港与内地紧密合作的先导区、珠三角地区产业升级的引领区。

支持前海在金融改革创新方面先行先试，建设我国金融业对外开放试验示范窗口。一是允许前海探索拓宽境外人民币资金回流渠道，配合支持香港人民币离岸业务发展，构建跨境人民币业务创新试验区。二是支持设立在前海的银行机构发放境外项目人民币贷款；在《内地与香港关于建立更紧密经贸关系的安排》（CEPA）框架下，积极研究香港银行机构对设立在前海的企业或项目发放人民币贷款。三是支持在前海注册、符合条件的企业和金融机构在国务院批准的额度范围内在香港发行人民币债券，用于支持前海开发建设。四是支持设立前海股权投资母基金。五是支持包括香港在内的外资股权投资基金在前海创新发展，积极探索外资股权投资企业在资本金结汇、投资、基金管理等方面的新模式。六是进一步推进前海金融市场扩大对香港开放。支持在CEPA框架下适当降低香港金融企业在前海设立机构和开展金融业务的准入条件。七是根据国家总体部署和规范发展要求，支持前海试点设立各类有利于增强市场功能的创新型金融机构，探索推动新型要素交易平台建设，支持前海开展以服务实体经济为重点的金融体制机制改革和业务模式创新。八是支持香港金融机构和其他境内外金融机构在前海设立国际性或全国性管理总部、业务运营总部，加快提高金融国际化水平，促进前海金融业和总部经济集聚发展。[①]

（3）建设天津北方国际航运中心核心功能区

2011 年 5 月，国务院下发《关于天津北方国际航运中心核心功能区建设方案的批复》，原则同意《天津北方国际航运中心核心功能区建设方案》（以下简称《方案》）。《方案》提出国际航运中心试点：一是加快天津东疆保税港区国际船舶登记制度试点。二是推动天津东疆保税港区国际航运税收政策试点。三是推进天津东疆保税港区航运金融试点。探索天津东疆保税港区租赁业务创新试点。[②]

三、进一步放宽外资企业市场准入标准

在修改与完善原有外资法的基础上，我国制定了有关开放服务贸易领域的法规和规章，提高利用外资的水平及质量，投资带动贸易效果显著。我国实际利用外资的规模已经由 2001 年的 469 亿美元增加到 2010 年的 1147 亿美元，增幅达 145%。[③] 2002—2010 年入世以来的九年，我国累计实际利用外资额为 6531.6 亿美元，占改革开放以来 31 年（1979—2010 年）累计利用外资总额的 62.3%。入世后，我国一直保持了全球吸收外商直接投资最多的发展中国家地位。2001 年我国利用外商直接投资的金额位居全球第

① 《国务院关于支持深圳前海深港现代服务业合作区开发开放有关政策的批复》，《中华人民共和国国务院公报》，2012 年 20 期。

② 《国务院关于天津北方国际航运中心核心功能区建设方案的批复》，中国政府网，2011 年 5 月 10 日。

③ 陈德铭：《中国入世十年利用外资增 145% 引导外企境内上市》，东南网，2011 年 9 月 8 日。

六位，2010年上升到第二位，其中在2007年我国还曾经位居全球第一位。[①]我国向外资的开放的类别已达到100多个服务类和几乎所有的制造业类，开放的程度与部分发达国家所差无几。[②]进入21世纪以来外资企业占据我国进出口贸易额的50%以上，加工贸易进出口额的8成以上，2001—2010年，外商投资企业加工贸易进出口占全国平均比重为81.57%。[③]类似苏南这样与长三角产业资本形成配套制造业结构的地区，外向型经济的特点尤其显著，外资企业占总进出口的比重甚至达到70%。[④]

1. 外资可以通过设立合伙企业或入伙中国企业进入中国

2006年，我国《合伙企业法》修订发布，其中规定，外国企业或者个人在中国境内设立合伙企业的管理办法由国务院规定。2009年，国务院公布《外国企业或者个人在中国境内设立合伙企业管理办法》，规定外国企业或者个人在中国境内设立合伙企业，应当遵守《合伙企业法》以及其他有关法律、行政法规、规章的规定，符合有关外商投资的产业政策。中国的自然人、法人和其他组织在中国境内设立的合伙企业，外国企业或者个人入伙的，应当符合本办法的有关规定，并依法向企业登记机关申请变更登记。外国企业或者个人在中国境内设立合伙企业涉及须经政府核准的投资项目的，依照国家有关规定办理投资项目核准手续。

---

① 陈长缨：《入世十年利用外资的结构性变化》，《上海证券报》，2011年12月10日。
② 陈德铭：《中国入世十年利用外资增145% 引导外企境内上市》，东南网，2011年9月8日。
③《中国加工贸易进出口额八成以上为外资企业所创》，新华网，2011年9月27日。
④ 董筱丹、薛翠、温铁军：《改革以来中国对外开放历程的演变及其内在逻辑》，《中国经济史研究》，2012年02期。

2. **外商可以通过并购设立外商投资企业**

2006年8月，商务部等六部委联合公布实施《关于外国投资者并购境内企业的规定》(以下简称《规定》)。《规定》将如下几种外国投资者投资行为纳入外商投资法律管辖范围，包括：外国投资者购买境内非外商投资企业股东的股权或认购境内公司增资，使该境内公司变更设立为外商投资企业；或者外国投资者设立外商投资企业，并通过该企业协议购买境内企业资产且运营该资产；或外国投资者协议购买境内企业资产，并以该资产投资设立外商投资企业运营该资产。

3. **放开外商投资商业企业的设立条件**

2004年4月，商务部印发《外商投资商业领域管理办法》(以下简称《管理办法》)，明确了外商在中国境内投资商业企业的条件、手续、业务范围等。《管理办法》中还明确指出，2004年12月11日起，允许设立外资商业企业。与1999年6月国家经贸委、对外贸易经济合作部发布的《外商投资商业企业试点办法》相比，此次发布的《管理办法》在很大程度上放宽了对外商投资商业企业设立条件的限制。放开了对外国投资者及国内合营者的资产额及商品销售额的限制、股比限制、地域限制。我国商业领域利用外资从1992年开始，截至2003年9月，全国累计实际利用外资约30亿美元，批准设立外资商业企业264家，分店2200多家。商业领域实际利用外资金额仅占全国实际利用外资总额的0.6%左右，外商投资商业企业销售收入占全社会消费品零售总额的比重不足3.5%。①

① 《今年年底我国商业零售业将全面对外开放》，新华网，2004年3月16日。

4. 外资银行准入放开

为了适应对外开放和经济发展的需要，加强和完善对外资银行的监督管理，促进银行业的稳健运行，我国政府对《中华人民共和国外资金融机构管理条例》进行了修订，更名为《中华人民共和国外资银行管理条例》（以下简称《条例》）。2006 年 11 月 11 日，《条例》的发布实施，意味着我国政府履行加入世贸组织的承诺，外资银行在我国开展人民币业务不再有地域和客户方面的限制。修订后的《条例》共有 73 条。主要修订内容有五个方面：第一，兑现承诺的修订；第二，加强审慎监管的修订；第三，体现中、外资银行统一监管标准的修订；第四，条例适用范围的调整；第五，体现国家区域经济发展战略的修订。此外，2003 年国务院印发《境外金融机构投资入股中资金融机构管理办法》拉开了外资银行入股中资银行的序幕。截至 2007 年末，共有 25 家中资银行引入 33 家境外机构投资者，投资总额 212.5 亿美元。[①] 2001 年加入WTO以后我国银行业对外开放进程不断加快，外资银行大规模进入中国市场。这与我国加入WTO后实施的对外开放政策有关，如放开外资银行外汇业务、放宽外资银行从事人民币业务的客户和地域范围等。2003 年至 2017 年，在华外资银行资产由 4159 亿元增至 3.24 万亿元，年均增长 17%。其中，2003 年至 2007 年年均增速达 30%，2008 年和 2009 年，受金融危机影响，在华外资银行资产增速明显下滑，分别降至 7.4%和 0.3%；2010 年和 2011 年，随着市场环境逐渐恢复，外资银行增速恢复至 29.1%和 23.6%；2012 年以来，资

① 陈卫东等：《行业发展研究委员会 · 研究精选【1】中国银行业对外开放：发展、影响与政策》，中国银行协会网，2020 年 9 月 4 日。

产增速趋于平稳，年均保持在7%左右。[①]

5. 扩大鼓励外商投资范围

在外资政策方面，我国签署了《与贸易有关的投资措施协议》，承诺对外资实行国民待遇，取消了此前对外资企业在出口和外汇方面的业绩要求。2002年、2004年和2007年，我国先后对《外商投资产业指导目录》进行了修订，扩大了鼓励外商投资的范围，突出了产业重点；2004年，我国修订了《中西部地区外商投资优势产业目录》，拓展了中西部地区鼓励外商投资范围。2005年和2006年，我国相继出台了进一步扩大开放、促进东北老工业基地振兴和中部崛起的政策措施。

四、扩大金融业、农业对外开放

（一）深化金融领域对外开放

1. 分步推进资本项目的开放

2002年11月5日，中国人民银行和证监会联合发布《合格境外机构投资者境内证券投资管理暂行办法》，允许合格投资者在经批准的投资额度内投资人民币金融工具。支持国内银行、证券公司和保险公司等金融机构对外投资，开展国际化经营。推进债券市场双向开放，既积极推动境内金融机构到香港地区和其他国际金融市场发行债券，又积极扩大境外金融机构参与境内债券市场的发展。

① 陈卫东等：《行业发展研究委员会·研究精选【1】中国银行业对外开放：发展、影响与政策》，中国银行协会网，2020年9月4日。

2. 稳步推进人民币国际化

2003 年 3 月，国家外汇管理局发布《关于境内机构对外贸易中以人民币作为计价货币有关问题的通知》，允许境内机构在签订外贸进出口合同时采用人民币作为计价货币。2009 年 4 月，在上海和广东省的广州、深圳、珠海、东莞开展跨境贸易人民币结算试点。2010 年 10 月将人民币外贸结算试点扩大到北京等 20 个区、市。2011 年 8 月，决定在全国允许跨境贸易以人民币结算。2011 年 1 月，中国人民银行开展了允许境内机构在对外投资中使用人民币结算试点。同年 11 月，商务部发文允许境外投资者可以合法获得的境外人民币依法来华开展直接投资。在跨境信贷方面，2012 年 9 月，中国人民银行允许境内非金融机构以人民币进行境外放款；11 月，补充规定要求放款人与借款人之间应具有股权关联关系。中国人民银行批准《前海跨境人民币贷款管理暂行办法》，自 2013 年 1 月 1 日起允许深圳前海深港现代服务业合作区内符合条件的企业从香港地区经营人民币业务的银行借入人民币资金。另外，中国人民银行与多国央行签订了本币互换协议，与香港地区、伦敦等金融监管部门签署协定，支持建立人民币离岸交易中心。

3. 深化金融对外开放的“十二五”规划

2012 年 9 月，由中国人民银行、中国银行业监督管理委员会、中国证券监督管理委员会、中国保险监督管理委员会、国家外汇管理局共同编制的《金融业发展和改革“十二五”规划》（以下简称《规划》）正式发布。《规划》提出统筹国内国际两个大局，坚持“以我为主、循序渐进、安全可控、竞争合作、互利共赢”的方针，统筹引进来和走出去，深化金融对外开放。把握好对外开放的时机、力度和节奏，使金融对外开放与我国经济发展水平、市场发育程度和金融监管能力相适应。

《规划》还提出提高金融对外开放水平。鼓励金融机构通过多种形式利用境外资本，开展与境外机构的深度合作。有效利用国外优惠贷款和国际商业贷款，完善外债管理。处理好完善人民币汇率形成机制、实现人民币资本项目可兑换与扩大人民币跨境使用的节奏和先后顺序。进一步推进货币市场、资本市场、外汇市场和黄金市场对外开放。完善金融机构“走出去”相关制度，引导金融机构采取行之有效的海外发展战略，加强国际型人才储备，逐步发展我国大型跨国金融机构。鼓励金融机构稳健拓展国际业务，提升国际化经营水平，加快发展有利于出口产品升级换代和企业“走出去”的对外金融服务体系。完善对金融机构海外分支机构的监管，推动建立跨境金融机构的风险处置机制。

《规划》要求，逐步扩大人民币跨境使用。坚持实需为主、先易后难、强化监测、风险可控原则，推动人民币跨境使用。做好跨境贸易人民币结算工作，稳步扩大跨境直接投资人民币结算业务，支持境内银行业金融机构开展境外项目人民币贷款业务，逐步开展个人人民币跨境结算业务，探索建立人民币对外债权债务管理框架，不断拓宽境外机构人民币资金运用渠道。稳步推动境内机构赴香港发行人民币债券，继续推动境外机构在境内发行人民币债券，支持有关国家将人民币纳入国际储备。完善人民币跨境及海外流动的统计和监测机制，建立风险防范体系和处置机制。

《规划》还强调加强国际和区域金融合作。积极参与全球经济治理，深化双边、多边经济金融政策对话与合作，加强与主要经济体宏观经济金融政策协调。积极推动国际金融体系改革，促进国际货币体系合理化。积极参与金融稳定理事会、巴塞尔银行监管委员会等国际组织的金融标准修订和制定工作，在国际经济、金融组织中发挥更大作用。深化多边金融和货币合作，引导和推动区域金融合作进程。不断巩固与境外中央银行、监管机构的合作，完善信息共享机制。[①]

（二）扩大农业开放

2008年10月，党的十七届中央委员会第三次全体会议通过《中共中央关于推进农村改革发展若干重大问题的决定》（以下简称《决定》）。《决定》强调扩大农业对外开放。

《决定》提出，坚持“引进来”和“走出去”相结合，提高统筹利用国际国内两个市场、两种资源能力，拓展农业对外开放广度和深度。按照鼓励出口劳动密集型和技术密集型产品、适度进口结构性短缺产品的原则，完善农产品进出口战略规划和调控机制，加强国际市场研究和信息服务。强化农产品进出口检验检疫和监管，提高出口优势产品附加值和质量安全水平。引导外商投资发展现代农业。健全符合世界贸易组织规则的外商经营农产品和农业生产资料准入制度，建立外资并购境内涉农企业安全审查机制。统筹开展对外农业合作，培育农业跨国经营企业，逐步建立农产品国际产销加工储运体系。积极参与国际农产品贸易规则和标准制定，促进形成公平合理的贸易秩序。[②]

---

① 《金融业发展和改革“十二五”规划》，中国政府网，2012年9月17日。

② 《中共中央关于推进农村改革发展若干重大问题的决定》，载中共中央文献研究室编：《十七大以来重要文献选编》（上），北京：中央文献出版社，2009年版，第683页。

第二节　深化外经贸体制改革

一、全面放开外贸经营权

根据2004年新修订的《中华人民共和国对外贸易法》，自2004年7月起，我国对企业的外贸经营权由审批制改为备案登记制，所有对外贸易经营者均可以依法从事对外贸易。取消外贸经营权审批促进了国有企业、外商投资企业和民营企业多元化外贸经营格局的形成。在国有企业和外商投资企业进出口持续增长的同时，民营企业对外贸易发展迅速，进出口市场份额持续扩大，成为对外贸易的重要经营主体。2010年，国有企业、外商投资企业和民营企业进出口分别占中国进出口总额的20.9%、53.8%和25.3%。初步形成了与社会主义市场经济相适应的外贸经营制度，为外贸发展增添了生机与活力。

二、初步建立起市场保护体系

在进一步对外开放的进程中，我国制定与实施贸易救济法律法规制度，初步建立起应对贸易摩擦的“四体联动”机制，维护国内企业的合法利益，保护了国内产业安全与经济安全，为我国外贸发展创造了较为稳定的制度环境。

（一）加快对外贸易管理的法制化进程

加强外贸领域法律法规建设，推动外贸管理走上了与国际规则接轨、适应社会主义市场经济需要的法制化轨道。2001年根据中国入世的客观需要，国务院重新颁布《中华人民共和国反倾销条例》《中华人民共和国反补贴条例》和《中华人民共和国保障措施条例》。商务部相继发布《反倾销产业损害调查规定》等26个部门规章。2002年11月，最高人民法院审查公布了《最高人民法院关于审理反倾销行政案件应用法律若干问题的规定》和《最高人民法院关于审理反补贴行政案件应用法律若干问题的规定》两个司法解释。2004年，为了深化改革，扩大开放，十届全国人大常委会第八次会议修订了《中华人民共和国对外贸易法》，新增加了“对外贸易调查”和“对外贸易救济”的内容，依据WTO的具体规则，拓展和完善了维护产业安全法律体系的内容。截至2009年6月底，我国已对来自26个国家和地区的进口产品发起了59起反倾销调查、1起反补贴调查及1起针对进口钢铁产品的保障措施调查。其中反倾销案件征收反倾销税41起，因申请人撤诉、国内产业无损害等原因终止调查9起。①

（二）不断完善贸易救济调查工作体系

我国形成了以商务部为主体，地方商务主管部门、中介组织为两翼的“一体两翼”维护产业安全工作体系。既满足了中央统一领导的职能，又充分发挥了地方政府的功能作用和中介组织的协调作用，实现了中央与地方、中央与产业、地方与产业的良性互动。我国贸易救济体系建立过程中，正逢政府机构改革、转变职能的大背景。其他机构精简的同时，贸易救济队伍却不断壮大。2000年11

① 宋和平：《中国贸易救济法律制度的建立和完善》，《中国经贸导刊》，2009年15期。

月国家经贸委成立产业损害调查局。2001 年 11 月，为适应加入世贸组织以后新形势的需要，外经贸部成立进出口公平贸易局。2003 年 3 月，国务院新组建商务部。

（三）建立和完善产业损害预警机制

2008 年，商务部产业损害预警机制被列入国务院工作重点。按照“预测准确、预警及时、预案可行、预控有效”的目标要求，建立了汽车、化肥、石油化工、机械、轻工、建材、纺织等 10 个重点行业的产业损害预警体系，并建设了中国产业安全指南网和中国贸易救济信息网。各级商务主管部门还根据中国产业的具体情况和特点，建立了一整套产业安全评估指标体系。

三、改革外资利用法律制度

（一）统一内外资企业所得税标准

2008 年 1 月 1 日以前，我国的企业所得税按内资、外资企业分别立法，外资企业适用 1991 年七届全国人大四次会议通过的《中华人民共和国外商投资企业和外国企业所得税法》，内资企业适用 1993 年国务院发布的《中华人民共和国企业所得税暂行条例》。早期，外商投资企业一般享受较多的税收减免政策。《中华人民共和国外商投资企业和外国企业所得税法》规定，设在经济特区的外商投资企业，在经济特区设立机构、场所，从事生产、经营的外国企业和设在经济技术开发区的生产性外商投资企业，减按百分之十五的税率征收企业所得税，还规定对生产性外商投资企业，经营期在十年以上的，从开始获利的年度起，第一年和第二年免征企业所得税，第三年至第五年减半征收企业所得税。回顾历史，我国早期对外商投资实行的是超国民待遇。

2007 年 3 月，十届全国人大五次会议颁布《中华人民共和国企业所得税法》，规定内外资税率统一调整为 25%，于 2008 年 1 月 1 日施行。从此，内外资企业所得税标准统一。新的《企业所得税法》体现了“四统一”：一是内外资企业统一实行新的企业所得税法；二是统一并适当降低企业所得税税率；三是进一步统一和规范税前扣除办法和标准；四是统一税收优惠政策，实行“产业优惠为主，区域优惠为辅”的新税收优惠体系。①

（二）中外合作勘探开发油气资源的特殊规定

在石油天然气领域，我国实行不同的外商投资政策。根据《中华人民共和国对外合作开采海洋石油资源条例》《中华人民共和国对外合作开采陆上石油资源条例》规定，外国投资者在中国管辖海域和陆地勘探开发石油天然气的，可以直接根据与中方合营者进行合作，不设立外商投资企业，但石油资源开采合同需经中国政府批准。按照当时的规定，中国海洋石油公司负责海上石油天然气资源的对外合作勘探开发。中国石油天然气总公司负责对外合作开采陆上石油资源的经营业务；负责与外国企业谈判、签订、执行合作开采陆上石油资源的合同；在国务院批准的对外合作开采陆上石油资源的区域内享有与外国企业合作进行石油勘探、开发、生产的专营权，不过后来的陆上石油天然气垄断合营者增加了中国石油化工集团公司。

① 《企业所得税新税率确定为 25% 统一内外资企业税率》，《人民日报》，2006 年 12 月 25 日。

（三）对外商投资的司法支持

2010 年 8 月，最高人民法院公布《关于审理外商投资企业纠纷案件若干问题的规定（一）》，明确了外资出资、股权转让等纠纷处理中的法律效力认定的标准，支持更为灵活的外商投资行为。

四、推进关税、出口退税和汇率机制改革

通过调整及完善出口退税机制，调整与优化出口产品结构，调动地方政府及企业的出口积极性。推进人民币汇率形成机制改革，逐步促进企业转变外贸增长方式，实现出口贸易的效益型增长。

1. 降税承诺提前履行完毕

（1）大幅降税。这一时期，我国关税总水平由“入世”前 14%降到 2005 年的约 10%，其中工业品由 13%降至约 9.3%，农产品由 19.9%降至约 15.5%。在 2005 年前取消“减让表”中所列所有信息技术产品的关税。自加入之日起，取消 7 类农产品的关税配额，实行单一关税。2010 年，我国降税承诺提前履行完毕，总水平从加入时的 15.3%降至 9.8%。2011 年，WTO对我国为期十年的过渡期审议结束。

（2）减少非关税措施。一是承诺削减非关税措施，最迟于 2005 年 1 月 1 日取消 400 多个税号商品的非关税措施（包括配额、许可证和特定招标等）。二是承诺所有技术法规、标准和合格评定程序符合《技术性贸易壁垒协定》，在 5 年内将国际标准作为技术法规基础的比例提高 10%（加入时为 40%）；自加入之日起保证其所有与SPS措施有关的法律、法规、法令、要求和程序符合《实施

卫生与植物卫生措施协定》。

2. 实行新出口退税政策

“入世”之初，我国延续了1998年来的提高出口退税率政策，累积了中央财政的较大负担，2002年底形成了财政对出口企业2477亿元的欠税。2003年10月，国务院公布《关于改革现行出口退税机制的决定》，明确从2004年1月1日起对出口退税机制实施改革。实行新出口退税政策，依照“新账不欠，老账要还，完善机制，共同负担，推动改革，促进发展”的原则，改革出口退税机制。同时为平衡贸易顺差，抑制“两高一资”产品出口过快增长的势头，其后又进一步下调或取消部分产品出口退税。

2008年下半年以来随着美国次贷危机升级为国际金融危机，我国从2008年8月至2009年7月，连续7次大规模上调纺织服装、机电、钢材、化工等产品的出口退税率。随着出口恢复增长、经济复苏，从2010年7月15日起，取消部分钢材、有色金属加工钢材、农药、医药、化工产品、塑料及制品、橡胶及制品、玻璃及制品的出口退税，共涉及商品品种406个，共六大类商品，促进了外贸的转型升级进程。

3. 出口信贷补贴

我国出口贴息主要体现在出口信贷上，这项业务主要由进出口银行作为官方出口信贷机构来承担，以接受国家财政的利差补贴为主要特征，较商业贷款有较大的利率优惠，因此其补贴特征偏于显性化。入世后，我国承诺遵守WTO规则，并在有关的文件上对政策性银行（包括进出口银行）的信贷业务做了相应的说明，即政策性银行贷款不接受国家的财政补贴，贷款基本上按商业贷款利率。2007年5月8日，我国宣布取消由中国银行实施的出口贷款补贴。

4. 人民币汇率升值和汇率形成机制改革

1994年，我国实行人民币汇率改革，实现了人民币汇率的单轨运行，有管理的浮动汇率成为人民币汇率形成机制的改革目标。2005年7月21日，中国人民银行正式宣布开始实行以市场供求为基础、参考一篮子货币进行调节、有管理的浮动汇率制度。当天人民币对美元汇率由8.2765上调至8.1100。从此人民币汇率不再盯住单一美元，逐渐形成更富弹性的汇率机制。2010年6月19日，我国重启人民币汇率形成机制改革，以增强人民币汇率弹性。2011年9月21日，美元对人民币汇率中间价冲破6.7关口，自2005年汇改以来人民币名义汇率已累计升值近20%。

第三节　实施自由贸易区战略和“走出去”战略

一、《中国—东盟全面经济合作框架协议》签署

我国加入世界贸易组织前后，开始启动自由贸易区*相关工作。2002年11月4日，我国和东盟十国共同签署《中国—东盟全面经济合作框架协议》(以下简称《框架协议》)，我国与东盟的经贸合作进入了一个新的历史阶段。

《框架协议》是中国—东盟自贸区的法律基础。根据该《框架协议》，中国—东盟自贸区包括货物贸易、服务贸易、投资和经济合作等内容。其中货物贸易是自贸区的核心内容，除涉及国家安全、人类健康、公共道德、文化艺术保护等WTO允许例外的产品

* 1990年以前，世界上只有20个“区域贸易安排”(Regional Trade Arrangement，RTA)。从20世纪90年代开始，进入了区域贸易安排加速建立的时期。1991—2000年，世界年均建立6.2个；2001—2010年，世界年均建立12.8个。

以及少数敏感产品外，其他全部产品的关税和贸易限制措施都应逐步取消。按照《框架协议》的规定，中国和东盟双方从 2005 年起开始正常轨道产品的降税，2010 年中国与东盟老成员，即文莱、印度尼西亚、马来西亚、菲律宾、新加坡和泰国，将建成自贸区，2015 年中国和东盟新成员，即越南、老挝、柬埔寨和缅甸，将建成自贸区，届时，中国与东盟的绝大多数产品将实行零关税，取消非关税措施，双方的贸易将实现自由化。由于越南、老挝、柬埔寨三国尚未加入WTO，中国同意给予这三国以多边最惠国待遇，即中国加入WTO时的承诺也适用于这些国家。

2004 年 1 月，自由贸易区的先期成果“早期收获计划”顺利实施。2004 年 11 月，双方签署自由贸易区《货物贸易协议》，并于 2005 年 7 月开始相互实施全面降税。2007 年 1 月，双方又签署了自由贸易区《服务贸易协议》，并于 7 月顺利实施。中国—东盟自由贸易区是我国与WTO成员建立的第一个自由贸易区，是世界上人口最多的自由贸易区，也是发展中国家组成的最大的自由贸易区。中国—东盟自由贸易区建成后，可拥有 18.5 亿消费者、3 万亿美元国内生产总值、2.5 万亿美元贸易总额。①

二、自由贸易区建设步伐加快

继中国—东盟自由贸易区之后，我国加快了自由贸易区商谈的步伐，形成了由近及远、从周边向全球展开的自由贸易区建设态

① 《十七大报告解读：把自由贸易区建设提到战略高度》，中国政府网，2007 年 12 月 14 日。

势。我国与新西兰、智利、澳大利亚等开展了自由贸易区谈判。至党的十七大提出实施自由贸易区战略之前，我国建设的自由贸易区有5个，商谈的自由贸易区7个，共涉及29个国家和地区，涵盖中国对外贸易总额的四分之一。另外，还有一些国家提出拟与我国组建自由贸易区，其中有的正在学术层面上进行探讨或做预可研。中国的自由贸易区建设已进入一个全面快速发展的新阶段。截至2012年，我国共签署了9个自由贸易协定。①

三、自由贸易区建设上升为国家战略

加快实施自由贸易区战略，是我国这个阶段对外开放的重要内容。进入21世纪，自由贸易区在全球大量涌现。2007年12月，向世贸组织通报，仍然生效的自由贸易区有197个，其中80%是十年内缔结的。全球贸易中有50%以上是在各区域集团内部，以比世贸组织更优惠的条件进行的，其中欧盟内部贸易高达67.6%，北美自由贸易区为55.7%。②

我国关于自由贸易区问题的系统研究始于20世纪90年代初。当时对外贸易经济合作部在其承担的《世界经济区域集团化趋势、影响及对策》课题中提出，游离于自由贸易区之外的国家，在国际市场竞争将处于不利境地。建议做好参与机制性的区域经济贸易组织的准备，包括多边和双边自由贸易区，以摆脱长期游离在外的局面，最大限度地利用“两种资源”和“两个市场”，使我国从贸易

① 《我国自由贸易区战略及未来发展探析》，中国共产党新闻网，2008年10月29日。
② 《我国自由贸易区战略及未来发展探析》，中国共产党新闻网，2008年10月29日。

自由化中获取最大化利益。

加入世贸组织五年后，我国面临的国际形势出现了很多新的深刻变化，需要建立一个更开放的经济体系。[①] 在多边贸易谈判停滞不前的形势下，与其他经济体签署贸易投资自由化、便利化程度更高的区域贸易安排协定，是我国扩大开放的内在需要。自由贸易区可以作为提高对外开放水平、建设和谐世界的重要抓手，能拓宽经济发展空间、保障资源供应、消除贸易投资壁垒、改善国际尤其是大周边环境。[②] 2007 年 10 月，党的十七大报告提出要拓展对外开放广度和深度，提高开放型经济水平，要求实施自由贸易区战略。党的十八大提出要加快实施自由贸易区战略。

四、积极参与国际经济技术合作和竞争

（一）从“引进来”到“走出去”

2000 年 3 月，九届全国人大三次会议把“走出去”战略提高到国家战略层面。2001 年，对外投资等“走出去”战略的内容写入了《中华人民共和国国民经济和社会发展第十个五年计划纲要》。

2002 年 11 月，党的十六大召开。十六大报告提出实施“引进来”和“走出去”相结合的开放战略，坚持“引进来”和“走出去”相结合，积极参与国际经济技术合作和竞争，不断提高对外开放水

① 《十七大报告解读：把自由贸易区建设提到战略高度》，中国政府网，2007 年 12 月 14 日。
② 《十七大报告解读：把自由贸易区建设提到战略高度》，中国政府网，2007 年 12 月 14 日。

平。报告提出，坚持“引进来”和“走出去”相结合，全面提高对外开放水平。适应经济全球化和加入世贸组织的新形势，在更大范围、更广领域和更高层次上参与国际经济技术合作和竞争，充分利用国际国内两个市场，优化资源配置，拓宽发展空间。实施“走出去”战略是对外开放新阶段的重大举措。鼓励和支持有比较优势的各种所有制企业对外投资，带动商品和劳务出口，形成一批有实力的跨国企业和著名品牌。积极参与区域经济交流和合作。在扩大对外开放中，要特别注意维护国家经济安全。

2006 年 12 月，中央经济工作会议在北京举行。会议提出了新时期党的对外开放思想战略：坚持互利共赢的开放战略，提高对外开放水平；以优化进出口商品结构为重点，加快转变外贸增长方式；以引进先进技术、先进管理和海外智力为重点，提高利用外资质量；以扩大能源和技术合作为重点，继续实施“走出去”战略。2006 年 3 月 14 日，十届全国人大四次会议批准《中华人民共和国国民经济和社会发展第十一个五年规划纲要》(以下简称《规划纲要》)。“十一五”规划是提出科学发展观后制定的第一个五年规划。《规划纲要》提出实施互利共赢的开放战略，要求坚持对外开放基本国策，在更大范围、更广领域、更高层次上参与国际经济技术合作和竞争，更好地促进国内发展与改革，切实维护国家经济安全。

2007 年 10 月，党的十七大召开。会议要求，坚持对外开放的基本国策，把“引进来”和“走出去”更好结合起来，扩大开放领域，优化开放结构，提高开放质量，完善内外联动、互利共赢、安全高效的开放型经济体系，形成经济全球化条件下参与国际经济合作和竞争新优势。深化沿海开放，加快内地开放，提升沿边开放，实现对内对外开放相互促进。加快转变外贸增长方式，立足以质取胜，调整进出口结构，促进加工贸易转型升级，大力发展服务贸易。创新利用外资方式，优化利用外资结构，发挥利用外资在推动自主创新、产业升级、区域协调发展等方面的积极作用。创新对外投资和合作方式，支持企业在研发、生产、销售等方面开展国际化经营，加快培育我国的跨国公司和国际知名品牌。积极开展国际能源资源互利合作。实施自由贸易区战略，加强双边多边经贸合作。采取综合措施促进国际收支基本平衡。注重防范国际经济风险。

（二）加快建设境外投资政策法规支持体系

以积极推动境外加工贸易为起始，我国政府有关部门相继出台了一批重要的境外投资法规和政策，如《境外投资产业指导政策》《对外投资国别产业导向目录》等，并定期发布《国别投资经营障碍报告》。2002 年 10 月开始，国家外汇管理局启动了外汇管理改革试点，将北京、上海、浙江、江苏、山东、广东、福建等 24 个省（市）作为试点地区，放松了 300 万美元以下的外汇审批权，同时允许境外企业保留利润。2003 年，国家外汇管理局正式取消了境外投资外汇风险审查和境外投资汇回利润保证金制度这两项行政审批。2005 年 5 月，国家外汇管理局发布《关于扩大境外投资外汇管理改革试点有关问题的通知》，将境外投资外汇管理改革试点扩大到全国。有关部委制定适应形势发展的财税、信贷、外汇、保险等各项政策，为企业“走出去”提供人员出境、商品通关、检验检疫、认可认证等方面的便利。

（三）改革和完善“走出去”的管理体制

2004年10月1日，商务部公布《关于境外投资开办企业核准事项的规定》，对“境外投资”实施透明管理，下放和简化相关审查程序。10月9日，国家发展和改革委员会发布《境外投资项目核准暂行管理办法》。2003年4月，商务部发布《关于做好境外投资审批试点工作有关问题的通知》，先后在沿海12个省市进行对外投资审批改革试点，下放部分对外投资审批权限，简化审批手续。简化境外加工贸易项目审批程序，将300万美元以下项目审批权限下放到地方。建立境外矿产资源开发项目和境外林业资源开发项目备案制等。建立对外直接投资统计制度，发布年度统计公报，为制定战略规划和宏观监测“走出去”运行情况提供依据。2009年3月，商务部发布的《境外投资管理办法》，系统地明确我国政府主管部门对境外投资企业提供的全方位政府服务。政府有关部门积极商签投资保护、避免双重征税、司法协助、技术经济合作、贸易投资和领事保护等方面的政府间协定，积极参与国际经贸新规则制定和自由贸易区谈判，利用多边双边场合为企业开展对外经济合作争取公平的市场准入条件。有关部门还制定了境外经贸合作区总体工作方案，启动了合作区建设，引导企业进入合作区开展对外投资合作。

在“走出去”战略的指导下，对外投资进入了井喷期，从2002年起实现了跨越式发展。2012年，我国成为仅次于美国、日本的对外投资第三大来源地。自2002年至2011年平均每年增长44.6%。到2011年底，我国13500多家境内投资者在境外设立对外直接投资企业1.8万家，分布在全球177个国家和地区；年末境外企业就业人数达122万人，其中雇用外方员工88.8万人，来自发达国家的雇员有10万人。[①]

（四）鼓励和引导民营企业积极开展境外投资

贯彻执行《国务院关于鼓励支持和引导个体私营等非公有制经济发展的若干意见》和《国务院关于投资体制改革的决定》精神，国家对从事对外经济合作的各种所有制企业一视同仁。

2012年7月，国家发展改革委等13个部委发布《关于鼓励和引导民营企业积极开展境外投资的实施意见》，提出我国将切实完善对民营企业境外投资的政策支持，简化和规范对民营企业境外投资的管理。[②]

“入世”后，民营经济逐渐成为我国对外贸易的重要主体，“走出去”已经成为我国民营企业重要发展战略模式。截至2011年12月，我国私营企业已达900多万家，出口贸易已经占到全国的60%，而2010年我国民营企业的出口总额，高于国有企业出口总额1倍以上，较2005年增长223%。[③]

---

① 《徐根兴：“走出去”是战略 “走进去”需策略》，《学习时报》，2012年12月18日。

② 《关于鼓励和引导民营企业积极开展境外投资的实施意见（全文）》，人民网，2012年7月4日。

③ 《入世十年：抓住战略机遇期更高层次融入世界经济》，《中华工商时报》，2011年12月12日。

第四节　地方区域对外开放新布局

一、推进天津滨海新区开发开放

2006 年 5 月，《国务院关于推进天津滨海新区开发开放有关问题的意见》正式公布。天津滨海新区的功能定位是：依托京津冀、服务环渤海、辐射“三北”、面向东北亚，努力建设成为我国北方对外开放的门户、高水平的现代制造业和研发转化基地、北方国际航运中心和国际物流中心，逐步成为经济繁荣、社会和谐、环境优美的宜居生态型新城区。[①] 推动天津滨海新区进一步扩大开放，设立天津东疆保税港区。为适应天津建设北方国际航运中心和国际物流中心的需要，按照统筹规划、合理布局、创新体制、分步实施的原则，借鉴国际通行做法，在天津东疆港区设立保税港区，重点发展国际中转、国际配送、国际采购、国际转口贸易和出口加工等业务，积极探索海关特殊监管区域管理制度的创新，以点带面，推进区域整合。

二、把珠三角洲地区建设成为扩大开放的重要国际门户

2008 年 12 月，国务院批复原则同意《关于珠江三角洲地区改革发展规划纲要（2008—2020）》（以下简称《规划纲要》）。《规划

① 《国务院关于推进天津滨海新区开发开放有关问题的意见》，《中华人民共和国国务院公报》，2006 年 21 期。

纲要》提出，努力把珠江三角洲地区建设成为我国探索科学发展模式试验区、深化改革先行区、扩大开放的重要国际门户、世界先进制造业和现代服务业基地及全国重要的经济中心。[①] 继续在改革开放上先行先试，率先实行科学发展、和谐发展，率先基本实现现代化，在促进环珠三角和泛珠三角区域的经济发展、推进粤港澳三地更加紧密合作、保持港澳地区长期繁荣稳定、参与亚太地区区域合作和全球经济竞争等方面进一步发挥辐射带动作用和先行示范作用。

三、加快建设海峡西岸经济区

2009 年 5 月，国务院印发《关于支持福建省加快建设海峡西岸经济区的若干意见》（以下简称《意见》），《意见》提出海峡西岸经济区的战略定位为两岸人民交流合作先行先试区域、服务周边地区发展新的对外开放综合通道、东部沿海地区先进制造业的重要基地、我国重要的自然和文化旅游中心。《意见》认为，海峡西岸经济区东与台湾地区一水相隔，北承长江三角洲，南接珠江三角洲，是我国沿海经济带的重要组成部分，在全国区域经济发展布局中处于重要位置。福建省在海峡西岸经济区中居主体地位，与台湾地区地缘相近、血缘相亲、文缘相承、商缘相连、法缘相循，具有对台交往的独特优势。近年来，福建省大力推进海峡西岸经济区建

① 《国务院关于支持福建省加快建设海峡西岸经济区的若干意见》，载中共中央文献研究室编：《十七大以来重要文献选编》（上），北京：中央文献出版社，2009 年版，第 833–834 页。

设，综合实力不断增强，为进一步加快发展奠定了坚实基础。当前，两岸关系出现重大的积极变化，为海峡西岸经济区加快发展和开展与台湾地区合作提供了重要机遇。支持福建省加快海峡西岸经济区建设，是进一步发挥福建省比较优势，实现又好又快发展的迫切需要；是完善沿海地区经济布局，推动海峡西岸其他地区和台商投资相对集中地区发展的重大举措；也是加强两岸交流合作，推进祖国和平统一大业的战略部署，具有重大的经济意义和政治意义。[①]

四、推进海南国际旅游岛建设发展

2009 年 12 月，国务院正式公布《关于推进海南国际旅游岛建设发展的若干意见》（以下简称《意见》），明确要对建设国际旅游岛加大政策支持力度。《意见》提出了海南国际旅游岛的战略定位为以下六个方面：

一是我国旅游业改革创新的试验区。充分发挥海南的经济特区优势，积极探索，先行试验，发挥市场配置资源的基础性作用，加快体制机制创新，推动海南旅游业及相关现代服务业在改革开放和科学发展方面走在全国前列。

二是世界一流的海岛休闲度假旅游目的地。充分发挥海南的区位和资源优势，按照国际通行的旅游服务标准，推进旅游要素转型升级，进一步完善旅游基础设施和服务设施，开发特色旅游产品，

① 《国务院关于支持福建省加快建设海峡西岸经济区的若干意见》，载中共中央文献研究室编：《十七大以来重要文献选编》（中），中央文献出版社，2009 年版，第 49–50 页。

规范旅游市场秩序，全面提升海南旅游管理和服务水平。

三是全国生态文明建设示范区。坚持生态立省、环境优先，在保护中发展，在发展中保护，推进资源节约型和环境友好型社会建设，探索人与自然和谐相处的文明发展之路，使海南成为全国人民的四季花园。

四是国际经济合作和文化交流的重要平台。发挥海南对外开放排头兵的作用，依托博鳌亚洲论坛的品牌优势，全方位开展区域性、国际性经贸文化交流活动以及高层次的外交外事活动，使海南成为我国立足亚洲、面向世界的重要国际交往平台。

五是南海资源开发和服务基地。加大南海油气、旅游、渔业等资源的开发力度，加强海洋科研、科普和服务保障体系建设，使海南成为我国南海资源开发的物资供应、综合利用和产品运销基地。

六是国家热带现代农业基地。充分发挥海南热带农业资源优势，大力发展热带现代农业，使海南成为全国冬季菜篮子基地、热带水果基地、繁育制种基地、渔业出口基地和天然橡胶基地。[①]

五、支持云南加快建设面向西南开放重要桥头堡

2011 年 5 月，国务院印发《关于支持云南省加快建设面向西南开放重要桥头堡的意见》（以下简称《意见》），从基础设施建设、产业体系完善、开放型经济发展、对外交流合作、城乡居民收入、基本公共服务等方面确立了云南 2015 年及 2020 年的发展

① 《国务院关于推进海南国际旅游岛建设发展的若干意见》，中国政府网，2010 年 1 月 4 日。

目标。

《意见》提出建设重要的沿边开放经济带。以边境经济合作区、跨境经济合作区建设为重点，完善跨境交通、口岸和边境通道等基础设施，加快形成沿边经济带。建设瑞丽沿边重点开发开放试验区，积极支持符合条件的地区按程序申请设立海关特殊监管区域。重点发展外向型特色加工制造业。规范并促进边民互市贸易区（点）的发展，积极发展保税物流、跨境旅游。推进与周边国家的贸易便利化合作，加快云南电子口岸建设，推进通关便利化，改善对外贸易软环境，提高口岸通行能力。继续支持口岸联检设施、查验货场等基础设施建设，提高监管水平。

《意见》要求云南全面提升对外经贸合作水平。充分利用中国—东盟自由贸易区平台，进一步加强中国—东盟湄公河流域开发合作机制、大湄公河次区域合作机制，提升孟中印缅合作层次。支持云南省与东南亚、南亚国家和亚洲开发银行等国际组织建立全方位、多层次的经贸合作机制。积极开拓东南亚、南亚市场，合理扩大矿产品等资源性产品进口，支持机电、化工、纺织、日用品、成套设备、特色产品和互补型农产品等优势产品出口。加强检验检疫，不断提升进出口产品质量水平。将云南出口货物人民币结算退（免）税试点扩大到省内所有边境口岸和指定的重点通道。加大外事协调力度，实施好《大湄公河次区域便利客货跨境运输协定》等协议，进一步提高利用外资便利化程度，充分利用中国—东盟投资合作基金，扩大云南与周边国家经济技术合作。

第五节　互利共赢开放战略

一、进一步发展中非新型战略伙伴关系

新中国成立以来，中国与非洲国家休戚与共、长期稳定、全面合作的友好关系堪称“南南合作”的典范。中非关系从早期相互支持民族独立解放事业、巩固和发展民族经济到现当代加强政治外交、经济社会、科技文化等，全方位、宽领域、立体式的合作。2006年是我国与非洲开启外交关系50周年。2006年1月，我国正式发布了《中国对非洲政策文件》，倡导建立和发展政治上平等互信、经济上合作共赢、文化上交流互鉴的中非新型战略伙伴关系，首次明确提出“全方位”合作概念，得到非洲国家积极响应。11月举行的中非合作论坛北京峰会上，中非领导人一致同意并确立了中非新型战略伙伴关系。2005年，中非贸易额达到397亿美元，比2000年翻了两番，其中，中方出口186.8亿美元，进口210.6亿美元。2006年一季度，中非贸易额达115.4亿美元，同比增长52%。中国的投资项目分布在49个非洲国家。截至2005年底，中国累计对非直接投资11.8亿美元。

二、首次“金砖四国”领导人会晤

2009年6月16日，中国、巴西、俄罗斯、印度“金砖四国”领导人会晤在俄罗斯叶卡捷琳堡举行，这是“金砖四国”领导人首次举行正式会晤。与会领导人重点就应对国际金融危机冲击、二十国集团峰会进程、国际金融机构改革、粮食安全、能源安全、气候

变化、“金砖四国”对话未来发展等重大问题交换看法。

作为主要新兴市场国家，“金砖四国”人口占世界总人口的42%，国内生产总值占世界总量的14.6%，贸易额占全球贸易额的12.8%，按购买力平价计算对世界经济增长的贡献率已超过50%。包括中国在内的四个国家，都肩负着维护世界和平、携手应对传统和非传统安全威胁的重大使命，都承载着加快经济社会发展、提高人民生活水平的重大责任，都面临着维护发展中国家权益、推动国际金融体系改革的重大课题。几年来，“金砖四国”已从多个经济学概念发展成为一个新的国际合作平台，引起世人广泛关注，成为国际社会一支重要力量。[①]

三、应对世界金融危机

始于2007年的美国次贷危机，到2008年演化为一场全球性的金融危机，迅速从发达国家传导到新兴市场国家和发展中国家，从金融领域扩散到实体经济领域，波及范围之广、影响程度之深、冲击强度之大，世所罕见。在国际金融危机中，我国受到了巨大冲击。从2008年第三季度开始，我国出口大幅下滑，经济增速放缓，不少企业停产，大批农民工返乡。

2008年，国际金融危机冲击对我国经济影响端倪初显，党中央迅速把宏观调控的首要任务从“防止经济增长由偏快转为过热、防止价格由结构性上涨演变为明显通货膨胀”调整为“保持

---

① 胡锦涛:《在“金砖四国”领导人会晤时的讲话》，载中共中央文献研究室编:《十七大以来重要文献选编（中）》，北京：中央文献出版社，2009年版，第66-68页。

经济平稳较快发展、控制物价过快上涨”，及时调整了宏观经济政策的取向。

自 2008 年 9 月起，国际金融危机迅速蔓延扩散，针对国内外形势的变化，中央果断把宏观调控的着力点转到防止经济增速过快下滑上来，提出要实施积极的财政政策和适度宽松的货币政策，按照“出手要快、出拳要重、措施要准、工作要实”的要求，迅速出台《关于当前进一步扩大内需促进经济平稳较快增长的十项措施》。同年 12 月，中央经济工作会议把保持经济平稳较快发展作为 2009 年经济工作的首要任务。很快形成并全面实施有效应对国际金融危机冲击的一揽子计划。一揽子计划共有四大支柱。一是大规模增加政府支出和实行结构性减税。实施两年新增 4 万亿元的投资计划是其中一个重要组成部分，核心是新增中央投资 1.18 万亿元，实际执行结果是新增 1.26 万亿元，主要用于保障性安居工程、农村民生工程、基础设施、社会事业、生态环保、自主创新等方面建设和灾后恢复重建。二是大范围实施重点产业调整振兴规划（包括汽车、钢铁、船舶、石化、轻工、纺织、有色金属、装备制造、电子信息、物流等十大产业）。三是大力推进自主创新和加强科技支撑。四是大力保障和改善民生。

随着这些政策和措施的贯彻落实，我国经济形势开始逐渐好转，到 2009 年第三季度经济增速当季已达到 8.9 %，经济运行的积极因素不断增多，在全球率先实现经济形势总体回升向好。

四、“入世”十年中国交出的答卷

2011 年 12 月 11 日，中国加入世界贸易组织十周年高层论坛在北京举行。中国发展离不开世界，世界繁荣稳定也离不开中国。拥有十几亿人口的中国进行改革开放，这是人类发展史上的践行探索和伟大实践。

中国正式成为世界贸易组织成员。这是中国改革开放进程中的一件大事，标志着中国对外开放进入了历史新阶段。加入世界贸易组织，是中国全面分析国内外形势、为加快推进改革开放和社会主义现代化作出的重大战略决策。加入世界贸易组织以来，中国坚持享受权利和履行义务相结合、实现自身发展和促进世界共同发展相结合，积极化挑战为机遇，在更大范围、更高水平上参与国际经济合作和竞争，大力发展开放型经济，推动中国和世界的关系发生了举世瞩目的变化。

十年来，中国全面履行加入世界贸易组织承诺，贸易和投资自由化便利化程度显著提高。我们不断扩大农业、制造业、服务业市场准入，不断降低进口产品关税税率，取消所有不符合世界贸易组织规则的进口配额、许可证等非关税措施，全面放开对外贸易经营权，大幅降低外资准入门槛。中国关税总水平由 15.3%降至 9.8%，达到并超过了世界贸易组织对发展中国家的要求。中国服务贸易开放部门达到 100 个，接近发达国家水平。我们大规模开展法律法规清理修订工作，中央政府共清理法律法规和部门规章 2300 多件，地方政府共清理地方性政策和法规 19 万多件。中国对外开放政策的稳定性、透明度、可预见性不断提高。

中国坚持实行平等互利、合作共赢的对外开放政策，有力推动了世界经济发展。中国全面享受世界贸易组织成员权利，经济发展获得了良好外部条件，同世界各国在经济、贸易、科技、文化等领域交流合作的广度和深度不断拓展。中国货物贸易额的全球排名由第六位上升到第二位，其中出口额跃居第一位，进口额累计达到7.5万亿美元；累计吸收外商直接投资7595亿美元，居发展中国家首位；对外直接投资年均增长40%以上，2010年达到688亿美元，居世界第五位。中国每年平均进口7500亿美元的商品，为贸易伙伴创造了大量就业岗位和投资机会。在华外商投资企业累计汇出利润2617亿美元，年均增长30%。

中国积极承担应尽国际责任，努力推动各国共同发展。我们积极采取一系列重大政策措施，同国际社会一道应对国际金融危机，着力推动世界经济强劲、可持续、平衡增长。我们坚定支持世界贸易组织多哈回合谈判，参与国际宏观经济政策协调，参与二十国集团等全球经济治理机制建设，致力国际货币体系、国际贸易体系、大宗商品价格形成机制等改革和完善，致力促进经济全球化和区域经济一体化。我们高举自由贸易旗帜，反对各种形式的保护主义，推动建立公平、合理、非歧视的国际贸易体系。我们积极推动建立更加平等、更加均衡的新型全球发展伙伴关系，加强南北对话和南南合作，加大对外援助力度，近10年累计对外提供各类援款1700多亿元，免除50个重债穷国和最不发达国家近300亿元到期债务，承诺对同中国建交的最不发达国家97%税目的产品给予零关税待遇，为173个发展中国家和13个地区性国际组织培训各类人员6万多名，增强了受援国自主发展能力。[①]

① 胡锦涛:《在中国加入世界贸易组织十周年高层论坛上的讲话》，载中共中央文献研究室编:《十七大以来重要文献选编》（下），北京：中央文献出版社，2009年版，第646–648页。

第四章

党的十八大以来（2012—2022年）

▼

党的十八大以来，面对世界百年未有之大变局和21世纪新冠肺炎疫情交织，单边主义、保护主义抬头，经济全球化遭遇逆流，我国始终把高水平开放作为应对经济全球化新变局、推进国际经贸合作的重大战略举措；提出了实行更加积极主动的开放战略，完善互利共赢、多元平衡、安全高效的开放型经济体系；积极参与全球治理，构建利益共享的全球价值链，维护和发展开放型世界经济。我国坚定维护多边贸易体制，始终是全球共同开放的重要推动者、世界经济增长的稳定动力源、各国拓展商机的活力大市场、全球治理改革的积极贡献者。

2012年以来，我国开始成为世界大市场，成为全球第一贸易大国、外商投资重要目的地。2021年，我国国内生产总值达到17.7万亿美元，稳居世界第二，占全球经济的比重预计超过18%。2013年至2018年，我国对世界经济增长的年均贡献率达到28.1%，居世界第一位；2019年超过30%；预计未来10年，我国对全球经济增长的贡献率仍有望保持在25%~30%。[①]

党的十八大以来，顺应经济全球化，充分发挥超大规模市场优势，我国实行更加积极主动的开放战略，采取一系列重大开放举措，持续释放国内市场潜力，不断拓宽我国经济发展空间。

2012年11月，党的十八大报告提出，适应经济全球化新形势，必须实行更加积极主动的开放战略。2013年11月12日，党的十八届三中全会通过的《中共中央关于全面深化改革若干重大问题的决定》提出“构建开放型经济新体制”，并明确适应经济全球化新形势，必须推动对内对外开放相互促进、“引进来”和“走出去”更好结合，促进国际国内要素有序自由流动、资源高效配置、市场深度融合，加快培育参与和引领国际经济合作竞争新优势，以开放促改革。2015年，中共中央、国务院印发《关于构建开放型经济新体制的若干意见》，不断开创高水平对外开放新局面。

面对世界百年未有之大变局和新冠疫情交织叠加以及经济全球化遭遇逆流，2017年，党的十九大报告指出“开放带来进步，封闭必然落后。中国开放的大门不会关闭，只会越开越大”。报告明确提出“推动形成全面开放新格局”[②]。同时，一方面进一步把发展立足点放在国内，更多依靠国内市场实现经济发展。2020年10月，党的十九届五中全会通过的“十四五”规划中提出“加快构建以国内大循环为主体、国内国际双循环相互促进的新发展格局”[③]；另

---

① 迟福林：《以高水平开放赢得未来》，中国经济网，2020年11月8日。

② 习近平：《决胜全面建成小康社会 夺取新时代中国特色社会主义伟大胜利——在中国共产党第十九次全国代表大会上的报告》，北京：人民出版社，2017年版，第34页。

③《中共中央关于制定国民经济和社会发展第十四个五年规划和二〇三五年远景目标的建议》，北京：人民出版社，2020年版，第6页。

一方面，我国坚定不移地推动高水平开放，2021 年 11 月，习近平主席在第四届中国国际进口博览会开幕式上发表题为《让开放的春风温暖世界》的主旨演讲中再次强调三个“不会变”——“中国扩大高水平开放的决心不会变，同世界分享发展机遇的决心不会变，推动经济全球化朝着更加开放、包容、普惠、平衡、共赢方向发展的决心不会变”[①]，再次向世界发出中国开放最强音。

第一节　建设自由贸易试验区和海南自由贸易港

党的十八大以来，我国先后设立 21 个自由贸易试验区及海南自由贸易港，打造新时代改革开放新高地，加快形成开放层次更高、营商环境更优、辐射作用更强的改革开放新格局，在推动我国经济高质量发展的同时，也让世界看到了“中国开放的大门不会关闭，只会越开越大”的坚定决心。

一、首个自贸试验区——上海自由贸易试验区正式挂牌成立

2013 年 3 月，李克强在上海考察调研浦东的外高桥保税区期间，表示鼓励支持上海先行试点积极探索研究如何在 28 平方公里内建立一个自由贸易园区试验区，进一步扩大开放，推动完善开放

① 习近平：《让开放的春风温暖世界——在第四届中国国际进口博览会开幕式上的主旨演讲》，北京：人民出版社，2021 年版，第 7 页。

型经济体制机制。

2013年8月，国务院正式批准设立中国（上海）自由贸易试验区。以上海外高桥保税区为核心，辅之以机场保税区和洋山港临港新城，成为中国经济新的试验田，实行政府职能转变、金融制度、贸易服务、外商投资和税收政策等多项改革措施，并将大力推动上海市转口、离岸业务的发展。2013年9月，国务院下达了《关于印发中国（上海）自由贸易试验区总体方案的通知》。2013年9月，中国首个自贸试验区——上海自由贸易试验区正式挂牌成立，《中国（上海）自由贸易试验区外商投资准入特别管理措施（负面清单）（2013年）》正式公布。2014年5月，中国人民银行上海总部发布《中国（上海）自由贸易试验区分账核算业务实施细则（试行）》和《中国（上海）自由贸易试验区分账核算业务风险审慎管理细则（试行）》，标志着自贸试验区风险管理账户体系的政策框架已基本成型。2014年7月，上海市人大常委会第十四次会议高票通过《中国（上海）自由贸易试验区条例》。这是我国第一部关于自由贸易试验区的地方性法规。2015年4月，人民银行上海总部发布《关于启动自由贸易账户外币服务功能的通知》，正式宣布上海市开展自贸试验区分账核算业务的金融机构可按相关要求向区内及境外主体提供本外币一体化的自由贸易账户金融服务，标志着自由贸易账户外币服务功能的正式启动。

2017年3月，国务院公布《关于印发全面深化中国（上海）自由贸易试验区改革开放方案的通知》。方案提出若干条深化改革开放的重点举措，包括建立更加开放透明的市场准入管理模式；全面深化商事登记制度改革；全面实现“证照分离”；建成具备国际先进水平的国际贸易“单一窗口”；建立安全高效便捷的海关综合监管新模式；建立检验检疫风险分类监管综合评定机制；建立具有国际竞争力的创新产业监管模式；健全知识产权保护和运用体系；进一步放宽投资准入；创新跨境服务贸易管理模式；进一步深化金融开放创新；设立自由贸易港区等。①

二、形成“1+3+7+1+6+3”自贸试验区建设新格局

自从2013年上海自由贸易试验区正式设立以来，我国不断在更大区域内推进自贸试验区的探索创新，我国自贸试验区建设从浦东不断走向全国。

2014年12月，国务院召开国务院常务会议，部署推广上海自贸试验区试点经验，加快制定完善负面清单，推动更高水平对外开放。会议决定，依托现有新区、园区，在广东、天津、福建特定区域再设三个自由贸易园区。此时，我国自贸试验区扩围至4个。

2017年3月，我国自贸试验区再迎新一轮扩围，国务院正式批复在辽宁、浙江、河南、湖北、重庆、四川、陕西等省市设立7个新的自贸试验区，并分别印发了各地的总体方案。至此，我国自贸试验区建设形成“1+3+7”的新格局。

2018年4月，中共中央、国务院印发《关于支持海南全面深化改革开放的指导意见》，明确建设中国（海南）自由贸易试验区，实施范围为海南岛全岛。同年9月，国务院印发《中国（海南）自

① 《国务院关于印发全面深化中国（上海）自由贸易试验区改革开放方案的通知》，中国政府网，2017年3月31日。

由贸易试验区总体方案》。

2019年8月，国务院印发《中国（山东）、（江苏）、（广西）、（河北）、（云南）、（黑龙江）自由贸易试验区总体方案》。

2020年9月，国务院公布《关于印发北京、湖南、安徽自由贸易试验区总体方案及浙江自由贸易试验区扩展区域方案的通知》，通知显示国务院将印发《中国（北京）自由贸易试验区总体方案》《中国（湖南）自由贸易试验区总体方案》《中国（安徽）自由贸易试验区总体方案》《中国（浙江）自由贸易试验区扩展区域方案》。

经过6次扩容，我国自贸试验区已增至21个，基本形成覆盖全国各个主要区域、东西南北中协调联动、陆海统筹发展的"1+3+7+1+6+3"自贸试验区建设新格局，成为我国全方位扩大开放的"排头兵"和"领头雁"。截至2023年7月底，我国自贸试验区在全国层面已形成了302项复制推广的制度创新成果，在地方层面形成的制度创新成果更多，据不完全统计，在省级层面复制推广的制度创新成果至少4000项。[①]

三、推进海南自由贸易港建设

党的十九大报告中明确指出，"赋予自由贸易试验区更大改革自主权，探索建设自由贸易港"[②]。

① 崔卫杰：《中国自贸试验区十年创新发展之路》，《中国外汇》，2023年第15期。

② 习近平：《决胜全面建成小康社会 夺取新时代中国特色社会主义伟大胜利——在中国共产党第十九次全国代表大会上的报告》，北京：人民出版社，2017年版，第35页。

2018 年 4 月 13 日，庆祝海南建省办经济特区 30 周年大会在海南省人大会堂举行。习近平总书记在大会上发表重要讲话并郑重宣布，“党中央决定支持海南全岛建设自由贸易试验区，支持海南逐步探索、稳步推进中国特色自由贸易港建设，分步骤、分阶段建立自由贸易港政策和制度体系”。赋予海南“更大改革自主权，支持海南大胆试、大胆闯、自主改”，提出自贸港建设“要以制度创新为核心，加快形成法治化、国际化、便利化的营商环境和公平开放统一高效的市场环境”①。

2018 年 4 月，中共中央、国务院印发《关于支持海南全面深化改革开放的指导意见》（以下简称《指导意见》）。《指导意见》强调，赋予海南经济特区改革开放新使命，建设自由贸易试验区和中国特色自由贸易港，解放思想、大胆创新，着力在建设现代化经济体系、实现高水平对外开放、提升旅游消费水平、服务国家重大战略、加强社会治理、打造一流生态环境、完善人才发展制度等方面进行探索，在贯彻落实党的十九大的重大决策部署上走在前列，打造实践中国特色社会主义的生动范例，开创新时代中国特色社会主义新局面，为把我国建设成为富强民主文明、和谐美丽的社会主义现代化强国作出更大贡献。并明确了海南全面深化改革开放的四大战略定位*。

* 四大战略定位为：全面深化改革开放试验区、国家生态文明试验区、国际旅游消费中心、国家重大战略服务保障区。

2020 年 6 月 1 日，习近平总书记对海南自由贸易港建设作出重要指示指出，“高质量高标准建设自由贸易港”，“要把制度集成

① 习近平：《稳步推进中国特色自由贸易港建设》，《习近平谈治国理政》（第三卷），北京：外文出版社，2020 年版，第 198 页。

创新摆在突出位置”[①]。同日，中共中央、国务院印发《海南自由贸易港建设总体方案》（以下简称《方案》）。《方案》强调，对标国际高水平经贸规则，解放思想、大胆创新，聚焦贸易投资自由化便利化，建立与高水平自由贸易港相适应的政策制度体系，建设具有国际竞争力和影响力的海关监管特殊区域，将海南自由贸易港打造成为引领我国新时代对外开放的鲜明旗帜和重要开放门户。《方案》提出 2025 年前重点任务要“围绕贸易投资自由化便利化，在有效监管基础上，有序推进开放进程，推动各类要素便捷高效流动，形成早期收获，适时启动全岛封关运作”。2035 年前重点任务要“进一步优化完善开放政策和相关制度安排，全面实现贸易自由便利、投资自由便利、跨境资金流动自由便利、人员进出自由便利、运输来往自由便利和数据安全有序流动，推进建设高水平自由贸易港”[②]。

2020 年 6 月 3 日，海关总署发布《中华人民共和国海关对洋浦保税港区监管办法》，明确在洋浦保税港区率先试行“一线放开、二线管住”的货物进出境管理制度。2021 年 6 月 10 日，十三届全国人大常委会第二十九次会议通过《中华人民共和国海南自由贸易港法》（以下简称《海南自由贸易港法》）。《海南自由贸易港法》明确提出，国家在海南岛全岛设立海南自由贸易港，分步骤、分阶段建立自由贸易港政策和制度体系，实现贸易、投资、跨境资

① 《习近平对海南自由贸易港建设作出重要指示强调要把制度集成创新摆在突出位置高质量高标准建设自由贸易港》，《人民日报》，2020 年 6 月 2 日。
② 《海南自由贸易港建设总体方案》，北京：人民出版社，2020 年版，第 7 页。

金流动、人员进出、运输来往自由便利和数据安全有序流动。[1]《海南自由贸易港法》通过立法加强顶层设计，加强制度设计的系统性与协调性，稳定各方面的预期，保障各项改革政策举措的权威性和稳定性，避免各级各类法律规范在适用中可能出现的冲突，确保海南自由贸易港建设在法治轨道上行稳致远。2021 年 8 月 26 日，商务部发布的我国首张跨境服务贸易负面清单——《海南自由贸易港跨境服务贸易特别管理措施（负面清单）（2021 年版）》正式施行；该清单主动对接国际高水平经贸规则，明确列出针对境外服务提供者的 11 个门类 70 项特别管理措施；凡是清单之外的领域，在海南自由贸易港内，都将对境内外服务提供者一视同仁、平等准入。

第二节　构建面向全球的高标准自由贸易区网络

党的十八大以来，我国提出实施自由贸易区提升战略，构建面向全球的高标准自由贸易区网络，积极推动高水平对外开放。十八届三中、五中全会进一步要求以周边为基础加快实施自由贸易区战略，形成面向全球的高标准自由贸易区网络。2015 年 5 月，中共中央、国务院公布的《关于构建开放型经济新体制的若干意见》明确提出“巩固和加强多边贸易体制，加快实施自由贸易区战略，……努力形成深度交融的互利合作网络”[2]。同年 12 月，国

① 《中华人民共和国海南自由贸易港法》，中国政府网，2021 年 6 月 11 日。
② 《中共中央国务院关于构建开放型经济新体制的若干意见》，《人民日报》，2015 年 9 月 18 日。

务院印发《关于加快实施自由贸易区战略的若干意见》，提出“加快构建周边自由贸易区。力争与所有毗邻国家和地区建立自由贸易区，不断深化经贸关系，构建合作共赢的周边大市场”，“逐步形成全球自由贸易区网络。争取同大部分新兴经济体、发展中大国、主要区域经济集团和部分发达国家建立自由贸易区，构建金砖国家大市场、新兴经济体大市场和发展中国家大市场等”[①]。2021 年 3 月，《中华人民共和国国民经济和社会发展第十四个五年规划和 2035 年远景目标纲要》进一步明确提出，要实施自由贸易区提升战略，构建面向全球的高标准自由贸易区网络。[②]

一、建立中国东盟全面战略伙伴关系

自 1991 年建立对话关系以来，中国和东盟从磋商伙伴和全面对话伙伴到“面向 21 世纪的睦邻互信伙伴关系”，再到“面向和平与繁荣的战略伙伴关系”，双方关系实现了跨越式发展。

2010 年 1 月 1 日，拥有 19 亿人口、GDP接近 6 万亿美元、发展中国家间最大的自由贸易区——中国—东盟自由贸易区正式建立。2015 年 11 月 22 日，中国—东盟自由贸易区升级谈判成果文件——《中华人民共和国与东南亚国家联盟关于修订〈中国—东盟全面经济合作框架协议〉及项下部分协议的议定书》（以下简称《议

① 《国务院关于加快实施自由贸易区战略的若干意见》，《中华人民共和国国务院公报》，2016 年 01 期。

② 《中华人民共和国国民经济和社会发展第十四个五年规划和 2035 年远景目标纲要》，北京：人民出版社，2021 年版，第 78 页。

定书》）正式签署，并于2016年7月1日率先对中国和越南生效；2019年8月22日，所有东盟国家均完成了国内核准程序；2019年10月22日，升级《议定书》对所有协定成员全面生效，零关税已经覆盖双方90%以上的税目产品。1991年至2020年，中国与东盟的双边贸易额从不到80亿美元增长到6846亿美元，扩大80多倍；2020年，东盟首次成为中国最大的贸易伙伴，中国连续12年保持东盟第一大贸易伙伴地位。

2021年11月22日，在中国—东盟建立对话关系30周年纪念峰会上，习近平主席同东盟国家领导人共同宣布，将中国东盟关系提升为全面战略伙伴关系；同时，习近平主席也在讲话中提出，“我们要全面发挥《区域全面经济伙伴关系协定》*的作用，尽早启动中国东盟自由贸易区3.0版建设”[①]。这不仅确立了双方关系史上新的里程碑，而且也为构建更为紧密的中国—东盟命运共同体擘画了发展蓝图，指明了前进方向。

*《区域全面经济伙伴关系协定》，简称“RCEP”，是2012年由东盟发起，由包括中国、日本、韩国、澳大利亚、新西兰和东盟十国共15方成员制定的协定。

中国—东盟合作成果丰硕。据海关统计，中国—东盟双边贸易由1991年的83.6亿美元增长到2020年的6852.8亿美元，年均增长16.5%，比同期中国外贸整体年均增速高出3.4个百分点。其中，出口由44.5亿美元增长到3836.8亿美元，年均增长16.4%；进口由39.1亿美元增长到3016亿美元，年均增长16.5%。2020年，东盟成为我国第一大贸易伙伴，我国连续第12年保持东盟

① 《命运与共 共建家园——在中国—东盟建立对话关系30周年纪念峰会上的讲话》，北京：人民出版社，2021年版，第7页。

第一大贸易伙伴地位。[①] 2021年，我国与东盟货物贸易额达8782亿美元，同比增长28.1%。其中，我国对东盟出口额达4836.9亿美元，同比增长26.1%；自东盟进口3945.1亿美元，同比增长30.8%。[②]

二、《区域全面经济伙伴关系协定》签署

2020年11月15日，第四次区域全面经济伙伴关系协定（RCEP）领导人会议以视频方式举行，会后东盟十国和中国、日本、韩国、澳大利亚、新西兰共15个亚太国家正式签署了《区域全面经济伙伴关系协定》。

2021年4月15日，中国向东盟秘书长正式交存《区域全面经济伙伴关系协定》（RCEP）核准书。这标志着中国正式完成RCEP核准程序。

2021年10月28日，泰国、新加坡、文莱、老挝、柬埔寨、越南共6个东盟国家已提交了《区域全面经济伙伴关系协定》（RCEP）核准书，澳大利亚和新西兰已完成《区域全面经济伙伴关系协定》（RCEP）的国内核准程序，协定已满足生效的条件，于2022年1月1日生效。这标志着当前世界上人口最多、经贸规模最大、最具发展潜力的自由贸易区正式启航。

---

① 《30年来，贸易规模扩大了85倍 中国与东盟合作不断深化》，《人民日报海外版》，2021年9月13日。

② 《2021年中国—东盟经贸合作简况》，商务部网站，2022年1月29日。

三、推进其他区域性自贸区谈判

除了中国—东盟自由贸易区升级以及《区域全面经济伙伴关系协定》签署以外，我国还主要从以下四个方面积极推进区域性自贸区谈判。

1. 申请加入《全面与进步跨太平洋伙伴关系协定》（CPTPP）

我国积极考虑加入《全面与进步跨太平洋伙伴关系协定》*，助推亚太经济一体化。2020年11月20日，习近平主席在北京以视频方式出席亚太经合组织（APEC）第二十七次领导人非正式会议时指出，中方欢迎区域全面经济伙伴关系协定完成签署，也将积极考虑加入《全面与进步跨太平洋伙伴关系协定》。2021年9月16日，我国商务部向《全面与进步跨太平洋伙伴关系协定》（CPTPP）保存方新西兰贸易与出口增长部提交了正式申请加入CPTPP的书面信函，标志着我国在加入更高水平自由贸易协定的道路上迈出了坚实的一步。

*《全面与进步跨太平洋伙伴关系协定》(CPTPP)是美国退出跨太平洋伙伴关系协定(TPP)后，日本、加拿大、澳大利亚、智利、新西兰、新加坡、文莱、马来西亚、越南、墨西哥和秘鲁共11个国家重新签署的自由贸易协定，于2018年12月30日正式生效。CPTPP是面向21世纪的高标准贸易协定，体现了全球新一代自由贸易规则演进的大方向。

2. 积极推进中日韩自贸区谈判

一方面，中日韩自贸区谈判于2012年11月启动，截至2019年已举行16轮谈判，三方就货物贸易、服务贸易、投资和规则议题深入交换了意见，取得积极进展。同时，RCEP的落地生效也给中日韩自贸区的谈判提供了许多有利条件，为未来三国之间的谈判创造了更多的空间与可能。

3. 全面推进加入《数字经济伙伴关系协定》（DEPA）谈判

DEPA由新西兰、新加坡、智利于2019年5月发起、2020年6月签署，是全球首份数字经济区域协定。2021年10月30日，中国国家主席习近平在出席二十国集团领导人第十六次峰会时宣布，中国已经决定申请加入DEPA，2021年11月1日，商务部部长王文涛代表中国正式提出加入申请。此后，中国与DEPA成员国智利、新西兰、新加坡开展了各层级对话，举行了十余次部级层面的专门会谈、两次首席谈判代表会议、四次技术层非正式磋商。

2022年8月18日，根据《数字经济伙伴关系协定》（DEPA）联合委员会的决定，中国加入DEPA工作组正式成立，全面推进中国加入DEPA的谈判。

中国是全球第二大数字经济体，正在加快数字化发展，建设数字中国，稳步拓展规则、规制、管理、标准等制度型开放。中国加入DEPA，有利于推动数字贸易领域扩大开放，与成员建立起规则相通、标准相容的一体化数字贸易市场，有利于扩展与各国在新兴数字领域的互利合作，为企业带来数字产业合作商机，促进各方数字经济发展。中国积极推动加入进程，也将增强DEPA作为更广泛国际数字经济规则的影响力。

4. 推进中欧投资协定谈判

2020年12月30日，我国与欧盟共同宣布如期完成中欧投资协定谈判，协定涵盖了环境标准、劳工标准、知识产权保护以及不同所有制企业的国民待遇等高水平开放内容。2021年5月20日，欧洲议会以压倒性的票数通过冻结中欧投资协定的议案。

总的来说，在这个阶段，我国高标准自贸区网络建设取得重要进展，面向全球的高标准自贸区网络初步形成。截至2022年2月，我国已经与26个国家和地区签署了19个自贸协定，自贸伙伴覆盖亚洲、大洋洲、拉丁美洲、欧洲和非洲，我国与自贸伙伴贸易额占对外贸易总额的比重达到35%左右；还会继续推进与海合会、厄瓜多尔、尼加拉瓜、以色列、挪威等的自贸协定谈判。2021

年，我国与协定已生效的自贸伙伴进出口总额合计 10.8 万亿元，同比增长 23.6%，较同期我国外贸总体增速和与非自贸伙伴进出口增速分别高出 2.2 和 2.4 个百分点。①

第三节 进一步扩大市场开放

党的十八大以来，在以习近平同志为核心的党中央坚强领导下，我国坚持对外开放基本国策，实行高水平的贸易和投资自由化便利化政策，持续放宽市场准入，推进服务业开放，扩大金融业、农业、高新技术产业等开放，主动扩大进口空间，不断推进更高水平的对外开放。

一、服务业开放

服务业开放正成为中国更大范围更高水平开放的一大亮点。中国服务业与世界互动越来越频繁，不仅将推动国内服务业的发展，也将为全球服务贸易和投资提供更多机遇。②我国服务业扩大开放综合试点最早于 2015 年 5 月在北京落地，并于 2020 年 9 月升级为国家服务业扩大开放综合示范区。2018 年 6 月 8 日，国务院批复同意商务部提出的《深化服务贸易创新发展试点总体方案》，同意

---

① 《商务部：我国已与 26 个国家和地区签署 19 个自贸协定 贸易额占比 35%左右》，人民网，2022 年 2 月 17 日。

② 《服务业开放"重头戏"来了！》，《人民日报海外版》，2018 年 6 月 12 日。

在北京、天津、河北雄安新区、重庆两江新区等17个省市（区域）深化服务贸易创新发展试点。

2014年12月5日，习近平总书记主持中共十八届中央政治局第十九次集体学习并发表重要讲话，提出“要建立公平开放透明的市场规则，提高我国服务业国际竞争力。要坚持‘引进来’和‘走出去’相结合，完善对外投资体制和政策，激发企业对外投资潜力，勇于并善于在全球范围内配置资源、开拓市场。要加快从贸易大国走向贸易强国，巩固外贸传统优势，培育竞争新优势，拓展外贸发展空间，积极扩大进口。要树立战略思维和全球视野，站在国内国际两个大局相互联系的高度，审视我国和世界的发展，把我国对外开放事业不断推向前进”①。

2015年9月17日，中共中央、国务院印发《关于构建开放型经济新体制的若干意见》，明确提出“改善投资环境，扩大服务业市场准入，进一步开放制造业，稳定外商投资规模和速度，提高引进外资质量。改革外商投资审批和产业指导的管理方式，向准入前国民待遇加负面清单的管理模式转变，促进开发区体制机制创新和转型升级发展”②。

2021年3月，国家发展改革委等13部门联合印发《关于加快推动制造服务业高质量发展的意见》，明确提出“推动服务业新一轮高水平对外开放，积极引进全球优质服务资源，鼓励研发设

① 习近平：《加快实施自由贸易区战略，构建开放型经济新体制》，《习近平谈治国理政》（第二卷），北京：外文出版社，2017年版，第101页。

②《中共中央 国务院关于构建开放型经济新体制的若干意见》，《人民日报》，2015年9月18日。

计、节能环保、环境服务等知识技术密集型服务进口”①。2021 年 4 月，国务院批复同意在天津、上海、海南、重庆 4 省市开展服务业扩大开放综合试点，形成“1+4”示范试点格局。此后，五省市依据自身区域和产业特性，加速开展服务业开放创新探索，为全国的服务业开放积累了经验、探索了路径。2021 年 10 月，商务部印发的《“十四五”利用外资发展规划》明确提出，“逐步增加服务业扩大开放综合试点，形成‘1+N’示范试点布局”，并从支持试点地区立足战略定位，向开展差别化探索，及时总结、复制推广成熟经验做法等方面部署，推动服务业创新发展。

二、金融业开放，推进人民币国际化

2012 年，交强险业务对外资非寿险公司开放，我国保险业基本实现了全面对外开放。2014 年和 2016 年，“沪港通”和“深港通”相继开通；2019 年 6 月，“沪伦通”启动仪式在伦敦证券交易所举行。2018 年，人民银行、银保监会、证监会等部门坚决落实习近平主席在博鳌亚洲论坛 2018 年年会上宣布的金融业改革开放重大举措，制定了扩大金融业对外开放的路线图和时间表，金融业高水平对外开放再次按下“快进键”。2020 年，证监会全面放开证券、期货和基金管理公司外资股比限制，QFII/RQFII全面取消额度限制，外资机构在经营范围和监管要求上均实现国民待遇，境外机构投资者投资境内更为便捷。

① 《关于加快推动制造服务业高质量发展的意见》，中国政府网，2021 年 3 月 23 日。

2014年12月9日，习近平总书记在中央经济工作会议上的重要讲话中指出，“高水平引进来、大规模走出去正在同步发生，人民币国际化程度明显提高，国际收支双顺差局面正在向收支基本平衡方向发展”[①]。2015年9月，中共中央、国务院印发的《关于构建开放型经济新体制的若干意见》明确提出，“构建开放安全的金融体系。提升金融业开放水平，稳步推进人民币国际化，扩大人民币跨境使用范围、方式和规模，加快实现人民币资本项目可兑换”[②]。在2015年“8·11”汇改之后，人民币汇率形成机制的市场化程度越来越高；2015年11月30日，国际货币基金组织（IMF）执董会认定人民币为可自由使用货币，决定将人民币纳入特别提款权（SDR）货币篮子，并于2016年10月1日正式生效。

2018年4月10日，习近平主席在博鳌亚洲论坛2018年年会开幕式上的主旨演讲中指出，“在服务业特别是金融业方面，去年年底宣布的放宽银行、证券、保险行业外资股比限制的重大措施要确保落地，同时要加大开放力度，加快保险行业开放进程，放宽外资金融机构设立限制，扩大外资金融机构在华业务范围，拓宽中外金融市场合作领域。在制造业方面，目前已基本开放，保留限制的主要是汽车、船舶、飞机等少数行业，现在这些行业已经具备开放基础，下一步要尽快放宽外资股比限制，特别是汽车行业外资

① 习近平：《经济工作要适应经济发展新常态》，《习近平谈治国理政》（第二卷），北京：外文出版社，2017年版，第230–231页。

②《中共中央 国务院关于构建开放型经济新体制的若干意见》，《人民日报》，2015年9月18日。

限制”[①]。

党的十八大以来，我国金融业对外开放不断加速，人民币国际化加速发展，人民币跨境使用范围逐步扩大到直接投资乃至几乎所有的经常项目。数据显示，2021 年 12 月，人民币在国际支付金额中的份额由 11 月份的 2.14%提升至 2.70%，这是 2015 年 9 月以后人民币国际支付全球排名时隔逾六年再次升至第四位，距离 2015 年 8 月的高点 2.79%也相差无几；同时，目前人民币还是全球第五大储备货币、第三大贸易融资货币。[②]

三、农业、高新技术产业开放

（一）推动农业开放合作

2017 年 7 月，农业农村部认定了首批 10 家境外农业合作示范区和 10 家农业对外开放合作试验区；2018 年 8 月 31 日，国务院批复同意建设全国首个农业开放发展的综合性试验区——潍坊国家农业开放发展综合试验区。2022 年 1 月，农业农村部印发《“十四五”农业农村国际合作规划》，进一步推进农业农村对外交流合作。

（二）扩大高新技术产业对外开放

2020 年 7 月，国务院印发的《关于促进国家高新技术产业开

① 习近平：《中国开放的大门只会越开越大》，《习近平谈治国理政》（第三卷），北京：外文出版社，2020 年版，第 194–195 页。

② 《全球支付货币排名 人民币时隔六年回升至第四位》，《北京青年报》，2022 年 1 月 21 日。

发区高质量发展的若干意见》明确提出，鼓励国家高新区开展多种形式的国际园区合作，支持国家高新区与“一带一路”沿线国家开展人才交流、技术交流和跨境协作。2021 年 5 月，科技部火炬中心印发的《2021 年科技部火炬中心工作要点》明确提出，落实“一带一路”科技创新行动计划及科技园区合作任务，搭建和完善政府间创新创业合作框架，促进创新园区及创业载体开展国际合作。

四、主动扩大进口

坚定支持贸易自由化和经济全球化、主动向世界开放市场是我国对外开放一贯宗旨。我国有 14 亿多人口和 4 亿以上中等收入群体，是全球第一贸易大国，形成了超大规模的国内消费市场，每年进口商品和服务约 2.5 万亿美元。[①] 党的十八大以来，我国接连出台务实政策举措，不断主动扩大进口。2012 年中央经济工作会议明确提出“积极增加进口”。2014 年 11 月，国务院办公厅公布《关于加强进口的若干意见》，部署实施积极的进口促进战略，推进贸易便利化，改善贸易环境，促进进出口稳定平衡发展。2017 年 5 月 14 日，习近平主席在“一带一路”国际合作高峰论坛上宣布，从 2018 年起举办中国国际进口博览会。

2018 年 4 月 10 日，习近平主席在博鳌亚洲论坛 2018 年年会开幕式上的主旨演讲中强调“主动扩大进口”；宣布“今年，我们将相当幅度降低汽车进口关税，同时降低部分其他产品进口关税，

① 《擦亮“进”字招牌 中国与世界共享市场机遇》，中国新闻网，2021 年 11 月 5 日。

努力增加人民群众需求比较集中的特色优势产品进口，加快加入世界贸易组织《政府采购协定》进程”。“我们将在上海举办首届中国国际进口博览会。这不是一般性的会展，而是我们主动开放市场的重大政策宣示和行动。欢迎各国朋友来华参加”[①]。

2018年11月5日至10日，首届中国国际进口博览会在国家会展中心（上海）举行，作为世界上第一个以进口为主题的大型国家级展会，旨在坚定支持贸易自由化和经济全球化、主动向世界开放市场。11月5日，习近平主席出席开幕式并发表题为《共建创新包容的开放型世界经济》的主旨演讲指出，“中国将顺应国内消费升级趋势，采取更加积极有效的政策措施，促进居民收入增加、消费能力增强，培育中高端消费新增长点，持续释放国内市场潜力，扩大进口空间。中国将进一步降低关税，提升通关便利化水平，削减进口环节制度性成本，加快跨境电子商务等新业态新模式发展”。“中国国际进口博览会不仅要年年办下去，而且要办出水平、办出成效、越办越好”。“持续放宽市场准入”[②]。

截至2021年，中国国际进口博览会一共举办了四届，累计成交额超过2700亿美元，为全球企业提供了发展机遇，预计未来10年累计商品进口额有望超过22万亿美元。[③]

此外，2021年5月7日至10日，首届中国国际消费品博览会（以下简称消博会）在海南举办，以“开放中国，海南先行”为主

① 习近平：《中国开放的大门只会越开越大》，《习近平谈治国理政》（第三卷），北京：外文出版社，2020年版，第195-196页。

② 习近平：《共建创新包容的开放型世界经济》，《习近平谈治国理政》（第三卷），北京：外文出版社，2020年版，第203页。

③ 王文涛：《以高水平对外开放推动构建新发展格局》，求是网，2022年1月17日。

题，围绕建设海南国际旅游消费中心定位，集聚全球消费领域资源，打造国际消费精品全球展示交易平台。据统计，首届消博会共计来自70个国家和地区的1505家企业、2628个消费精品品牌参展，各类采购商和专业观众数量超过3万人，进场观众超过24万人次。[①]

第四节　推动制度型开放

党的十八大以来，我国积极推动由商品和要素流动型开放向规则等制度型开放转变，努力打造市场化、法治化、国际化的营商环境，在公平竞争、反垄断、市场透明、知识产权保护等方面强化制度性安排，促进生产要素有序流动、资源高效配置、市场深度融合，推动形成与国际规则相衔接的、规范透明的制度体系和监管模式。

一、全面实行准入前国民待遇加负面清单管理制度

2013年9月29日，上海市人民政府公布了我国第一张外商投资准入负面清单——《中国（上海）自由贸易试验区外商投资准入特别管理措施（负面清单）（2013年）》，负面清单共计190条管理措施，为探索负面清单模式提供了有益经验。2013年11月12

① 《首届消博会闭幕 展会成果超预期》，中国新闻网，2021年5月10日。

日，党的十八届三中全会通过的《中共中央关于全面深化改革若干重大问题的决定》提出，探索对外商投资实行准入前国民待遇加负面清单的管理模式。2014年9月6日，商务部发布《境外投资管理办法》，以促进和规范境外投资，提高境外投资便利化水平。2017年，我国以负面清单模式修订《外商投资产业指导目录》，首次提出了在全国范围内实施的外商投资准入特别管理措施（外商投资准入负面清单），统一列出股权要求、高管要求等外商投资准入方面的限制性措施，并于当年7月28日起在全国实施。2017年10月，党的十九大要求，实行高水平的贸易和投资自由化便利化政策，全面实行准入前国民待遇加负面清单管理制度。[①]

2018年4月10日，习近平主席在博鳌亚洲论坛2018年年会开幕式上的主旨演讲中指出，“创造更有吸引力的投资环境”。“我们将加强同国际经贸规则对接，增强透明度，强化产权保护，坚持依法办事，鼓励竞争、反对垄断”。“今年上半年，我们将完成修订外商投资负面清单工作，全面落实准入前国民待遇加负面清单管理制度”[②]。

2017年以来，我国连续5年修订外商投资准入负面清单。从2018年开始，全国外商投资准入负面清单独立发布，完善了负面清单管理的基本规则，为实施准入前国民待遇加负面清单管理制度提供了基本依据。2018年6月，国家发展改革委、商务部正式对

① 《贯彻实施外商投资法 推动新一轮高水平对外开放》，《人民日报》，2019年12月13日。

② 习近平：《中国开放的大门只会越开越大》，《习近平谈治国理政》（第三卷），北京：外文出版社，2020年版，第195页。

外发布《外商投资准入特别管理措施（负面清单）（2018 年版）》，2018 年版负面清单长度进一步缩短，由上一版的 63 条缩减至 48 条，并在 22 个领域推出新的开放举措。

2021 年 12 月，国家发展改革委、商务部正式发布《外商投资准入特别管理措施（负面清单）（2021 年版）》，负面清单长度进一步缩减至 31 条，金融业以及水利、环境和公共设施管理业等领域的特别管理措施全部取消；工业缩减至 4 项；服务业缩减至 23 项；特别管理措施从 2013 年的 190 项缩减至 27 项，清单条目缩减了 85.8%；制造业、建筑业、金融业、房地产业以及水利、环境和公共设施管理业等领域的限制措施全部取消；工业由 88 项缩减至 2 项；服务业由 95 项缩减至 22 项。与此同时，2019 年 3 月，十三届全国人大二次会议通过《中华人民共和国外商投资法》，正式将准入前国民待遇加负面清单管理制度写入法律。

二、统一内外资法律法规

党的十八大以后，根据全面深化改革、扩大对外开放的需要，全国人大常委会于 2013 年、2014 年两次作出决定，授权在有关自由贸易试验区内暂时调整“外资三法”关于外商投资企业审批等规定。2013 年 11 月，党的十八届三中全会通过《中共中央关于全面深化改革若干重大问题的决定》，明确提出统一内外资法律法规，保持外资政策稳定、透明、可预期。

2014 年 10 月，党的十八届四中全会审议通过《中共中央关于全面推进依法治国若干重大问题的决定》，强调“加强涉外法律工作。适应对外开放不断深化，完善涉外法律法规体系，促进构建开放型经济新体制。积极参与国际规则制定，推动依法处理涉外经济、社会事务，增强我国在国际法律事务中的话语权和影响力，运用法律手段维护我国主权、安全、发展利益”[①]。

2015 年 9 月，中共中央、国务院印发的《关于构建开放型经济新体制的若干意见》提出，“统一内外资法律法规。修订中外合资经营企业法、中外合作经营企业法和外资企业法，制定新的外资基础性法律，将规范和引导境外投资者及其投资行为的内容纳入外资基础性法律”[②]。

全国人大常委会高度重视外商投资立法工作，全国人大常委会立法规划和 2018 年立法工作计划明确提出制定外商投资法。

2018 年 4 月 10 日，习近平主席在博鳌亚洲论坛 2018 年年会开幕式上的主旨演讲中再次强调加强知识产权保护。“我们将重新组建国家知识产权局，完善执法力量，加大执法力度，把违法成本显著提上去，把法律威慑作用充分发挥出来。我们鼓励中外企业开展正常技术交流合作，保护在华外资企业合法知识产权”[③]。

2019 年 3 月，十三届全国人大二次会议通过《中华人民共和国外商投资法》，明确内外资一致的管理原则、强制性标准平等适用原则、政府采购平等对待原则等，充分体现对内外资企业一视同仁、平等对待的立法根基。随后各部门抓紧外商投资法相关配套措

① 《中共中央关于全面推进依法治国若干重大问题的决定》，《人民日报》，2014 年 10 月 29 日。
② 《中共中央国务院关于构建开放型经济新体制的若干意见》，《人民日报》，2015 年 9 月 18 日。
③ 习近平：《中国开放的大门只会越开越大》，《习近平谈治国理政》（第三卷），北京：外文出版社，2020 年版，第 195 页。

施的“立改废”工作，清理与其不符的法规文件408部。[①]自2020年1月1日起，《中华人民共和国外商投资法》《中华人民共和国外商投资法实施条例》《优化营商环境条例》正式施行，采取一系列“放管服”举措，不断改善营商环境。

三、完善外商投资监管体系

2015年9月，中共中央、国务院印发的《关于构建开放型经济新体制的若干意见》提出，“加强对外开放的法治建设，坚持依法开放，大力培育开放主体，充分发挥行业协会商会作用，着力构建稳定、公平、透明、可预期的营商环境。……完善外商投资监管体系。按照扩大开放与加强监管同步的要求，加强事中事后监管，建立外商投资信息报告制度和外商投资信息公示平台，充分发挥企业信用信息公示系统的平台作用，形成各政府部门信息共享、协同监管、社会公众参与监督的外商投资全程监管体系，提升外商投资监管的科学性、规范性和透明度，防止一放就乱”[②]。

2019年通过的《中华人民共和国外商投资法》，其中规定国家建立外商投资信息报告制度。自2020年1月1日起，同时实行的《外商投资法实施条例》《外商投资信息报告办法》进一步细化了外商投资信息报告制度相关规定。

2020年6月，商务部与市场监管总局联合发布的《关于进一

① 《营商环境优 引资磁力强（扩大开放・不断向前）》，《人民日报》，2020年9月28日。
② 《中共中央国务院关于构建开放型经济新体制的若干意见》，《人民日报》，2015年9月18日。

步完善外商投资信息报告制度 加强和完善事中事后监管工作的通知》提出，要进一步加强和完善事中事后监管，健全公开透明的监管规则和标准体系，大力推进部门联合“双随机、一公开”监管等，营造良好营商环境。

2021年10月，商务部印发我国首份利用外资发展专项规划——《“十四五”利用外资发展规划》，规划明确了“十四五”时期利用外资的指导思想、发展目标和重点任务，提出了系列预期性量化指标，包括累计实际吸收外商直接投资7000亿美元、到2025年高技术产业吸收外资占比达到30%等。强调更大力度推动高水平对外开放，更加有效吸引和利用外资，提出压减外商投资准入负面清单、放宽重点领域准入门槛等举措。规划再次强调，健全外商投资监管体系，着力增强外资领域开放监管能力、风险防控能力。

四、持续降低关税，提升通关便利化水平

党的十八大以来，我国持续降低关税，提升通关便利化水平，削减进口环节制度性成本。一是自主降低进口关税总水平。2018年9月30日国务院关税税则委员会发布公告，自2018年11月1日起，我国降低1585个税目的进口关税。至此，我国关税总水平将由上年的9.8%降至7.5%。2021年，我国进口关税总水平已降至7.4%。[①] 二是对部分商品实施低于最惠国关税税率的暂定税率。

① 《商务部：中国进口关税总水平已降至7.4%》，人民网，2021年12月9日。

根据《海关总署关于执行2021年关税调整方案的公告》显示，自2021年1月1日起对883项商品（不含关税配额商品）实施进口暂定税率，所占税则税目数（8580个）的比重约为10.3%；自2021年7月1日起，取消9项信息技术产品进口暂定税率。[①]三是通过签订自贸协定实行零关税，我国自贸协定中零关税产品比重普遍在90%以上，基本涵盖了所有非农产品。四是通过海关特殊监管区域的保税功能，实质上降低进口关税水平。2021年，全国海关特殊监管区域共实现进出口总值7.8万亿元，[②]约占全国商品进出口总值39.1万亿元的19.9%。[③]

我国成为外商投资重要目的地。外商直接投资在我国新设立企业总计达到34.92万家。2012年至2021年，我国实际使用外资总额从1132.94亿美元增长到1735亿美元，年均增长率约为4.85%。2020年，在全球外资下降40%的背景下，我国引资逆势增长4.5%。[④]2021年，我国实际使用外商直接投资比上年增长14.9%。[⑤]2012—2021年，我国吸收外资金额占全球跨国直接投资总额比重从2015年的6.7%提升至2020年的14.9%，2017年至2020年连续四年保持全球第二大外资流入国地位。[⑥]“十三五”时期，我国新设外商投资企业20.4万家，较“十二五”时期增长

① 《海关总署公告2020年第135号（关于执行2021年关税调整方案的公告）》，海关总署网，2020年12月30日。

② 《2021年12月特定地区进出口总值表》，海关总署网，2022年1月18日。

③ 《2021年1至12月进出口商品贸易方式总值表》，海关总署网，2022年1月14日。

④ 《我国利用外资和对外投资稳居世界前列》，《人民日报》2021年8月24日。

⑤ 《中华人民共和国2021年国民经济和社会发展统计公报》，国家统计局网，2022年2月28日。

⑥ 《商务部关于印发〈“十四五”利用外资发展规划〉的通知》（附件），商务部网站，2021年10月22日。

61.8%；外商投资企业缴纳税收总额14.1万亿元，占全国税收总额的比重超过六分之一；吸纳就业人数4000万人左右，约占全国城镇就业人数的十分之一；对外贸易总额达9.1万亿美元，占全国对外贸易总额的比重超过40%。[①]

第五节　推动共建"一带一路"高质量发展

党的十八大以来，"一带一路"实现了从中国倡议到国际共识、从中国推动到国际共建的历史跨越，推动共建"一带一路"高质量发展，以中国的新发展为世界提供新机遇。

一、"一带一路"倡议的提出

2013年9月7日，习近平主席在哈萨克斯坦纳扎尔巴耶夫大学发表题为《弘扬人民友谊　共创美好未来》的重要演讲提出，"为了使我们欧亚各国经济联系更加紧密、相互合作更加深入、发展空间更加广阔，我们可以用创新的合作模式，共同建设'丝绸之路经济带'"[②]。并倡议加强政策沟通、道路联通、贸易畅通、货币流通以及民心相通。2013年10月3日，习近平主席在印度尼西亚国会

① 《商务部关于印发〈"十四五"利用外资发展规划〉的通知》（附件），商务部网站，2021年10月22日。

② 习近平：《共同建设"丝绸之路经济带"》，《习近平谈治国理政》，北京：外文出版社，2018年版，第289页。

发表演讲提出，“东南亚地区自古以来就是‘海上丝绸之路’的重要枢纽，中国愿同东盟国家加强海上合作，使用好中国政府设立的中国—东盟海上合作基金，发展好海洋合作伙伴关系，共同建设21世纪‘海上丝绸之路’。中国愿通过扩大同东盟国家各领域务实合作，互通有无、优势互补，同东盟国家共享机遇、共迎挑战，实现共同发展、共同繁荣”[①]。共同建设“丝绸之路经济带”与“21世纪海上丝绸之路”的重大倡议就是“一带一路”倡议，这一倡议覆盖亚欧60多个国家，40多亿人口，市场潜力巨大。[②]2014年6月5日，在中阿合作论坛第六届部长级会议开幕式上习近平主席特别指出，“‘一带一路’是互利共赢之路，将带动各国经济更加紧密结合起来”[③]。9月18日，在印度世界事务委员会的演讲上，习近平主席指出，“中国提出‘一带一路’倡议，就是要以加强传统陆海丝绸之路沿线国家互联互通，实现经济共荣、贸易互补、民心相通。中国希望以‘一带一路’为双翼，同南亚国家一道实现腾飞”[④]。

2015年3月，国家发展改革委、外交部、商务部联合发布《推动共建丝绸之路经济带和21世纪海上丝绸之路的愿景与行动》(以下简称《愿景与行动》)。《愿景与行动》从时代背景、共建原则、

① 习近平:《共同建设二十一世纪“海上丝绸之路”》,《习近平谈治国理政》，北京：外文出版社，2018年版，第293页。
② 隆国强主编:《构建开放型经济新体制——中国对外开放40年》，广州：广东经济出版社，2017年版，第100页。
③ 习近平:《弘扬丝路精神，深化中阿合作》,《习近平谈治国理政》，北京：外文出版社，2018年版，第316页。
④《习近平：携手追寻民族复兴之梦——在印度世界事务委员会的演讲》,《人民日报》，2014年9月19日。

框架思路、合作重点、合作机制等方面阐述了“一带一路”的主张与内涵，并提出共建“一带一路”的方向和任务，并明确提出了政策沟通、设施联通、贸易畅通、资金融通以及民心相通五个方面的合作重点。①

2016年4月29日，习近平总书记主持中共十八届中央政治局第三十一次集体学习并发表重要讲话指出，“‘一带一路’建设是我国在新的历史条件下实行全方位对外开放的重大举措、推行互利共赢的重要平台。我们必须以更高的站位、更广的视野，在吸取和借鉴历史经验的基础上，以创新的理念和创新的思维，扎扎实实做好各项工作，使沿线各国人民实实在在感受到‘一带一路’给他们带来的好处。……‘一带一路’建设既要确立国家总体目标，也要发挥地方积极性。地方的规划和目标要符合国家总体目标，服从大局和全局。要把主要精力放在提高对外开放水平、增强参与国际竞争能力、倒逼转变经济发展方式和调整经济结构上来。要立足本地实际，找准位置，发挥优势，取得扎扎实实的成果，努力拓展改革发展新空间”②。

“一带一路”倡议提出以打造利益共同体和命运共同体为发展目标，贯穿欧亚大陆，东边连接亚太经济圈，西边进入欧洲经济圈。无论是发展经济、改善民生，还是应对危机、加快调整，许多沿线国家同我国有着共同利益。2017年9月11日，第71届联合

---

① 《推动共建丝绸之路经济带和21世纪海上丝绸之路的愿景与行动》，商务部网站，2015年3月30日。

② 习近平：《推进“一带一路”建设，努力拓展改革发展空间》，《习近平谈治国理政》（第二卷），北京：外文出版社，2017年版，第500-502页。

国大会在“联合国系统在全球治理中的核心作用”议题下通过关于“联合国与全球经济治理”决议，要求“各方本着‘共商、共建、共享’原则改善全球经济治理，加强联合国作用”，“共商、共建、共享”理念首次被纳入联合国决议。[①]

二、举办“一带一路”国际合作高峰论坛

2017 年 5 月 14 日至 15 日，首届“一带一路”国际合作高峰论坛在北京成功举办。这次论坛是“一带一路”框架下最高规格的国际活动，取得了丰硕的成果。5 月 14 日，习近平主席在北京出席“一带一路”国际合作高峰论坛开幕式并发表题为《携手推进“一带一路”建设》的主旨演讲，强调“中国愿在和平共处五项原则基础上，发展同所有‘一带一路’建设参与国的友好合作。”并宣布“中国将加大对‘一带一路’建设资金支持，向丝路基金新增资金 1000 亿元，鼓励金融机构开展人民币海外基金业务，规模预计约 3000 亿元。中国国家开发银行、进出口银行将分别提供 2500 亿元和 1300 亿元等值人民币专项贷款，用于支持‘一带一路’基础设施建设、产能、金融合作”[②]。

2019 年 4 月 25 日至 27 日，第二届“一带一路”国际合作高峰论坛继续在北京举办。2020 年 6 月 18 日，“一带一路”国际合

① 《第 71 届联合国大会通过决议 要求推进共商共建共享的全球经济治理》，人民网，2017 年 9 月 12 日。

② 习近平：《携手推进“一带一路”建设》，《习近平谈治国理政》（第二卷），北京：外文出版社，2017 年版，第 514–516 页。

作高级别视频会议在北京举行。“一带一路”国际合作高峰论坛已经成为各参与国家和国际组织深化交往、增进互信、密切往来的重要平台。

2021年6月23日，“一带一路”亚太区域国际合作高级别会议以视频方式成功举行。会议达成六点共识：第一，各方积极评价“一带一路”国际合作取得的进展，期待构建更紧密的伙伴关系，对接“一带一路”倡议与各方发展战略和规划。第二，疫情大流行是当前最紧迫挑战，国际社会必须团结合作，共克时艰。第三，进一步加强疫苗国际合作，推动疫苗作为全球公共产品在世界各国公平分配。反对疫苗民族主义，支持联合国系统在促进全球免疫方面所做的努力，提高疫苗在全球特别是发展中国家的可及性和可负担性。第四，“一带一路”国际合作应把绿色发展放在突出位置，把建设绿色丝绸之路作为优先任务，在绿色基建、绿色能源、绿色金融等领域打造更多合作亮点。第五，支持商品和人员跨境流动，支持各国继续推进贸易投资自由化、便利化。第六，要加快落实联合国2030年可持续发展目标，支持和践行联合国倡导的多边主义。此外，会议发起“一带一路”疫苗合作伙伴关系倡议、“一带一路”绿色发展伙伴关系倡议。①

2021年11月19日，习近平主席在第三次“一带一路”建设座谈会上的重要讲话中指出，“完整、准确、全面贯彻新发展理念，以高标准、可持续、惠民生为目标，巩固互联互通合作基础，拓展国际合作新空间，扎牢风险防控网络，努力实现更高合作水

① 《赵立坚：“一带一路”亚太区域国际合作高级别会议成功举行》，人民网，2021年6月24日。

平、更高投入效益、更高供给质量、更高发展韧性，推动共建'一带一路'高质量发展不断取得新成效"[①]。

三、成立丝路基金，发起设立亚投行和新开行

（一）成立丝路基金

丝路基金作为中长期开发投资基金，秉承"开放包容、互利共赢"的理念，我国政府自2014年出资400亿美元成立以来，2017年5月再次向丝路基金新增资金1000亿元，加大对"一带一路"建设资金支持；同时，丝路基金也已与国际金融公司、欧洲投资银行、欧洲复兴开发银行等多边机构和平台探索开展合作，与30多个国家（地区）政府部门和20多个国家驻华使领馆、代表处建立工作联络，并与国内外金融机构和重点行业中的领先企业建立起稳固的合作伙伴关系，积极探索合作模式，大力开展业务合作。截至2021年底，丝路基金已投项目遍及全球近60个国家和地区。[②]

（二）发起设立亚投行

作为一家政府间性质的亚洲区域多边开发机构，由我国发起设立的亚洲基础设施投资银行（简称亚投行）自2015年12月25日正式成立、2016年1月在北京开始运营以来，坚持为以可持续发

---

① 习近平：《推动共建"一带一路"高质量发展不断取得新成效》，《习近平谈治国理政》（第四卷），北京：外文出版社，2022年版，第495页。

② 《丝路基金参与阿美天然气管道收益权公司49%股权收购》，丝路基金网，2022年2月24日。

展为核心的基础设施提供资金，积极促进亚洲区域的建设互联互通化和经济一体化的进程，加强中国及其他亚洲国家和地区的合作。截至 2021 年底，亚投行已从最初 57 个创始成员，发展到遍布全球的 104 个。亚投行已批准了 158 个项目，累计投资总额超 319.7 亿美元；新冠疫情发生后，亚投行专门成立了总规模 130 亿美元的专项基金，用以帮助成员缓解疫情对经济、公共医疗等行业的冲击。[①]

（三）共同创立新开行

由我国与巴西、俄罗斯、印度和南非共同创立的新开发银行（以下简称新开行）于 2015 年 7 月 21 日在上海正式开业以来，一直致力为“金砖国家”及其他新兴经济体和发展中国家的基础设施建设和可持续发展项目调动资源、补充现有多边和区域金融机构以及促进全球增长与发展。截至 2021 年底，新开行成员已由 5 个创始成员国扩展到了 9 个成员国家*，已在其所有成员国批准了约 80 个项目，总投资组合为 300 亿美元，项目涵盖交通运输、水资源与卫生、清洁能源、数字基础设施、社会性基础设施和城市发展等领域。[②]

* 这9个成员国家为：巴西、俄罗斯、印度、中国、南非、孟加拉国、阿联酋、乌拉圭、埃及。

① 《亚投行成立六周年 成员数已经过百丨助力多国发展 改善当地民生》，央广网，2021 年 12 月 25 日。
② 《新开发银行接纳埃及为新成员 金砖国家成立的开发银行进一步扩大成员》，金砖国家新开发银行网站，2021 年 12 月 1 日。

四、共建"一带一路"取得多方进展

2013年以来，共建"一带一路"从倡议变为现实，推动基础设施"硬联通"、规则标准"软联通"、同共建国家人民"心联通"。数据显示，截至2021年12月，我国已与145个国家、32个国际组织签署200多份共建"一带一路"合作文件，与沿线国家货物贸易额累计达到10.4万亿美元，对沿线国家非金融类直接投资超过1300亿美元。[①] 2013年至2020年，我国在"一带一路"沿线国家承包工程新签合同额超过9400亿美元，我国对沿线国家累计直接投资额达1360亿美元，"一带一路"沿线国家实际在华投资达到约600亿美元；2013年至2020年我国与"一带一路"沿线国家货物贸易超过9.2万亿美元，年贸易额从1万亿美元增长到1.4万亿美元，沿线国家在我国对外贸易中的比重提高了4.1个百分点；截至2020年7月已有29国*核准了《"一带一路"融资指导原则》。[②] 2021年，我国对"一带一路"沿线国家进出口总额达到115979亿元，比上年增长23.6%，其中出口增长21.5%、进口增长26.4%；我国对"一带一路"沿线国家非金融类直接投资额203亿美元，增长14.1%；"一带一路"沿线国家对华直接投资金额达到112亿美元，增长36.0%。[③]

* 29个国家分别为：中国、沙特阿拉伯、阿根廷、白俄罗斯、柬埔寨、智利、捷克、埃塞俄比亚、斐济、格鲁吉亚、希腊、匈牙利、印度尼西亚、伊朗、肯尼亚、老挝、马来西亚、蒙古国、缅甸、巴基斯坦、卡塔尔、俄罗斯、塞尔维亚、新加坡、苏丹、瑞士、泰国、土耳其、英国。

① 《开放的大门越开越大——新时代推进高水平对外开放述评（上）》，《人民日报》，2021年12月23日。

② 《沙特成为〈"一带一路"融资指导原则〉第29个核准方》，财政部网站，2020年7月24日。

③ 《中华人民共和国2021年国民经济和社会发展统计公报》，国家统计局网站，2022年2月28日。

共建“一带一路”推进了沿线国家和地区发展战略和互联互通规划的对接，加强了政策、规则、标准的融通，不断深化了沿线国家和地区之间基础设施建设、产业、经贸、科技创新、公共卫生、人文等领域的务实合作。“六廊六路多国多港”* 的互联互通架构基本形成，一大批合作项目落地生根。目前，我国国际道路连通可达19国，国际水路运输航线已达100多个国家，国际航空货运通航80个国家，中欧班列连通23个国家的180座城市。①

据世界银行研究报告，共建“一带一路”倡议将使相关国家760万人摆脱极端贫困、3200万人摆脱中度贫困，将使参与国贸易增长2.8%至9.7%、全球贸易增长1.7%至6.2%、全球收入增加0.7%至2.9%。截至2021年，纳入中国商务部统计的分布于46国的境外经贸合作区，累计为当地人民提供了39.2万个就业岗位，为东道国缴纳税费66亿美元；到2021年底，我国已向120多个国家和国际组织提供了超过21亿剂新冠疫苗，其中许多提供给共建“一带一路”国家，为其有效抗疫提供了重要支持。

中非合作不断深化。2015—2018年推进中非“十大合作计划”、2018年开始实施“八大行动”、2021年共同制订了《中非合作2035年愿景》并宣布共同实施“九项工程”等。近年来，中非投资贸易合作取得了长足的发展。2020年中国对非新增的直接投资为42亿美元，是2003年的56倍；截至2020年底，我国对非投资存量已经超过了434亿美元，投资遍及50多个非洲国家，超过3500家中国企业扎根非洲投资兴业，我国已成为非洲第四大投资

* “六廊六路多国多港”是共建“一带一路”的主体框架。其中，“六廊”指新亚欧大陆桥、中蒙俄、中国—中亚—西亚、中国—中南半岛、中巴和孟中印缅等六大国际经济合作走廊。“六路”指铁路、公路、航运、航空、管道和空间综合信息网络。“多国”指一批先期合作国家。“多港”指若干保障海上运输大通道安全畅通的合作港口。

① 胡必亮：《以共建“一带一路”促高质量共同发展》，《光明日报》，2022年4月4日。

来源国。[1]根据中国海关总署统计，中国与非洲的贸易关系持续发展，2021 年中非贸易额达 2542.89 亿美元，同比增长 35.3%，再创历史新高，我国已连续 12 年成为非洲最大贸易伙伴国，中国作为非洲优先合作伙伴的地位更加坚固。[2]

第六节　积极参与推动全球治理体系变革

党的十八大以来，适应我国对全球治理贡献由硬实力向软实力转变的实际需要，我国秉持共商共建共享的全球治理观，主张坚定维护以联合国宪章宗旨和原则为核心的国际秩序，紧紧围绕“提高我国参与全球治理的能力，着力增强规则制定能力、议程设置能力、舆论宣传能力、统筹协调能力”[3]，积极参与并推动国际货币基金组织、世界银行等治理机制改革，增加新兴市场国家和发展中国家的代表性和发言权，不断为完善全球治理贡献中国智慧和力量。

一、积极参与世界贸易组织改革

我国一直坚定维护以国际法为基础的国际秩序，坚定维护以联合国为核心的国际体系，坚定维护以世界贸易组织为基石的多边贸

① 《商务部：二十年来中非贸易额增长 20 倍 中国对非直接投资增长 100 倍》，人民网，2021 年 11 月 17 日。
② 《2021 年中非贸易额再创历史新高》，商务部网站，2022 年 2 月 16 日。
③ 习近平：《提高我国参与全球治理的能力》，《习近平谈治国理政》（第二卷），北京：外文出版社，2017 年版，第 450 页。

易体制。2013 年 12 月，我国推动世贸组织巴厘部长会议通过《贸易便利化协定》；2015 年 12 月 16 日，我国参与完成了世贸组织扩大《信息技术协定》产品范围谈判，并如期实施降税。另外，我国也积极参与渔业补贴谈判，推动投资便利化、电子商务、医疗产品自由化等新议题讨论；发起《多方临时上诉仲裁安排》（MPIA）等，参加了所有正在进行中的诸边谈判，并在不少议题上积极参与并提案；维护发展中成员共同利益，团结发展中成员，捍卫世贸组织给予的特殊和差别待遇。2018 年 6 月，我国政府发表《中国与世界贸易组织》白皮书，全面阐述了中方对世贸组织和多边贸易体制的立场主张，介绍中国对世界经济贸易发展的积极贡献。

2018 年 11 月 17 日，习近平主席应邀出席在巴布亚新几内亚莫尔兹比港举行的亚太经合组织工商领导人峰会，并发表题为《同舟共济创造美好未来》的主旨演讲指出，“我们应该旗帜鲜明反对保护主义、单边主义，维护以世界贸易组织为核心的多边贸易体制，引导经济全球化朝着更加开放、包容、普惠、平衡、共赢的方向发展，在开放中扩大共同利益，在合作中实现机遇共享”。“我们应该秉持共商共建共享理念，推动全球经济治理体系变革。变革过程应该体现平等、开放、透明、包容精神，提高发展中国家代表性和发言权，遇到分歧应该通过协商解决，不能搞小圈子，不能强加于人”①。

2018 年 11 月，商务部发布《中国关于世贸组织改革的立场文件》，提出了我国关于世贸组织改革的三个基本原则和五点主张。

① 《同舟共济创造美好未来——在亚太经合组织工商领导人峰会上的主旨演讲》，新华网，2018 年 11 月 17 日。

三个基本原则是：维护多边贸易体制的核心价值；保障发展中成员的发展利益；遵循协商一致的决策机制。五点主张是：维护多边贸易体制的主渠道地位；优先处理危及世贸组织生存的关键问题；解决贸易规则的公平问题并回应时代需要；保证发展中成员的特殊与差别待遇；尊重成员各自的发展模式。①

2019 年 5 月 13 日，我国向世界贸易组织正式提交了《中国关于世贸组织改革的建议文件》，提出世贸组织改革的行动领域主要包括如下四个领域：一是解决危及世贸组织生存的关键和紧迫性问题；二是增加世贸组织在全球经济治理中的相关性；三是提高世贸组织的运行效率；四是增强多边贸易体制的包容性。

2020 年 10 月 29 日，党的十九届五中全会通过的《中共中央关于制定国民经济和社会发展第十四个五年规划和 2035 年远景目标的建议》明确指出，维护多边贸易体制，积极参与世界贸易组织改革，推动完善更加公正合理的全球经济治理体系。

二、推动共建面向未来的亚太伙伴关系

2013 年以来，习近平主席多次出席亚太经合组织（APEC）领导人非正式会议并发言，多次强调深化互信、包容、合作、共赢的亚太伙伴关系。2013 年 10 月 7 日，习近平主席出席亚太经合组织工商领导人峰会并在题为《深化改革开放 共创美好亚太》的重要演讲中指出，“我们要发挥亚太经合组织引领和协调作用，秉持开

① 《中国关于世贸组织改革的立场文件》，商务部网站，2018 年 12 月 17 日。

放包容、互利共赢思想，加强宏观经济政策协调、促进区域自由贸易安排的协调，深化区域一体化进程，防止出现‘意大利面碗’现象，推动在太平洋两岸构建更紧密伙伴关系，共谋亚太长远发展”[①]。

2014年5月17日至18日，APEC贸易部长会议在山东青岛举行。中方在此次会议上主张在APEC框架下促进跨太平洋战略经济伙伴协定（TPP）、区域全面经济伙伴关系协定（RCEP）等自贸区的互动，建立自贸区信息交流机制，加强自贸区谈判能力建设；同时，积极探讨制订实现亚太自贸区的路径和方式，及早开展亚太自贸区可行性研究，启动亚太自贸区建设进程。

2014年11月11日，亚太经合组织（APEC）第二十二次领导人非正式会议在北京举行。习近平主席在以《共建面向未来的亚太伙伴关系》为主题的开幕辞中指出，“亚太经合组织是一个大家庭，打造发展创新、增长联动、利益融合的开放型亚太经济格局，符合所有成员共同利益。为了实现上述目标，亚太经济体需要共同构建互信、包容、合作、共赢的亚太伙伴关系，为亚太地区和世界经济发展增添动力”[②]。会议发表了《北京纲领：构建融合、创新、互联的亚太——亚太经合组织领导人宣言》，通过亚太经合组织历史上第一份纪念性声明——《共建面向未来的亚太伙伴关系——亚太经合组织成立25周年声明》，明确提出实施《亚太经合组织推

---

① 习近平：《深化改革开放，共创美好亚太》，《习近平谈治国理政》，北京：外文出版社，2014年版，第349页。

② 习近平：《共同构建互信、包容、合作、共赢的亚太伙伴关系》，《习近平谈治国理政》（第二卷），北京：外文出版社，2017年版，第453页。

动实现亚太自贸区北京路线图》，开展实现亚太自贸区有关问题的联合战略研究，在现有区域自贸安排基础上，尽早建成亚太自贸区。

2018年11月18日，习近平主席出席亚太经合组织第二十六次领导人非正式会议并在题为《把握时代机遇 共谋亚太繁荣》的讲话中指出，“坚持深化伙伴关系，携手应对共同挑战。亚太经合组织走过近30年合作历程，互信、包容、合作、共赢的伙伴关系已经成为我们的共同财富。亚太各国国情千差万别，有分歧并不奇怪。关键是要坚持共谋发展这个公约数，发扬伙伴精神，协商处理分歧，探索解决共同挑战”[①]。2020年11月20日，习近平主席出席亚太经合组织第二十七次领导人非正式会议并在题为《携手构建亚太命运共同体》的讲话中指出，“我们要深化互信、包容、合作、共赢的亚太伙伴关系，秉持共商共建共享理念，不断提升区域合作水平，做大亚太合作蛋糕，实现共同繁荣。我们要在协商一致基础上推进务实合作，妥善处理矛盾和分歧，维护亚太合作正确方向，让亚太经合组织行稳致远。”[②] 2021年11月12日，习近平主席出席亚太经合组织第二十八次领导人非正式会议并在题为《共同开创亚太经济合作新篇章》的讲话中指出，“要坚持开放的地区主义，以2040年愿景为指引，推进区域经济一体化，早日建成高水平亚太自由贸易区。要践行真正的多边主义，坚持对话而不对抗、包容而不排他、融合而不脱钩，坚定维护以世界贸易组织为核心的

① 习近平：《把握时代机遇 共谋亚太繁荣——在亚太经合组织第二十六次领导人非正式会议上的发言》，《人民日报》，2018年11月19日。

② 《携手构建亚太命运共同体——在亚太经合组织第二十七次领导人非正式会议上的发言》，《人民日报》，2020年11月21日。

多边贸易体制”[①]。

三、积极参与联合国《2030年可持续发展议程》的制定和实施

2015年9月，第70届联合国大会通过《改变我们的世界——2030年可持续发展议程》的成果文件，即联合国2030年可持续发展议程。该议程提出17个可持续发展目标，旨在解决社会、经济和环境三个维度的问题，让全球走向可持续发展的道路。

2016年4月19日，我国发布《落实2030年可持续发展议程中方立场文件》，并作为第70届联合国大会文件向各会员国散发；2016年7月，我国参加了联合国首轮国别自愿陈述。作为2016年二十国集团主席国，中方积极推动二十国集团制定《二十国集团落实2030年可持续发展议程行动计划》，得到国际社会高度评价。

2016年9月4日，习近平主席出席二十国集团领导人杭州峰会开幕式并在题为《构建创新、活力、联动、包容的世界经济》的致辞中指出，“面对当前挑战，我们应该落实2030年可持续发展议程，促进包容性发展。实现共同发展是各国人民特别是发展中国家人民的普遍愿望。据有关统计，现在世界基尼系数已经达到0.7左右，超过了公认的0.6‘危险线’，必须引起我们的高度关注。今年，我们把发展置于二十国集团议程的突出位置，共同承诺积极落实2030年可持续发展议程，并制定了行动计划。同时，我们还将

① 《共同开创亚太经济合作新篇章——在亚太经合组织第二十八次领导人非正式会议上的讲话》，《人民日报》，2021年11月13日。

通过支持非洲和最不发达国家工业化、提高能源可及性、提高能效、加强清洁能源和可再生能源利用、发展普惠金融、鼓励青年创业等方式，减少全球发展不平等和不平衡，使各国人民共享世界经济增长成果"[①]。

2016 年 9 月 19 日，中方在纽约联合国总部主持召开"可持续发展目标：共同努力改造我们的世界——中国主张"座谈会，并宣布发布《中国落实 2030 年可持续发展议程国别方案》。我国已累计批准实施 30 多项与生态环境有关的多边公约或议定书，严格履行条约义务，积极推动《巴黎气候变化协定》的签署、生效、实施；作为最早签署和批准联合国《生物多样性公约》的国家之一，我国已建立各类自然保护地超万处，约占陆域国土面积的 18%，提前实现联合国《生物多样性公约》"爱知目标"所确定的 17%的要求；我国发起成立"一带一路"绿色发展国际联盟，合作伙伴涉及 40 多个国家，逐步构建"一带一路"生态环保大数据服务平台，纳入了 100 多个国家生物多样性相关数据。[②]

2020 年 9 月 22 日，习近平主席在第七十五届联合国大会一般性辩论上指出，"中国将提高国家自主贡献力度，采取更加有力的政策和措施，二氧化碳排放力争于 2030 年前达到峰值，努力争取 2060 年前实现碳中和[③]"。"中国将设立联合国全球地理信息知识与

① 习近平：《构建创新、活力、联动、包容的世界经济》，《习近平谈治国理政》（第二卷），北京：外文出版社，2017 年版，第 473 页。

② 《尊重自然 顺应自然 保护自然 共建万物和谐的美丽家园》，《人民日报》，2021 年 10 月 7 日。

③ 习近平：《在第七十五届联合国大会一般性辩论上的讲话》，载中共中央党史和文献研究院编：《十九大以来重要文献选编》（中），北京：中央文献出版社，2021 年版，第 712 页。

创新中心和可持续发展大数据国际研究中心，为落实《联合国 2030 年可持续发展议程》提供新助力”[①]。2021 年 9 月 21 日，习近平主席以视频方式出席第七十六届联合国大会一般性辩论并发表题为《坚定信心 共克时艰 共建更加美好的世界》的重要讲话，提出了“坚持发展优先”、“坚持以人民为中心”、“坚持普惠包容”、“坚持创新驱动”、“坚持人与自然和谐共生”、“坚持行动导向”的“全球发展倡议”，强调“将发展置于全球宏观政策框架的突出位置，加强主要经济体政策协调，保持连续性、稳定性、可持续性，构建更加平等均衡的全球发展伙伴关系，推动多边发展合作进程协同增效，加快落实联合国 2030 年可持续发展议程”[②]。10 月 14 日，习近平主席出席第二届联合国全球可持续交通大会开幕式并发表题为《与世界相交 与时代相通 在可持续发展道路上阔步前行》的主旨讲话，再次强调“要维护联合国权威和地位，围绕落实联合国 2030 年可持续发展议程，全面推进减贫、卫生、交通物流、基础设施建设等合作”[③]。

---

① 习近平：《在第七十五届联合国大会一般性辩论上的讲话》，载中共中央党史和文献研究院编：《十九大以来重要文献选编》（中），北京：中央文献出版社，2021 年版，第 714 页。

② 习近平：《坚定信心，共克时艰，共建更加美好的世界》，《习近平谈治国理政》（第四卷），北京：外文出版社，2022 年版，第 468 页。

③ 习近平：《与世界相交 与时代相通 在可持续发展道路上阔步前行——在第二届联合国全球可持续交通大会开幕式上的主旨讲话》，《人民日报》，2021 年 10 月 15 日。

第七节　推动构建人类命运共同体

党的十八大以来，习近平总书记亲自领导开展了波澜壮阔的新时代中国特色大国外交实践，创造性地提出构建人类命运共同体的理念，致力于建设持久和平、普遍安全、共同繁荣、开放包容、清洁美丽的世界，切实回应了世界的共同关切和普遍担忧，积极为"建设一个什么样的世界，怎样建设这个世界"提供中国智慧和中国方案。我国推动构建人类命运共同体始终以促进世界和平与发展为目标，从继承中发展，在发展中创新，凝聚了广泛国际共识。

一、党的十八大正式提出"倡导人类命运共同体意识"

党的十八大报告明确提出，"合作共赢，就是要倡导人类命运共同体意识，在追求本国利益时兼顾他国合理关切，在谋求本国发展中促进各国共同发展，建立更加平等均衡的新型全球发展伙伴关系，同舟共济，权责共担，增进人类共同利益"[①]。

2013 年 1 月 28 日，习近平总书记主持中共十八届中央政治局第三次集体学习并发表重要讲话指出，"我们要坚持从我国实际出发，坚定不移走自己的路，同时我们要树立世界眼光，更好把国内发展与对外开放统一起来，把中国发展与世界发展联系起来，把中国人民利益同各国人民共同利益结合起来，不断扩大同各国的互利

① 胡锦涛：《坚定不移沿着中国特色社会主义道路前进 为全面建成小康社会而奋斗——在中国共产党第十八次全国代表大会上的报告》，北京：人民出版社，第 47 页。

合作，以更加积极的姿态参与国际事务，共同应对全球性挑战，努力为全球发展作出贡献”[①]。

2013年3月23日，习近平主席在莫斯科国际关系学院的演讲中，第一次在外交场合向世界提出“命运共同体”的理念：“这个世界，各国相互联系、相互依存的程度空前加深，人类生活在同一个地球村里，生活在历史和现实交汇的同一个时空里，越来越成为你中有我、我中有你的命运共同体。[②]”3月25日，习近平主席在坦桑尼亚尼雷尔国际会议中心以《永远做可靠的朋友和真诚伙伴》为主题的演讲中指出，“这段历史告诉我们，中非从来都是命运共同体，共同的历史遭遇、共同的发展任务、共同的战略利益把我们紧紧联系在一起”[③]。

二、提出“推动建设人类命运共同体”倡议

2015年3月，习近平主席在博鳌亚洲论坛2015年年会主旨演讲中提出“通过迈向亚洲命运共同体，推动建设人类命运共同体”的倡议，提出迈向命运共同体的“四个坚持”*。2015年9月28日，习近平主席在美国纽约联合国总部举行的第七十届联合国大会一般性辩论时发表了《携手构建合作共赢新伙伴 同心打造人类命

*“四个坚持”指坚持各国相互尊重、平等相待，坚持合作共赢、共同发展，坚持实现共同、综合、合作、可持续的安全，坚持不同文明兼容并蓄、交流互鉴。

① 习近平：《更好统筹国内国际两个大局，夯实走和平发展道路的基础》，《习近平谈治国理政》，北京：外文出版社，2018年版，第248-249页。

②《顺应时代前进潮流　促进世界和平发展——习近平在莫斯科国际关系学院的演讲》，《人民日报海外版》，2013年3月25日。

③ 习近平：《永远做可靠的朋友和真诚伙伴》，《习近平谈治国理政》，北京：外文出版社，2018年版，第305页。

运共同体》的重要讲话指出，“当今世界，各国相互依存、休戚与共。我们要继承和弘扬联合国宪章的宗旨和原则，构建以合作共赢为核心的新型国际关系，打造人类命运共同体”[①]。

2017年1月18日，习近平主席在联合国日内瓦总部发表题为《共同构建人类命运共同体》的演讲指出，“中国将努力构建总体稳定、均衡发展的大国关系框架，积极同美国发展新型大国关系，同俄罗斯发展全面战略协作伙伴关系，同欧洲发展和平、增长、改革、文明伙伴关系，同金砖国家发展团结合作的伙伴关系。中国将继续坚持正确义利观，深化同发展中国家务实合作，实现同呼吸、共命运、齐发展。中国将按照亲诚惠容理念同周边国家深化互利合作，秉持真实亲诚对非政策理念同非洲国家共谋发展，推动中拉全面合作伙伴关系实现新发展”[②]。

2017年10月，党的十九大报告呼吁，“构建人类命运共同体，建设持久和平、普遍安全、共同繁荣、开放包容、清洁美丽的世界”[③]。报告指出，中国秉持共商共建共享的全球治理观，倡导国际关系民主化，中国将继续发挥负责大国作用，积极参与全球治理体系改革和建设。

2018年3月，十三届全国人大一次会议通过的《宪法修正案》，将宪法序言中“发展同各国的外交关系和经济、文化的交流”

---

① 习近平：《携手构建合作共赢新伙伴 同心打造人类命运共同体》，《习近平谈治国理政》（第二卷），北京：外文出版社，2017年版，第522页。

② 习近平：《共同建人类命运共同体》，《习近平谈治国理政》（第二卷），北京：外文出版社，2017年版，第546–547、548页。

③ 习近平：《决胜全面建成小康社会 夺取新时代中国特色社会主义伟大胜利——在中国共产党第十九次全国代表大会上的报告》，北京：人民出版社，第58–59页。

修改为“发展同各国的外交关系和经济、文化交流，推动构建人类命运共同体”。

2018 年 4 月 10 日，习近平主席在博鳌亚洲论坛 2018 年年会开幕式上的主旨演讲中指出，“中国人民将继续与世界同行、为人类作出更大贡献，坚定不移走和平发展道路，积极发展全球伙伴关系，坚定支持多边主义，积极参与推动全球治理体系变革，构建新型国际关系，推动构建人类命运共同体”①。12 月 18 日，习近平总书记在庆祝改革开放 40 周年大会上的讲话中指出，“我们积极推动建设开放型世界经济、构建人类命运共同体，促进全球治理体系变革，旗帜鲜明反对霸权主义和强权政治，为世界和平与发展不断贡献中国智慧、中国方案、中国力量”②。

三、“构建人类命运共同体”理念被写入联合国决议

构建人类命运共同体作为共同应对人类共同难题和全球化新挑战的“中国方案”，越来越成为世界范围内的共识。2017 年 2 月 10 日，联合国社会发展委员会第五十五届会议协商一致通过“非洲发展新伙伴关系的社会层面”决议，呼吁国际社会本着合作共赢和构建人类命运共同体的精神，加强对非洲经济社会发展的支持，

① 习近平：《中国开放的大门只会越开越大》，《习近平谈治国理政》（第三卷），北京：外文出版社，2020 年版，第 194 页。

② 习近平：《在庆祝改革开放四十周年大会上的讲话》，中共中央党史和文献研究院编：《十九大以来重要文献选编（上）》，北京：中央文献出版社，2019 年版，第 727 页。

首次将“人类命运共同体”理念写入联合国决议。3 月 17 日，“构建人类命运共同体”理念写入联合国安理会关于阿富汗问题的第 2344 号决议；23 日，写入联合国人权理事会关于“经济、社会、文化权力”和“粮食权”两个决议；11 月 2 日，又写入联大“防止外空军备竞赛进一步切实措施”和“不首先在外空放置武器”两份安全决议。

2018 年，“人类命运共同体”又被相继写入中非合作论坛北京峰会、上海合作组织青岛峰会、中阿合作论坛部长级会议，以及诸多双边多边高层交往的成果文件。

四、召开亚洲文明对话大会以及中国共产党与世界政党高层对话会

（一）召开亚洲文明对话大会

2015 年 3 月 28 日，习近平主席在博鳌亚洲论坛 2015 年年会开幕上发表题为《迈向命运共同体 开创亚洲新未来》的主旨演讲中提出，“中方倡议召开亚洲文明对话大会，加强青少年、民间团体、地方和媒体等各界交流，打造智库交流合作网络，让亚洲人民享受更富内涵的精神生活，让地区发展合作更加活力四射”[①]。

2019 年 5 月 15 日至 5 月 22 日，以“亚洲文明交流互鉴与命运共同体”为主题的首届亚洲文明对话大会在北京举行。5 月 15 日，习近平主席出席大会开幕式并发表题为《深化文明交流互鉴，

---

① 习近平：《迈向命运共同体 开创亚洲新未来——在博鳌亚洲论坛 2015 年年会上的主旨演讲》，《人民日报》，2015 年 3 月 29 日。

共建亚洲命运共同体》的主旨演讲指出，“文明因多样而交流，因交流而互鉴，因互鉴而发展。我们要加强世界上不同国家、不同民族、不同文化的交流互鉴，夯实共建亚洲命运共同体、人类命运共同体的人文基础”①。

亚洲47个国家以及域外其他国家的政府官员和文化、教育、影视、智库、媒体、旅游等领域的代表共计2000余人参加首届亚洲文明对话大会相关活动。大会发布了《亚洲文明对话大会2019北京共识》，形成了4大类26项推动文明交流互鉴的务实举措和合作成果。2021年4月20日，习近平主席在博鳌亚洲论坛2021年年会开幕式上指出，“中方将在疫情得到控制后即举办第二届亚洲文明对话大会，为促进亚洲和世界文明对话发挥积极作用”②。

（二）召开中国共产党与世界政党高层对话会

2017年11月30日至12月3日，以“构建人类命运共同体、共同建设美好世界：政党的责任”为主题的中国共产党与世界政党高层对话会在北京举行。这是中国共产党首次与全球各类政党举行高层对话。12月1日，中共中央总书记习近平出席开幕式并在题为《携手建设更加美好的世界》的主旨讲话中指出，“人类命运共同体，顾名思义，就是每个民族、每个国家的前途命运都紧紧联系在一起，应该风雨同舟，荣辱与共，努力把我们生于斯、长于斯的

---

① 习近平：《深化文明交流互鉴，共建亚洲命运共同体》，《习近平谈治国理政》（第三卷），北京：外文出版社，2020年版，第468页。

② 习近平：《同舟共济克时艰，命运与共创未来——在博鳌亚洲论坛2021年年会开幕式上的视频主旨演讲》，新华网，2021年4月20日。

这个星球建成一个和睦的大家庭，把世界各国人民对美好生活的向往变成现实”。并强调“中国共产党将始终做到以下几条。第一，一如既往为世界和平安宁作贡献”。“第二，一如既往为世界共同发展作贡献”。“第三，一如既往为世界文明交流互鉴作贡献”[①]。

参与对话会的 120 个国家近 300 名政党及政治组织领导人达成广泛共识，并通过了《北京倡议》。2021 年 7 月 6 日，以“为人民谋幸福：政党的责任”为主题的中国共产党与世界政党领导人峰会以视频连线方式举行，习近平主席出席会议并发表《加强政党合作共谋人民幸福》的主旨讲话。来自世界上 160 多个国家 500 多个政党和组织逾一万名代表在线出席了峰会，并达成了《中国共产党与世界政党领导人峰会共同倡议》。[②]

五、构建人类卫生健康共同体的提出和实践

2020 年 3 月 12 日，习近平主席同联合国秘书长古特雷斯通电话时强调，“新冠肺炎疫情的发生再次表明，人类是一个休戚与共的命运共同体。在经济全球化时代，这样的重大突发事件不会是最后一次，各种传统安全和非传统安全问题还会不断带来新的考验。国际社会应该秉持人类命运共同体理念，守望相助，携手应对风险挑战，共建美好地球家园”[③]。2020 年 5 月，习近平主席出席第

① 习近平：《把世界各国人民对美好生活的向往变成现实》，《习近平谈治国理政》（第三卷），北京：外文出版社，2020 年版，第 433、436–437 页。

② 《中国共产党与世界政党领导人峰会共同倡议（全文）》，新华网，2021 年 7 月 7 日。

③ 《习近平同联合国秘书长古特雷斯通电话》，新华网，2020 年 3 月 12 日。

73届世界卫生大会视频会议开幕式并致辞，呼吁共同佑护各国人民生命和健康，共同佑护人类共同的地球家园，共同构建人类卫生健康共同体。2020年11月19日，习近平主席在亚太经合组织工商领导人对话会上的主旨演讲中高瞻远瞩地指出，“这场疫情再次说明，人类命运休戚与共，各国利益紧密相连，世界是不可分割的命运共同体。无论是赢得全球抗疫最终胜利，还是推动世界经济复苏，国际社会必须团结协作，共同应对危机考验”[①]。

2021年5月，习近平主席出席全球健康峰会并发表重要讲话，指出“坚定不移推进抗疫国际合作，共同推动构建人类卫生健康共同体，共同守护人类健康美好未来”[②]。

截至2022年2月17日，我国已对外提供超过20亿剂疫苗，用合作、共赢的“金钥匙”破解世界难题，为维护地区和世界公共卫生安全作出了重要贡献。

党的十八大以来，面对经济全球化遭遇逆流以及单边主义、保护主义抬头，我国进一步放宽市场准入，主动扩大进口，坚定不移推进高水平对外开放，建设更高水平开放型经济新体制，使对内对外开放相互促进、“引进来”与“走出去”更好地结合，全方位、全领域的开放格局愈加明显；扎实推进共建“一带一路”高质量发展，坚定支持以世贸组织为核心的多边贸易体制，推动完善更加公正合理的全球经济治理体系，推动构建人类命运共同体，携手各国抗击新冠疫情，推动经济全球化朝着更加开放、包容、普惠、平

---

① 《构建新发展格局 实现互利共赢——在亚太经合组织工商领导人对话会上的主旨演讲》，《中共人民共和国国务院公报》，2020年33期。

② 《携手共建人类卫生健康共同体——在全球健康峰会上的讲话》，中国政府网，2021年5月21日。

衡、共赢的方向发展，与世界共享发展机遇。党的十八大以来，我国的高水平开放不仅发展了自己，也造福了世界，为全球经济注入强大动能；进入新发展阶段，我国将继续为世界创造更多需求，带来更多机遇。

主要参考资料

1. 习近平. 习近平谈治国理政[M]. 北京：外文出版社，2014.
2. 习近平. 习近平谈治国理政（第二卷）[M]. 北京：外文出版社，2017.
3. 习近平. 习近平谈治国理政（第三卷）[M]. 北京：外文出版社，2020.
4. 邓小平. 邓小平文选[M]. 北京：人民出版社，1994.
5. 中共中央文献研究室. 邓小平年谱 一九七五—一九九七（下）[M]. 北京：中央文献出版社，2004.
6. 杨润时.邓小平特区建设思想研究[M]. 北京：社会科学文献出版社，1994.
7. 王梦奎. 中国经济转轨二十年[M]. 北京：外交出版社，1999.
8. 深圳博物馆. 深圳特区史[M]. 北京：人民出版社，1999.
9. 谷牧. 谷牧回忆录[M]. 北京：中央文献出版社，2009.
10. 全国政协办公厅. 改革开放的岁月——1978 年以来的谷牧[M]. 北京：中央文献出版社，2004.
11. 周泽喜等. 中国工业化进程中的对外贸易[M]. 北京：中国物价出版社，1992.
12. 李正华. 改革开放的酝酿与起步[M]. 北京：当代中国出版社，2002.
13. 李岚清. 突围：国门初开的岁月[M]. 北京：中央文献出版社，2008.
14. 刘向东. 对外开放起始录[M]. 北京：经济管理出版社，2008.

15. 裴长洪.中国对外开放与流通体制改革30年研究[M]. 北京：经济管理出版社，2008.
16. 迟福林. 二次开放——经济全球化十字路口的中国选择[M]. 北京：中国工人出版社，2017.
17. 隆国强. 构建开放型经济新体制[M]. 广州：广东经济出版社，2017.
18. 裴长洪. 中国开放型经济建设40年（上、下）[M]. 北京：中国社会科学出版社，2018.
19. 霍建国. 改革开放与贸易强国[M]. 广州：广东经济出版社，2019.
20. 迟福林. 口述改革历史（上、中、下）[M]. 广州：广东经济出版社，2019.
21. 赵刚印等. 改革开放成就上海[M]. 上海：上海人民出版社，2020.
22. 迟福林. 新型开放大国——共建开放型世界经济的中国选择[M]. 北京：中国工人出版社，2020.
23. 中共中央书记处研究室经济组. 对外开放政策文献汇编（一九七九年七月—一九八五年四月）[M]. 北京：中共中央党校出版社，1985.
24. 国家体改委办公厅. 十一届三中全会以来经济体制改革重要文献汇编（上、中、下、续一）[M]. 北京：改革出版社，1990.
25. 国家计委国土规划研究所.中国沿海开放地区九十年代经济发展战略研究[M]. 北京：中国计划出版社，1993.
26. 中国经济体制改革研究会.中国改革开放大事记[M]. 北京：

中国财政经济出版社，2008.
27. 中共中央文献研究室. 十七大以来重要文献选编（上、中、下）[M]. 北京：人民出版社，2009.
28. 中共中央文献研究室. 十四大以来重要文献选编（上、中、下）[M]. 北京：人民出版社，2011.
29. 中共中央文献研究室. 十六大以来重要文献选编（上、下）[M]. 北京：人民出版社，2011.
30. 钟坚、郭茂佳、钟若愚. 中国经济特区文献资料（第一辑、第二辑、第三辑）[M]. 北京：社会科学文献出版社，2010.
31. 海关总署统计分析司. 改革开放 40 年中国对外贸易发展报告[M]. 北京：中国海关出版社，2018.
32. 中共中央文献研究室. 十八大以来重要文献选编（上、中、下）[M]. 北京：人民出版社，2018.
33. 中共中央党史和文献研究院. 十九大以来重要文献选编（上）[M]. 北京：中央文献出版社，2019.
34. 中共上海市委党史研究室编著. 上海改革开放史话[M]. 上海：上海人民出版社，2020.
35. 中共中央党史和文献研究院. 十九大以来重要文献选编（中）[M]. 北京：中央文献出版社，2021.
36. 马宇. 实现第二次战略转变——面向 21 世纪的中国利用外资战略[J]. 国际贸易，1999（09）.
37. 孙玉琴. 外贸经营权改革与外贸经营主体的变化[J]. 国际贸易问题，2004（10）.
38. 张春光. 改革开放 30 年：中国利用外资政策的回顾[J]. 生产力研究，2009（17）.

39. 蹄疾步稳中国构建全方位开放新格局[N]. 经济参考报，2020.10.15.

40. 开放的大门越开越大——新时代推进高水平对外开放述评（上）[N]. 人民日报，2021.12.23.

41. 以更高水平开放促进更高质量发展——新时代推进高水平对外开放述评（中）[N]. 人民日报，2021.12.26.

42. 让开放的春风温暖世界——新时代推进高水平对外开放述评（下）[N]. 人民日报，2021.12.27.

CHINA'S REFORM AND OPENING UP

第二部分

史料篇

政策法规

▼

中华人民共和国政府关于中美建交的声明[①]

（1978年12月16日）

中华人民共和国和美利坚合众国自一九七九年一月一日起互相承认并建立外交关系，从而结束了两国关系的长期不正常状态。这是中美两国关系中的历史性事件。

众所周知，中华人民共和国政府是中国的唯一合法政府，台湾是中国的一部分。台湾问题曾经是阻碍中美两国实现关系正常化的关键问题。

根据上海公报的精神，经过中美双方的共同努力，现在这个问题在中美两国之间得到了解决，从而使中美两国人民热切期望的关系正常化得以实现。至于解决台湾归回祖国、完成国家统一的方式，这完全是中国的内政。

---

① 中共中央文献研究室：《改革开放三十年重要文献选编》（上），北京：中央文献出版社，2009年版，第11页。

为促进中美两国人民的友谊和两国良好关系的进一步发展，应美国政府的邀请，中华人民共和国国务院副总理邓小平将于一九七九年一月份对美国进行正式访问。

中共广东省委关于设立深圳市和珠海市的决定[①]

（1979年1月23日）

广州市委、海南区委、各地（自治州）、市、县委，省直各部、委、办、局党委、党组、党的核心小组：

为加强对宝安、珠海地区生产建设的指导，建立出口基地，发展对外贸易，省委决定：

一、将宝安县改为深圳市，珠海县改为珠海市。这两个市均为省辖市，分别由省和惠阳、佛山地区实行双重领导。

二、成立中共深圳市委和珠海市委。任命张勋甫同志为深圳市委书记、方苞同志为深圳市委副书记；任命吴健民同志为珠海市委书记、麦庚安同志为珠海市委副书记。这两个市委的其他成员，由省委组织部分别与惠阳、佛山地委研究调配，报省委审批。望两市立即开展工作。

三、以上决定，先在内部宣布执行。待国务院正式批准这两个市的行政区划后，再对外公布。

① 钟坚、郭茂佳、钟若愚主编：《中国经济特区文献资料》（第一辑），北京：社会科学文献出版社，2010年版，第327页。

中共广东省委关于试办深圳、珠海、汕头出口特区的初步设想[①]

（1979 年 5 月 5 日）

为了调动爱国华侨、港澳同胞参加祖国社会主义建设的积极性，更有效地利用他们的资金、技术和设备，发展我国出口商品生产，中央决定，在沿海少数有条件的省、市划出一定地区，单独进行管理，作为华侨、港澳商人和外商的投资场所。按照国际市场的需要组织生产，向国家缴纳税收，产品专门供应出口。现就我省试办深圳、珠海、汕头出口特区初步提出如下设想：

一、试办特区的地点范围。初步确定：深圳、珠海和汕头三个市，划为出口特区。第一步先在深圳市西部，南头至蛇口一带，珠海市湾仔、拱北、香洲一带和汕头市碧石（或郊区）、达濠一带，作为出口特区试点。并设置划定特区界限的标志，进行单独管理。经过试办，取得经验后，逐步扩大。

二、特区建设的投资原则。根据国家政策法令，在特区内，允许华侨、港澳商人直接投资办厂，也允许某些外国厂商投资设厂，或由地方同他们兴办合营企业，同时引进外国的先进技术和设备，给予优惠的条件，利用当地的劳动力，比较集中地从事加工出口业务。并利用筹集的资金，进行市政建设。

三、特区的水电、道路、交通、邮电、旅馆、医院、餐厅、娱乐场所等公用设施建设，请中央安排一定的投资（目前要求中央先

---

① 国家体改委办公厅编：《十一届三中全会以来经济体制改革重要文件汇编》，北京：改革出版社，1990 年版，第 3 页。

拨给一定的开办费）或贷款，搞好基础工作，节省外汇。

四、特区内外投资办厂，经过双方谈判，就投资项目、生产规模、投资金额和管理分工等，达成协议后，受国家法律保障。

外商办厂的限期，初步考虑，15 –20 年内不收归国有。

五、特区内缴纳土地、厂房租金，水电费，旅游收入，劳动工资收人，税收，以及公用设施的商业利润等非贸易外汇收人，五年内不上缴，用于发展生产和市政建设。外商完税后所得利润，允许汇出。

六、特区的劳动力管理问题，可以成立劳动服务公司，负责当地实际所需劳动力的调整、安排、不受国家劳动指标的限制。

七、对特区的生产企业，实行优惠税制，投产后参照香港税率征收所得税。另一种意见，参考台湾的办法，投产后三或五年内豁免利润所得税，或者按投资金额多少，区别规定不同的免税期限，原则上投资额大的减免利润所得税期限长一些。请中央考虑迅速制定有关税法。

八、特区的工资制度，大体上要低于港澳，高于国内，可定一个幅度（技术工人包括基本工资、资金和福利，每人每月最高收入不超过人民币 180 元）。

九、特区的外币流通问题。外币可以在指定的外币商店或者其他服务性单位使用，不能在特区通用。我方在外资企业和合营企业的人员，其所得外币工资上缴，折付给人民币；个人获奖金部分可给予少量外币，在外币商店购买商品。

十、特区的管理。设立特区管理处，在国家未制定统一办法前，建议授权由广东省委、省革命委员会暂时先参照国际惯例，处理有关行政和商务事宜。并建立海关、商检、检疫、边检、银行、邮电等机构，就地办理人员、物资进出手续和外汇业务。

对特区内电讯联络问题，请中央有关部门迅速作出相应规定。

十一、对在特区内的外商出入问题，参照国际贸易区的办法制定细则。要简化审批手续。按我方核定办理商务的人员，可给予一年内多次往返的签证。

十二、特区生产企业厂房建设地址，要划出一定范围，土地租用，另行制定办法。

建议中央有关单位尽快提出一些立法和章程（如投资法、劳动法，等等）。

中共中央、国务院批转广东省委、福建省委关于对外经济活动实行特殊政策和灵活措施的两个报告①

（1979 年 7 月 15 日）

中共广东、福建省委，省革委，中央、国务院各有关部、委、局：

中央、国务院原则同意广东省委《关于发挥广东优越条件，扩大对外贸易，加快经济发展的报告》和福建省委《关于利用侨资、外资，发展对外贸易，加速福建社会主义建设的请示报告》，现转发给你们参照执行。

广东、福建两省靠近港澳，华侨多，资源比较丰富，具有加快经济发展的许多有利条件。中央确定，对两省对外经济活动实行特殊政策和灵活措施，给地方以更多的主动权，使之发挥优越条件，抓紧当前有利的国际形势，先走一步，把经济尽快搞上去。这是一个重要的决策，对加速我国的四个现代化建设，有重要的意义。

两省提出的初步规划设想，是可行的。要鼓足干劲，积极努力，抓紧落实，千方百计完成规划所列的各项目标。广东规划到一九九〇年外汇收人达到一百亿美元，赶上和超过香港目前的出口水平。福建规划到一九九〇年外汇收人达到三十五亿美元，比现在增长十倍以上。这是一个有雄心壮志的规划，也是应当做到和能够做到的规划。要大胆放手，阔步前进，同时又要深人细致，稳扎稳打，不断总结经验，及时解决前进中的问题。

两省报告所建议的经济管理体制，即在中央统一领导下实行大

① 中共中央书记处研究室经济组编：《对外开放政策文献汇编（一九七九年七月—一九八五年四月）》，北京：中共中央党校出版社，1985 年版，第 34 页。

包干的办法，中央和国务院原则同意试行。财政方面，明后两年，广东每年上缴数确定为十二亿元，福建每年补助数确定为一亿元，以后年度到时另议。其他有关包干的基数、指标和具体实施办法，由各主管部门同两省商量确定。有关部门要积极支持两省的体制改革，要在统一规划、统一方针政策和有关业务方面加强领导，积极协助两省把各项工作搞好。

关于出口特区，可先在深圳、珠海两市试办，待取得经验后，再考虑在汕头、厦门设置的问题。

两省报告中所提铁路、港口、电力等问题，应积极设法解决，由国家计委会同有关部门研究安排。

对两省采取对外经济活动的特殊政策和灵活措施，是一项新的工作，各方面都缺乏经验，特别是对外经济活动方面，我们很多东西还不懂。省委和各级党委要加强领导，加强调查研究，善于学习，在思想和工作作风上都要有很大的转变。要结合五届人大二次会议精神的贯彻，把中央这个决定的精神，向广大干部、党员和群众传达，调动他们的积极性和主动精神，自力更生，奋发图强，加快步伐，尽快改变两省的面貌，为国家多作贡献。

在闽、粤两省执行特殊政策过程中，各有关方面难免出现一些复杂情况，中央、国务院拟随时组织一个协调小组，随时了解闽、粤两省执行政策的情况，适时协调有关方面的关系，适时解决矛盾，使这个对外经济活动的新的特殊的政策得到顺利的进行。

随着对外经济活动的发展，势必带来资本主义思想和资产阶级生活作风的影响，要把工作做到前头，加强思想政治工作，坚持四项基本原则，防止和抵制非无产阶级思想的侵蚀和影响。

中央和国务院对两省的发展，寄予很大的期望。关键在于两省的工作，地方同志的担子更重了。中央各部门也要善于在新体制的情况下进行工作，业务领导的责任不是轻了，而是需要加强。要各方面大力协同，密切配合，把工作作好。

进出口管理委员会关于印发《全国进出口工作会议汇报提纲》的通知（摘录）[1]

（1979 年 12 月 30 日）

全国进出口工作会议已于一九七九年十二月十八日结束。经国务院领导同志同意，现将《全国进出口工作会议汇报提纲》印发，请结合自己的实际研究执行，并随时将贯彻落实情况和经验告诉我们。

全国进出口工作会议汇报提纲（摘录）

（一九七九年十二月十八日）

（中略）

四、改革外贸管理体制，调动各方面积极性

大家对外贸管理体制和政策的意见比较多，主要的问题：一是统得过多过死，长期以来，基本上是外贸部一家经营，影响各地、各部门积极性的发挥。二是产销结合不够，企业的自主权太少，不能及时根据国际市场的变化安排、调整生产。三是习惯于用行政办法解决经济问题，不善于按经济规律办事。四是婆婆多，层次多，手续繁，效率低，耽误事情。五是税收、价格等政策和规章制度不合理，不能充分调动各方面积极性，等等。改革体制，是大家一致的要求，当然，现行的外贸体制是在一定的历史条件下形成的，对

① 中共中央书记处研究室经济组编：《对外开放政策文献汇编（一九七九年七月—一九八五年四月）》，北京：中共中央党校出版社，1985 年版，第 80–85 页。

我国外贸事业的发展曾起了积极的作用；同时，有的问题也不单纯是外贸体制的问题，和计划、财政信贷、物资管理体制都有关系。但是，必须采取积极的态度，根据党中央、国务院要求外贸体制改革先走一步的指示，现在就要着手对必须而又可以改革的部分，看准一项改革一项。体制改革的基本指导思想，首先是要放开手脚，调动各方面的积极性；同时，在物质利益上，要使地方和企业都得到好处，国家得到更大的好处。在强调发挥各方面积极性的同时，也要保证必要的集中统一。本着这个精神，在继续贯彻党中央、国务院批发的关于两省、三市和《十五条》三个文件的基础上，把体制改革向前推进一步。

1. 适当扩大三市外贸管理体制的试行范围。广东、福建两省和京、津、沪三市实行新体制的准备工作，都在积极进行。会上辽宁、河北、江苏、山东等省要求实行三市体制。湖北、四川等省提出改革沿江各省外贸管理体制。我们认为这种要求是有道理的，可以将三市的外贸体制逐步扩大到沿海沿江等省；但这项工作很复杂，要先做好准备，成熟一个，批准一个。

2. 扩大地方经营出口商品的范围。在统政策、统计划、统一对外的原则下，外贸部负责经营大宗的、重要的和国际市场上竞争激烈的进出口商品和政府间贸易的统一谈判和成交，其它商品都下放各省、市、自治区经营。考虑到当前各省、市、自治区的人员、储运、客户关系等条件，一下子都接过来有困难，应从各地实际情况出发，分期分批逐步移交。在没有移交前，应照原来办法经营，以免脱节。对一些由几省经营的、比较大宗的、竞争比较激烈的商品，由外贸部组织协调有关省、市、自治区，搞以口岸为中心的联营。各省、市、自治区自营的商品，原则上由省、市、自治区进出口公司统一对外谈判成交，不再逐级下放。

3. 发挥中央各部门抓出口的积极性。各部门扩大出口也大有作为。除搞好本行业出口产品的规划。协调、技术业务指导和跨地区的协作配套之外；还可以在许多方面发挥积极作用。比如成立研究设计中心、技术咨询服务公司，承担出口产品设计等业务有的也可以按产品组织出口协会或联营等，有的可以经营地方不经营的产品，组织成套设备及技术专利的出口，有的可以走出去做生意，与国外厂商合作生产和经营推销业务，有的还可以组织劳务出口，承包工程。军工部门等有直属企业的，可以成立进出口公司，经营所属企业产品出口。

4. 为了加强农工贸联系，做到产销结合，除普遍推行“四联合、两公开”（联合办公、联合安排生产、联合对外洽谈、联合派小组出国考察推销，公开出口价格和生产成本）以外，还可以根据不同情况，组织农工贸结合的专业公司（如丝绸专业公司、工艺品专业公司），组织加工地区和原料产地的联营公司（如地毯联营公司）。

5. 商品外贸经营权下放以后，应实行严格的经济核算，盈亏分别列入省、市、自治区财政预算或主管部门财务计划。由此发生的盈亏转移，应相应地调整预算指标。

6. 外贸部门要善于在新的形势下发挥积极作用：加强国际市场的调查研究，及时通报有关情况，加强方针政策的研究，检查贯彻执行情况；制订必要的法令规章，加强管理，搞好口岸联营，协调有关方面的步调行动，帮助、指导各地、各部门搞好外贸工作。同时要认真经营好自己管理的那部分商品，把外贸公司真正办成按经济规律办事和经济核算的企业；还要进一步走出去做生意，把生意做活，比如，有计划地逐步在国外建立一些销售公司，开辟对外贸易新的途径。

五、改进出口商品外汇分成办法

国务院规定，从今年起实行出口商品外汇分成，尽管刚刚开始实行，但已收到了显著的效果。今年国家规定的出口商品收购计划为二百二十八亿元，预计全年可达到二百九十多亿元，这对于保证完成今年出口收汇一百三十亿美元的任务，起了重要的作用。现在要研究怎样进一步改进外汇分成办法，使之更加合理和简便易行。

按照《十五条》规定，外汇分成办法是以上年外贸收购额为基数，增长部分的外汇收入，中央商品留成百分之二十，地方商品留成百分之四十。讨论中，大家对这种“增长分成”办法提出了不少意见。一是年年要定基数，计算比较烦琐；二是农副土特产品出口很难保证年年增长。大家提出了两种改进办法：第一种是实行全额分成，根据各地不同的情况，分成比例可以不同。这种办法可以体现多出口、多得益的原则，简便易行，但不同的分成比例不容易确定，如果采取同一分成比例，则受益大的主要是出口多的几个省、市。第二种办法是，在国民经济调整期间，以一九七八年的实绩为基数，增长部分按比例分成（一九七八年分给地方的五亿美元外汇不变）。一九七九年分成比例按《十五条》执行。鉴于国家外汇较紧，大家同意从一九八O年开始，分成比例可以比《十五条》降低些。实行这种办法，在不断扩大出口中，地方可以逐年增加一些外汇分成。看来，采取第二种办法较稳妥。具体方案另报批。

《十五条》规定，粮食、食用油、原油、成品油、煤炭水泥、原木、钢材、生铁、锌等十个重要统配商品，不实行分成。有些省、市、自治区提出，这十种商品的出口，地方和企业都是做了贡献的，建议也要给以适当分成，比例可以小一些。我们认为，这个问题很复杂，这个规定原则上不作变动，至于个别地区的特殊情况，个别研究解决。

今后地方外汇（包括地方分成外汇）增加较多，在使用上要加强计划性，避免盲目性，进口什么东西，要从全局出发，用到要紧地方，注意精打细算，讲求经济效果。各地方要编制自己的年度进口计划，报进出口管理委员会备案。进出口管理委员会在接到地方报来的计划后，如认为有不应进口的物资，应在两个星期内通知地方及有关部门，调剂解决。地方需要进口的有些大宗商品，宜于统一组织进口的，仍应由外贸部统一组织进口。原则上是国内能生产解决的就不进口。能用苏联、东欧等国记账外汇进口的，就不要用现汇进口。要保护国内生产。少数限制进口的商品，如小汽车等，地方不准进口。

六、改革外汇结算制度，加强外汇管理

我国目前实行的是一点五三元人民币兑换一美元的单一汇率制。而一九七九年上半年整个出口商品的平均换汇成本为二点五四元人民币，这样，每出口一美元的商品，要亏损一元人民币，出口越多，亏损越大，既不利于鼓励出口、限制进口，也不利于促进各进出口单位加强经济核算，改善经营管理，建议对内对外实行两种不同的汇价：一个是对外公布的外汇牌价，主要用于非贸易外汇收付的兑换；这个牌价应随着国际金融行情的变动随时调整，目前应逐步把对美元的牌价降下来。一个是贸易外汇内部结算价格，按外贸出口商品平均换汇成本，加上百分之十的合理利润确定，当前以二点八元人民币兑换一美元较为合理。据初步匡算，实行这个内部结算价格后，可以做到约有百分之八十的出口商品不亏或有盈利。盈利的主要是一些农副土特产品和原油、煤炭等矿产品。亏损的多数是工业制品。其中许多又是由于现行的税收、利润等制度不合理而造成的。为了扩大工业品的出口，对于部分商品的出口亏损，应加强经营管理，并通过减税、让利、

补贴等办法解决。贸易外汇内部结算价格的办法，要早日确定实行。至于贸易外汇结算价格改变后，外贸部建议对进口业务改为代理，收手续费。盈亏由各订货部门按隶属关系纳入财务预决算。这个问题比较大，需进一步仔细研究。在未拟订新的办法前，仍按现行办法执行。

改变贸易外汇结算制度，问题比较复杂，涉及到财政预算、物价、税收、经济管理各方面，需要经常有人负责调整。建议由进出口管理委员会会同中国银行、物价总局等单位组成一个常设小组，近期内对出口亏损实行合理的减免税、调整出厂价格和补贴等办法，对进口商品拟定国内作价办法，以及贸易与非贸易划分范围等具体实施方案。

关于外汇管理，现行制度有不适应之处，如企业间不得使用外汇结算，企业和个人的外汇收入必须卖给银行，不准留存。今后，鼓励企业扩大出口创汇，将改为生产出口产品的企业之间允许以外汇进行结算；有外汇收入的企业，可在银行开立账户等办法。另一方面是应该集中统一管理的，管得不严，逃汇、套汇的现象，连续发生，特别是今年初批准几大城市开展进口烟酒寄售业务、直接以外币标价、收取外币以来，有的地区任意扩大收取外币的范围，导致外币黑市买卖和投机倒把，挤占了人民币阵地，损害了人民币的威信。世界各国都十分重视外汇的集中统一管理，特别是外汇收支

有逆差的国家管得更严。我国也应当如此，各地要严格控制直接使用外币的范围，除极少数特区经国务院批准可直接使用外币外，其它地区和单位一律不得再扩大外币流通范围。待中国银行发行“外汇兑换券”后，所有直接收外币的单位立即停止收取外币。

七、进一步加强对港澳贸易的统一管理

港澳地区是我打开国际市场、开展对外贸易的重要阵地，要充分利用。近两年来，我对港澳的出口供应，每年增长百分之三十五以上，超过了日本、美国对港澳出口的增长速度。但在香港进口总额中，我国货物所占比重仍然很小。一九七七年占百分之十六点六，一九七八年占百分之十六点七，今年预计三十一亿美元，占百分之十六点九。同日本对香港的出口额相比，约差十亿美元，仍然处于第二位。主要问题：一是货源供应不足，品种不对路，质量不高，包装不好，交货不及时；二是供应的商品主要是农副产品和部分纺织品，而耐用消费品、机电产品供应很少。去年香港进口机械仪器十八亿七千万美元，我只供应四千万美元，进口耐用消费品九亿千万美元，我基本是空白。港澳是个加工工业地区，原料、半成品的进口约占进口总额的百分之三十。我们要尽快打开机电产品和耐用消费品的销路，并力争多供一些半成品，如棉纱、坯布、塑料、电子元件等。粮油食品、鲜活商品要保证按配额均衡供应，并在改良品种提高售价方面多下功夫。总之港澳市场可以利用的潜力很大，我们要采取切实措施，恢复我国货物在港澳市场的第一位。

现在各省、市、自治区和国务院各部门都想打进港澳市场，要求派驻外贸业务机构或公司代表，态度是积极的。我们对港澳的贸易，一定要在统一对外的原则下，管理好，协调好，既要使我对港

澳贸易获得大的发展，又要防止港澳商人从中钻空子，对我压价，或各省、市、自治区之间互相竞争，贬价出售，打乱现有的推销网。为此，拟采取以下措施：

1. 在港澳建立咨询服务公司，由港澳工委领导，其任务，一是协调各地区、各部门对港澳的经济业务活动（包括市场调查、投资方向、技术引进、补偿贸易、进料加工、来料加工和装配业务等）；二是为国内各部门、各地区提供经济贸易情报咨询服务。在贸易业务上，华润公司、南光公司应在工委领导下承担组织协调的任务。咨询服务公司由港澳工委负责筹建。

2. 除广东、福建两省可向港澳派驻外贸业务机构外，上海、北京、天津三市可以派驻公司代表，其他省、自治区和国务院各有关部，根据工作需要，经进出口管理委员会和中央港澳小组批准，也可向港澳派出少数公司代表，各地区、各部门派出人员既是咨询服务公司的工作人员，又是本地区、本部门的代表。派出人员的经费由派出单位负责。

3. 各地区、各部门在港澳开办企业，包括合作生产和合营企业等，须事先报经进出口管理委员会和中央港澳小组审查批准。这类企业如果兼办出口和其他经济业务时，要由咨询服务公司统一安排和组织协调。

4. 咨询服务公司、华润公司等驻港澳经济机构，应积极帮助各省、市、自治区和国务院各有关部门打通贸易渠道，搞好行情通报，组织进料加工，引进技术和样品，培养“拳头”产品，改进包装装潢等。

国务院关于改革海关管理体制的决定[1]

（1980年2月9日）

海关是代表国家在口岸行使监督管理职权的机关，是贯彻执行国家有关进出口政策、法律、法令的重要工具，是进行对外经济斗争的一个武器。在全党工作着重点转移到社会主义现代化建设的新时期，海关工作更为重要。做好海关监督管理、征收关税、查禁走私和编制海关统计等工作，对于保护国家经济建设，维护国家主权，争取团结国内外一切可以团结的力量，制止进出境的政治经济破坏活动和违法行为，促进对外贸易、旅游事业和科技文教事业的发展，积累建设资金，加强无产阶级专政，保卫和促进社会主义现代化建设，都有积极作用。海关工作具有对外统一性和全国统一性的特点，为了充分发挥海关的监督管理职能，必须改革现行以地方为主的海关管理体制，加强集中统一领导。根据多年来的实践经验，并参考外国海关体制情况，现就改革海关管理体制的若干问题，特作如下决定：

一、全国海关建制收归中央统一管理，成立中华人民共和国海关总署，作为国务院直属机构，统一管理全国海关机构和人员编制及其业务。要加强和充实海关总署的领导力量，行政编制暂定二百二十人。各地海关机构的设立、撤销，由海关总署会同有关部门报国务院审批。

二、海关的方针、政策、法律、法令、规章，由海关总署拟

[1] 中共中央书记处研究室经济组编：《对外开放政策文献汇编（一九七九年七月—一九八五年四月）》，北京：中共中央党校出版社，1985年版，第87–88页。

订。为维护国家法制的严肃性，对海关现行有效的法令、规章必须严格遵守和执行。属于地区性的海关管理规定，应报国务院或国务院授权的部门批准。

三、各地海关受所在省、市、自治区人民政府监督指导。省、市、自治区人民政府负责监督当地海关贯彻执行国家统一制定的方针、政策、法律、法令、规章，协调海关与当地有关部门的关系，指导当地的反走私群众工作。

四、关税收入统一归中央。关税应单独计征，与外贸利润分开交库。关税的征收和减免（包括临时减免），由海关总署会同财政部制定办法，经国务院批准执行。关税减免的报批手续由海关总署统一办理。 海关罚没收入地方留成百分之五十，其余作为海关查私费用。

五、全国海关经费、基建、物资、外汇由海关总署统一管理。海关的行政经费由海关总署向财政部领报。海关的技术设备、船只车辆、制服、武器、印刷和培训干部等所需关务费和外汇，从关税收入和外汇收入（指进口旅客行李税和船舶吨税兑收的外币，这部分外币应作为非贸易外汇收入处理）中提成解决，具体提成比例，由海关总署分别同国家计委、财政部、中国银行商定。海关所需基建投资（不包括车船购置和技术设备）和相应材料及交通工具等物资，由海关总署分别向计委和物资总局申请拨给。

六、北京、天津、上海、广州、九龙、大连、青岛、昆明、南宁九个海关为局级机构，其余海关为处级机构，并配备相应的干部。

根据海关工作性质和任务的特点，海关专业干部需定期或不定期由海关总署予以调整、调动，调整、调动过程中遇到的问题，如户口迁移等，请地方予以支持解决。

七、加强对海关干部的培养训练。大力办好海关专业院校，积极培养海关专业人才，认真组织在职干部的学习和轮训，提高海关干部的政治、政策、业务、技术和外语水平，建设一支思想觉悟高、政策业务强、工作干劲大、纪律作风好的海关干部队伍。

八、鉴于广东省内海关机构多，任务重，为便于领导，在广东设立海关分署，为局级单位，作为总署的派出机构。其任务是监督检查广东各关的工作，组织交流经验，协调海关与地方和各关之间的关系，协助管理和调整干部，以及海关总署交办的其他事项。广东海关分署受广东省人民政府监督指导。

九、大力整顿和建设好海关领导班子。要按照适应四个现代化的要求，对各级领导班子作必要的整顿和调整。要解放思想，大胆选拔坚决拥护党的政治路线和思想路线，大公无私，严守法纪，坚持党性，有革命事业心和政治责任心，有工作能力的干部，充实领导班子。力争在一、二年内把海关的领导班子整顿好。

海关管理体制的改革需有一个过程，有关省、市、自治区和各部门都要积极支持，与海关总署密切配合，防止脱节，共同把工作做好。在党的政治路线和思想路线的指引下，迅速实现海关工作的调整、改革、整顿、提高，为社会主义现代化事业做出贡献。

以上决定，请你们认真贯彻执行。

国务院批转海南岛问题座谈会纪要（节选）[1]

（1980 年 7 月 24 日）

（上略）

五、放宽政策，把经济搞活

为了充分发挥海南的优势，并照顾少数民族的经济利益，当前主要靠发挥政策的威力，放宽政策，把经济搞活。

1．在进出口贸易上，主要是对香港的出口，应让海南有更多一些自主权。外贸和其他外汇收入的增长部分，可给海南留成多一些，以利于以进养出。

2．调整粮食征购任务。对少数民族地区生产和生活很困难的社队，在五年内免除其公购粮任务。海南的一亿二千万斤粮食超购任务，从明年起改为议购，其议购价与统购价的价差补贴，由广东省与粮食部具体商定办法。

3．农副产品的统派购要灵活一些。有的可以实行全部产品比例留成；有的可以确定一个收购基数，超产部分全部留给生产单位或比例留成。留成产品，可以自行处理；有的产品不列入派购范围，让生产单位自行议价出售。

4．建议银行专拨扶持社队发展热带作物的长期低息贷款，到有产品收获时，再逐年清还。

5．在海南的中央和省属企业，其利润应适当留成一部分给海南地方使用，留成比例请广东省和财政部研究确定。

---

① 《海南岛问题座谈会纪要》，《中华人民共和国国务院公报》，1980 年 09 期。

6. 为了提高热带作物和粮食产量，中央和省要多支援海南一些化肥。

7. 财政体制应适当放宽，多给海南岛以机动权，具体办法由广东省研究决定。自治州实行“收支包干，超收留用”的办法。按中央政策规定照顾少数民族的各项费用，都要坚决落实。

8. 农场、社队和其他企业单位，都可以利用自己的条件，打破所有制界限和行业界限，同省内外的经济单位实行各种形式的联营，产品或利润按比例分成，有外汇收入的还可实行外汇分成。……为了加快海南建设，建议对广东省财政包干之内投资有困难的少数重要基建项目，经报国务院批准后，由国家给以特殊照顾和支持。

（下略）

中共广东省委关于解决蛇口工业区问题的座谈会纪要[①]

（1981年2月25日）

一九八一年二月二十五日下午，省委负责同志听取了袁庚同志关于蛇口工业区当前亟待解决的几个问题的汇报，并进行了讨论。出席会议的有：任仲夷、刘田夫、王全国、吴南生、梁湘；交通部副部长王西萍，招商局袁庚、许智明、梁鸿坤、林华；省人民政府陆荧、省口岸办公室何明、海关分署马立招商局副董事长袁庚同志首先汇报了蛇口工业区建设的进展情况：

今年七月份，"五通一平"的基础工程将基本竣工；与外商签定的第批十二项工厂企业，已先后动工兴建，今年内将全部上马。但由于经济特区是个新事物，当前又处于经济调整时期，有些部门的同志思想认识跟不上，消极对待，怀疑观望；许多方面没有立法立例，沿用过去老一套做法，手续繁琐，关卡太多，使外商望而生畏。加上经济调整，国内有些与外资签订的协议被取消，使外商疑虑重重。因此，必须进一步下决心重申蛇口工业区的方针政策问题，以稳定局势。否则，对特区的建设是很不利的。当前亟待解决的几个问题是：（1）重申蛇口工业区进口区内生产建设所需的设备、原材料和部分必须的生活资料，以及出口区内生产的产品，实行免税；（2）蛇口工业区港口尽快开放；（3）外商出入工业区实行在码头签证；（4）边防证、户口管理权力下放；（5）区内企业经营

① 教育部人文社会科学重点研究基地深圳大学中国经济特区研究中心编，《中国经济特区文献资料》（第一辑），北京：社会科学文献出版社，2010年版，第331–332页。

管理实行独立自主。此外，招商局与省交通厅、英之杰财团合营的“粤港汽车联营有限公司”要尽快通车，最好争取在四月十六日“复活节”能够实现。

经过省委负责同志同与会同志充分讨论，作出如下决定：

第一，重申蛇口工业区用于本区生产建设进口的机械设备、车辆、原材料、半成品、职工生活部分必需品以及出口产品、半成品，均予免税。在工业区内销售的烟、酒，应与深圳特区基本一样，给予减税进口。具体减税办法由海关分署与招商局协商拟订。

第二，同意把蛇口工业区用铁丝网围起来，区域内前沿即对经由香港进出蛇口工业区的外商可予开放，后边及内地进出蛇口工业区人员、货物等要管严。蛇口港口初期可作为深圳经济特区的一个进出港口，予以开放；今后也可作为广东省其他地方的综合性进出港口，视发展情况再定。目前招商局应尽快用铁丝网把蛇口工业区先围好，省口岸办公室、海关、公安、边检等部门，应积极做好港口开放的一切准备工作。

第三，同意由省公安厅在深圳市的签证处抽出二至四人，派往蛇口工业区，办理外籍人士进入蛇口工业区的签证。今后不再到深圳市找市的领导审批，可凭蛇口工业区正、副总指挥的签章办理，但必须从招商局用铁丝网把蛇口工业区围好之日开始。

第四，从内地去蛇口工业区的工作人员（包括蛇工业区职工的家属），需要办理的边防证，由招商局驻穗办事处或蛇口工业区提出申请名单，向广州市或深圳市公安局申请办理。蛇口工业区的户口管理由深圳市公安局会同招商局拟订具体办法。

第五，在执行国家法律、法令的前提下，在深圳市政府的领导下，蛇口工业区内应有较大的自主权，特别是企业管理权应当下放，实行企业独立自主地经营管理。蛇口工业区在行政上归深圳市领导。具体的领导管理办法，由招商局与深圳市商量制定。

关于粤港汽车运输公司港穗线通车问题，由王全国同志抓总，解决存在问题，省口岸办公室负责组织检查督促，力争早日通车。

全国人民代表大会常务委员会关于授权广东省、福建省人民代表大会及其常务委员会制定所属经济特区的各项单行经济法规的决议[①]

（1981 年 11 月 26 日）

第五届全国人民代表大会常务委员会第二十一次会议审议了国务院关于建议授权广东省、福建省人民代表大会及其常务委员会制定所属经济特区的各项单行经济法规的议案，会议认为，为了使广东省、福建省所属经济特区的建设顺利进行，使特区的经济管理充分适应工作需要，更加有效地发挥经济特区的作用，决定：授权广东省、福建省人民代表大会及其常务委员会，根据有关的法律、法令、政策规定的原则，按照各该省经济特区的具体情况和实际需要，制定经济特区的各项单行经济法规，并报全国人民代表大会常务委员会和国务院备案。

---

① 《全国人民代表大会常务委员会关于授权广东省、福建省人民代表大会及其常务委员会制定所属经济特区的各项单行经济法规的决议》，《中华人民共和国国务院公报》，1981 年 25 期。

中共中央、国务院关于打击经济领域中严重犯罪活动的决定（节选）[①]

（1982 年 4 月 13 日）

（上略）

（五）坚持党的对外实行开放和对内搞活经济的政策，同坚决打击经济领域中的严重犯罪活动是并行不悖的。对外实行开放，对内搞活经济，是我们党根据社会主义现代化建设需要所采取的从实际出发的坚定不移的政策，这一政策决不会由于打击严重破坏经济的罪犯而发生改变和动摇。当然，如大家所知，实行这一政策，必然会有一部分不坚定分子腐化变质，必然会有一部分不法分子乘机进行破坏社会主义经济的活动。为此，我们一定要采取相应的管理措施，规定正确的政策界限，加强思想政治教育，坚决严肃地进行反腐化变质的斗争。只有这样，才能够正确地健康地实行对外开放、对内搞活经济的政策；否则，我国的对外经济活动和现代化建设就无法得到预期的效果，就会偏离社会主义轨道而陷入歧途，甚至归于失败。我们决不能因为实行对外开放和对内搞活经济的政策就忽视、放松和不敢进行这场斗争，也决不能因为进行这场斗争而对已经被实践证明是正确的政策发生动摇。

实行对外开放和对内搞活经济的政策，必须坚持以计划经济为主、市场调节为辅的根本原则，凡属重要的经济活动都要纳入国家计划的轨道。必须加强对外经济活动的统一领导，严格外汇管理，

① 《中共中央、国务院关于打击经济领域中严重犯罪活动的决定》，《中华人民共和国国务院公报》，1982 年 08 期。

严格遵守国家统一规定的外汇牌价，严禁任何单位和个人之间或他们与国外人员之间不按国家牌价互相私自倒买倒卖外汇。要坚决纠正有的地方听任外汇黑市猖獗的危险现象。开展对外经济活动，必须只限于由国家批准的单位按国家规定的原则和程序进行，严禁任何单位和个人擅自以任何名义任何形式进行这一活动。严禁国家机关和企业事业单位的工作人员个人经商。

我们实行对外开放政策，受到海外侨胞和港澳同胞的赞助，许多外国工商界的有识之士也积极同我们谋求经济合作和扩大贸易往来。在这方面，已经打开了新局面，收到了成效。我们一定要继续坚定不移地实行这一政策，积极吸引国外投资，正确引进国外先进科学技术，努力发展对外经济关系。一切国际金融组织和外国工商界人士，只要遵守我国法律，遵守平等互利原则，我们就欢迎他们来我国投资，并且确保他们的合法权益和正当利润。我们对海外侨胞和港澳同胞关心和支援祖国现代化建设的行动给予高度评价，同样欢迎他们向祖国投资，并且按照国家法律确保他们的合法权益和正当利润。我们打击经济领域中的严重犯罪活动，完全与这些同我们进行正常合法营业而不进行非法活动的工商界人士无关，恰恰相反，是为了保证继续发展与他们的健康交往，也避免他们受到我国的一些不法分子的欺骗敲诈。

（六）打击经济领域中的严重犯罪活动，是为了扫除障碍，促进工农业生产的发展，保证各项工作的顺利进行，加快现代化建设的步伐。各级党政军领导机关都要坚决执行党中央和国务院确定的方针政策，妥善安排，精心指导，加强思想政治工作，防止任何影响生产和工作的消极因素发生，并且都要把这一点作为检验自己工作好坏的主要标志。

我们一定要继续坚定不移地实行对内搞活经济的政策。要在社会主义公有制经济占绝对优势的根本前提下，实行多种经济形式和多种经营方式长期并存，按照国民经济的需要适当发展城镇集体经济和劳动者个体经济，增加劳动就业的渠道。在坚持计划经济为主和全国一盘棋的根本原则下，继续实行对地方下放部分权力，对企业扩大自主权，继续推行和完善多种形式的企业经济责任制和农业生产责任制，加强城乡物资交流，繁荣城乡市场等一系列行之有效的政策和措施。要保护城镇集体经济、个体劳动者和小商小贩的正常经营和正常业务活动。打击投机盗窃诈骗的犯罪，要严格按照《刑法》第一百一十八条规定的，“以走私、投机倒把为常业的，走私、投机倒把数额巨大或者走私、投机倒把集团的首要分子”；第一百五十二条规定的，“惯窃、惯骗或者盗窃、诈骗、抢夺公私财物数额巨大的”人员为惩处对象。对于虽不是严重破坏经济的罪犯，但确实扰乱城乡市场管理、妨害国家物资购销和损害城乡人员利益的人，也要依法查处。但除情节特别严重已经触犯上述刑律者外，一般要在以后制订相应的工商管理法规、改进物资购销办法和健全市场管理制度中逐步加以解决。关于农村社队企业和城市工商企业关系中的不正之风，除了少数已构成严重犯罪的重大问题以外，一般也要在整顿社队企业、加强工商管理和物资管理的过程中解决。关于一些地方发生的哄抢国家物资的严重问题，必须认真处理，国务院将对此作出专门决定。

对于在对内搞活经济、发展生产中，积极努力，廉洁奉公、成绩显著的干部，要鼓励，要表扬，要帮助他们总结经验，发扬成绩，克服缺点，保护并发挥他们的工作积极性。对于实行对内搞活经济政策中已经发现的问题，党中央和国务院有关部门要认真调查研究，要摸清情况后，陆续分别制订恰当的解决办法，凡是没有看准的问题，不要匆忙处理。

（下略）

当前试办经济特区工作中若干问题的纪要（节选）[1]

（1982 年 12 月 3 日）

一九七九年七月，中央决定试办深圳、珠海、汕头、厦门四个经济特区。随后，国务院先后批准了它们的位置和区域。一九八〇年八月，全国人大常委会批准《广东省经济特区条例》公布中外。今年以来，这四个特区认真贯彻《中共中央批转〈广东、福建两省座谈会纪要〉的通知》（中发〈1982〉17 号文件）精神，按照陈云同志关于“特区第一位的任务是认真总结经验”的批示，总结经验，解决前进中的问题，工作又有新的进展。

我国试办经济特区，是根据对外开放的要求，参考国外经验提出来的。它是我国人民民主政权管辖下的一个行政区域，在政治、思想、文化上坚持社会主义方向，在经济上坚持以社会主义经济为领导，允许多种经济成分存在，在对外经济活动中采取更加开放的方针，吸引外资，引进技术，发展生产，扩大出口，改善人民生活，稳定边境地区秩序。我们的特区，是利用国外资源和国际市场的一条特殊渠道，为实现党的十二大提出的现代化建设宏伟战略目标服务。办好经济特区，对收回香港、促进台湾回归，实现祖国统一大业，也具有重要意义。

我们的四个经济特区，条件是很好的：对外交通方便，深圳、珠海毗邻港澳、汕头、厦门历史上就是我国的外贸口岸；由于地缘和历史的原因，这些地方与港澳同胞、台胞、海外侨胞有着广泛的

① 钟坚、郭茂佳、钟若愚主编：《中国经济特区文献资料》（第一辑），北京：社会科学文献出版社，2010 年版，第 90–96 页。

联系；在土地、劳动力资源方面对外商投资有吸引力；有强大的社会主义经济作为后盾。按照规划目标，深圳、珠海特区要逐步办成兼营工、商、农、牧、住宅、旅游业的综合性特区；厦门、汕头特区则以加工出口为主，同时发展旅游业等。三年来，在中央方针的指导下，在各部门、各地区的支术下，四个特区都做了很多工作，取得了很好的成绩。

（中略）

三、当前需要解决的几个问题

最近，陈云同志批示："特区要办，必须不断总结经验，力求使特区办好。"胡耀邦同志在视察福建时，也看了厦门特区。这对两省和特区的同志鼓舞很大。大家决心振奋精神，加倍努力，把特区的事情办好。

办好经济特区，必须坚决贯彻党中央、国务院发出的有关特区工作的指示，在实践中不断总结经验，扎扎实实地做好工作。同时还需要进一步明确和解决以下问题：

（1）特区要有更多的自主权。特区的经济活动同国际市场联系密切，与外商交往频繁，涉及面宽，政策性强，许多问题需要及时处理。前一段实践表明，沿用我国现行的经济管理体制，中央和省一级有关部门各管一段，层次多，效率低，很不适应。必须逐步建立一套适应特区要求的经济管理体制。四个经济特区的方针政策和总体发展规划，由国务院直接掌管。广东、福建要进一步加强对特区的具体领导，及时解决应由省内解决的问题。在特区内，属于中央统一管理的外事、公安、边防、税收、海关、银行、外汇、邮电、铁路、港口、民航等方面的业务，由国务院主管部门根据特区的实际情况，制订管理办法，报国务院核准后实施。各部门在制订涉及特区的一些规定时，应考虑其特殊情况，不搞一刀切。

各特区的党委和特区人民政府（管理委员会），对本特区内各方面的工作实行全面领导，对于不属于中央统一管理的工作，可以根据党和国家有关政策法令的精神，结合自己的实际情况，灵活处置。

为了加强对试办特区工作的指导和帮助，国务院有关部门要指定一位负责同志分管本部门与特区有关的业务。国务院要经常召集这些同志开会，研究解决问题，协调有关方面的工作步调。

（2）各特区的总体发展规划，由国务院审批。各特区根据国家批准的总体发展规划，在综合平衡的基础上统筹安排本特区的基本建设。投资规模在一亿元以上的项目，应报省人民政府审核后转报国务院审批；轻工业三千万元以上、重工业五千万元以上的项目，经省审核后转报国家计委审批；在此限额以下，建设条件和生产条件能够自选平衡的，可以自己安排。

各特区统筹安排本特区的生产计划，特区生产的工业品，应全部外销及供应本区需要，但属于国家要进口的紧缺产品，采用国内原材料、元器件较多的产品，以及外商和港澳商人确实提供了先进技术和设备的产品，可有适当比例内销。销往省内非特区的，由省人民政府批准；销往外省的，经省人民政府报国务院主管部门审查批准。

各特区应在做好国内外情况，特别是国际市场调查研究的基础上，编制国民经济计划报省计委审批。凡需要省内综合平衡的，纳入省计划；凡涉及全国平衡的，由省计委报国家计委核定纳入国家计划。

（3）各特区建设所需物资（特别是国家投资项目、国内贷款项目、基础设施建设、外资项目的配套工程），人民生活必需的商品，国家尽量给以支持。每年由特区报省综合平衡，然后由省提出要求国家调拨支援的数额，报经全国计划会议平衡后，纳入国家计划，分别计入广东、福建两省指标，专项下达。省内调拨部分，由省下达。

除此之外的不足部分，允许从以下四条渠道筹措解决：一是报对外经济贸易部，从计划出口的商品中拨给一部分，按供应香港价格，以外汇结算。四个特区可直接参加广交会订货。但不得把这些商品组织出口和返销内地。二是按照国家有关规定在省内外组织协作和合作生产。三是发展特区自身生产。四是组织进口，但限于特区自用，严禁转销内地。

（4）各特区本身的进出口贸易，在国家统一政策指导下自主经营。各特区生产的出口商品，一般不能占用国家出口商品的国外配额，如需占用时，由广东、福建在本省分得配额指标中调剂解决；对港澳出口的鲜活商品，应执行经贸规定的配额和管理办法。

各特区内企业进口自用的生产设备和原材料，审批权限要放宽。国家严格控制小汽车、电视机等十七种商品的进口，是完全必要的。但属于特区内使用的，可授权特区人民政府（管理委员会）审查批准，审批时应从严掌握，并且每半年要汇总报国家经委备案。

进出特区的货物、物品，由海关进行监管。特区与非特区的隔离线，要抓紧建成，全线设防，严格管理。

（5）各特区建设发展的资金来源，主要靠吸收利用港澳资金、侨资和外资。为了吸引外商和港澳商人到特区兴办较大项目，应尽快制订特区外汇管理办法。中国银行在特区要改进经营方式，提高服务质量，大力开展金融业务，把工作做活，充分发挥作用。要批准若干个在香港注册的我国资本的银行到特区设立分支机构。经中国人民银行总行批准，还可允许一些外资银行在特区设立代表处。今后视工作发展需要，可有步骤有选择地批准外资银行到特区开业。

（6）特区的各种税收应当实行优惠待遇。特区生产的产品出口，应免征关税，特区进口自用的生产设备、原材料和市场商品，除烟、酒等几种以外，也应免征关税。关于特区的工商税如何征收，经批准的特区与内地之间进出的货物，哪些应征关税，哪些应予减免，财政部和海关总署将分别会同有关部门研究制定相应的规定办法。

（7）珠海、汕头、厦门旧市区老企业利用外资进行技术改造，可享受特区的某些优惠待遇。一九八一年七月，《中共中央、国务院批转〈广东、福建两省和经济特区工作会议纪要〉的通知》（中发〈1981〉27号文件）规定："厦门、汕头、珠海三市利用外资改造旧市区的老企业，其产品只要是以出口为目标的，在进口生产资料及交纳所得税方面，也可享受特区的优惠待遇。"这是考虑到，这三个特区对外资的吸引力不如深圳，国家和两省现在又拿不出多少投资。采取这一政策，可以吸引外资，引进技术，促进现有企业的改造，发展生产，增加出口，积累财力，支援特区建设。三市应据此提出规划和具体项目，经省人民政府审批后执行。

（8）加速制订和完善经济立法。目前，国家已经正式公布的有关特区的法令。只有《广东省经济特区条例》和四个单行法规，立法不健全，不仅外商心存疑虑，同时发生问题也不好解决。比如，目前深圳对外签订的合同，在执行中有争议的约占 26%，但我们还没有适应特区需要的仲裁法和仲裁机构。有关部门应积极帮助特区制订和完善各种必要的法规，以适应特区工作的发展。中央关于特区的各项方针政策，要通过国家立法，保证贯彻落实。

（9）帮助特区解决所需的干部和专业人才。中央组织部已帮助调进一批干部。今后根据工作发展需要，可以采取以下办法解决：一是允许特区在中央组织部安排下，在内地招聘一些专门人才；二是请教育部选几个高等学校设立有关专业，培养一批人才；三是在每年分配大学生时多给特区一些名额；四是有些项目可与内地合办，由内地支援技术人才。但必须注意，特区的干部队伍一定要精干。

（下略）

中共中央、国务院关于加强利用外资工作的指示[①]

（1983 年 9 月 3 日）

党的十一届三中全会决定实行对外开放政策以来，我国利用外资工作已经取得了显著的进展，在国民经济的调整和发展中开始显示出重要的作用。但是，利用外资，特别是开办中外合资经营企业，是一项新的工作，我们还没有经验。同时，由于对国外情况尚缺乏较全面的了解，以及内部协调不够，有关政策和立法不完善，管理体制和规章制度不相适应，因而在实际工作中存在不少问题，局面还没有完全打开。为此，要进一步解放思想，加强领导，总结经验，统一认识，放宽政策，更好地调动各方面的积极性，以便有效地开创利用外资工作的新局面。

一

利用外资、引进先进技术，对加快我国社会主义现代化建设具有重要的战略意义。我国在实现四个现代化的过程中，面临着资金不足和技术落后的问题。解决这些问题，主要应当依靠我国自己的力量，同时又要积极利用外资、引进先进技术，发展生产，以保证九十年代的经济振兴和到本世纪末实现工农业的年总产值翻两番的宏伟目标，使社会主义现代化建设事业得到更迅速的发展。因此，我们要把利用外资作为发展经济的一个长期方针。

利用外资，发展同外国的经济技术合作关系，加强同港澳和台

① 中共中央书记处研究室经济组编：《对外开放政策文献汇编（一九七九年七月——一九八五年四月）》，北京：中共中央党校出版社，1985 年版，第 405–411 页。

湾同胞的经济往来，有利于团结反霸的斗争和实现包括台湾在内的祖国统一大业。

中共中央、国务院要求各级党委、政府，要把利用外资、引进先进技术提到战略的高度来认识，消除各种思想疑虑，勇于实践，认真解决实际工作中存在的问题，切实把工作推向前进。

二

目前，我国利用外资的方式主要有两大类：一类是借用外国资金，另一类是外商直接投资。当前应尽可能利用外国政府和国际金融组织的中低利、中长期贷款，加快一些重点项目和基础设施的建设；同时也要尽可能多吸收一些直接投资，以加快现有企业的技术改造。开办中外合资经营企业，应以生产性项目为主，以利用外国先进技术和管理经验为出发点。在开办中外合资经营企业、引进先进技术时，除确属必要，应尽量避免重复引进。要做好国内外市场的预测，加强各行业生产布点的计划，以使产品适应国内外市场的需要，避免盲目发展。在确定项目时，对出口产品特别是外销的中外合资经营企业产品，应考虑出口配额的限度，并取得对外经济贸易部的同意，避免造成销售困难。一定要保证中外合资经营企业行使我国法律规定范围内的自主权。中外合资经营企业在产供销方面有其特殊性，在人财物的管理方面不要完全采用国内的一套办法。为支持中外合资经营企业经营中的资金需要，中外合资经营企业的信贷、开户归口由中国银行办理。在经济特区，中外合资经营企业应在中国银行或者经国家外汇管理局或其分局批准的其他银行开立账户，办理信贷。

在中外合资经营企业内应建立党的组织，通过合营企业中的党员在董事会和管理机构内的活动，保证党的方针政策的贯彻执行。

三

为了积极有效地利用外资、引进先进技术，在平等互利的原则下，有些政策要放宽，并抓紧完善立法工作。

（一）放宽税收政策。除国家已公布的优惠政策应当认真贯彻执行以外，对中外合资经营企业，合营期在十年以上的，从开始获利的年度起，头两年免征所得税，从第三年起减半征收所得税三年。已开办的中外合资经营企业，按原规定免税期未满的可以延长免税期一年，减税期未满的可以延长减税期一年。对农业、林业等利润较低的中外合资经营企业和在经济不发达的边远地区开办的中外合资经营企业，在头五年减免所得税期满以后，还可以在以后的十年内继续减征所得税百分之十五至百分之三十。对中外合资经营企业征收的工商统一税，凡是税率高于国内企业工商税税率的，都可以按国内企业工商税税率征收。中外合资经营企业按合同规定以投资（含贷款投资）进口的机器设备、零部件及其他必要物资和用追加投资进口国内不能保证供应的机器设备，一律免征关税和进口环节的工商统一税。中外合资经营企业生产的出口产品，除了国家经委和对外经济贸易部列出应限制出口的商品以外，都免征工商统一税和关税。中外合资经营企业生产的内销产品，在开办初期纳税有困难的，可以申请在一定期限内减免工商统一税。

利用外国政府中低利贷款进口的设备、材料，一律免征关税和进口环节的工商税。

要抓紧同有关国家谈判签订避免双重征税协定，以利于外商向我国投资和提供技术。

（二）提供一部分国内市场。我国市场对外商有很大的吸引力。过去为了保护民族工业，减少外汇支出，规定举办中外合资经营企业要能扩大产品出口，增加外汇收入，产品一般都应有一定比例的外销，是适当的。但是，如果一律要求其产品全部或大部外销，就会影响外商前来投资的积极性。今后需要采取一些灵活措施。对于可以带进我缺门技术，以及生产我国还需要进口的短线产品的中外合资经营企业，其产品内销比例可以扩大。但对产品大部分内销的中外合资经营企业，应适当提高我方的投资比例。

（三）放宽对设备、材料进口和产品出口的限制。利用外资项目（含外国政府和国际金融组织贷款）进口用于生产的技术设备和材料，由规定的审批机关在审查项目可行性研究报告（含设备、清单）或初步设计的同时，会同主管部门审查批准，不再履行其他审批手续。

中外合资经营企业出口产品、进口物资，按国家规定需要领取进出口许可证的，与国营贸易进出口公司同等对待。

（四）继续发挥中国银行在组织和利用外资方面的积极作用。我国企业利用中国银行的外汇资金引进国内不能供应的设备和材料，在进口关税和工商统一税等经济政策上应视同利用外资，享受同等优惠待遇。中国银行应适应对外经济活动的发展，改进服务和扩展服务项目。

（五）实行合理的价格政策。中外合资经营企业生产上所需的原材料、燃料、动力的价格和各种收费标准，除了其中用于直接生产出口产品的贵金属（黄金、银、铂）、石油、煤炭、木材，应按国际市场价格计价以外，其他品种都应当同国营企业一样对待，执行国内现行价格，不得随意加价。交通运输按国内价格标准收费。

中外合资经营企业经国家允许在国内销售的产品，原则上执行国内价格，允许实行合理的质量差价，突破质量差价范围的，需经物价部门批准。

（六）全部由外商投资的企业，目前已在经济特区试办了一批，应抓紧总结经验，制订管理办法。今后在少数有条件的省、市、自治区，可以有选择地试办。但应经国家计委、国家经委和对外经济贸易部共同审查批准。

（七）对华侨和港澳、台湾同胞在国内投资给予特殊的优惠。由国务院侨务办公室会同有关部门制定具体办法，报国务院批准。

（八）根据需要和可能，我国可到国外开办中外合资经营企业。其重点是合作开发我国迫切需要的资源。利用当地的有利条件，建立某些加工装配企业，产品主要在当地市场销售，也可向国际市场出口。

（九）中外合资经营企业的外汇收支一般应保持平衡。产品以外销为主的中外合资经营企业，向国内单位出售属于国家需要进口的产品，经供需双方商定，对外经济贸易部批准，可作为以出顶进，按进口价格以外汇计价结算。

以内销为主而外汇不能平衡的企业，其外汇缺额经批准由各地、各部门在留成外汇中调剂解决，有困难的可报请对外经济贸易部纳入计划审批解决，都按贸易外汇内部结算价结算。

（十）制定和完善有关法规。要争取在两年左右的时间内把一些重要的、急需的利用外资法规制订出来，再制订实施细则。在立法中要体现原则的严肃性和策略的灵活性，要维护国家主权和民族利益，要坚持平等互利，要注意吸收其他国家的立法和国际惯例的合理部分，做到切实可行。

四

利用外资是涉及国民经济各个方面的一项综合性的经济工作，是国民经济计划的一个组成部分。必须加强利用外资的计划工作。

（一）根据国家经济建设的方针、重点以及各地区、各行业的需要和可能，做好利用外资的总体的中长期规划，确定资金利用的合理投向。利用外资计划要和国民经济和社会发展计划有机地衔接起来，搞好综合平衡，安排好国内配套资金和物资等。利用外资项目列入计划以后，配套资金的安排，要按照项目的计划进度，确保如期投产，发挥投资效益。经济效益、社会效益特别好的项目，计划上应优先安排。

（二）要贯彻统一计划、分级管理的原则，发挥中央有关主管部门和地方的两个积极性。外国政府和国际金融组织的贷款，由国家统一筹措，直接安排。使用这部分贷款的单位要建立借款和还款的责任制。各地区、各部门自己筹措贷款和吸收外商直接投资的，由各地区、各部门统筹安排，按照国家规定的权限和程序报批，同时通知同级中国银行，按照国家规定的计划管理制度，纳入基本建设计划或技术改造计划，并接受中国银行的监督。其中限额以下项目由各地区、各部门自行审批，但事前应和有关主管部门协商一致，纳入全行业的规划。项目建议书和可行性研究报告，在批准前应向有关主管部门备案。要认真做好项目前期工作。确定贷款项目时，必须周密计算偿还能力、配套能力、消化能力，借款单位及其主管部门对偿还贷款要负法律的和经济的责任。

（三）利用外资、引进先进技术的生产、建设和技术改造项目，以及国内配套资金项目需用的物资，按照隶属关系分别纳入部门和地方的物资计划。各级物资部门要按照批准的物资分配计划保证供应。

（四）建立和健全利用外资的统计和财务会计工作制度。各地区、各部门要认真执行国家颁发的利用外资统计制度的暂行规定和财务会计制度。

五

要加强集中统一领导。国家计委、国家经委和对外经济贸易部要各负其责，建立必要的办事制度，加强协商，简化办事手续，提高工作效率，各省、市、自治区要加强领导，把利用外资工作列入议事日程，指定一位负责同志抓好这项工作。

我国的经济管理体制和规章制度，还不完全适应对外开放政策的需要。办事层次多，手续繁杂，工作效率低。各级领导干部要改进作风，克服官僚主义，提高办事效率，提高利用外资引进技术的经济效益和计划性，防止盲目性。

要加快人才培养。在利用外资方面，我们还缺乏知识和人才，急需大力培养一批专业人员，以适应这项工作的开展。要根据实际需要，举办各种形式的训练班，提高现有干部的业务水平，要从长远考虑，订出规划，指定若干高等院校，定向招生，定向分配，以提高利用外资干部的素质，建设一支强有力的职工队伍。

要加强思想政治工作。利用外资是一项政策性、思想性很强的工作，各级党政领导要给予足够的重视，要针对当前的一些错误认识，进行教育和宣传，使广大干部真正理解利用外资的战略意义和有关方针、政策。同时要看到我国实行对外开放政策，扩大国际经济技术交流，不可避免地会带来资本主义的腐朽思想和作风，甚至会有某些别有用心的人，搞诈骗、行贿、走私、渗透以至间谍活动，损害我国的利益。对此，我们必须提高警惕，进行坚决的抵制和斗争。

中共中央、国务院相信，只要我们振奋精神，放开眼界，勇于探索，善于工作，艰苦奋斗，不断总结新经验，解决新问题，利用外资的工作就一定会开创新的局面，为加快我国社会主义现代化建设做出贡献。

国务院关于加快和深化对外贸易体制改革若干问题的规定[①]

（1988 年 2 月 26 日）

各省、自治区、直辖市人民政府，国务院各部委、各直属机构：

根据党的第十三次全国代表大会关于加快和深化经济体制改革的精神，为了适应我国进一步对外开放和加速发展对外贸易事业的需要，国务院决定全面推行对外贸易承包经营责任制，进一步加快和深化对外贸易体制改革。

加快和深化对外贸易体制改革的基本内容是：全面推行对外贸易承包经营责任制，主要由各省、自治区、直辖市、计划单列市人民政府（以下简称各地方）向国家承包出口收汇基数、上缴外汇额度基数、出口收汇基数内人民币补贴基数、外汇额度挂账数额，超过出口收汇基数的外汇收入实行分成，自负盈亏；少数商品由外贸和工贸进出口总公司承包并统一经营，不下放的部分工贸总公司仍由其承包经营。各外贸进出口总公司和部分工贸进出口总公司的地方分支机构（经营国家统一经营出口商品的有关企业除外）与总公司脱钩，作为企业法人，下放地方管理，财务上与地方财政挂钩。

一、以国务院批准的一九八八年出口计划和收汇计划为基础，在《国务院关于批转对外经济贸易部一九八八年外贸体制改革方案的通知》（国发〔1987〕90 号）确定的出口产品全面退税的前提下，按现行外汇留成的有关规定，确定各地方及其他承包单位向国家承

① 《国务院关于加快和深化对外贸易体制改革若干问题的规定》，中国政府网，2012 年 2 月 21 日。

包出口收汇基数、上缴中央外汇额度基数（分别确定现汇和记账外汇），按照财政部和经贸部核定的一九八八年出口补贴金额，各地方及其他承包单位向国家承包出口补贴基数（出口收汇、上缴中央外汇额度和出口补贴基数的具体金额由经贸部、财政部、国家计委按国务院批准的数字下达），外贸经营企业和出口生产企业的出口奖励金，包括在出口补贴基数之内。出口收汇基数内的记账贸易的留成额度中实行现汇留成占40%、记账外汇留成占60%的办法。汽车、电子企业集团出口收汇和中国科学院科技产品“七五”期间出口收汇实行全额留成，自负盈亏。各地方及其他承包单位超过出口收汇基数增收的外汇，按中央得20%、各地方及其他承包单位得80%的比例分成，机电产品实行全额留成，盈亏及出口奖励金由各地方及其他承包单位自负。各地方及其他承包单位承包的出口收汇基数、上缴中央外汇额度基数和出口补贴基数，自一九八八年起一定三年不变。

二、出口经营企业的出口收汇，必须在中国银行或由国家批准的其他银行结汇。国家外汇管理局及各分局分别设立地方及其他承包单位的外汇总账户、上缴中央外汇账户、留成外汇账户。各出口经营企业的出口收汇，经当地经贸厅（委、局）审核后，由国家外汇管理局或其分局根据银行有关结汇凭证和支付运费、保险费、佣金等付汇凭证，将净收外汇额度存入外汇总帐户，然后按规定比例分别收入上缴中央外汇帐户、各地方及其他承包单位留成外汇帐户、出口经营企业和出口供货企业留成外汇帐户。如各地方及其他承包单位当月收汇不足应上缴中央的外汇额度，由国家外汇管理局或其分局负责从其留成外汇帐户中扣回补足，以保证中央外汇收入。各级外汇管理局要把上缴中央的外汇按月等比例上划国家外汇管理局，收入中央外汇账户。财政部或经贸部根据国家外汇管理局或其分局提供的各地方及其他承包单位上缴中央外汇凭证，核拨各地方及其他承包单位相应的出口补贴金额。在各地方及其他承包单位超过出口收汇基数增收的外汇额度中应上缴中央的20%的外汇，由国家外汇管理局及其分局按季度结算上缴，收入中央外汇帐户，年终多退少补。

三、从一九八八年起取消用汇控制指标，对各地方、各部门一九八六年底前的外汇额度余额实行挂帐。各地方及其他承包单位按国家外汇管理局核定的一九八六年底外汇额度余额，向国家承包挂帐外汇额度数额，分两期上划国家外汇管理局（具体上划挂帐外汇额度由国家外汇管理局按国务院批准的数字下达）。一九八八年第一季度末上划第一期挂帐的外汇额度，第二期持帐的外汇额度于一九八八年十月末上划。挂帐后剩余的外汇额度和一九八八年结算分拨清楚以后的外汇额度允许全额使用。对一九八七年底外汇额度余额少于一九八六年底外汇额度余额的地方及其他承包单位，从其一九八八年的留成外汇中扣回补足。各地方政府要根据具体情况制定实施办法，认真组织、统筹安排，切实做好挂帐工作。具体工作，由国家外汇管理局及其分局负责。国家外汇管理局要充分发挥监管作用，保证必要的国家外汇储备。各地方、各部门要切实加强自有外汇的综合平衡，保有一定的外汇结余和偿还外债基金；搞好自有外汇的分配和使用方向的引导，以利于本地区、本部门生产建设和市场必需的物资的进口，提高外汇的使用效益。

四、从一九八八年起，各地方、各部门、各国营和集体企事业单位挂帐以外的外汇额度允许全额使用和进行有偿调剂。在国家外汇管理局的统一领导和管理下，各省、自治区、直辖市逐步设立外汇调剂中心，办理本地区外汇额度和现汇的调剂业务；在北京设立全国外汇调剂中心，办理中央部门之间和各地方之间外汇额度和现汇的调剂业务。外汇调剂中心作为非盈利性的事业单位，按规定收取必要的手续费，本身不得进行外汇交易。各项留成外汇、外商投资企业外汇和经国家外汇管理局批准的其他外汇，均可通过外汇调剂中心进行调剂。各地方、各部门、各国营和集体企事业单位、外商投资企业，均可通过外汇调剂中心买卖外汇。调剂外汇的价格根据外汇供求状况实行浮动，必要时国家外汇管理局可规定最高限价。国家外汇管理局及其分局对进入调剂市场的单位要按照有关规定进行资格审查，防止外汇投机活动。严禁在外汇调剂中心以外私自进行非法交易。在国家宏观政策和中央、地方进口用汇计划的指导下，国家计委、国家外汇管理局和各地方政府要组织好对调剂外汇投向的引导；同时要按照有利于出口经营企业、出口生产企业自负盈亏和调动出口生产积极性的原则，组织好留成外汇的有偿使用。有关外汇调剂的具体规定，由国家外汇管理局制定并监督执行。

五、全面推行对外贸易承包经营责任制以后，国家下达的各项承包指标都是指令性计划。各地方及其他承包单位都要编制年度和中长期外贸进出口计划、计划列名商品出口计划、出口收汇计划和外汇收支平衡计划，报国家计委和经贸部审核汇总，经国家计委综合平衡后，纳入国民经济和社会发展计划。国家计委、经贸部对各地方及其他承包单位完成进出口计划和承包任务负责督促检查。地方外汇收支计划，各地政府自行平衡，不得透支。

六、中央在各地的外贸、工贸进出口分支公司、地县外贸公司以及外贸自属生产企业（经营国家统一经营出口商品的有关企业除外），下放地方管理，并与各外贸、工贸进出口总公司（名录见附件一）在财务方面脱钩，与地方财政挂钩。下放单位的中央投资的固定资产和国拨流动基金由原单位继续使用，其所有权的处理问题，由经贸部、财政部另行规定。库存商品、债权、债务，根据经过批准的一九八七年会计决算相应划转给地方。对一九八七年各外贸企业实行承包经营责任制以前购进的部分高亏库存商品，一九八八年仍可委托有关外贸进出口总公司根据国家批准的易货规定进行处理，年底以前不处理者，自行负责。各外贸、工贸进出口总公司与外贸、工贸进出口分支公司、地县外贸公司以及外贸自属生产企业，可在自主经营、自负盈亏、自愿互利的原则下，保持和建立必要的业务关系，发展各种形式的经济联合，各级行政部门不得干预。

七、按照少数商品统一经营与多数商品分散经营相结合的原则，适当减少国家统一经营的出口商品。出口商品分为三类：第一类是关系国计民生的、大宗的、资源性的、国际市场垄断的和某些特殊的出口商品，实行指令性计划管理，由指定的一家或几家外贸、工贸进出口总公司统一经营、统一管理，或由外贸进出口总公司与地方外贸进出口公司联合经营、统一成交。该类商品的增减，非经国务院批准不得变动。第二类是国际市场容量有限、有配额限制和竞争比较激烈、价格比较敏感的出口商品，按计划列名管理，由经过批准的有该类商品出口经营权的各类外贸企业经营。第三类是除第一、二类以外不列名的出口商品，由经过批准的有出口经营权的各类外贸企业放开经营（出口商品分类目录见附件二）。经营第一、二、三类出口商品中实行出口许可证和出口配额（包括主动配额和被动配额）管理的商品，按照经贸部有关规定办理；对香港、澳门出口的商品，按照现行规定执行，加强管理；政府间协定贸易项下的第一、二、三类出口商品，均按指令性计划管理；对于国家有特殊规定的出口商品，按照有关规定，由国家指定的外贸进出口公司经营。

八、对少数出口商品实行统一经营或联合经营，是为使中央掌握必需的外汇，保证国家宏观利益和长远利益的需要，各地方、各部门、各企业要大力支持、密切配合，扎扎实实地做好这项工作。实行统一经营的出口商品，由指定的外贸、工贸进出口总公司统一经营、统一管理，并在地方单独设立分公司，或由现有分公司经营，总公司对其实行垂直领导（名录见附件一）；出口计划任务实行双轨下达，由各地方和各外贸、工贸进出口总公司共同承担，共同统计；出口收汇基数、上缴中央外汇基数由各外贸、工贸进出口总公司承包；财务关系仍属中央财政，盈亏总额由经贸部和财政部分别按年下达各外贸、工贸进出口总公司；国家统一经营的出口商品的地方留成外汇，按国家规定划拨给地方。实行联合经营的出口商品，由指定的外贸进出口总公司与提供出口货源的各地方联合经营、统一成交；出口计划任务实行双轨下达，由各地方和各外贸进出口总公司共同承担，共同统计；出口收汇基数、上缴中央外汇基数由各地方承包；财务关系和盈亏总额划归地方财政。

九、按照少数商品统一经营与多数商品分散经营相结合的原则，进口商品分为三类。第一类为统一代理订货的进口商品，即关系国计民生的、大宗的、敏感性的重要进口商品，包括粮食、钢材、化肥、木材、涤纶腈纶类、橡胶、食糖、原油、成品油等九种。这九种商品由指定的外贸进出口总公司统一代理对外订货。使用中央以进养出外汇和自有外汇进口这九种商品，也可委托负责统一代理订货的外贸进出口总公司的国外采购网点直接订货；少量、急需进口的，经过经贸部或其各地特派员办事处批准亦可自行进口。第二类为联合成交的进口商品，即国际市场供应相对集中、价格敏感、国内紧缺、国内外价差较大的大宗进口商品，由经贸部组织经过批准的有该类商品进口经营权的各类外贸企业联合对外成交。目前，暂对羊毛、木浆、胶合板、牛皮卡纸和瓦楞纸、农药、重要化工原料、废船、显象管等八种进口商品实行联合成交。此类商品目录，经贸部可视国内外情况适时调整。第三类为放开经营的进口商品，即除上述第一、二类以外的其他进口商品。上述第一、二、三类进口商品中属于进口许可证管理的商品，按经贸部有关规定办理。

十、中央外汇进口要有步骤地推行代理制。一九八八年，对中央进口商品的具体补贴办法，由国家计委牵头，会同财政部、经贸部、国家物价局联合制定。

十一、为了发展我国对外贸易事业，要鼓励地方和出口经营企业参与国际市场竞争。沿海地区要充分利用我国劳动力资源的优势，发展劳动密集型、劳动与知识密集型产业，实行“两头在外、大进大出”，把原材料来源和产品销售放在国际市场上；内地要充分发挥自己的优势，挖掘潜力，有步骤地增强制成品的出口能力，努力扩大出口。为了防止大进少出、大进不出的现象，必须强化海关机构，对进口货物进行既简便又有效的监督管理。海关要根据进料加工复出口所用进口料件免征关税和产品税（或增值税）的原则，区别情况，采取不同方法进行管理。要大力推行保税工厂、保税仓库的管理制度；对于不具备条件和不易实行有效监督的进料加工，可实行关税和产品税（或增值税）事先按一定的比例作为不能复出口的部分予以征税，事后核销的办法。海关要完善核销制度，进一步提高工作效率，对于不经批准擅自在国内销售进料加工的料件或成品的行为，除补征税款外，还要给以必要的处罚。

十二、国家鼓励发展进料加工、来料加工、来件装配，进一步推动对外贸易尤其是出口贸易的发展。一九八八年的中央以进养出周转外汇已经下拨，年终最后一次周转的出口，按照现行办法全部结汇，其本金包括在各地方及其他承包单位上缴中央的外汇承包基数中，下一年视各地方及其他承包单位使用效益重新下拨。中央以进养出周转外汇的进口和出口，要实行专户管理，用好管好。鼓励各地方及其他承包单位使用自有外汇，建立进料加工出口的周转基金。为利用我国劳动力成本低廉的优势，要参照来料加工只收取工缴费的办法，改革进料加工的成本核算方法，大力发展进料加工出口。进料加工、来料加工和来件装配的进出口业务，均应按净收汇落实各项出口优惠政策，由外贸企业或外商同工厂直接挂钩结算，不允许在进口料件和其他环节中加成、加利、加税、加费。鼓励来料加工、来件装配的有关优惠政策，按国务院办公厅国办发〔1987〕80号文件和其他有关文件办理。

十三、对苏联、东欧、蒙古、朝鲜、古巴等政府间记账清算的协定贸易的出口贸易，实行指令性计划，由各地方和各外贸、工贸进出口总公司共同承担。各外贸、工贸进出口总公司要继续组织统一成交，将出口交货作为指令性任务下达各地方有关外贸、工贸进出口分支公司完成。对政府间协定贸易的出口计划、盈亏总额，根据对外签订的协议，按年度核定，由各地方及其他承包单位分别纳入承包任务。无论在计划内或计划外出口，各地方、各部门都应按分成所得的记账外汇，承担相应的进口任务，参照政府间协定贸易的商品结构，主要组织相应的机电设备进口货单，通过政府间协定贸易按代理进口，自负盈亏。同时，鼓励各地方、各部门在完成出口计划和政府间协定贸易的基础上，在经贸部的统一协调管理下，按照自签合同、自负盈亏、自行平衡的原则，与政府间协定贸易国家直接开展地方易货贸易和经济技术合作。对政府间协定贸易国家的进口（不包括使用留成外汇的进口），仍按现行办法办理。

十四、扩大机电产品出口，对于优化我国出口商品结构，增强出口创汇能力，振兴机电工业，具有重大的战略意义，各地方政府要继续加强对机电产品出口的领导。各地方及其他承包单位要按机电产品一九八八年出口计划和现行外汇留成比例承包上缴中央外汇基数和出口补贴金额基数，单独列出，专项核补，包干完成并争取超额完成机电产品出口任务。国家将从各方面继续扶持扩大机电产品出口，包括实行政策性优惠贷款等措施。各地方和各有关部门要继续执行国务院国发〔1985〕128号、国发〔1987〕64号和国务院办公厅国办发〔1987〕73号文件的有关规定，以保证国家宏观利益和产业政策的实现。

十五、轻工、工艺、服装三个行业在各地方包干的前提下，由各地方组织安排，坚持试点改革。原定上缴中央30%的外汇，除国家统一经营的出口商品以外，纳入各地方承包外汇基数之内，统一上缴中央；超过出口收汇基数的收汇，除轻工、工艺行业的机电产品实行全额留成以外，其他商品统一按照中央得20%、地方及其他承包单位得80%的比例分成。国务院国发〔1987〕90号文件及有关配套措施中规定的自负盈亏、外汇分成比例以及外汇有偿调剂等项政策，仍应继续执行。

十六、各地方政府要从全局出发，加强领导、认真组织、全面推行对外贸易承包经营责任制，进一步把承包落实到外贸经营企业和出口生产企业。要加速推行出口代理制，促进外贸经营企业和出口生产企业的各项改革，把出口创汇和盈亏的主要责任落实到外贸经营企业和出口生产企业。要切实加强各项外贸行政管理工作，严格制止抬价抢购、低价竞销、互相封锁、以邻为壑等种种不正当行为。各地行政管理部门之间，要切实防止职责不清、互相扯皮、无人负责的状况。各地方要充分发挥现有外贸进出口分支公司的作用，并以此作为承包主体，有条件的要积极推动出口生产企业承包，推行代理制，不要不顾条件地按行政区划实行地、市、县块块包干。现有外贸经营渠道在没有更好的方式代替以前，不要轻易打乱，以免引起工作脱节，影响出口创汇和必要的进口。各外贸、工贸进出口总公司与国外客户已经签订的各种协议、合同，在有效期内，与总公司脱钩后的地方外贸、工贸进出口分支公司要严格执行，各地方外贸行政主管部门要严格监督检查，以维护国家信誉。

十七、各外贸进出口总公司的地方分支机构和地县外贸企业，在财务方面同地方挂钩后，其机构设置、人员编制、劳动工资计划改由各地经贸厅（委、局）管理，具体办法由经贸部和劳动人事部制订。各地方原由经贸部列支经费的行政管理人员（见附件三）和事业单位人员（经贸部所属院校等除外），相应纳入地方行政事业编制序列，其中事业单位的具体机构和编制由劳动人事部和经贸部划拨。在这次改革中未下放的各级外贸企业、事业单位，在机构设置、人员编制、劳动工资和干部任免等方面，归口经贸部领导，并实行分级管理。各地经贸厅（委、局）在行政、企业、事业单位的机构设置、人员编制、劳动工资等管理权限下放地方以后，要在当地政府的领导下，行使本地区对外经济贸易归口管理部门的职能。经贸部要切实加强行政管理，增设特派员办事处，加强和改进进出口商品配额、进出口许可证的管理。

十八、各外贸、工贸总公司为适应形势发展的需要，要转变职能，努力开拓国际市场，扩大信息和推销网络，推行董事会领导下的总经理负责制，努力办成综合型、集团型、多功能、国际化的企业。已经国务院批准的中国化工进出口总公司的改革方案，除在出口任务、补贴包干和分公司下放等方面应按本规定执行外，其他各项措施均可继续执行。其他各外贸、工贸总公司亦应参照已给中国化工进出口总公司的有关政策制订自己的承包改革方案，报经贸部批准后实施。对于各外贸、工贸总公司在转变职能过程中进行的各种试验，计划、财政、金融、外汇、工商管理等部门都给予积极支持和配合。

十九、利用外资的企业和经济特区的进出口贸易，仍按现行有关规定办理。西藏自治区的对外贸易体制改革，由西藏自治区人民政府按照本规定精神，结合本地区实际情况制定方案，报国务院批准后实施。

二十、本规定自一九八八年一月一日起执行。过去国务院及其各部门下发的有关文件与本规定有抵触的，按照本规定执行。

国务院关于开发和开放浦东问题的批复[①]

（1990年6月2日）

中共上海市委、上海市人民政府：

五月四日《关于开发浦东、开放浦东的请示》收悉。党中央、国务院原则同意你们的《请示》。

开发和开放浦东是深化改革、进一步实行对外开放的重大部署。上海有良好的政治经济基础，有一批素质较高的科技和管理人才，有一支强大的产业工人队伍，有优越的地理环境和便利的交通运输条件，又同海外各地有着广泛的联系。充分利用这些优势，有计划、有步骤、积极稳妥地开发和开放浦东，必将对上海和全国的政治稳定与经济发展产生极其重要的影响。

开发和开放浦东是一件关系全局的大事，一定要切实办好。上海市委、市人民政府要坚持四项基本原则和改革开放的方针，使浦东开发和开放有利于国家的政治稳定和经济的繁荣发展；要抓紧组织力量，认真听取各方面的意见，进行充分的科学论证，从全局出发和长远考虑，把浦东开发和开放的规划搞好；要从实际出发，扎扎实实地做好各项前期准备工作，合理地确定分阶段实施的方案；要首先搞好交通、通信和基础设施的建设，把浦东开发与上海老区的改造和发展很好地结合起来；要发扬自力更生、勤俭节约、艰苦奋斗的光荣传统，调动广大群众的社会主义积极性，在浦东开发和开放中走出一条高效率、高效益的路子来。

---

① 钟坚、郭茂佳、钟若愚主编：《中国经济特区文献资料》（第一辑），北京：社会科学文献出版社，2010年版，第205-206页。

开发和开放浦东，主要是利用国外资金发展外向型经济。上海市要努力改善投资环境，为国外投资者创造有利的投资条件。对于涉及国家主权的问题，要严格按照国家的有关法律和法规办理；需要另行规定的，请上海市起草单行法规草案，报国务院审议发布。利用外资要按我国的法律和法规进行管理，要符合国家产业政策的要求，把引进的重点放在技术密集型产业上，并且从一开始就要注意保护生态环境。

党中央和国务院相信，在各地区、各部门的大力支持和密切配合下，具有光荣革命传统的上海市人民，一定能够到得深化改革、开发和开放浦东的成功，为我国沿海地区和全国的经济发展做出新的贡献。

此复。

国务院关于进一步深化对外贸易体制改革的决定（节选）[①]

（1994年1月11日）

（上略）

一、改革外汇管理体制，促进对外贸易发展

改革外汇管理体制是创造外贸平等竞争环境，深化外贸体制改革的一项重要措施。这对我国与国际经济接轨，进一步对外开放，推动对外贸易持续发展具有重要意义。根据国务院决定，从一九九四年一月一日起，国家实行新的外汇管理体制，实行以市场供求为基础的、单一的、有管理的人民币浮动汇率制；建立银行间外汇交易市场，改进汇率形成机制，保持合理及相对稳定的人民币汇率；实行外汇收入结汇制，取消现行的各类外汇留成、上缴和额度管理制度；实行银行售汇制，实现人民币在经常项目下有条件可兑换；对向境外投资、贷款、捐款等汇出继续实行审批制度。外商投资企业的外汇管理仍先按现行办法进行。

为保障进出口企业（包括除外商投资企业以外的所有有进出口经营权的企业，下同）出口用汇，作为一项过渡措施，改革初期对出口企业按结汇额的百分之五十在外汇指定银行设立台账。出口企业出口所需用汇及贸易从属费，凭规定的有效凭证，由银行在其台账余额内办理兑付。出口企业超过台账余额的用汇，仍可按照国家规定的办法，持有效凭证到外汇指定银行办理兑付。

① 中共中央文献研究室编：《十四大以来重要文献选编》（上），北京：中央文献出版社，2009年版，第557–563页。

二、运用法律、经济手段，完善外贸宏观管理

国家主要运用法律、经济手段调节对外贸易活动，使对外贸易按客观经济规律运行，充分利用国际国内两个市场、两种资源，优化资源配置。

加快完善外贸立法，依法管理。《中华人民共和国对外贸易法（草案）》经全国人大常委会审议通过后，要抓紧制定相关的法规、规章，争取尽快建成比较完善的外贸法律体系。所有外贸管理部门和进出口企业都要增强法制观念，严格依法管理和经营。

国家不再给各省、自治区、直辖市及计划单列市和进出口企业下达外贸承包指令性计划指标，对进出口总额、出口收汇和进口用汇实行指导性计划管理，对企业的经营目标进行引导。对少数重要的进出口商品实行配额控制，协调平衡内外销关系。

国家继续采取鼓励出口的政策措施，促进出口增长。完善出口退税制度，退税既要做到足额及时，简化手续，又要继续采取有力措施，有效防止骗税，严厉打击骗税的不法行为。对机电产品出口，继续给予扶持、鼓励。大力推动贸工技结合，加快科技成果转化，优化出口商品结构。设立出口商品发展基金和风险基金，主要用于少数国际市场价格波动较大的商品以丰补歉，开发新商品、促进现有出口商品的更新换代，开拓新市场等。实行有利于外贸出口发展的信贷政策，银行对各类外贸企业出口贷款应按照信贷原则予以优先安排，贷款规模的增长与出口的增长保持同步。设立中国进出口信贷银行，为机电产品、成套设备等资本货物进出口提供政策性金融支持。上述鼓励出口的具体政策措施，由外经贸部等有关部门另行制定。

继续拓展目前业已形成的专业外贸企业、有外贸经营权的生产

企业和科研单位以及商业物资企业、外商投资企业共同推动进出口贸易的格局，加快授予具备条件的国有生产企业、科研单位、商业物资企业外贸经营权。进一步贯彻落实国务院关于促进生产企业自营进出口工作的有关规定，鼓励和扶持这些获得进出口自营权的企业积极从事出口经营，增加出口创汇。继续鼓励外商投资企业发展出口。

发挥进口对国民经济发展的促进作用，改革和完善进口管理，主要运用经济和法律手段，同时辅之以必要的行政手段，保持进出口基本平衡。按产业政策调整关税税率，引导进口商品结构的适时调整。为促进国内产业发展，按照关贸总协定的规则对幼稚产业实行适度保护。当出现国外进口商品以补贴或低价倾销方式抢占我国市场，并对国内生产和就业造成损害或构成危胁时，国家可采取必要措施，减轻或消除这些不利影响。在国际收支出现较大逆差时，依照国际惯例，采取临时限制进口的措施。对某些重要进口商品实行必要的配额、许可证管理。逐步降低关税总水平，禁止非政策性减免税。对需依法进行检验的某些进口商品，要采用先进的检验设施，改进检验方法，方便进出。

对关系国计民生的、属于战略性资源的、国际市场垄断性强的或我国在国际市场处于主导地位的特别重要的少数进出口商品，组建联合公司联合经营，统一对外。其他进出口商品由有外贸经营权的公司放开经营。对少数实行数量限制的进出口商品的管理，按照效益、公正和公开的原则，实行配额招标、拍卖或规则化分配。有关法规、规章由外经贸部会同有关主管部门起草、制定，并监督实施。

建立一套比较完善的海外企业的管理办法。制定海外投资的导向政策；讲求规模投资效益，促进企业间的联合；海外企业应按照所在国（地区）法律进行经营，按国际通行做法建立严格的财务申报和审计制度。外经贸主管部门要协助银行和外汇管理等部门加强跟踪结汇等项管理，坚决禁止国内企业利用海外企业逃汇、套汇。我国驻外使领馆经济和商务机构要加强对海外企业的指导、管理、协调、监督。

加强规划、信息服务和监测、预测工作。加快外贸管理部门和海关、外汇、财政、税务等相关部门的计算机联网建设步伐。各部门要在先搞好本系统联网的基础上，实现全国的联网。

三、转换外贸企业经营机制，逐步建立现代企业制度

按照现代企业制度改组国有专业外贸企业，使其成为真正自主经营、自负盈亏、自我发展、自我约束的经营主体，加强凝聚力，充分发挥企业和职工的积极性，不断扩大进出口贸易，保证国有资产的保值和增值，增强企业实力。同时要加强企业管理和完善企业考核办法，以此引导对外贸易健康发展。

外贸企业要加快转换经营机制，由国家计划的单纯执行者真正转变为国家宏观政策指导下的进出口商品经营者；从单纯追求创汇指标转变为在坚持经济效益的基础上，实行一业为主，多种经营，努力扩大出口创汇；坚持“以质取胜”，多元化开拓市场；走实业化、集团化、国际化经营的发展道路；积极推行进出口代理制，转变经营作风，搞好代理服务。

所有进出口企业均有为国家创汇的责任，必须努力增加出口创汇，并依法纳税。专业外贸企业职工工资收入与出口收汇和经济效益挂钩，但也要防止与其他行业收入过分悬殊，以保持分配的公正、合理。具体办法由外经贸部商财政部、劳动部制定。

具备条件的专业外贸企业经批准可以改组为规范化的有限责任公司或股份有限公司，允许吸收法人股、职工内部少量持股（不上市的公司在试点期职工股以不超过百分之十为限）。对允许职工少量持职工股的办法，要十分慎重，由外经贸部批准选择少量企业经过试点，取得经验再决定是否推广。具体试点办法由外经贸部商有关部门制定。少数股份公司，按规定经过严格审查批准后，也可成为上市的股份有限公司。鼓励专业外贸企业与非外贸企业发挥各自优势，合资联营，共同开拓国际市场。推动专业外贸企业、生产企业和科研院所在平等互利的基础上，通过投资、参股、联合开发、联合生产、联合经营等方式，形成一批以贸易为龙头、贸工农技相结合的或以生产科研企业为核心的工贸技一体化的大型企业集团。

在进一步扩大专业外贸企业的自主权，搞活企业经营的同时，可在国有大中型专业外贸企业设立监事会，对企业国有资产的增值和经营状况进行监督、稽核，防止企业决策失误。监事会不干预企业的正常经营活动。

（下略）

中共中央、国务院关于进一步扩大对外开放，提高利用外资水平的若干意见（节选）[1]

（1998 年 4 月 14 日）

（上略）

三、继续把吸收外商直接投资作为利用外资的重点

（8）进一步优化外商投资的产业结构。重点鼓励外资投向农业、高新技术产业、基础工业、基础设施、环保产业和出口创汇型产业，提高这些领域利用外资的比重。积极引导外资投向传统产业和老工业基地的技术改造，走内涵式发展的路子。充分发挥比较优势，继续发展符合产业政策的劳动密集型项目。严格禁止危害国家安全或者损害社会公共利益、污染环境、破坏生态等项目。全面实施国务院最近批准修订的《外商投资产业指导目录》，国家将根据经济发展情况对其适时调整。认真执行《国务院关于调整进口设备税收政策的通知》，对国家鼓励和支持的外商投资项目进口的设备及技术，免征关税和进口环节增值税。对引进先进和适用的技术，免征关税和进口环节增值税。按照国际惯例和鼓励外商投资企业采购国产原材料、零配件扩大出口的原则，抓紧完善出口退税制度。

（9）继续扩大外商投资领域。进一步开放竞争性产业，扩大石油化工、建筑业等利用外资的规模。有区别、有重点地吸收外资开发利用矿产资源。有步骤地推进服务贸易的对外开放：积极进行旅游资源开发、水上运输等领域利用外资的试点；扩大国内商业、外

① 中共中央文献研究室编：《十五大以来重要文献选编》（上），北京：人民出版社，2001 年版，第 259-269 页。

贸、旅行社开放的试点范围；扩大会计、法律咨询服务业和航空运输、代理业务等领域的开放；有步骤、有控制地开放金融和通信等领域的试点，并建立健全有效的监管机制。

（10）努力完善外商投资的地区布局。继续发挥东部地区对外开放、利用外资的优势，支持东部地区积极发展资金、技术密集型产业和出口型产业。继续办好经济特区、上海浦东新区、苏州工业园区以及各类国家级经济和技术开发区。这些地区要在提高利用外资质量和水平上进行新的探索，以进一步起到示范、辐射、带动作用。

积极引导和鼓励外资投向中西部地区。第一，中西部的省、自治区、自治区可选择确有优势的产业和项目，经国家批准后，享受《外商投资产业指导目录》中鼓励类项目政策。对限制类和限定外商股权比例项目的设立条件和市场开放程度，可比东部地区适当放宽。第二，国家要优先安排一批农业、水利、交通、能源、原材料和环保项目在中西部地区吸引外资，并加大对项目配套资金及相关措施的支持。鼓励三线军转民企业和国有大型企业利用外资进行技术改造。第三，鼓励东部地区的外商投资企业到中西部地区再投资，外商投资比例超过百分之二十五的项目，视同外商投资企业，享受相应待遇。第四，国家允许开展试点的开放领域和试点项目，原则上应在东中西部地区同时进行。经国家批准，省会城市可进行国内商业、外贸、旅行社的开放试点。中西部地区要从本地实际出发，进一步转变观念，改善投资环境，扩大吸收外资，发展特色经济。

（11）多渠道多方式吸收外商投资。实施利用外资多元化战略。继续吸收香港、澳门、台湾地区和东南亚国家的投资，在高新技术领域加强与香港的合作，继续实行对台商投资同等优先、适当放宽的原则。同时，要重点加大吸收北美、日本、欧盟等发达国家和地区投资的力度。积极采取国际通行的多种外商投资方式，继续进行外商投资股份有限公司、外商投资特许权项目以及利用项目运营权或收益权对外引资的试点，抓紧制定和完善相应的法规。继续积极发展加工贸易和补偿贸易，促进上档次、增效益。切实执行加工贸易进口料件银行保证金台账制度。鼓励国有大中型企业采取多种方式利用外资进行资产重组，盘活存量资产，改善经营机制，提高管理水平。采用招投标方式，鼓励外商投资企业使用国产设备。制定和完善有关法律、法规，允许国有小型企业和集体企业对外合资、合作、出售，允许私营企业吸收外资发展经济。制定有针对性的投资促进策略，利用现代电子信息技术，改进招商引资方式。

（12）大胆引进和积极引导跨国公司投资。继续实行以市场换技术的方针，进一步开放国内市场。通过与跨国公司的合作，引进先进适用的技术、资金、管理经验和营销方式，并进入其国际生产、销售和服务网络。有重点地推动国有大型企业开展与跨国公司的合作，促进新兴产业、支柱产业的发展；鼓励与跨国公司合作建立研究开发中心，增强技术消化和创新能力；推动国内企业与跨国公司的配套协作，带动相关企业和产业共同发展。国家要采取有力措施，扶持国有大型企业壮大实力，增强竞争力。与跨国公司的合作，要统筹协调，制订措施，趋利避害，保持国有经济对关系国民经济命脉的重要行业和关键领域的支配地位，有选择、有时限地保护国内幼稚产业，有效防范少数跨国公司垄断市场、非法转移利润、逃避税收等。

（13）认真办好现有外商投资企业。充分发挥现行利用外资法律和政策的作用，促进现有外商投资企业健康发展。这对于进一步吸引外商投资有很强的示范效应。积极帮助企业解决生产经营中遇到的困难，对于符合贷款原则的外商投资企业，可给予必要的信贷支持。通过国有资产存量重组、发行股票、债券和建立投资基金等多种方式，帮助合资中方有效利用资本市场筹措资金，解决好合资企业增资扩股中中方股权比重下降的问题。

（14）在改善投资环境上下大功夫。要进一步改善投资硬环境，加强能源、交通、通信、市政公用事业等基础设施的建设，更要着力改善投资软环境。当前，特别要抓好以下几个方面：一是坚决制止对外商投资企业一切形式的乱检查、乱收费、乱摊派、乱罚款。在全面清理现行各项收费的基础上，制定有关法规，明确合理的收费项目和收费标准，对依法收费的部门和单位实施规范化的申报监管。既保证依法收费，又保护企业依法拒付不合理收费。二是切实保障外商投资企业经营管理自主权，维护投资各方的合法权益不受侵犯，依法保护劳动者的正当权益。三是各级政府要提高办事效率，减少管理层次，做到制度公开，政策透明。提倡一个“窗口”对外，提供优质、规范、方便的服务。结合深化投融资体制改革，改进外资项目的审批方法，简化审批程序。要规范各类中介机构的行为，加强指导监管。四是加快建设统一开放、竞争有序的市场环境，打破地区封锁、部门垄断。严厉打击走私、伪冒等非法行为。加快和完善口岸管理体制改革。逐步对外商投资企业实行国民待遇。五是依法加强监督管理，认真做好各有关方面的资产评估工作，搞好外商投资企业合同履约和财务状况的检查，严格税收征管、环境监管和用地管理。完善对外商投资企业的联合年检工作。

（15）稳步地利用国际证券市场引进外资。按照国家产业政策和利用外资政策，选择质量好的国有大中型企业到国际证券市场上市。在进一步做好地香港上市的同时，稳妥地开辟其他国际证券市场。继续做好境内上市外资股企业的试点，改进和完善发行与交易。要提高上市企业质量，强化机制转换，依法规范运作，注重资金使用效益。积极探索可转换公司债券等融资形式。进一步加强国际间证券监管合作与交流。

（16）鼓励能够发挥我国比较优势的对外投资。为了更好地利用国外资源、交锋市场，国家将有步骤、有选择地推动符合条件的企业对外投资。重点投资于国外石油、天然气等矿产资源和农业、林业资源开发项目。鼓励我国有富余生产能力和成熟技术的制造业向外投资，带动设备和零部件出口。发展工程承包和劳务输出。继续兴办能够提高我国科学技术水平的海外投资项目。国家要抓紧制定对外投资战略，明确国别地区政策和扶持措施，加强产业投向的指导和协调。建立健全对外投资和境外国有资产的管理制度。

（下略）

国家外汇管理局关于完善外商直接投资外汇管理工作有关问题的通知（节选）①

（2003 年 3 月 6 日）

（上略）

一、外国投资者账户和出资管理

1．外国投资者未在境内设立外商投资企业，但在境内从事直接投资或从事与直接投资相关的活动，可向投资项目所在地外汇局申请，以该投资者名义开立外国投资者专用外汇账户。

只允许外国投资者在一家银行开立一个多币种专用外汇账户，经外汇局批准的除外。该账户根据用途分为以下四类：

（1）投资类账户。外国投资者在境内承包工程、合作开采、开发、勘探资源以及从事创业风险投资的，在领取非法人营业执照后，可申请开立该账户，用于存放与支付有关的外汇资金。

（2）收购类账户。外国投资者拟在境内设立外商投资企业，如前期需在境内收购土地使用权及附着不动产、机器设备或其他资产等，在资产收购合同生效后，可申请开立该账户，用于存放与支付外汇收购款项。

（3）费用类账户。外国投资者拟在境内设立外商投资企业，如前期需进行市场调查、策划和机构设立准备等工作，在其领取工商行政管理部门发给的公司名称预先核准通知书后，可申请开立该账户，用于存放与支付有关的外汇资金。

① 《国家外汇管理局关于完善外商直接投资外汇管理工作有关问题的通知》，《中国对外经济贸易文告》，2003 年 19 期。

（4）保证类账户。外国投资者向境内投资之前，如按照有关规定及合同约定需向境内机构提供资金保证，在合同约定的时限内，可申请开立该账户，用于存放与支付外汇保证资金。外国投资者申请开立专用外汇账户，须向外汇局提交能够证明其投资活动真实性、合法性的材料，由外汇局核定有关账户的最高限额、存续期限、收支范围等事项，并进行日常监管（见附件1）。外国投资者专用外汇账户内资金应以现汇汇入，不得以现钞存入。账户内资金的结汇和划转须逐笔经外汇局核准（见附件2、3）。

对收购类、费用类、保证类外国投资者专用外汇账户，若外国投资者在境内成立外商投资企业，上述账户资金余额可转入企业资本金账户，从上述账户结汇与划转的资金均可凭外汇局开立的相应核准件作为外方出资并办理验资手续；若未在境内成立外商投资企业，外国投资者可凭外汇局开立的相应核准件办理未使用资金的购付汇及将该笔资金汇出境外的手续。

2. 外国投资者以开立于经中国人民银行批准经营离岸业务的外汇指定银行的离岸账户中的资金向境内外商投资企业出资的，外汇资金由离岸账户向企业资本金账户的境内划转无须经外汇局核准。但在外商投资企业办理验资询证手续时，汇入银行应在银行询证函回函上对该笔资金注明“离岸资金”的字样。

外国投资者以境内非居民个人现汇账户中的外汇资金向外商投资企业出资的，外汇局审核其提交的有关材料无误后，开立相应的资本项目外汇业务核准件（见附件4），银行凭以办理该笔资金由非居民个人现汇账户向外商投资企业资本金账户的境内划转业务，企业凭以办理验资询证及外资外汇登记手续。业务量大的外汇分局在报经总局批准后，可将上述资金划转业务的审核权授予外汇指定银行，由外汇指定银行履行审核、统计、监测、报备等相应职责。被授权的外汇指定银行应当内控制度严密、近三年内无重大外汇违规记录。在外商投资企业办理验资询证手续时，汇入银行应在银行询证函回函上对该笔资金注明“非居民个人境内划转”的字样。

3. 外国投资者除能够以可自由兑换货币、进口设备及其他物料、无形资产、人民币利润等方式出资外，经外汇局核准，还可以下列方式作为向外商投资企业的出资：

（1）外商投资企业将发展基金、储备基金（或资本公积金、盈余公积金）等转增本企业资本；

（2）外商投资企业的未分配利润、应付股利及其项下的应付利息等转增本企业资本；

（3）外商投资企业外方已登记外债本金及当期利息转增本企业资本；

（4）外国投资者从其已投资的外商投资企业中因先行回收投资、清算、股权转让、减资等所得的财产在境内再投资。

外国投资者以上述方式出资的，外汇局审核其提交的材料无误后，开立相应的资本项目外汇业务核准件（见附件 5、6），银行凭以办理有关的境内划转业务，企业凭以办理验资询证及外资外汇登记手续。

4. 外国投资者及投资性外商投资企业收购境内企业股权的，应当依照法律、法规规定及转股双方合同约定，支付股权购买对价（即外方为购买中方股权而支付给中方的代价，其形式可为外国投资者及投资性外商投资企业的自有外汇资金、从境内其所投资的其他外商投资企业获得的人民币利润或其他合法财产），并自行或委托股权出让方到股权出让方所在地外汇局办理转股收汇外资外汇登记。股权购买对价为一次性支付的，转股收汇外资外汇登记应在该笔对价支付到位后 5 日内办理；股权购买对价为分期支付的，每期对价支付到位后 5 日内，均应就该期到位对价办理一次转股收汇外资外汇登记。

外国投资者在付清全部股权购买对价前，其在被收购企业中的所有者权益依照其实际已支付的比例确定，并据此办理相关的转股、减资、清算及利润汇出等外汇业务。

外汇局审核外国投资者提交的材料无误后，为其办理转股收汇外资外汇登记并出具相关证明（见附件 7）。转股收汇外资外汇登记证明是证明外方股权收购对价已到位的有效文件，也是被收购企业办理外资外汇登记的重要依据。各分局、外汇管理部应当按照新的“外资外汇登记情况报告”（见附件 8）格式，将转股收汇外资外汇登记数据（包括登记份数与金额）与其他类型外资流入登记数据一同汇总，逐月上报总局。原“外资外汇登记情况报告”格式自本通知生效之日起停止使用。

5. 非投资性外商投资企业依照对外贸易经济合作部与国家工商行政管理总局联合发布的《关于外商投资企业境内投资的暂行规定》在境内投资设立或收购企业，被投资企业如不含外国资本，可不办理外商投资企业外汇登记和验资询证、外资外汇登记手续。外汇局凭工商行政管理部门向被投资企业核发的加注了“外商投资企业投资”字样的《企业法人营业执照》，对被投资企业在举借外债方面视同外商投资企业进行管理。

外汇局不得批准非投资性外商投资企业与其所投资企业之间、非投资性外商投资企业的不同所投资企业之间外汇资金的境内划转。如遇特殊情况、确需进行此类境内划转的，各分局、外汇管理部应当上报总局。

外国投资者出资比例低于注册资本25%的境内企业，应当凭外经贸部门核发的加注了“外资比例低于25%”字样的外商投资企业批准证书和工商行政管理部门核发的加注了“外资比例低于25%”字样的外商投资企业营业执照，办理外商投资企业外汇登记，并依据有关规定办理验资询证及外资外汇登记手续。

（下略）

商务部关于调整进出口经营资格标准和核准程序的通知（节选）[①]

（2003 年 7 月 30 日）

各省、自治区、直辖市及计划单列市外经贸委（厅、局），新疆生产建设兵团外经贸局：

为履行我国加入世贸组织承诺，加快建立社会主义市场经济体制，规范内资企业从事进出口业务，促进对外贸易发展，商务部决定调整进出口经营资格标准和核准程序。现就有关问题通知如下：

一、除对注册在中西部地区［本规定所指的中西部地区包括河北、山西、内蒙古、吉林（含长春）、黑龙江（含哈尔滨）、安徽、江西、河南、湖北（含武汉）、湖南、广西、海南、重庆、四川（包括成都）、贵州、云南、西藏、陕西（含西安）、甘肃、青海、宁夏、新疆、新疆生产建设兵团］的内资企业申请进出口经营资格实行优惠条件外，对在中华人民共和国关境内注册的所有内资企业在进出口经营资格管理方面实行统一的政策。

二、内资企业的进出口经营资格分为外贸流通经营资格和生产企业自营进出口资格两种（边贸企业的现行政策不变）。其经营范围分别为：

（一）外贸流通经营资格。经营各类商品和技术的进出口（不另附进出口商品目录），但国家限定公司经营或禁止进出口的商品及技术除外。

① 《商务部关于调整进出口经营资格标准和核准程序的通知》，《中国对外经济贸易文告》，2003 年 53 期。

（二）生产企业自营进出口资格。经营本企业自产产品的出口业务和本企业所需的机械设备、零配件、原辅材料的进口业务（不另附进出口商品目录），但国家限定公司经营或禁止进出口的商品及技术除外。

获权企业可以按照经营范围在中国全部关境内以国家规定的各种贸易方式自由从事进出口业务。

三、外贸流通经营资格实行核准制，生产企业自营进出口资格实行登记制。

商务部授权各省、自治区、直辖市、计划单列市及哈尔滨、长春、沈阳、西安、成都、南京、武汉、广州、珠海、汕头市，新疆生产建设兵团，苏州工业园区管委会商务主管部门（以下统称受权管理机关）进行进出口经营资格的核准登记并核发《中华人民共和国进出口企业资格证书》。

《中华人民共和国进出口企业资格证书》(以下简称《资格证书》）是内资企业进出口经营资格的唯一有效凭证。任何企业、其他组织和个人不得伪造、涂改、出租、出借、转让、出卖《资格证书》。

（下略）

国务院关于改革现行出口退税机制的决定①

（2003年10月13日）

各省、自治区、直辖市人民政府，国务院各部委、各直属机构：

为认真贯彻党的十六大精神，促进外贸体制改革，保持外贸和经济持续健康发展，国务院决定，对现行出口退税机制进行改革。

一、改革现行出口退税机制的必要性和紧迫性

对出口产品实行退税是国际通行做法，符合世贸组织规则。我国从1985年开始实行出口退税政策，1994年财税体制改革以后继续对出口产品实行退税。出口退税政策的实施，对增强我国出口产品的国际竞争力，扩大出口，增加就业，保证国际收支平衡，增加国家外汇储备，促进国民经济持续快速健康发展发挥了重要作用。

我国现行的出口退税机制存在一些亟待解决的矛盾和问题，主要是出口退税机制不利于深化外贸体制改革，出口退税结构不能适应优化产业结构的要求，出口退税的负担机制不尽合理，出口退税缺乏稳定的资金来源等。这些问题的存在使出口退税资金无法及时得到保证，导致欠退税问题十分严重，而且呈现逐年增长的势头，如不及时采取有效措施予以解决，势必影响企业正常经营和外贸发展，给财政金融运行带来隐患，损害政府的形象和信誉。从改革机制入手抓紧解决出口欠退税问题已迫在眉睫。

---

① 《国务院关于改革现行出口退税机制的决定》，《中华人民共和国全国人民代表大会常务委员会公报》，2003年34期。

二、改革出口退税机制的指导思想和具体内容

（一）改革的指导思想。

按照“新账不欠，老账要还，完善机制，共同负担，推动改革，促进发展”的原则，对历史上欠退税款由中央财政负责偿还，确保改革后不再发生新欠，同时建立中央、地方共同负担的出口退税新机制，推动外贸体制深化改革，优化出口产品结构，提高出口效益，促进外贸和经济持续健康发展。

（二）改革的具体内容。

1. 适当降低出口退税率。本着“适度、稳妥、可行”的原则，区别不同产品调整退税率：对国家鼓励出口产品不降或少降，对一般性出口产品适当降低，对国家限制出口产品和一些资源性产品多降或取消退税。调整退税率的详细产品目录，由财政部会同发展改革委、商务部、税务总局制订，报国务院审批后发布。

2. 加大中央财政对出口退税的支持力度。从 2003 年起，中央进口环节增值税、消费税收入增量首先用于出口退税。

3. 建立中央和地方共同负担出口退税的新机制。从 2004 年起，以 2003 年出口退税实退指标为基数，对超基数部分的应退税额，由中央和地方按 75∶25 的比例共同负担。

4. 推进外贸体制改革，调整出口产品结构。通过完善法律保障机制等，加快推进生产企业自营出口，积极引导外贸出口代理制发展，降低出口成本，进一步提升我国商品的国际竞争力。同时，结合调整出口退税率，促进出口产品结构优化，提高出口整体效益。

5. 累计欠退税由中央财政负担。对截至 2003 年底累计欠企业的出口退税款和按增值税分享体制影响地方的财政收入，全部由中

央财政负担。其中，对欠企业的出口退税款，中央财政从2004年起采取全额贴息等办法予以解决。

三、做好出口退税机制改革各项工作

出口退税机制改革是一项重大的体制改革和管理制度创新，关系外贸和国民经济发展全局，各地区、各部门要统一思想，提高认识。财政、商务（外经贸）、税务、海关、外汇等部门要从大局出发，认真履行职责，严格按职能分工，密切配合，共同做好出口退税机制改革各项工作。改革方案出台后，各地区、各部门要切实抓好贯彻落实，加强对改革工作的监督检查和业务指导，密切跟踪改革方案的实施情况，加强调查研究，根据出现的新情况、新问题，及时研究解决办法，确保改革的顺利进行。对违反出口退税机制改革统一规定的行为，要追究相关地区和部门的责任。

中共海南省委关于海南经济特区体制创新的若干意见（节选）①

（2003 年 11 月 13 日）

（上略）

八、深化涉外经济体制改革，增创对外开放新优势

（24）加快出口基地建设，扩大对外贸易。高度重视和支持出口生产基地建设，大幅度提高本地产品出口比例，重点扶持特色、名优产品生产和出口，将符合条件的企业纳入出口基地建设重点项目予以扶持。完善进出口激励机制，加强银行、税务、海关和外贸企业的协调与合作，落实各项进出口优惠政策。抓住国家批准我省按中西部标准办理企业进出口经营权的契机，积极培育和壮大外贸经营主体，鼓励各类企业申办进出口经营权。支持有比较优势的企业走出去拓展发展空间。

（25）加大招商引资力度，提高利用外资水平。进一步改善投资环境，提高涉外贸易和投资的便利程度，加快内外贸一体化进程。按照世贸组织规则的要求，拓宽产业开放领域，除国家明令禁止的产业和领域外，其他产业和领域一律对外资开放。创新招商引资机制，实行政府招商、企业招商、中介招商、委托招商相结合，形成招商引资合力。建立招商引资统筹协调机制，增强招商引资的针对性、实效性，完善项目生成机制，切实做好跟踪服务。充分发挥侨乡优势，做好“以侨引侨”和港、澳、台招商工作。允许境外

① 钟坚、郭茂佳、钟若愚主编：《中国经济特区文献资料》（第一辑），北京：社会科学文献出版社，2010 年版。

投资者通过并购等方式投资海南，允许外资参与我省不良资产的重组和处置，支持符合条件的外商投资企业上市，支持外商以直接投资的方式受让上市公司法人股的股权，大幅度提高利用外资水平。继续鼓励国内中小企业来琼投资创业，加大引进大企业大集团工作力度。

（26）不断扩大对外经济技术文化交流与合作。充分利用海南的产业特色、环境特色和体制特色，全方位开展国际、省际交流与合作。充分发挥博鳌亚洲论坛对外开放的平台作用。扩大与国际知名旅行社、酒店管理集团和会展机构的联系，举办更多的国际经贸、文化、旅游、会展等大型活动。争取先行试验“中国—东盟自由贸易区”的政策。主动加入泛珠江三角洲的区域分工与合作，加强与长江三角洲和其他地区的联系与合作，继续办好海峡两岸（海南）农业合作试验区。增加国际友好城市，加强友城间实质性交往。

（27）改革口岸管理体制，优化通关环境。适应“大通关”要求，争取中央支持搞好口岸管理体制改革，加强涉外部门特别是口岸查验单位之间的协作与配合，增强服务意识。有效整合落地签证、免签证、航权开放等政策优势和毗邻东南亚的区位优势，促进人流、物流、资金流的畅通。运用现代信息技术手段，不断改进通关模式和操作流程，推进“电子口岸”建设，完善口岸基础设施，实行“一站式”通关，提高服务质量。

（下略）

国务院关于推进天津滨海新区开发开放有关问题的意见（节选）[①]

（2006年6月5日）

（上略）

一、推进天津滨海新区开发开放的重大意义

天津滨海新区包括塘沽区、汉沽区、大港区三个行政区和天津经济技术开发区、天津港保税区、天津港区以及东丽区、津南区的部分区域，规划面积2270平方公里。经过十多年的开发建设，天津滨海新区已经具备了进一步加快发展的条件和基础。

推进天津滨海新区开发开放，有利于提升京津冀及环渤海地区的国际竞争力。天津滨海新区位于环渤海地区的中心位置，内陆腹地广阔，区位优势明显，产业基础雄厚，增长潜力巨大，是我国参与经济全球化和区域经济一体化的重要窗口。推进天津滨海新区的开发开放，促进这一地区加快发展，可以有效地提升京津冀和环渤海地区的对外开放水平，使这一地区更好地融入国际经济，释放潜能，增强竞争力。

推进天津滨海新区开发开放，有利于实施全国区域协调发展总体战略。经过十多年的发展，天津滨海新区的综合实力不断增强，服务功能进一步完善，是继深圳经济特区、浦东新区之后，又一带动区域发展的新的经济增长极。天津滨海新区的开发开放，有利于促进我国东部地区率先实现现代化，从而带动中西部地区，特别是

① 《国务院关于推进天津滨海新区开发开放有关问题的意见》，《中华人民共和国国务院公报》，2006年21期。

“三北”地区发展，形成东中西互动、优势互补、相互促进、共同发展的区域协调发展格局。

推进天津滨海新区开发开放，有利于探索新时期区域发展的新模式。在经济全球化和区域经济一体化进程加快，我国全面建设小康社会和构建社会主义和谐社会的新形势下，把握国际国内形势的变化特点，用新的思路和发展模式推进天津滨海新区的开发开放，有利于全面落实科学发展观，实现人与自然和谐相处，走出一条区域创新发展的路子。

二、推进天津滨海新区开发开放的指导思想和主要任务

推进天津滨海新区开发开放的指导思想是：以邓小平理论和“三个代表”重要思想为指导，全面落实科学发展观，进一步解放思想，进一步改革开放，进一步发挥优势，坚持高起点、宽视野，注重科技创新和自主创新，突出发展特色，改善发展环境，用新思路、新体制、新机制推动新区不断提高综合实力、创新能力、服务能力和国际竞争力，在带动天津发展、推进京津冀和环渤海区域经济振兴、促进东中西互动和全国经济协调发展中发挥更大的作用。

推进天津滨海新区开发开放要把握好以下原则：坚持以科学发展观统领经济社会发展全局，走科学发展之路；坚持突出发展特色，充分发挥比较优势；坚持推进改革开放，用改革开放促开发建设；坚持科技创新和自主创新，加强创新能力建设；坚持增强服务功能，带动和促进区域经济发展；坚持节约集约用地，切实发挥土地对经济建设的引导和调控作用；坚持可持续发展，建设资源节约型和环境友好型新区；坚持以人为本，推进和谐社会建设与全

面发展。

天津滨海新区的功能定位是：依托京津冀、服务环渤海、辐射“三北”、面向东北亚，努力建设成为我国北方对外开放的门户、高水平的现代制造业和研发转化基地、北方国际航运中心和国际物流中心，逐步成为经济繁荣、社会和谐、环境优美的宜居生态型新城区。

推进天津滨海新区开发开放的主要任务是：以建立综合配套改革试验区为契机，探索新的区域发展模式，为全国发展改革提供经验和示范。走新型工业化道路，把增强自主创新能力作为中心环节，进一步完善研发转化体系，提升整体技术水平和综合竞争力。充分发挥区位、资源、产业等综合优势，加快基础设施建设，积极发展高新技术产业和现代服务业，努力提高综合竞争力和区域服务能力，提高对区域经济的带动作用。统一规划，综合协调，建设若干特色鲜明的功能区，构建合理的空间布局，采取有力措施，节约用水、集约用地、降低能耗，努力提高单位面积的投资强度和产出效率。搞好环境综合整治，维护生态平衡，大力发展循环经济，实现人与自然、经济社会与生态环境相和谐。推进管理创新，建立统一、协调、精简、高效、廉洁的管理体制。

三、切实发挥综合配套改革试验区的示范和带动作用

批准天津滨海新区为全国综合配套改革试验区。要按照党中央、国务院的部署并从天津滨海新区的实际出发，先行试验一些重大的改革开放措施。要坚持重点突破与整体创新相结合、经济体制改革与其他方面改革相结合、解决当地实际问题与攻克面上共性难题相结合，不断拓展改革的领域，通过综合配套改革推进天津滨海

新区的开发开放。近期工作重点是：

——鼓励天津滨海新区进行金融改革和创新。在金融企业、金融业务、金融市场和金融开放等方面的重大改革，原则上可安排在天津滨海新区先行先试。本着科学、审慎、风险可控的原则，可在产业投资基金、创业风险投资、金融业综合经营、多种所有制金融企业、外汇管理政策、离岸金融业务等方面进行改革试验。

——支持天津滨海新区进行土地管理改革。在有利于土地节约利用和提高土地利用效率的前提下，优化土地利用结构，创新土地管理方式，加大土地管理改革力度。开展农村集体建设用地流转及土地收益分配、增强政府对土地供应调控能力等方面的改革试验。

——推动天津滨海新区进一步扩大开放，设立天津东疆保税港区。为适应天津建设北方国际航运中心和国际物流中心的需要，按照统筹规划、合理布局、创新体制、分步实施的原则，借鉴国际通行做法，在天津港东疆港区设立保税港区，重点发展国际中转、国际配送、国际采购、国际转口贸易和出口加工等业务，积极探索海关特殊监管区域管理制度的创新，以点带面，推进区域整合。

——给予天津滨海新区一定的财政税收政策扶持。对天津滨海新区所辖规定范围内、符合条件的高新技术企业，减按15%的税率征收企业所得税；比照东北等老工业基地的所得税优惠政策，对天津滨海新区的内资企业予以提高计税工资标准的优惠，对企业固定资产和无形资产予以加速折旧的优惠；中央财政在维持现行财政体制的基础上，在一定时期内对天津滨海新区的开发建设予以专项补助。

（下略）

国家外汇管理局关于调整部分境外投资外汇管理政策的通知（节选）[①]

（2006 年 6 月 6 日）

（上略）

三、境内投资者到境外投资所需外汇，可使用自有外汇、人民币购汇及国内外汇贷款。自 2006 年 7 月 1 日起，国家外汇管理局不再对各分局（外汇管理部）核定境外投资购汇额度。境内投资者的境外投资项目经有关主管部门核准后，按照现行外汇管理有关规定办理外汇资金购付汇核准手续。

四、境内投资者向有关主管部门提交境外投资项目核准申请或投资意向后，在获得正式批准前，经所在地国家外汇管理局分支局、外汇管理部（以下简称“外汇局”）核准，可以自有外汇、人民币购汇或国内外汇贷款向境外支付与境外投资项目相关的前期费用。

五、境内投资者汇出用于境外投资项目的前期费用，应符合以下规定用途：

（一）收购境外企业股权或境外资产权益，按项目所在地法律规定或出让方要求需缴纳的保证金；

（二）在境外项目招投标过程中，需支付的投标保证金；

（三）进行境外投资前，需进行市场调查、租用办公场地和设备、聘用人员，以及聘请境外中介机构提供服务所需的费用；

① 《国家外汇管理局关于调整部分境外投资外汇管理政策的通知》，《中国对外经济文告》，2006 年 44 期。

（四）其他与境外投资有关的前期费用。

六、境内投资者应持以下材料到所在地外汇局申请办理前期费用汇出的核准手续：

（一）书面申请（包括境外投资项目总投资额、各方出资额、出资方式、用汇金额，以及所需前期费用金额、用途和资金来源说明等）；

（二）境内投资者的营业执照或注册登记证明；

（三）境内投资者参与投标、并购或合资合作项目的相关文件（如中外方签署的意向书、备忘录或框架协议等）；

（四）境内投资者向所在地外汇局出具的书面承诺函（承诺所汇出的前期费用只用于经批准的境外投资项目，如有违反，由境内投资者承担相关法律责任）；

（五）前期费用汇往境外账户的国别（地区）、境外账户开户行、开户人名称、账号的说明；

（六）外汇局要求的其他相关材料。

所在地外汇局审核材料无误后，签发资本项目外汇业务核准件。境内投资者凭核准件到所在地外汇指定银行办理购付汇手续。

七、境内投资者向所在地外汇局申请汇出的前期费用，一般不超过其向境内有关主管部门申请境外投资总额的 15%；确因业务需要超过 15%，由所在地外汇分局（外汇管理部）核准。

（下略）

国务院办公厅转发发展改革委关于2007年深化经济体制改革工作意见的通知（节选）①

（2007年6月28日）

（上略）

九、深化涉外经济体制改革，提高对外开放水平

（二十九）深化外贸管理体制改革。完善外贸经营权放开后相关配套办法。研究建立服务贸易的协调、管理和促进机制。完善与对外贸易有关的知识产权保护制度。（商务部牵头）继续深化口岸管理体制改革。（海关总署牵头）

（三十）完善外商投资管理体制。完善外资并购的相关规定。

制定鼓励外商投资设立研发中心和进行创业投资、服务外包的规定。（商务部、发展改革委牵头）制定利用外资设立民营企业担保基金实施方案。（发展改革委、商务部牵头）出台进一步规范各类开发区的指导性意见。（发展改革委牵头）

（三十一）完善"走出去"管理体制。贯彻落实国务院关于鼓励和规范企业对外投资合作的意见，完善"走出去"的管理体制和配套政策措施，建立健全相关协调机制。（发展改革委、商务部牵头）加强对境外中资企业和机构的监管，健全监管机制。（国资委、商务部牵头）

（三十二）建立健全有效应对国外贸易壁垒和贸易摩擦的机制。加快完善应对贸易摩擦、维护国内产业安全的机制和跨部门

---

① 《国务院办公厅转发发展改革委关于2007年深化经济体制改革工作意见的通知》，《中华人民共和国国务院公报》，2007年23期。

综合应对机制。建立行业应对国外贸易壁垒的支持机制。（商务部牵头）

（下略）

天津市人民政府关于印发天津滨海新区综合配套改革试验总体方案的通知（节选）[①]

（2008 年 3 月 28 日）

（上略）

（三）深化涉外经济体制改革，充分发挥对外开放门户作用，逐步把天津建成我国北方国际贸易中心。

基本思路：以建设东疆保税港区为重点，加快建设北方国际航运中心和国际物流中心，推进国际化市场体系建设，加强与东北亚国家地区的经贸合作，积极参与经济全球化和区域经济一体化，建立符合市场经济和世贸组织规则要求的涉外经济管理体制和运行机制。

重点改革内容：

1. 加快建设东疆保税港区

借鉴国际通行做法，在东疆保税港区重点发展国际中转、国际配送、国际采购、国际转口贸易和出口加工等业务。建立以天津电子口岸港航信息子系统为依托，“一个窗口”对外、高效便捷的口岸管理与通关体制。以东疆保税港区建设为龙头，推进保税区、出口加工区和保税物流园区等海关特殊监管区域和场所功能整合、政策叠加，完善与周边地区和内陆腹地的保税物流体系。建设辐射并带动“三北”地区、对内对外开放、全面连接东北亚经济圈的国际物流运营中心。条件成熟时，进行建立自由贸易港区的改革探索。

---

① 钟坚、郭茂佳、钟若愚主编：《中国经济特区文献资料》（第一辑），北京：社会科学文献出版社，2010 年版，第 187–192 页。

2. 深化口岸管理体制改革

推进地方电子口岸建设，加快建成具有通关、物流、商务等应用功能的大通关信息平台。加强跨区域口岸合作，逐步扩大天津口岸与内陆省份区域通关适用范围。进行口岸管理体制改革试点，探索海关、检验检疫、边检、海事等制度创新，建立依法把关、监管有效、方便进出、服务优良、管理科学、收费合理、国际一流的口岸管理体制。

3. 深化外贸、外资等体制改革

加快转变对外贸易增长方式。扩大先进技术、关键设备的进口，加快国内企业技术更新，加强对引进技术设备的消化吸收和再创新。促进高技术产品、机电产品和高附加值劳动密集型产品出口。大力承接国际离岸服务外包，建立全国服务外包人才培训中心，把滨海新区建成具有国际竞争力的服务外包示范基地。鼓励企业更好地履行社会责任。提高利用外资的质量，引导外资更多地投向高技术产业、高端制造环节和现代服务业，并推动中资企业参与投资入股。鼓励支持更多国外知名企业到滨海新区设立中国地区总部和研发中心。促进利用外资方式多样化。积极实施“走出去”战略，建设企业“走出去”服务平台，鼓励和规范企业对外投资合作，培育符合条件的企业向跨国公司发展。

4. 加快现代市场体系建设

充分发挥北方对外开放门户的作用，按照把天津建成北方国际贸易中心的要求，加快石油化工、煤炭、钢材、棉花、粮食等大型商品交易市场建设，进行商品远期合约交易业务的探索。发展国际贸易，吸引跨国公司在滨海新区建立采购、物流配送和商品交易中心等，建设国际物流中心。建立解决贸易摩擦和争端的应急处理机制。大力发展专业化市场中介服务机构，规范发展行业协会、商会等自律性组织。开展企业信用评级。

5. 创新东北亚区域合作新模式

推进滨海新区与我国北方和日本、韩国等东北亚各国享有对外开放特殊政策的地区（如保税区、开发区等）建立更加紧密的经贸合作机制，深化和提升东北亚区域合作。建立统一的东北亚城市经济合作论坛。支持滨海新区发展与周边国家的金融合作，创造条件设立中日韩若干城市投资基金，继续探讨设立东北亚银行的可行性。

（下略）

境外投资管理办法（节选）[1]

（商务部）

（2009 年 3 月 16 日）

第一章 总则

第一条 为促进和规范境外投资，根据《国务院对确需保留的行政审批项目设定行政许可的决定》，制定本办法。

第二条 本办法所称境外投资，是指在我国依法设立的企业（以下简称企业）通过新设、并购等方式在境外设立非金融企业或取得既有非金融企业的所有权、控制权、经营管理权等权益的行为。

（中略）

第二章 核准

第五条 商务部和省级商务主管部门对企业境外投资实行核准。商务部建立“境外投资管理系统”（以下简称“系统”）。对予以核准的企业，颁发《企业境外投资证书》（以下简称《证书》，样式见附件一）。《证书》由商务部统一印制，实行统一编码管理。

第六条 企业开展以下情形境外投资应当按本办法第十二条的规定提交申请材料，并按本办法第十三条的规定报商务部核准：

（一）在与我国未建交国家的境外投资；

（二）特定国家或地区的境外投资（具体名单由商务部会同外

① 《境外投资管理办法》，商务部网站，2014 年 9 月 6 日。

交部等有关部门确定）；

（三）中方投资额 1 亿美元及以上的境外投资；

（四）涉及多国（地区）利益的境外投资；

（五）设立境外特殊目的公司。

第七条　地方企业开展以下情形的境外投资应当按照本办法第十二条要求提交申请材料，并按第十四条的规定报省级商务主管部门核准：

（一）中方投资额 1000 万美元及以上、1 亿美元以下的境外投资；

（二）能源、矿产类境外投资；

（三）需在国内招商的境外投资。

第八条　企业开展本办法第六条、第七条规定情形以外的境外投资，须提交《境外投资申请表》（以下简称申请表，样式见附件二），并按第十六条规定办理核准。

第九条　企业境外投资有以下情形之一的，商务部和省级商务主管部门不予核准：

（一）危害我国国家主权、安全和社会公共利益，或违反我国法律法规；

（二）损害我与有关国家（地区）关系；

（三）可能违反我国对外缔结的国际条约；

（四）涉及我国禁止出口的技术和货物。

境外投资经济技术可行性由企业自行负责。

（下略）

国务院关于推进上海加快发展现代服务业和先进制造业建设国际金融中心和国际航运中心的意见①

（2009年4月14日）

各省、自治区、直辖市人民政府，国务院各部委、各直属机构：

上海有比较完备的金融市场体系、金融机构体系和金融业务体系，有雄厚的制造业基础和技术创新能力，有先进的现代航运基础设施网络。推进上海加快发展现代服务业和先进制造业，加快建设国际金融中心、国际航运中心和现代国际大都市，是我国现代化建设和继续推动改革开放的重要举措；是贯彻落实科学发展观，转变经济发展方式，突破资源环境承载能力制约，实现全面协调可持续发展，继续发挥上海在全国的带动和示范作用的必然选择。在当前应对国际金融危机的关键时期，要站在全局和战略的高度，充分认识加快上海国际金融中心和国际航运中心建设的重要性，努力推进上海率先实现产业结构优化和升级，率先实现经济发展方式的转变。为此，提出以下意见：

一、推进上海加快发展现代服务业和先进制造业，建设国际金融中心和国际航运中心的重大意义

（一）推进上海加快发展现代服务业和先进制造业，建设国际金融中心和国际航运中心，既是上海实现又好又快发展的需要，也是更好地服务于全国发展的需要。现代服务业和先进制造业发展水

① 《国务院关于推进上海加快发展现代服务业和先进制造业建设国际金融中心和国际航运中心的意见》，中国政府网，2009年4月29日。

平，是衡量一个国家经济社会发达程度的重要标志，是一个国家综合实力、国际竞争力和抗风险能力的集中体现。提高现代服务业和先进制造业就业比重和产值比重，提升产业附加值和国际竞争力，是推进产业结构升级、加快转变经济发展方式的必由之路；是适应全球化新格局和对外开放新形势，加快构筑新的竞争优势，提高国家整体竞争力的有效途径。推进上海加快发展现代服务业和先进制造业，建设国际金融中心和国际航运中心，有利于上海突破资源环境承载力逐渐下降的制约，增强可持续发展的能力；有利于拓展金融资源运作空间，提高金融资产配置效率，更好地维护国家经济金融安全；有利于强化航运枢纽中心地位，更好地满足周边地区和全国的国际航运要求；有利于通过改革开放和创新的先行先试，加快形成更具活力、更富效率、更加开放的体制机制，奠定科学发展的体制基础。

（二）推进上海加快发展现代服务业和先进制造业，建设国际金融中心和国际航运中心，有利于更好地夯实并充分发挥上海的比较优势。上海具有比较完善的现代市场体系、现代金融体系、先进的港口基础设施、高效的航运服务体系，以及便捷的交通运输网络；有广泛参与全球竞争的周边经济腹地，具有加快形成国际金融中心和国际航运中心的有利条件。采取有力措施，加快推进上海国际金融中心和国际航运中心建设，大力发展金融业、航运业等现代服务业和先进制造业，率先转变经济发展方式，可以使上海更好地发挥综合优势，更好地发挥带动示范作用，更好地服务长三角地区、服务长江流域、服务全国。

二、推进上海加快发展现代服务业和先进制造业，建设国际金融中心和国际航运中心的指导思想和原则

（三）指导思想：高举中国特色社会主义伟大旗帜，以邓小平理论和“三个代表”重要思想为指导，深入贯彻落实科学发展观，进一步解放思想，进一步改革开放，进一步发挥优势，继续当好全国改革开放的排头兵，充分发挥对长三角地区乃至全国的带动和示范作用。要坚持科学发展，不断扩大发展规模，完善发展机制，提高发展水平；要在发展中优化经济结构，优先发展金融、航运等现代服务业，以及以高端制造和研发为主的先进制造业，不断增强服务功能，提高核心竞争力；要在发展中创新发展思路，坚持先行先试，不断创新体制机制，提高体制运行效率；要在发展中坚持市场化、国际化和法治化，不断改善投资环境，提高对外吸引力；要在发展中发挥比较优势，努力完善区域分工，不断扩大辐射带动效应，提高专业分工和协作水平。

（四）把握的原则：处理好深化改革与加快发展的关系，坚持以改革促发展，以改革解难题，以改革建制度，为现代服务业和先进制造业发展营造良好体制环境；处理好先行先试与制度规范的关系，通过创新和探索，加快与国际惯例接轨，为全国性的制度规范奠定实践基础，发挥示范作用；处理好突出重点与全面推进的关系，以金融业、航运业和先进制造业为重点，不断创新服务业态，不断提高制造业的核心竞争力和附加值，全面提升现代服务业和先进制造业的发展水平；处理好加快发展现代服务业与发展先进制造业的关系，形成现代服务业与先进制造业相互支撑、相互带动的产业发展格局；处理好推进金融创新与完善金融监管的关系，在推进金融改革、创新和开放过程中，努力维护金融体系的安全和稳定；

处理好推进上海自身发展与区域协作发展的关系，按照国家明确的战略定位和分工，加强上海与长三角地区以及国内其他中心城市的相互协作和支持，加强与香港的优势互补和战略合作，形成分工合理、相互促进、共同发展的格局。

三、国际金融中心和国际航运中心建设的总体目标

（五）国际金融中心建设的总体目标是：到2020年，基本建成与我国经济实力以及人民币国际地位相适应的国际金融中心；基本形成国内外投资者共同参与、国际化程度较高，交易、定价和信息功能齐备的多层次金融市场体系；基本形成以具有国际竞争力和行业影响力的金融机构为主体、各类金融机构共同发展的金融机构体系；基本形成门类齐全、结构合理、流动自由的金融人力资源体系；基本形成符合发展需要和国际惯例的税收、信用和监管等法律法规体系，以及具有国际竞争力的金融发展环境。

（六）国际航运中心建设的总体目标是：到2020年，基本建成航运资源高度集聚、航运服务功能健全、航运市场环境优良、现代物流服务高效，具有全球航运资源配置能力的国际航运中心；基本形成以上海为中心、以江浙为两翼，以长江流域为腹地，与国内其他港口合理分工、紧密协作的国际航运枢纽港；基本形成规模化、集约化、快捷高效、结构优化的现代化港口集疏运体系，以及国际航空枢纽港，实现多种运输方式一体化发展；基本形成服务优质、功能完备的现代航运服务体系，营造便捷、高效、安全、法治的口岸环境和现代国际航运服务环境，增强国际航运资源整合能力，提高综合竞争力和服务能力。

四、国际金融中心建设的主要任务和措施

（七）加强金融市场体系建设。上海国际金融中心建设的核心任务是，不断拓展金融市场的广度和深度，形成比较发达的多功能、多层次的金融市场体系。不断丰富金融市场产品和工具，大力发展企业（公司）债券、资产支持债券，开展项目收益债券试点，研究发展外币债券等其他债券品种；促进债券一、二级市场建设及其协调发展；加快银行间债券市场和交易所债券市场互联互通，推进上市商业银行进入交易所债券市场试点。根据投资者资产配置和风险管理的需要，按照高标准、稳起步和严监管的原则，研究探索并在条件成熟后推出以股指、汇率、利率、股票、债券、银行贷款等为基础的金融衍生产品。加大期货市场发展力度，做深做精现有期货品种，有序推出新的能源和金属类大宗产品期货，支持境内期货交易所在海关特殊监管区内探索开展期货保税交割业务。拓宽上市公司行业和规模覆盖面，适应多层次市场发展需要，研究建立不同市场和层次间上市公司转板机制，逐步加强上海证券交易所的主板地位和市场影响力。研究探索推进上海服务长三角地区非上市公众公司股份转让的有效途径。优化金融市场参与者结构，积极发展证券投资基金、社保基金、保险资产、企业年金、信托计划等各类机构投资者。根据国家资本账户和金融市场对外开放的总体部署，逐步扩大境外投资者参与上海金融市场的比例和规模，逐步扩大国际开发机构发行人民币债券规模，稳步推进境外企业在境内发行人民币债券，适时启动符合条件的境外企业发行人民币股票。在内地与香港金融合作框架下，积极探索上海与香港的证券产品合作，推进内地与香港的金融合作和联动发展。积极发展上海再保险市场，鼓励发展中资和中外合资的再保险公司，吸引国际知名的再保险公

司在上海开设分支机构，培育发展再保险经纪人，积极探索开展离岸再保险业务。

（八）加强金融机构和业务体系建设。根据金融市场体系建设的需要，大力发展各类金融机构，重点发展投资银行、基金管理公司、资产管理公司、货币经纪公司、融资租赁公司、企业集团财务公司等有利于增强市场功能的机构。积极推进符合条件的金融企业开展综合经营试点，培育和吸引具有综合经营能力和国际竞争力的金融控股集团，在试点过程中探索建立金融监管协调机制。鼓励发展各类股权投资企业（基金）及创业投资企业，做好上海金融发展投资基金试点工作。积极拓展各类金融业务，推动私人银行、券商直投、离岸金融、信托租赁、汽车金融等业务的发展，有序开发跨机构、跨市场、跨产品的金融业务。开展商业银行并购贷款业务，为企业并购活动提供资金支持。鼓励个人购买商业养老保险，由财政部、税务总局、保监会会同上海市研究具体方案，适时开展个人税收递延型养老保险产品试点。根据国家金融对外开放总体进程，稳步推进金融服务业对外开放，支持设在上海的合资证券公司、合资基金公司率先扩大开放范围。

（九）提升金融服务水平。健全金融服务方式和手段，大力发展电子交易，促进各类金融信息系统、市场交易系统互联互通，降低交易成本，提高交易效率。完善金融服务设施和布局规划，进一步健全为市场交易服务的登记、托管、清算、结算等统一高效的现代化金融支持体系，提高上海金融市场效率和服务能力。加强陆家嘴等重要金融集聚区的规划和建设，全面提升金融集聚区的服务功能。规范发展中介服务，加快发展信用评级、资产评估、融资担保、投资咨询、会计审计、法律服务等中介服务机构，加强监管，增强行业自律，规范执业行为。在上海建立我国金融资讯信息服务平台和全球金融信息服务市场。充分发挥上海金融市场种类齐全、金融机构体制健全、金融发展环境良好的优势，先行在上海开展金融市场、金融机构、金融产品等方面的改革和创新。制定并完善促进金融创新的政策，形成以市场需求为导向、金融市场和金融企业为主体的金融创新机制。

（十）改善金融发展环境。加强金融法制建设，加快制定既切合我国实际又符合国际惯例的金融税收和法律制度。完善金融执法体系，建立公平、公正、高效的金融纠纷审理、仲裁机制，探索建立上海金融专业法庭、仲裁机构。加强社会信用体系建设，以金融业统一征信平台为载体，完善企业和个人信用信息基础数据库建设，促进信用信息共享。适应上海金融改革和创新的需要，不断完善金融监管体系，改进监管方式，建立贴近市场、促进创新、信息共享、风险可控的金融监管平台和制度。加强跨行业、跨市场监管协作，加强地方政府与金融管理部门的协调，维护金融稳定和安全。

五、国际航运中心建设的主要任务和措施

（十一）优化现代航运集疏运体系。适应区域经济一体化要求，在继续加强港口基础设施建设基础上，整合长三角港口资源，形成分工合作、优势互补、竞争有序的港口格局，增强港口综合竞争能力。加快洋山深水港区等基础设施建设，扩大港口吞吐能力。推进内河航道、铁路和空港设施建设，优化运输资源配置，适当增加高速公路通道，大力发展中远程航空运输，增强综合运输能力。促进与内河航运的联动发展，充分利用长江黄金水道，加快江海直达船型的研发和推广，从船舶技术和安全管理方面采取措施，推动洋山深水港区的江海直达，大力发展水水中转。充分发挥上海芦潮港集装箱中心站及铁路通道作用，做好洋山深水港区铁路上岛规划研究，逐步提高铁水联运比例。

（十二）发展现代航运服务体系。积极研究采取措施，降低国际集装箱中转成本，鼓励我国外贸集装箱在上海国际航运中心转运。充分发挥上海靠近国际主航线的区位优势，以及工业基础、人才资源、商务环境等方面的综合优势，大力发展船舶交易、船舶管理、航运经纪、航运咨询、船舶技术等各类航运服务机构，拓展航运服务产业链，延伸发展现代物流等关联产业，不断完善航运服务功能。完善航运服务规划布局，进一步拓展洋山保税港区的功能，发展北外滩、陆家嘴、临港等航运服务集聚区。引导和规范船舶交易市场健康发展，充分发挥上海航运交易所的船舶交易和运价信息发布功能，加快建设全国性船舶交易信息平台，在上海形成具有示范作用的船舶交易市场。建立上海国际航运中心综合信息共享平台，促进形成便捷高效的长三角区域及长江干线港口、航运信息交换系统。

（十三）探索建立国际航运发展综合试验区。研究借鉴航运发达国家（地区）的航运支持政策，提高我国航运企业的国际竞争力。实施国际航运相关业务支持政策。将中资“方便旗”船特案减免税政策的执行截止日期由 2009 年 6 月 30 日延长至 2011 年 6 月 30 日。对注册在洋山保税港区内的航运企业从事国际航运业务取得的收入，免征营业税；对注册在洋山保税港区内的仓储、物流等服务企业从事货物运输、仓储、装卸搬运业务取得的收入，免征营业税。允许企业开设离岸账户，为其境外业务提供资金结算便利。

在完善相关监管制度和有效防止骗退税措施前提下，实施启运港退税政策，鼓励在洋山保税港区发展中转业务。探索创新海关特殊监管区域的管理制度，更好地发挥洋山保税港区的功能。

（十四）完善现代航运发展配套支持政策。加快发展航运金融服务，支持开展船舶融资、航运保险等高端服务。积极发展多种航运融资方式，探索通过设立股权投资基金等方式，为航运服务业和航运制造业提供融资服务。允许大型船舶制造企业参与组建金融租赁公司，积极稳妥鼓励金融租赁公司进入银行间市场拆借资金和发行债券。积极研究有实力的金融机构、航运企业等在上海成立专业性航运保险机构。优化航运金融服务发展环境，对注册在上海的保险企业从事国际航运保险业务取得的收入，免征营业税。积极研究从事国际航运船舶融资租赁业务的融资租赁企业的税收优惠政策，条件具备时，可先行在上海试点。研究进出口企业海上货物运输保费的有关税收政策问题。丰富航运金融产品，加快开发航运运价指数衍生品，为我国航运企业控制船运风险创造条件。

（十五）促进和规范邮轮产业发展。允许境外国际邮轮公司在上海注册设立经营性机构，开展经批准的国际航线邮轮服务业务。鼓励境外大型邮轮公司挂靠上海及其他有条件的沿海港口，逐步发展为邮轮母港。为邮轮航线经营人开展业务提供便利的经营环境。研究建立邮轮产业发展的金融服务体系，在保险、信贷等方面开设邮轮产业专项目录，促进邮轮产业健康有序发展。

六、加快推进先进制造业和技术先进型服务企业的发展

（十六）以现有制造能力为基础，以调整、优化和提高为方向，以研发、创新和增值为重点，不断提高制造业的核心竞争力和

产业附加值。大力发展先进制造技术，着力提升汽车、装备、船舶、电子信息等优势制造业的研发能力和核心竞争力；加快发展航空航天、生物医药、新能源、新材料等新兴制造业和战略产业；优化发展精品钢材、石油化工等基础制造业；增强先进制造业发展的技术支撑和服务能力。在浦东新区开展鼓励技术先进型服务企业发展政策试点工作，支持从事软件研发及服务、产品技术研发及工业设计服务、信息技术研发及外包服务、技术性业务流程外包服务等业务的技术先进型服务企业的发展。自 2009 年 1 月 1 日起至 2013 年 12 月 31 日止，对符合条件的技术先进型服务企业，减按 15%的税率征收企业所得税；技术先进型服务企业职工教育经费按不超过企业工资总额 8%的比例据实在企业所得税税前扣除；对技术先进型服务企业离岸服务外包业务收入免征营业税。设立政府创业投资引导基金，引导创业投资企业加大对先进制造和先进技术服务领域初创期企业的资本投入。

七、加强组织领导和协调服务

（十七）建立健全上海国际金融中心和国际航运中心建设的指导协调机制。建立由发展改革委牵头，有关部门参加的协调机制，加强对上海国际金融中心和国际航运中心建设的指导、协调和服务。进一步细化相关政策措施，认真研究解决推进上海国际金融中心和国际航运中心建设过程中出现的新情况和新问题。

（十八）转变政府职能，加强政府服务，营造良好环境。上海市政府要从全局和战略的高度，充分认识上海国际金融中心和国际航运中心建设的长期性和艰巨性，增强责任感、紧迫感和使命感，精心筹划实施方案，扎实推进各项工作。要加快政府职能转变和管理创新，加快事业单位改革，加快构建服务型政府，深入推进浦东综合配套改革，使上海成为全国行政效能最高和行政收费最少的地区，成为中介服务最发达的地区。要加快淘汰落后产业和弱势产业，积极推进产业转移和产业升级，积极推进国有企业改革和重组，完善有利于现代服务业和先进制造业加快发展的政策和体制环境。要建立健全有利于人才集聚的机制，研究制定吸引各类高层次人才的配套措施，加强职业教育和培训，营造良好、便利的工作和生活环境，使上海成为国际化高端人才的集聚地，为上海国际金融中心和国际航运中心建设提供人才支撑。

国务院关于推进海南国际旅游岛建设发展的若干意见（节选）[1]

（2009 年 12 月 31 日）

（上略）

一、海南国际旅游岛建设发展的总体要求

（一）指导思想。高举中国特色社会主义伟大旗帜，坚持以邓小平理论和“三个代表”重要思想为指导，深入贯彻落实科学发展观，进一步解放思想，深化改革，扩大开放，构建更具活力的体制机制，走生产发展、生活富裕、生态良好的科学发展之路；积极发展服务型经济、开放型经济、生态型经济，形成以旅游业为龙头、现代服务业为主导的特色经济结构；着力提高旅游业发展质量，打造具有海南特色、达到国际先进水平的旅游产业体系；注重保障和改善民生，大力发展社会事业，加快推进城乡和区域协调发展，逐步将海南建设成为生态环境优美、文化魅力独特、社会文明祥和的开放之岛、绿色之岛、文明之岛、和谐之岛。

（二）战略定位。

——我国旅游业改革创新的试验区。充分发挥海南的经济特区优势，积极探索，先行试验，发挥市场配置资源的基础性作用，加快体制机制创新，推动海南旅游业及相关现代服务业在改革开放和科学发展方面走在全国前列。

——世界一流的海岛休闲度假旅游目的地。充分发挥海南的区

① 《国务院关于推进海南国际旅游岛建设发展的若干意见》，《海南省人民政府公报》，2009 年 24 期

位和资源优势，按照国际通行的旅游服务标准，推进旅游要素转型升级，进一步完善旅游基础设施和服务设施，开发特色旅游产品，规范旅游市场秩序，全面提升海南旅游管理和服务水平。

——全国生态文明建设示范区。坚持生态立省、环境优先，在保护中发展，在发展中保护，推进资源节约型和环境友好型社会建设，探索人与自然和谐相处的文明发展之路，使海南成为全国人民的四季花园。

——国际经济合作和文化交流的重要平台。发挥海南对外开放排头兵的作用，依托博鳌亚洲论坛的品牌优势，全方位开展区域性、国际性经贸文化交流活动以及高层次的外交外事活动，使海南成为我国立足亚洲、面向世界的重要国际交往平台。

——南海资源开发和服务基地。加大南海油气、旅游、渔业等资源的开发力度，加强海洋科研、科普和服务保障体系建设，使海南成为我国南海资源开发的物资供应、综合利用和产品运销基地。

——国家热带现代农业基地。充分发挥海南热带农业资源优势，大力发展热带现代农业，使海南成为全国冬季菜篮子基地、热带水果基地、南繁育制种基地、渔业出口基地和天然橡胶基地。

（三）发展目标。

——到 2015 年，旅游管理、营销、服务和产品开发的市场化、国际化水平显著提升。旅游业增加值占地区生产总值比重达到8%以上，第三产业增加值占地区生产总值比重达到 47%以上，第三产业从业人数比重达到 45%以上，力争全省人均生产总值、城乡居民收入达到全国中上水平，教育、卫生、文化、社会保障等社会事业发展水平明显提高，综合生态环境质量保持全国领先水平。

——到 2020 年，旅游服务设施、经营管理和服务水平与国际通行的旅游服务标准全面接轨，初步建成世界一流的海岛休闲度假旅游胜地。旅游业增加值占地区生产总值比重达到12%以上，第三产业增加值占地区生产总值比重达到60%，第三产业从业人数比重达到60%，力争全省人均生产总值、城乡居民收入和生活质量达到国内先进水平，综合生态环境质量继续保持全国领先水平，可持续发展能力进一步增强。

（下略）

国务院关于天津北方国际航运中心核心功能区建设方案的批复[①]

（2011 年 5 月 10 日）

天津市人民政府、发展改革委：

发展改革委《关于天津北方国际航运中心核心功能区建设方案的请示》（发改基础［2010］2579 号）收悉，现批复如下：

一、原则同意《天津北方国际航运中心核心功能区建设方案》（以下简称《方案》），请认真组织实施。

二、《方案》实施要以邓小平理论和“三个代表”重要思想为指导，全面贯彻落实科学发展观，依托天津滨海新区开发开放，通过推进东疆保税港区船舶登记、国际航运税收、航运金融和租赁业务试点，深化综合配套改革，加快天津北方国际航运中心建设步伐，促进天津滨海新区调整优化产业结构，转变经济发展方式，增强自主创新能力、国际竞争力和辐射带动力，早日建设成为我国北方对外开放的门户、高水平的现代制造业和研发转化基地、国际物流中心。

三、天津市人民政府要充分认识天津北方国际航运中心建设的长期性和艰巨性，加强组织领导，完善工作机制，落实工作责任，按照《方案》明确的发展定位和重点任务，抓紧推进《方案》实施。

四、国务院有关部门要按照职能分工，加强对《方案》实施工作的协调指导，进一步细化相关政策措施，在政策落实、体制机制

① 《国务院关于天津北方国际航运中心核心功能区建设方案的批复》，中国政府网，2011 年 5 月 10 日。

创新等方面给予支持。发展改革委要会同有关部门加强对《方案》实施情况的跟踪分析，做好督促检查和评估工作，注意研究新情况、总结新经验、解决新问题，重大问题及时向国务院报告。

加快建设北方国际航运中心，有利于推动天津经济社会又好又快发展，有利于实现京津冀和环渤海地区经济振兴，有利于促进东中西部地区互动和全国区域协调发展，意义十分重大。各有关方面要进一步统一思想，开拓创新，密切配合，扎实工作，共同推动《方案》实施，确保各项政策措施落到实处。

附件：天津北方国际航运中心核心功能区建设方案

天津北方国际航运中心核心功能区建设方案

2011 年 5 月 10 日

加快推进天津滨海新区开发开放，是党中央、国务院从我国经济社会发展全局出发作出的重大战略部署。《国务院关于推进天津滨海新区开发开放有关问题的意见》（国发〔2006〕20 号）明确提出，天津滨海新区作为全国综合配套改革试验区，要努力建设成为我国北方对外开放的门户、高水平的现代制造业和研发转化基地、北方国际航运中心和国际物流中心。根据党中央、国务院的部署，结合天津滨海新区实际，为切实加快北方国际航运中心建设，积极探索新时期以点带面、重点突破的开发开放新模式，制定《天津北方国际航运中心核心功能区建设方案》。

一、加快北方国际航运中心核心功能区建设的重大意义

“十一五”以来，天津市按照国家综合配套改革试验区建设要

求，深入推进滨海新区开发开放，航空航天、造船修船、石油化工等八大支柱产业基本形成，先进制造业快速发展，自主创新能力进一步提高，金融创新不断推进，滨海新区服务辐射作用明显增强，开发开放成果显著。在全球经济复苏缓慢，国际竞争日趋激烈，我国进一步深化改革开放，加快转变经济发展方式的新形势下，天津推进北方国际航运中心建设面临难得的发展机遇。

东疆保税港区是北方国际航运中心的核心功能区，具有区港一体化的政策优势和功能优势，是综合配套改革的创新平台。根据国务院批准的《天津滨海新区综合配套改革试验总体方案》，要以建设东疆保税港区为重点，加快建设北方国际航运中心和国际物流中心，推进国际化市场体系建设，条件成熟时进行建立自由贸易港区的改革探索。以东疆保税港区为核心载体，推进北方国际航运中心核心功能区建设，创新国际船舶登记制度，开展航运金融业务和租赁业务试点，有利于加快天津国际航运业中游和上游产业发展，缩小与世界上主要国际航运中心的差距；有利于发挥天津滨海新区的先进制造业优势，加快发展现代高端服务业，促进产业结构优化升级；有利于积极开展建设中国特色自由贸易港区的改革探索，在体制机制创新方面先行先试，探索新时期开发开放的新模式。

二、加快北方国际航运中心核心功能区建设的指导思想和发展目标

（一）指导思想

以邓小平理论和“三个代表”重要思想为指导，全面贯彻落实科学发展观，依托天津滨海新区开发开放，深化综合配套改革，在天津东疆保税港区推进船舶登记制度、国际航运税收、离岸金融业

务和租赁业务试点，积极开展建设中国特色自由贸易港区的改革探索，增强自主创新能力，提高对外开放水平，转变经济发展方式，加快建设北方国际航运中心和国际物流中心。

（二）基本原则

坚持因地制宜、因势利导，充分发挥比较优势，利用产业基础雄厚的有利条件，推进产业结构优化升级；坚持市场化取向，优化资源配置，减少行政干预，推动体制机制创新，创造有利的政策环境；坚持先行先试，深化综合配套改革，以点带面，重点突破，探索开发开放新模式；坚持合作共赢、共同发展，加强与周边区域优势互补和战略合作，增强辐射带动作用。

（三）发展目标

用5至10年的时间，基本完善国际中转、国际配送、国际采购、国际贸易、航运融资、航运交易、航运租赁、离岸金融服务等功能，把天津东疆保税港区建设成为各类航运要素聚集、服务辐射效应显著、参与全球资源配置的北方国际航运中心和国际物流中心核心功能区，综合功能完善的国际航运融资中心。

三、加快北方国际航运中心核心功能区建设的主要任务和配套措施

（一）加快天津东疆保税港区国际船舶登记制度试点

积极支持东疆保税港区推进船舶登记制度创新试点，在保障安全的前提下，有选择地放宽船公司股权结构比例、船龄限制、船级社等准入条件。天津市要抓紧研究制订国际船舶登记制度创新试点方案，报国家交通运输主管部门批准后实施。允许境外邮轮公司在东疆保税港区注册设立经营性机构，开展经批准的国际航线邮轮服

务业务。鼓励境外大型邮轮公司挂靠东疆港区，逐步将东疆港区发展成为邮轮母港。经国家交通运输主管部门批准后，外国邮轮可以从事国内港口多点挂靠业务，游客在国内港口下船观光后返船继续旅行。

（二）推动天津东疆保税港区国际航运税收政策试点

加快发展现代航运物流业，不断完善国际中转和国际贸易等功能。对注册在东疆保税港区内的航运企业从事海上国际航运业务取得的收入，免征营业税；对注册在东疆保税港区内的仓储、物流等服务企业从事货物运输、仓储、装卸搬运业务取得的收入，免征营业税；对注册在天津的保险企业从事国际航运保险业务取得的收入，免征营业税。上述三项政策实施参照《财政部国家税务总局关于上海建设国际金融中心和国际航运中心营业税政策的通知》（财税〔2009〕91号）执行。对东疆保税港区的汽车转口贸易，适用进区保税的政策。在完善相关监管制度和有效防止骗退税措施前提下，对东疆保税港区实施启运港退税政策，促进中转业务的发展。

（三）推进天津东疆保税港区航运金融试点

在严格控制风险、遵守相关监管要求的前提下，允许已经开展离岸银行业务的商业银行在东疆保税港区设立机构，积极开展离岸银行业务，为在区内注册的企业提供服务，但其业务范围不得超出其总行已经开展的业务。允许在东疆保税港区注册、有离岸业务需求的企业开设离岸账户，简化离岸账户审批流程，进一步推进外汇管理便利化措施试点。为促进国际经贸合作，支持商业银行对具有真实贸易背景的融资筹资需求，在商业原则基础上提供人民币融资便利。在控制风险和稳健推进的前提下，推进人民币市场的发展和对外开放，拓宽人民币流入和流出渠道。

（四）探索天津东疆保税港区租赁业务创新试点

鼓励天津东疆港区推进租赁业务先行先试。准予金融租赁公司在东疆保税港区设立项目子公司（如单机公司、单船公司等），按照风险可控、促进发展的原则，继续完善项目子公司的管控模式。鼓励租赁企业在东疆保税港区开展飞机租赁业务创新，根据飞机租赁业务发展需要，统筹安排飞机引进指标，按规定纳入国家批量采购计划，优先安排利用外债指标规模。对国内租赁公司或租赁公司设立的项目子公司，经国家有关部门批准从境外购买空载重量在25吨以上并租赁给国内航空公司使用的飞机，减按4%征收进口环节增值税，该政策在天津东疆保税港区先行试点。对在天津东疆港区注册的融资租赁企业，或金融租赁公司在东疆保税港区设立的项目子公司满足条件的融资租赁出口货物，实行出口退税政策。上述融资租赁出口货物包括通过天津境内口岸报关出口的融资租赁货物，以及融资租赁的海洋工程结构物等视同出口货物。鉴于租赁业务创新的复杂性和综合性，在总结试点经验后，要适时加快推广实施。

四、扎实做好北方国际航运中心核心功能区建设方案的组织实施

天津市人民政府要充分认识天津北方国际航运中心建设的长期性和艰巨性，切实加强组织领导，完善工作机制，落实工作责任，按照本方案明确的发展定位和重点任务，抓紧推进方案实施。成立由天津市主要领导同志任组长，滨海新区、天津市有关部门负责人为成员的北方国际航运中心核心功能区建设领导小组，统筹推进北方国际航运中心核心功能区建设。国务院有关部门要按照职能分

工，加强对方案实施的协调和指导，进一步细化相关政策措施并推动贯彻实施，在政策落实、体制机制创新等方面给予积极支持。发展改革委要加强对方案实施情况的跟踪分析，做好督促检查和评估工作，要注意研究新情况、总结新经验、解决新问题，重大问题及时向国务院报告。加快建设北方国际航运中心，有利于推动天津经济社会又好又快发展，有利于实现京津冀和环渤海地区经济振兴，有利于促进东中西部地区互动和全国区域协调发展，意义十分重大。各有关方面要进一步统一思想，开拓创新，密切配合，扎实工作，共同推动《方案》实施，确保各项政策措施落到实处。

国务院关于支持深圳前海深港现代服务业合作区开发开放有关政策的批复[1]

（2012 年 6 月 27 日）

广东省人民政府、发展改革委：

发展改革委《关于报送支持深圳前海深港现代服务业合作区开发开放的有关政策（送审稿）的请示》（发改地区〔2012〕767 号）收悉。现批复如下：

一、支持深圳前海深港现代服务业合作区实行比经济特区更加特殊的先行先试政策，打造现代服务业体制机制创新区、现代服务业发展集聚区、香港与内地紧密合作的先导区、珠三角地区产业升级的引领区。

二、支持前海在金融改革创新方面先行先试，建设我国金融业对外开放试验示范窗口。

（一）允许前海探索拓宽境外人民币资金回流渠道，配合支持香港人民币离岸业务发展，构建跨境人民币业务创新试验区。

（二）支持设立在前海的银行机构发放境外项目人民币贷款；在《内地与香港关于建立更紧密经贸关系的安排》（CEPA）框架下，积极研究香港银行机构对设立在前海的企业或项目发放人民币贷款。

（三）支持在前海注册、符合条件的企业和金融机构在国务院批准的额度范围内在香港发行人民币债券，用于支持前海开发建设。

---

① 《国务院关于支持深圳前海深港现代服务业合作区开发开放有关政策的批复》，《中华人民共和国国务院公报》，2012 年 20 期。

（四）支持设立前海股权投资母基金。

（五）支持包括香港在内的外资股权投资基金在前海创新发展，积极探索外资股权投资企业在资本金结汇、投资、基金管理等方面的新模式。

（六）进一步推进前海金融市场扩大对香港开放。支持在CEPA框架下适当降低香港金融企业在前海设立机构和开展金融业务的准入条件。

（七）根据国家总体部署和规范发展要求，支持前海试点设立各类有利于增强市场功能的创新型金融机构，探索推动新型要素交易平台建设，支持前海开展以服务实体经济为重点的金融体制机制改革和业务模式创新。

（八）支持香港金融机构和其他境内外金融机构在前海设立国际性或全国性管理总部、业务运营总部，加快提高金融国际化水平，促进前海金融业和总部经济集聚发展。

落实上述政策的具体措施，分别由发展改革委、人民银行、银监会、证监会、保监会商有关方面按程序制定。

三、在国家税制改革框架下，支持前海在探索现代服务业税收体制改革中发挥先行先试作用。

（一）在制定产业准入目录及优惠目录的基础上，对前海符合条件的企业减按15%的税率征收企业所得税。产业准入目录及优惠目录分别由发展改革委、财政部会同有关部门制定。

（二）对在前海工作、符合前海规划产业发展需要的境外高端人才和紧缺人才，取得的暂由深圳市人民政府按内地与境外个人所得税负差额给予的补贴，免征个人所得税。

（三）注册在前海的符合规定条件的现代物流企业享受现行试

点物流企业按差额征收营业税的政策。

四、加强法律事务合作。

（一）探索香港仲裁机构在前海设立分支机构。

（二）进一步密切内地与香港律师业的合作，探索完善两地律师事务所联营方式，在CEPA及其补充协议框架下，深化落实对香港的各项开放措施。

五、支持前海建设深港人才特区，建立健全有利于现代服务业人才集聚的机制，营造便利的工作和生活环境。

（一）创新管理机制，研究制定相关政策措施，为外国籍人才、港澳台人才、海外华侨和留学归国人才在前海的就业、生活以及出入境等提供便利。

（二）将前海纳入经国家批准的广东省专业资格互认先行先试试点范围。

（三）允许取得香港执业资格的专业人士直接为前海企业和居民提供专业服务，服务范围限定在前海内，具体政策措施及管理办法由行业主管部门商有关方面制定。

（四）允许取得中国注册会计师资格的香港专业人士担任内地会计师事务所合伙人，在前海先行先试，具体试行办法由深圳市制定，报财政部批准后实施。

六、支持前海在深港两地教育、医疗等方面开展合作试点。

（一）允许香港服务提供者经批准在前海设立独资国际学校，其招生范围可扩大至在前海工作的取得国外长期居留权的海外华侨和归国留学人才的子女。

（二）允许香港服务提供者在前海设立独资医院。

七、加强电信业合作。

（一）支持港澳电信运营商与内地电信运营商根据CEPA在前海建立合资企业，经营电信业务。

（二）鼓励创新电信运营管理模式，支持当地电信企业根据前海实际探索制定优惠电信资费方案。

（三）支持建设前海国际通信专用通道，满足前海企业的国际通信业务需求。

八、广东省人民政府要加强领导，做好相关组织实施工作。深圳前海深港现代服务业合作区建设部际联席会议制度要充分发挥协调作用，国务院有关部门要加强指导和服务，推动相关政策措施的落实，为深圳前海深港现代服务业合作区开发开放创造良好环境。

金融业发展和改革“十二五”规划（节选）[①]

（2012 年 9 月 17 日）

（上略）

第六章　互利共赢 深化金融对外开放

统筹国内国际两个大局，坚持“以我为主、循序渐进、安全可控、竞争合作、互利共赢”的方针，统筹“引进来”和“走出去”，深化金融对外开放。把握好对外开放的时机、力度和节奏，使金融对外开放与我国经济发展水平、市场发育程度和金融监管能力相适应。

第一节　提高金融对外开放水平

借鉴国际先进金融管理理念、经验和准则，完善我国金融业公司治理，提升稳健标准。鼓励金融机构通过多种形式利用境外资本，开展与境外机构的深度合作。有效利用国外优惠贷款和国际商业贷款，完善外债管理。处理好完善人民币汇率形成机制、实现人民币资本项目可兑换与扩大人民币跨境使用的节奏和先后顺序。进一步推进货币市场、资本市场、外汇市场和黄金市场对外开放。

完善金融机构“走出去”相关制度，引导金融机构采取行之有效的海外发展战略，加强国际型人才储备，逐步发展我国大型跨国金融机构。鼓励金融机构稳健拓展国际业务，提升国际化经营水

① 《金融业发展和改革“十二五”规划》，中国政府网，2012 年 9 月 17 日。

平，加快发展有利于出口产品升级换代和企业“走出去”的对外金融服务体系。完善对金融机构海外分支机构的监管，推动建立跨境金融机构的风险处置机制。

第二节　逐步扩大人民币跨境使用

坚持实需为主、先易后难、强化监测、风险可控原则，推动人民币跨境使用。做好跨境贸易人民币结算工作，稳步扩大跨境直接投资人民币结算业务，支持境内银行业金融机构开展境外项目人民币贷款业务，逐步开展个人人民币跨境结算业务，探索建立人民币对外债权债务管理框架，不断拓宽境外机构人民币资金运用渠道。稳步推动境内机构赴香港发行人民币债券，继续推动境外机构在境内发行人民币债券，支持有关国家将人民币纳入国际储备。完善人民币跨境及海外流动的统计和监测机制，建立风险防范体系和处置机制。

第三节　深化内地与港澳台金融合作

加快上海国际金融中心建设，加强沪港金融合作。支持建设以香港金融体系为龙头、珠江三角洲城市金融资源和服务为支撑的金融合作区域。支持香港发展成为离岸人民币业务中心和国际资产管理中心，巩固和提升香港国际金融中心地位。建立更加紧密的粤港澳金融合作机制，深化粤港澳三地金融业在市场、机构、业务、监管和智力等方面的合作。加强海峡两岸金融合作，推动以适当方式建立两岸货币清算机制，推进厦门两岸区域性金融服务中心建设。

第四节　加强国际和区域金融合作

积极参与全球经济治理，深化双边、多边经济金融政策对话与合作，加强与主要经济体宏观经济金融政策协调。积极推动国际金融体系改革，促进国际货币体系合理化。积极

参与金融稳定理事会、巴塞尔银行监管委员会等国际组织的金融标准修订和制定工作，在国际经济、金融组织中发挥更大作用。深化多边金融和货币合作，引导和推动区域金融合作进程。不断巩固与境外中央银行、监管机构的合作，完善信息共享机制。

（下略）

关于加快发展服务贸易的若干意见（节选）[1]

（2015年2月14日）

（上略）

一、总体要求

（一）指导思想。深入贯彻党的十八大和十八届二中、三中、四中全会精神，以深化改革、扩大开放、鼓励创新为动力，着力构建公平竞争的市场环境，促进服务领域相互投资，完善服务贸易政策支持体系，加快服务贸易自由化和便利化，推动扩大服务贸易规模，优化服务贸易结构，增强服务出口能力，培育“中国服务”的国际竞争力。

（二）基本原则。

深化改革，扩大开放。深化服务业改革，放宽服务领域投资准入，减少行政审批事项，打破地区封锁和行业垄断，破除制约服务业发展的体制机制障碍；坚持有序推进服务业开放，以开放促改革、促发展、促创新。

市场竞争，政府引导。发挥市场在服务贸易领域资源配置中的决定性作用，着力激发各类市场主体发展新活力；强化政府在制度建设、宏观指导、营造环境、政策支持等方面的职责，更好发挥政府引导作用。

产业支撑，创新发展。注重产业与贸易、货物贸易与服务贸易协调发展。依托制造业优势发展服务贸易，带动中国服务“走出

① 《关于加快发展服务贸易的若干意见》，《中华人民共和国国务院公报》，2015年07期。

去”；发挥服务贸易的支撑作用，提升货物贸易附加值。夯实服务贸易发展基础，增强服务业的国际竞争力。

（三）发展目标。服务业开放水平进一步提高，服务业利用外资和对外投资范围逐步扩大、质量和水平逐步提升。服务贸易规模日益扩大，到2020年，服务进出口额超过1万亿美元，服务贸易占对外贸易的比重进一步提升，服务贸易的全球占比逐年提高。服务贸易结构日趋优化，新兴服务领域占比逐年提高，国际市场布局逐步均衡，“一带一路”沿线国家在我国服务出口中的占比稳步提升。

二、主要任务

（四）扩大服务贸易规模。巩固旅游、建筑等劳动密集型服务出口领域的规模优势；重点培育运输、通信、金融、保险、计算机和信息服务、咨询、研发设计、节能环保、环境服务等资本技术密集型服务领域发展，既通过扩大进口满足国内需求，又通过鼓励出口培育产业竞争力和外贸竞争新优势；积极推动文化艺术、广播影视、新闻出版、教育等承载中华文化核心价值的文化服务出口，大力促进文化创意、数字出版、动漫游戏等新型文化服务出口，加强中医药、体育、餐饮等特色服务领域的国际交流合作，提升中华文化软实力和影响力。

（五）优化服务贸易结构。优化服务贸易行业结构，积极开拓服务贸易新领域，稳步提升资本技术密集型服务和特色服务等高附加值服务在服务进出口中的占比。优化国际市场布局，继续巩固传统市场，在挖掘服务出口潜力的同时，加大资本技术密集型服务进口力度；大力开拓“一带一路”沿线国家市场，提高新兴国家市场占比，积极发展运输、建筑等服务贸易，培育具有“丝绸之路”特色的国际精品旅游线路和产品，推进承载中华文化的特色服务贸易发展，提高资本技术密集型服务贸易占比。优化国内区域布局，巩固东部沿海地区的规模和创新优势，加快发展资本技术密集型服务贸易，发挥中西部地区的资源优势，培育特色产业，鼓励错位竞争、协同发展。

（六）规划建设服务贸易功能区。充分发挥现代服务业和服务贸易集聚作用，在有条件的地区开展服务贸易创新发展试点。依托现有各类开发区和自由贸易试验区规划建设一批特色服务出口基地。拓展海关特殊监管区域和保税监管场所的服务出口功能，扩充国际转口贸易、国际物流、中转服务、研发、国际结算、分销、仓储等功能。

（七）创新服务贸易发展模式。积极探索信息化背景下新的服务贸易发展模式，依托大数据、物联网、移动互联网、云计算等新技术推动服务贸易模式创新，打造服务贸易新型网络平台，促进制造业与服务业、各服务行业之间的融合发展。将承接服务外包作为提升我国服务水平和国际影响力的重要手段，扩大服务外包产业规模，增加高技术含量、高附加值外包业务比重，拓展服务外包业务领域，提升服务跨境交付能力。推动离岸、在岸服务外包协调发展，在积极承接国际服务外包的同时，逐步扩大在岸市场规模。

（八）培育服务贸易市场主体。打造一批主业突出、竞争力强的大型跨国服务业企业，培育若干具有较强国际影响力的服务品牌；支持有特色、善创新的中小企业发展，引导中小企业融入全球供应链。鼓励规模以上服务业企业走国际化发展道路，积极开拓海外市场，力争规模以上服务业企业都有进出口实绩。支持服务贸易企业加强自主创新能力建设，鼓励服务领域技术引进和消化吸收再创新。

（九）进一步扩大服务业开放。探索对外商投资实行准入前国民待遇加负面清单的管理模式，提高利用外资的质量和水平。推动服务业扩大开放，推进金融、教育、文化、医疗等服务业领域有序开放，逐步实现高水平对内对外开放；放开育幼养老、建筑设计、会计审计、商贸物流、电子商务等服务业领域外资准入限制。积极参与多边、区域服务贸易谈判和全球服务贸易规则制定。建立面向全球的高标准自由贸易区网络，依托自由贸易区战略实施，积极推动服务业双向互惠开放。基本实现内地与港澳服务贸易自由化。推动大陆与台湾服务业互利开放。

（十）大力推动服务业对外投资。支持各类服务业企业通过新设、并购、合作等方式，在境外开展投资合作，加快建设境外营销网络，增加在境外的商业存在。支持服务业企业参与投资、建设和管理境外经贸合作区。鼓励企业建设境外保税仓，积极构建跨境产业链，带动国内劳务输出和货物、服务、技术出口。支持知识产权境外登记注册，加强知识产权海外布局，加大海外维权力度，维护企业权益。

（下略）

国务院关于加快实施自由贸易区战略的若干意见[①]

（2015年12月6日）

各省、自治区、直辖市人民政府，国务院各部委、各直属机构：

加快实施自由贸易区战略是我国新一轮对外开放的重要内容。党的十八大提出加快实施自由贸易区战略，十八届三中、五中全会进一步要求以周边为基础加快实施自由贸易区战略，形成面向全球的高标准自由贸易区网络。当前，全球范围内自由贸易区的数量不断增加，自由贸易区谈判涵盖议题快速拓展，自由化水平显著提高。我国经济发展进入新常态，外贸发展机遇和挑战并存，“引进来”、“走出去”正面临新的发展形势。加快实施自由贸易区战略是我国适应经济全球化新趋势的客观要求，是全面深化改革、构建开放型经济新体制的必然选择。为加快实施自由贸易区战略，现提出如下意见：

一、总体要求

（一）指导思想。全面贯彻党的十八大和十八届三中、四中、五中全会精神，认真落实党中央、国务院决策部署，按照“四个全面”战略布局要求，坚持使市场在资源配置中起决定性作用和更好发挥政府作用，坚持统筹考虑和综合运用国际国内两个市场、两种资源，坚持与推进共建“一带一路”和国家对外战略紧密衔接，坚持把握开放主动和维护国家安全，逐步构筑起立足周边、辐射“一

① 《国务院关于加快实施自由贸易区战略的若干意见》，中国政府网，2015年12月17日。

带一路”、面向全球的高标准自由贸易区网络。

（二）基本原则。

一是扩大开放，深化改革。加快实施更加主动的自由贸易区战略，通过自由贸易区扩大开放，提高开放水平和质量，深度参与国际规则制定，拓展开放型经济新空间，形成全方位开放新格局，开创高水平开放新局面，促进全面深化改革，更好地服务国内发展。

二是全面参与，重点突破。全方位参与自由贸易区等各种区域贸易安排合作，重点加快与周边、“一带一路”沿线以及产能合作重点国家、地区和区域经济集团商建自由贸易区。

三是互利共赢，共同发展。树立正确义利观，兼顾各方利益和关切，考虑发展中经济体和最不发达经济体的实际情况，寻求利益契合点和合作公约数，努力构建互利共赢的自由贸易区网络，推动我国与世界各国、各地区共同发展。

四是科学评估，防控风险。加强科学论证，做好风险评估，努力排除自由贸易区建设中的风险因素。同时，提高开放环境下的政府监管能力，建立健全并严格实施安全审查、反垄断和事中事后监管等方面的法律法规，确保国家安全。

（三）目标任务。近期，加快正在进行的自由贸易区谈判进程，在条件具备的情况下逐步提升已有自由贸易区的自由化水平，积极推动与我国周边大部分国家和地区建立自由贸易区，使我国与自由贸易伙伴的贸易额占我国对外贸易总额的比重达到或超过多数发达国家和新兴经济体水平；中长期，形成包括邻近国家和地区、涵盖“一带一路”沿线国家以及辐射五大洲重要国家的全球自由贸易区网络，使我国大部分对外贸易、双向投资实现自由化和便利化。

二、进一步优化自由贸易区建设布局

（四）加快构建周边自由贸易区。力争与所有毗邻国家和地区建立自由贸易区，不断深化经贸关系，构建合作共赢的周边大市场。

（五）积极推进“一带一路”沿线自由贸易区。结合周边自由贸易区建设和推进国际产能合作，积极同“一带一路”沿线国家商建自由贸易区，形成“一带一路”大市场，将“一带一路”打造成畅通之路、商贸之路、开放之路。

（六）逐步形成全球自由贸易区网络。争取同大部分新兴经济体、发展中大国、主要区域经济集团和部分发达国家建立自由贸易区，构建金砖国家大市场、新兴经济体大市场和发展中国家大市场等。

三、加快建设高水平自由贸易区

（七）提高货物贸易开放水平。坚持进出口并重，通过自由贸易区改善与自由贸易伙伴双向市场准入，合理设计原产地规则，促进对自由贸易伙伴贸易的发展，推动构建更高效的全球和区域价值链。在确保经济安全、产业安全和考虑产业动态发展需要的前提下，稳步扩大货物贸易市场准入。同时，坚持与自由贸易伙伴共同削减关税和非关税壁垒，相互开放货物贸易市场，实现互利共赢。

（八）扩大服务业对外开放。通过自由贸易区等途径实施开放带动战略，充分发挥服务业和服务贸易对我国调整经济结构、转变经济发展方式和带动就业的促进作用。推进金融、教育、文化、医疗等服务业领域有序开放，放开育幼养老、建筑设计、会计审计、商贸物流、电子商务等服务业领域外资准入限制。

加快发展对外文化贸易，创新对外文化贸易方式，推出更多体现中华优秀文化、展示当代中国形象、面向国际市场的文化产品和服务。讲好中国故事、传播好中国声音、阐释好中国特色，更好地推动中华文化“走出去”。吸引外商投资于法律法规许可的文化产业领域，积极吸收借鉴国外优秀文化成果，切实维护国家文化安全。

在与自由贸易伙伴协商一致的基础上，逐步推进以负面清单模式开展谈判，先行先试、大胆探索、与时俱进，积极扩大服务业开放，推进服务贸易便利化和自由化。

（九）放宽投资准入。大力推进投资市场开放和外资管理体制改革，进一步优化外商投资环境。加快自由贸易区投资领域谈判，有序推进以准入前国民待遇加负面清单模式开展谈判。在维护好我国作为投资东道国利益和监管权的前提下，为我国投资者“走出去”营造更好的市场准入和投资保护条件，实质性改善我国与自由贸易伙伴双向投资准入。在自由贸易区内积极稳妥推进人民币资本项目可兑换的各项试点，便利境内外主体跨境投融资。加强与自由贸易伙伴货币合作，促进贸易投资便利化。

（十）推进规则谈判。结合全面深化改革和全面依法治国的要求，对符合我国社会主义市场经济体制建设和经济社会稳定发展需要的规则议题，在自由贸易区谈判中积极参与。参照国际通行规则及其发展趋势，结合我国发展水平和治理能力，加快推进知识产权保护、环境保护、电子商务、竞争政策、政府采购等新议题谈判。

知识产权保护方面，通过自由贸易区建设，为我国企业“走出去”营造更加公平的知识产权保护环境，推动各方完善知识产权保护制度，加大知识产权保护和执法力度，增强企业和公众的知识产权保护意识，提升我国企业在知识产权保护领域的适应和应对能力。

环境保护方面，通过自由贸易区建设进一步加强环境保护立法和执法工作，借鉴国际经验探讨建立有关环境影响评价机制的可行性，促进贸易、投资与环境和谐发展。

电子商务方面，通过自由贸易区建设推动我国与自由贸易伙伴电子商务企业的合作，营造对彼此有利的电子商务规则环境。

竞争政策方面，发挥市场在资源配置中的决定性作用，通过自由贸易区建设进一步促进完善我国竞争政策法律环境，构建法治化、国际化的营商环境。

政府采购方面，条件成熟时与自由贸易伙伴在自由贸易区框架下开展政府采购市场开放谈判，推动政府采购市场互惠对等开放。

（十一）提升贸易便利化水平。加强原产地管理，推进电子联网建设，加强与自由贸易伙伴原产地电子数据交换，积极探索在更大范围实施经核准出口商原产地自主声明制度。改革海关监管、检验检疫等管理体制，加强关检等领域合作，逐步实现国际贸易“单一窗口”受理。简化海关通关手续和环节，加速放行低风险货物，加强与自由贸易伙伴海关的协调与合作，推进实现“经认证经营者”互认，提升通关便利化水平。提高检验检疫效率，实行法检目录动态调整。加快推行检验检疫申报无纸化，完善检验检疫电子证书联网核查，加强与自由贸易伙伴电子证书数据交换。增强检验检疫标准和程序的透明度。

（十二）推进规制合作。加强与自由贸易伙伴就各自监管体系的信息交换，加快推进在技术性贸易壁垒、卫生与植物卫生措施、具体行业部门监管标准和资格等方面的互认，促进在监管体系、程序、方法和标准方面适度融合，降低贸易成本，提高贸易效率。

（十三）推动自然人移动便利化。配合我国“走出去”战略的实施，通过自由贸易区建设推动自然人移动便利化，为我国境外投资企业的人员出入境提供更多便利条件。

（十四）加强经济技术合作。不断丰富自由贸易区建设内涵，适当纳入产业合作、发展合作、全球价值链等经济技术合作议题，推动我国与自由贸易伙伴的务实合作。

四、健全保障体系

（十五）继续深化自由贸易试验区试点。上海等自由贸易试验区是我国主动适应经济发展新趋势和国际经贸规则新变化、以开放促改革促发展的试验田。可把对外自由贸易区谈判中具有共性的难点、焦点问题，在上海等自由贸易试验区内先行先试，通过在局部地区进行压力测试，积累防控和化解风险的经验，探索最佳开放模式，为对外谈判提供实践依据。

（十六）完善外商投资法律法规。推动修订中外合资经营企业法、中外合作经营企业法和外资企业法，研究制订新的外资基础性法律，改革外商投资管理体制，实行准入前国民待遇加负面清单的管理模式，完善外商投资国家安全审查制度，保持外资政策稳定、透明、可预期。

（十七）完善事中事后监管的基础性制度。按照全面依法治国的要求，以转变政府职能为核心，在简政放权的同时，加强事中事后监管，通过推进建立社会信用体系、信息共享和综合执法制度、企业年度报告公示和经营异常名录制度、社会力量参与市场监督制度、外商投资信息报告制度、外商投资信息公示平台、境外追偿保障机制等，加强对市场主体“宽进”以后的过程监督和后续管理。

（十八）继续做好贸易救济工作。在扩大产业开放的同时，有效运用世贸组织和自由贸易协定的合法权利，依法开展贸易救济调查，加大对外交涉力度，维护国内产业企业合法权益。强化中央、地方、行业协会商会、企业四体联动的贸易摩擦综合应对机制，指导企业做好贸易摩擦预警、咨询、对话、磋商、诉讼等工作。

（十九）研究建立贸易调整援助机制。在减少政策扭曲、规范产业支持政策的基础上，借鉴有关国家实践经验，研究建立符合世贸组织规则和我国国情的贸易调整援助机制，对因关税减让而受到冲击的产业、企业和个人提供援助，提升其竞争力，促进产业调整。

五、完善支持机制

（二十）完善自由贸易区谈判第三方评估制度。参照我国此前自由贸易区谈判经验，借鉴其他国家开展自由贸易区谈判评估的有益做法，进一步完善第三方评估制度，通过第三方机构对自由贸易区谈判进行利弊分析和风险评估。

（二十一）加强已生效自由贸易协定实施工作。商务部要会同国内各有关部门、地方政府，综合协调推进协定实施工作。优化政府公共服务，全面、及时提供有关自由贸易伙伴的贸易、投资及其他相关领域法律法规和政策信息等咨询服务。加强地方和产业对自由贸易协定实施工作的参与，打造协定实施的示范地区和行业。特别要加强西部地区和有关产业的参与，使自由贸易区建设更好地服务西部地区经济社会建设，促进我国区域协调发展。做好宣传推介，定期开展评估和分析，查找和解决实施中存在的问题，不断挖掘协定潜力，研究改进实施方法，提升企业利用自由贸易协定的便利性，提高协定利用率，用足用好优惠措施。

（二十二）加强对自由贸易区建设的人才支持。增强自由贸易区谈判人员配备，加大对外谈判人员教育培训投入，加强经济外交人才培养工作，逐步建立一支政治素质好、全局意识强、熟悉国内产业、精通国际经贸规则、外语水平高、谈判能力出色的自由贸易区建设领导、管理和谈判人才队伍。积极发挥相关领域专家的作用，吸收各类专业人士参与相关谈判的预案研究和政策咨询。

六、加强组织实施

加快实施自由贸易区战略是一项长期、涉及面广的系统工作，各有关方面要加强协调，形成合力。商务部要会同相关部门研究制订加快实施自由贸易区战略的行动计划，建立协调工作机制。地方各级人民政府要结合本地实际，围绕实施自由贸易区战略推进地方相关工作，调动有关企业充分利用自由贸易协定的积极性，提高协定利用率。

国务院关于扩大对外开放积极利用外资若干措施的通知①

（2017 年 1 月 12 日）

各省、自治区、直辖市人民政府，国务院各部委、各直属机构：

利用外资是我国对外开放基本国策和开放型经济体制的重要组成部分，在经济发展和深化改革进程中发挥了积极作用。当前，全球跨国投资和产业转移呈现新趋势，我国经济深度融入世界经济，经济发展进入新常态，利用外资面临新形势新任务。为深入贯彻落实《中共中央 国务院关于构建开放型经济新体制的若干意见》，进一步积极利用外资，营造优良营商环境，继续深化简政放权、放管结合、优化服务改革，降低制度性交易成本，实现互利共赢，现将有关事宜通知如下：

一、进一步扩大对外开放

（一）以开放发展理念为指导，推动新一轮高水平对外开放。修订《外商投资产业指导目录》及相关政策法规，放宽服务业、制造业、采矿业等领域外资准入限制。支持外资参与创新驱动发展战略实施、制造业转型升级和海外人才在华创业发展。（国家发展改革委、商务部牵头）

（二）服务业重点放宽银行类金融机构、证券公司、证券投资基金管理公司、期货公司、保险机构、保险中介机构外资准入限

① 《国务院关于扩大对外开放积极利用外资若干措施的通知》，中国政府网，2017 年 1 月 17 日。

制，放开会计审计、建筑设计、评级服务等领域外资准入限制，推进电信、互联网、文化、教育、交通运输等领域有序开放。（国家发展改革委、商务部牵头，教育部、工业和信息化部、财政部、人力资源社会保障部、住房城乡建设部、交通运输部、文化部、人民银行、新闻出版广电总局、国家网信办、银监会、证监会、保监会等按职责分工负责）

（三）制造业重点取消轨道交通设备制造、摩托车制造、燃料乙醇生产、油脂加工等领域外资准入限制。采矿业放宽油页岩、油砂、页岩气等非常规油气以及矿产资源领域外资准入限制。石油、天然气领域对外合作项目由审批制改为备案制。（国家发展改革委、商务部牵头，工业和信息化部、国土资源部、国家粮食局、国家能源局等按职责分工负责）

（四）外商投资企业和内资企业同等适用“中国制造 2025”战略政策措施。鼓励外商投资高端制造、智能制造、绿色制造等，以及工业设计和创意、工程咨询、现代物流、检验检测认证等生产性服务业，改造提升传统产业。（国家发展改革委、工业和信息化部、商务部、质检总局等按职责分工负责）

（五）支持外资依法依规以特许经营方式参与基础设施建设，包括能源、交通、水利、环保、市政公用工程等。相关支持政策同等适用于外资特许经营项目建设运营。（国家发展改革委、财政部、住房城乡建设部、交通运输部、水利部、人民银行等按职责分工负责）

（六）支持内外资企业、科研机构开展研发合作。支持外商投资企业建设研发中心、企业技术中心，申报设立博士后科研工作站。根据对等原则，允许外商投资企业参与承担国家科技计划项目。外商投资企业同等适用研发费用加计扣除、高新技术企业、研发中心等优惠政策。（国家发展改革委、科技部、财政部、人力资源社会保障部、商务部、税务总局等按职责分工负责）

（七）支持海外高层次人才在华创业发展。对持有外国人永久居留证的外籍高层次人才创办科技型企业，给予中国籍公民同等待遇。对外籍高层次人才及其外籍配偶、子女申请办理多次签证或者居留证件的，依法依规提供便利。（科技部、公安部、人力资源社会保障部、国家外专局等按职责分工负责）

二、进一步创造公平竞争环境

（八）各部门制定外资政策，要按照《国务院关于在市场体系建设中建立公平竞争审查制度的意见》（国发〔2016〕34号）规定进行公平竞争审查，原则上应公开征求意见，重要事项要报请国务院批准。各地区各部门要严格贯彻执行国家政策法规，确保政策法规执行的一致性，不得擅自增加对外商投资企业的限制。（各省、自治区、直辖市人民政府和国务院部门按职责分工负责）

（九）除法律法规有明确规定或确需境外投资者提供信息外，有关部门要按照内外资企业统一标准、统一时限的原则，审核外商投资企业业务牌照和资质申请，促进内外资企业一视同仁、公平竞争。（各省、自治区、直辖市人民政府和国务院有关部门按职责分工负责）

（十）促进内外资企业公平参与我国标准化工作。进一步深化标准化工作改革，提高标准制修订的透明度和开放度。推进标准制修订全过程信息公开，强化标准制修订过程中的信息共享和社会监督。（国家标准委牵头）

（十一）深化政府采购改革，坚持公开透明、公平竞争原则，依法依规对外商投资企业在我国境内生产的产品一视同仁、平等对待，促进内外资企业公平参与政府采购招投标。（财政部牵头）

（十二）依法依规严格保护外商投资企业知识产权。健全知识产权执法机制，加强知识产权执法、维权援助和仲裁调解工作。加强知识产权对外合作机制建设，推动相关国际组织在我国设立知识产权仲裁和调解分中心。（商务部、工商总局、国家知识产权局、国家版权局等按职责分工负责）

（十三）支持外商投资企业拓宽融资渠道。外商投资企业可以依法依规在主板、中小企业板、创业板上市，在新三板挂牌，以及发行企业债券、公司债券、可转换债券和运用非金融企业债务融资工具进行融资。（国家发展改革委、商务部、人民银行、证监会等按职责分工负责）

（十四）深化外商投资企业注册资本制度改革。除法律、行政法规另有规定外，取消外商投资公司的最低注册资本要求，落实内外资企业统一的注册资本制度。（国家发展改革委、商务部、工商总局等按职责分工负责）

三、进一步加强吸引外资工作

（十五）各地区要按照创新、协调、绿色、开放、共享的发展理念，结合地方实际，积极开展投资促进活动。允许地方政府在法定权限范围内制定出台招商引资优惠政策，支持对就业、经济发展、技术创新贡献大的项目，降低企业投资和运营成本，依法保护外商投资企业及其投资者权益，营造良好的投资环境。（各省、自治区、直辖市人民政府按职责分工负责）

（十六）支持中西部地区、东北地区承接外资产业转移。修订《中西部地区外商投资优势产业目录》，扩大中西部地区、东北地区鼓励外商投资产业范围。对符合条件的西部地区鼓励类产业外商投资企业实行企业所得税优惠政策。向中西部地区、东北地区转移的外商投资企业享受国家支持产业转移与加工贸易的资金、土地等优惠政策。对东部地区外商投资企业转移到中西部地区、东北地区的，人力资源社会保障部门要依申请及时办理社会保险异地转移接续。（国家发展改革委、商务部牵头，工业和信息化部、财政部、人力资源社会保障部、国土资源部、税务总局等按职责分工负责）

（十七）支持外商投资项目用地。外商投资企业与内资企业同等适用相关用地政策。继续对集约用地的鼓励类外商投资工业项目优先供应土地，在确定土地出让底价时可按不低于所在地土地等别相对应全国工业用地出让最低价标准的70%执行。（国土资源部牵头）

（十八）推进外资跨国公司本外币资金集中运营管理改革。积极吸引跨国公司在我国设立地区总部和采购中心、结算中心等功能性机构，允许外资跨国公司开展本外币资金集中运营，促进资金双向流动，提高资金使用效率和投资便利化水平。（人民银行、国家外汇局等按职责分工负责）

（十九）完善外商投资企业外债管理制度。统一内外资企业外债管理，改进企业外汇管理，提高外商投资企业境外融资能力和便利度。（国家发展改革委、商务部、人民银行、国家外汇局等按职责分工负责）

（二十）深化外商投资管理体制改革。推进对外商投资全面实施准入前国民待遇加负面清单管理模式，简化外商投资项目管理程序和外商投资企业设立、变更管理程序。推进审批环节并联办理，缩短海关登记、申领发票等环节办理时间。加大电子政务建设力度，推行一口受理、限时办结、进度可查询，提升外商投资管理信息化水平。推进自由贸易试验区建设，在更大范围推广复制经验。（国家发展改革委、商务部、海关总署、税务总局、工商总局等按职责分工负责）

各地区、各部门要充分认识新形势下做好利用外资工作的重要意义，高度重视，主动作为，强化责任，密切协作，国家发展改革委、商务部要会同有关部门加强督促检查，确保各项政策措施落到实处。结合各项政策措施实施，大力创造更加开放、便利、透明的营商环境，积极吸引外商投资以及先进技术和管理经验，稳定外商投资规模和速度，提高利用外资水平和质量，着力推动新一轮高水平对外开放，以开放促改革、促发展。

国务院关于印发全面深化中国（上海）自由贸易试验区改革开放方案的通知（节选）[1]

（2017 年 3 月 31 日）

（上略）

二、加强改革系统集成，建设开放和创新融为一体的综合改革试验区

加强制度创新的系统性、整体性、协同性，围绕深化投资管理体制改革、优化贸易监管服务体系、完善创新促进机制，统筹各环节改革，增强各部门协同，注重改革举措的配套组合，有效破解束缚创新的瓶颈，更大程度激发市场活力。

（三）建立更加开放透明的市场准入管理模式。实施市场准入负面清单和外商投资负面清单制度。在完善市场准入负面清单的基础上，对各类市场主体实行一致管理的，进一步优化、简化办事环节和流程，对业务牌照和资质申请统一审核标准和时限，促进公平竞争。进一步提高外商投资负面清单的透明度和市场准入的可预期性。实施公平竞争审查制度，清理和取消资质资格获取、招投标、权益保护等方面存在的差别化待遇，实现各类市场主体依法平等准入清单之外的行业、领域和业务。

（四）全面深化商事登记制度改革。保障企业登记自主权，尊重企业自主经营的权利。开展企业名称登记制度改革，除涉及前置审批事项或企业名称核准与企业登记不在同一机关外，企业名称不

① 《国务院关于印发全面深化中国（上海）自由贸易试验区改革开放方案的通知》，中国政府网，2017 年 3 月 31 日。

再预先核准。放宽住所（经营场所）登记条件，有效释放场地资源。优化营业执照的经营范围等登记方式。推行全程电子化登记和电子营业执照改革试点。探索建立普通注销登记制度和简易注销登记制度相互配套的市场主体退出制度。开展“一照多址”改革试点。

（五）全面实现“证照分离”。深化“先照后证”改革，进一步加大探索力度。把涉及市场准入的许可审批事项适时纳入改革试点，能取消的全部取消，需要保留审批的，按照告知承诺和加强市场准入管理等方式进一步优化调整，在改革许可管理方式、完善风险防范措施的基础上，进一步扩大实行告知承诺的领域。加强许可管理与企业设立登记管理的衔接，实现统一社会信用代码在各许可管理环节的“一码贯通”。实施生产许可“一企一证”，探索取消生产许可证产品检验。

（六）建成国际先进水平的国际贸易“单一窗口”。借鉴联合国国际贸易“单一窗口”标准，实施贸易数据协同、简化和标准化。纳入海港、空港和海关特殊监管区域的物流作业功能，通过银行机构或非银行支付机构建立收费账单功能，便利企业办理支付和查询。实现物流和监管等信息的交换共享，为进出口货物质量安全追溯信息的管理和查询提供便利。推动将国际贸易“单一窗口”覆盖领域拓展至服务贸易，逐步纳入技术贸易、服务外包、维修服务等，待条件成熟后逐步将服务贸易出口退（免）税申报纳入“单一窗口”管理。与国家层面“单一窗口”标准规范融合对接，推进长江经济带跨区域通关业务办理，加强数据衔接和协同监管。

（七）建立安全高效便捷的海关综合监管新模式。深化实施全国海关通关一体化、“双随机、一公开”监管以及“互联网+海关”等举措，进一步改革海关业务管理方式，对接国际贸易“单一窗口”，建立权责统一、集成集约、智慧智能、高效便利的海关综合监管新模式。综合应用大数据、云计算、互联网和物联网技术，扩大“自主报税、自助通关、自动审放、重点稽核”试点范围。深化“一线放开”、“二线安全高效管住”改革，强化综合执法，推进协同治理，探索设立与“区港一体”发展需求相适应的配套管理制度。创新加工贸易出口货物专利纠纷担保放行方式。支持海关特殊监管区域外的企业开展高附加值、高技术、无污染的维修业务。深入实施货物状态分类监管，研究将试点从物流仓储企业扩大到贸易、生产加工企业，具备条件时，在上海市其他符合条件的海关特殊监管区域推广实施。

（八）建立检验检疫风险分类监管综合评定机制。完善进口商品风险预警快速反应机制，加强进口货物不合格风险监测，实施消费品等商品召回制度。建立综合应用合格评定新机制，设立国家质量基础检验检疫综合应用示范园区。在制定发布不适用于第三方检验结果采信目录清单基础上，积极推进扩大商品和项目的第三方检验结果采信。探索扩大检验鉴定结果国际互认的范围。

（九）建立具有国际竞争力的创新产业监管模式。优化生物医药全球协同研发的试验用特殊物品的准入许可，完善准入许可的内容和方式。完善有利于提升集成电路全产业链国际竞争力的海关监管模式。研究制定再制造旧机电设备允许进口目录，在风险可控的前提下，试点数控机床、工程设备、通信设备等进口再制造。探索引入市场化保险机制，提高医药生产等领域的监管效率。

（十）优化创新要素的市场配置机制。完善药品上市许可持有人制度。允许自贸试验区内医疗器械注册申请人委托上海市医疗器械生产企业生产产品。健全完善更加符合社会主义市场经济规律、人才成长规律和人才发展流动规律的人才认定标准和推荐方式，标准统一、程序规范的外国人来华工作许可制度及高效、便捷的人才签证制度，吸引更多外籍高层次人才参与创新创业，为其提供出入境和停居留便利，并按规定享受我国鼓励创新创业的相关政策。根据法律法规规定，支持持有外国人永久居留证的外籍高层次人才创办科技型企业，给予与中国籍公民同等待遇。深化上海股权托管交易中心“科技创新板”试点，完善对科创企业的金融服务。支持外资企业设立联合创新平台，协同本土中小微企业开展创新成果产业化项目推进。深化推进金融中心与科技创新中心建设相结合的科技金融模式创新。

（十一）健全知识产权保护和运用体系。充分发挥专利、商标、版权等知识产权引领作用，打通知识产权创造、运用、保护、管理和服务的全链条，提升知识产权质量和效益。以若干优势产业为重点，进一步简化和优化知识产权审查和注册流程，创新知识产权快速维权工作机制。探索互联网、电子商务、大数据等领域的知识产权保护规则。建立健全知识产权服务标准，完善知识产权服务体系。完善知识产权纠纷多元解决机制。支持企业运用知识产权进行海外股权投资。创新发展知识产权金融服务。深化完善有利于激励创新的知识产权归属制度。

三、加强同国际通行规则相衔接，建立开放型经济体系的风险压力测试区

按照国际最高标准，为推动实施新一轮高水平对外开放进行更为充分的压力测试，探索开放型经济发展新领域，形成适应经济更加开放要求的系统试点经验。

（十二）进一步放宽投资准入。最大限度缩减自贸试验区外商投资负面清单，推进金融服务、电信、互联网、文化、文物、维修、航运服务等专业服务业和先进制造业领域对外开放。除特殊领域外，取消对外商投资企业经营期限的特别管理要求。对符合条件的外资创业投资企业和股权投资企业开展境内投资项目，探索实施管理新模式。完善国家安全审查、反垄断审查等投资审查制度。

（十三）实施贸易便利化新规则。优化口岸通关流程，推进各环节监管方式改革，探索公布涵盖各通关环节的货物平均放行时间。最大限度实现覆盖船舶抵离、港口作业、货物通关等口岸作业各环节的全程无纸化，推进贸易领域证书证明的电子化管理。深化亚太示范电子口岸网络试点。推动实施原产地预裁定制度。根据自由贸易协定规定，推动实施原产地自主声明制度。推进企业信用等级的跨部门共享，对高信用等级企业降低查验率。深化完善安全预警和国际竞争力提升的产业安全保障机制。

（十四）创新跨境服务贸易管理模式。在风险可控的前提下，加快推进金融保险、文化旅游、教育卫生等高端服务领域的贸易便利化。提高与服务贸易相关的货物暂时进口便利，拓展暂时进口货物单证制度适用范围，延长单证册的有效期。探索兼顾安全和效率的数字产品贸易监管模式。大力发展中医药服务贸易，扩大中医药服务贸易国际市场准入，推动中医药海外创新发展。深化国际船舶登记制度创新，进一步便利国际船舶管理企业从事海员外派服务。在合适领域分层次逐步取消或放宽对跨境交付、自然人移动等模式的服务贸易限制措施。探索完善服务贸易统计体系，建立服务贸易监测制度。

（十五）进一步深化金融开放创新。加强与上海国际金融中心建设的联动，积极有序实施《进一步推进中国（上海）自由贸易试验区金融开放创新试点加快上海国际金融中心建设方案》。加快构建面向国际的金融市场体系，建设人民币全球服务体系，有序推进资本项目可兑换试点。加快建立金融监管协调机制，提升金融监管能力，防范金融风险。

（十六）设立自由贸易港区。在洋山保税港区和上海浦东机场综合保税区等海关特殊监管区域内，设立自由贸易港区。对标国际最高水平，实施更高标准的“一线放开”、“二线安全高效管住”贸易监管制度。根据国家授权实行集约管理体制，在口岸风险有效防控的前提下，依托信息化监管手段，取消或最大程度简化入区货物的贸易管制措施，最大程度简化一线申报手续。探索实施符合国际通行做法的金融、外汇、投资和出入境管理制度，建立和完善风险防控体系。

四、进一步转变政府职能，打造提升政府治理能力的先行区

加强自贸试验区建设与浦东新区转变一级地方政府职能的联动，系统推进简政放权、放管结合、优化服务改革，在行政机构改革、管理体制创新、运行机制优化、服务方式转变等方面改革创新，全面提升开放环境下政府治理能力。

（十七）健全以简政放权为重点的行政管理体制。加快推进简政放权，深化行政审批制度改革。以厘清政府、市场、社会关系为重点，进一步取消和简化审批事项，最大限度地给市场放权。推动实现市场准入、执业资格等领域的管理方式转变。深化大部门制改革，在市场监管、经济发展、社会管理和公共服务、改革和法制、环保和城建五个职能模块，按照精简高效原则形成跨部门的协同机制。

（十八）深化创新事中事后监管体制机制。按照探索建立新的政府经济管理体制要求，深化分类综合执法改革，围绕审批、监管、执法适度分离，完善市场监管、城市管理领域的综合执法改革。推进交通运输综合行政执法改革，加强执法协调。将异常名录信息归集范围扩大到市场监管以外的行政部门，健全跨部门“双告知、双反馈、双跟踪”许可办理机制和“双随机、双评估、双公示”监管协同机制。落实市场主体首负责任制，在安全生产、产品质量、环境保护等领域建立市场主体社会责任报告制度和责任追溯制度。鼓励社会力量参与市场监督，建立健全会计、审计、法律、检验检测认证等第三方专业机构参与市场监管的制度安排。

（十九）优化信息互联共享的政府服务体系。加快构建以企业需求为导向、大数据分析为支撑的“互联网+政务服务”体系。建立央地协同、条块衔接的信息共享机制，明确部门间信息互联互通的边界规则。以数据共享为基础，再造业务流程，实现市场准入“单窗通办”、“全网通办”，个人事务“全区通办”，政务服务“全员协办”。探索建立公共信用信息和金融信用信息互补机制。探索形成市场主体信用等级标准体系，培育发展信用信息专业服务市场。

（下略）

国务院关于促进外资增长若干措施的通知①

（2017年8月8日）

各省、自治区、直辖市人民政府，国务院各部委、各直属机构：

积极利用外资是我国对外开放战略的重要内容。当前经济全球化呈现新特点，我国利用外资面临新形势新任务。为深化供给侧结构性改革，推进简政放权、放管结合、优化服务改革，进一步提升我国外商投资环境法治化、国际化、便利化水平，促进外资增长，提高利用外资质量，现将有关事宜通知如下：

一、进一步减少外资准入限制

（一）全面实施准入前国民待遇加负面清单管理制度。尽快在全国推行自由贸易试验区试行过的外商投资负面清单，进一步增强投资环境的开放度、透明度、规范性。（国家发展改革委、商务部负责）

（二）进一步扩大市场准入对外开放范围。持续推进专用车和新能源汽车制造、船舶设计、支线和通用飞机维修、国际海上运输、铁路旅客运输、加油站、互联网上网服务营业场所、呼叫中心、演出经纪、银行业、证券业、保险业对外开放，明确对外开放时间表、路线图。（中央宣传部、中央网信办、国家发展改革委、工业和信息化部、交通运输部、商务部、文化部、人民银行、银监会、证监会、保监会、国家铁路局、中国民航局、中国铁路总公司

① 《国务院关于促进外资增长若干措施的通知》，中国政府网，2017年8月18日。

按职责分工负责）

二、制定财税支持政策

（三）鼓励境外投资者持续扩大在华投资。对境外投资者从中国境内居民企业分配的利润直接投资于鼓励类投资项目，凡符合规定条件的，实行递延纳税政策，暂不征收预提所得税。（财政部、税务总局按职责分工负责）

（四）发挥外资对优化服务贸易结构的积极作用。将服务外包示范城市符合条件的技术先进型服务企业所得税优惠政策推广到全国，引导外资更多投向高技术、高附加值服务业。（财政部、商务部、税务总局等按职责分工负责）

（五）促进利用外资与对外投资相结合。对我国居民企业（包括跨国公司地区总部）分回国内符合条件的境外所得，研究出台相关税收支持政策。（财政部、税务总局按职责分工负责）

（六）鼓励跨国公司在华投资设立地区总部。支持各地依法依规出台包括资金支持在内的吸引跨国公司地区总部的政策措施，积极参与全球产业格局调整。（各省级人民政府负责）

（七）促进外资向西部地区和东北老工业基地转移。充分发挥现有财政资金作用，积极支持西部地区及东北老工业基地的国家级开发区（含经济技术开发区、高新技术产业开发区、海关特殊监管区域等，下同）科技创新、生态环保、公共服务等领域建设，改善招商环境，提升引资质量，承接高水平制造业转移。（科技部、财政部、商务部、海关总署按职责分工负责）

（八）支持重点引资平台基础设施和重大项目建设。鼓励省级人民政府发行地方政府债券支持国家级开发区、边境经济合作区、跨境经济合作区基础设施建设。加快试点发展项目收益与融资自求平衡的地方政府专项债券品种，优先保障上述区域符合条件的重大项目融资需求。（科技部、财政部、商务部、海关总署、各省级人民政府按职责分工负责）

三、完善国家级开发区综合投资环境

（九）充分赋予国家级开发区投资管理权限。支持国家级开发区开展相对集中行政许可权改革试点。指导国家级开发区进一步推进简政放权、放管结合、优化服务改革，在营造外商投资优良环境等方面发挥示范引领作用。（中央编办、科技部、商务部、海关总署、国务院法制办按职责分工负责）

（十）支持国家级开发区项目落地。允许各地在符合经济社会发展规划、土地利用总体规划、城市总体规划的前提下，对国家级开发区利用外资项目所需建设用地指标予以优先保障，做到应保尽保。（科技部、国土资源部、住房城乡建设部、商务部、海关总署、各省级人民政府按职责分工负责）

（十一）支持国家级开发区拓展引资空间。对符合条件的国家级开发区，经国务院批准后允许调区、扩区，整合区位相邻、相近的开发区，建立飞地园区，对收储的低效用地，相应提供规划调整、简化审批等便利。（科技部、国土资源部、住房城乡建设部、商务部、海关总署、各地方人民政府按职责分工负责）

（十二）支持国家级开发区提升产业配套服务能力。在条件成熟的地区，引进生产服务型外资企业，试点开展高技术、高附加值项目境内外维修业务，促进加工贸易向全球产业链、价值链中高端延伸。（商务部、海关总署负责）

四、便利人才出入境

（十三）完善外国人才引进制度。在全国实施外国人来华工作许可制度，采用“告知+承诺”、“容缺受理”等方式，为外国人才办理工作许可提供便利。2018年，制定出台外国人在中国工作管理条例，建立标准统一、程序规范的外国人才来华工作许可制度。（外交部、公安部、国务院法制办、国家外专局等按职责分工负责）

（十四）积极引进国际高端人才。2017年下半年，制定出台外国人才签证实施细则，完善外国人才评价标准，扩大发放范围；放宽外国人才签证有效期限，对符合条件的外国人，签发长期（5年至10年）多次往返签证，并可凭该签证办理工作许可、申请工作类居留证件。制定出台外国人永久居留管理条例，明确外国人申请和取得永久居留资格的条件和程序。（外交部、公安部、国务院法制办、国家外专局等按职责分工负责）

五、优化营商环境

（十五）抓紧完善外资法律体系。加快统一内外资法律法规，制定新的外资基础性法律。清理涉及外资的法律、法规、规章和政策性文件，推动限期废止或修订与国家对外开放大方向和大原则不符的法律法规或条款。（有关部门和各省级人民政府按职责分工负责）

（十六）提升外商投资服务水平。完善中央及地方外商投资企业投诉机制，协调解决境外投资者反映的突出问题，加大对外商投资企业享有准入后国民待遇的保障力度，努力营造统一开放、竞争有序的市场环境。建立行政事业性收费和政府性基金、政府定价的涉企经营服务性收费等涉企收费目录清单制度。（国家发展改革

委、财政部、商务部等有关部门、各省级人民政府按职责分工负责）

（十七）保障境外投资者利润自由汇出。对于境外投资者在境内依法取得的利润、股息等投资收益，可依法以人民币或外汇自由汇出。（人民银行、国家外汇局按职责分工负责）

（十八）深化外商投资企业管理信息共享和业务协同。积极推进“互联网+政务服务”，进一步完善“双随机、一公开”监管机制，构建高效便捷的外商投资事中事后监管与服务体系。加大商务部门与工商、海关、质检、外汇等部门之间信息管理系统的互联互通力度，实现外商投资企业从设立到运营的有关信息跨层级、跨部门共享。试点外商投资企业商务备案与工商登记“单一窗口、单一表格”受理新模式。（商务部、海关总署、工商总局、质检总局、国家外汇局等有关部门负责，各地方人民政府按职责分工负责）

（十九）鼓励外资参与国内企业优化重组。简化程序，放宽限制，支持境外投资者以并购方式设立外商投资企业。支持国内企业多渠道引进国际先进技术、管理经验和营销渠道。鼓励外资参与国有企业混合所有制改革。（国家发展改革委、商务部、国务院国资委按职责分工负责）

（二十）完善外商投资企业知识产权保护。针对网络侵权盗版、侵犯专利权、侵犯商标专用权等知识产权问题开展集中整治，强化司法保护和行政执法，加大对侵权违法行为的惩治力度。（全国打击侵权假冒工作领导小组办公室、工商总局、新闻出版广电总局、国家知识产权局等按职责分工负责）

（二十一）提升研发环境国际竞争力。为研发中心运营创造便利条件，依法简化具备条件的研发中心研发用样本样品、试剂等进口手续，促进外资研发投入。（海关总署、质检总局等按职责分工

负责）

（二十二）保持外资政策稳定性连续性。地方各级人民政府要严格兑现向投资者及外商投资企业依法作出的政策承诺，认真履行在招商引资等活动中依法签订的各类合同。（各省级人民政府负责）

各地区、各部门要高度重视新形势下利用外资工作，按照职责分工，主动作为，密切配合。商务部要会同有关部门加强督促检查，确保各项措施落到实处，不断提升我国引资新优势，促进利用外资实现稳定增长。

中共中央 国务院关于支持海南全面深化改革开放的指导意见①

（2018 年 4 月 11 日）

海南建省和兴办经济特区是党中央着眼于我国改革开放和社会主义现代化建设全局作出的重大战略决策。2018 年是贯彻党的十九大精神的开局之年，是改革开放 40 周年，也是海南建省和兴办经济特区 30 周年。在新的历史条件下，为全面贯彻党的十九大精神和习近平总书记重要批示精神，更进一步凸显我国改革开放 40 年的重大意义，更进一步彰显党的十八大以来习近平总书记带领全国各族人民全面深化改革开放的重大意义，推动海南成为新时代全面深化改革开放的新标杆，形成更高层次改革开放新格局，探索实现更高质量、更有效率、更加公平、更可持续的发展，现提出以下意见。

一、重大意义

海南省因改革开放而生，也因改革开放而兴。1988 年，党中央批准海南建省办经济特区。30 年来，海南省切实履行党中央、国务院赋予的历史使命，大胆创新、奋勇拼搏，推动经济社会发展取得重大成就，把一个边陲海岛发展成为我国改革开放的重要窗

① 《中共中央 国务院关于支持海南全面深化改革开放的指导意见》，《中华人民共和国国务院公报》，2018 年 13 期。

口，实现了翻天覆地的变化，为全国提供了宝贵经验。实践证明，党中央关于海南建省和兴办经济特区的决策是完全正确的。

在中国特色社会主义进入新时代的大背景下，赋予海南经济特区改革开放新的使命，是习近平总书记亲自谋划、亲自部署、亲自推动的重大国家战略，必将对构建我国改革开放新格局产生重大而深远影响。支持海南全面深化改革开放有利于探索可复制可推广的经验，压茬拓展改革广度和深度，完善和发展中国特色社会主义制度；有利于我国主动参与和推动经济全球化进程，发展更高层次的开放型经济，加快推动形成全面开放新格局；有利于推动海南加快实现社会主义现代化，打造成新时代中国特色社会主义新亮点，彰显中国特色社会主义制度优越性，增强中华民族的凝聚力和向心力。

二、总体要求

（一）指导思想。全面贯彻党的十九大和十九届二中、三中全会精神，以习近平新时代中国特色社会主义思想为指导，坚持党的全面领导，坚持稳中求进工作总基调，坚持新发展理念，统筹推进“五位一体”总体布局和协调推进“四个全面”战略布局，以供给侧结构性改革为主线，赋予海南经济特区改革开放新使命，建设自由贸易试验区和中国特色自由贸易港，解放思想、大胆创新，着力在建设现代化经济体系、实现高水平对外开放、提升旅游消费水平、服务国家重大战略、加强社会治理、打造一流生态环境、完善人才发展制度等方面进行探索，在贯彻落实党的十九大的重大决策部署上走在前列，打造实践中国特色社会主义的生动范例，开创新时代中国特色社会主义新局面，为把我国建设成为富强民主文明和谐美丽的社会主义现代化强国作出更大贡献。

（二）战略定位

——全面深化改革开放试验区。大力弘扬敢闯敢试、敢为人先、埋头苦干的特区精神，在经济体制改革和社会治理创新等方面先行先试。适应经济全球化新形势，实行更加积极主动的开放战略，探索建立开放型经济新体制，把海南打造成为我国面向太平洋和印度洋的重要对外开放门户。

——国家生态文明试验区。牢固树立和践行绿水青山就是金山银山的理念，坚定不移走生产发展、生活富裕、生态良好的文明发展道路，推动形成人与自然和谐发展的现代化建设新格局，为推进全国生态文明建设探索新经验。

——国际旅游消费中心。大力推进旅游消费领域对外开放，积极培育旅游消费新热点，下大气力提升服务质量和国际化水平，打造业态丰富、品牌集聚、环境舒适、特色鲜明的国际旅游消费胜地。

——国家重大战略服务保障区。深度融入海洋强国、“一带一路”建设、军民融合发展等重大战略，全面加强支撑保障能力建设，切实履行好党中央赋予的重要使命，提升海南在国家战略格局中的地位和作用。

（三）基本原则

——坚持和加强党对改革开放的领导。把党的领导贯穿于海南全面深化改革开放的全过程，增强“四个意识”，坚定“四个自信”，自觉维护以习近平同志为核心的党中央权威和集中统一领导，培育践行社会主义核心价值观，确保改革开放的社会主义方向。

——坚持整体推进和稳步实施。强化顶层设计，增强改革的系统性、协调性，使各项改革举措相互配合、相得益彰，提高改革整体效益。科学把握改革举措实施步骤，加强风险评估和跟踪预警，注重纠错调整，积极防范潜在风险。

——坚持统筹陆地和海洋保护发展。加强海洋生态文明建设，加大海洋保护力度，加强海洋权益维护，科学有序开发利用海洋资源，培育壮大特色海洋经济，形成陆海资源、产业、空间互动协调发展新格局。

——坚持发挥人才的关键性作用。坚持人才是第一资源，在人才培养、引进、使用上大胆创新，聚天下英才而用之，努力让各类人才引得进、留得住、用得好，使海南成为人才荟萃之岛、技术创新之岛。

（四）发展目标

到 2020 年，与全国同步实现全面建成小康社会目标，确保现行标准下农村贫困人口实现脱贫，贫困县全部摘帽；自由贸易试验区建设取得重要进展，国际开放度显著提高；公共服务体系更加健全，人民群众获得感明显增强；生态文明制度基本建立，生态环境质量持续保持全国一流水平。

到 2025 年，经济增长质量和效益显著提高；自由贸易港制度初步建立，营商环境达到国内一流水平；民主法制更加健全，治理体系和治理能力现代化水平明显提高；公共服务水平和质量达到国内先进水平，基本公共服务均等化基本实现；生态环境质量继续保持全国领先水平。

到 2035 年，在社会主义现代化建设上走在全国前列；自由贸易港的制度体系和运作模式更加成熟，营商环境跻身全球前列；人民生活更为宽裕，全体人民共同富裕迈出坚实步伐，优质公共服务和创新创业环境达到国际先进水平；生态环境质量和资源利用效率居于世界领先水平；现代社会治理格局基本形成，社会充满活力又和谐有序。

到本世纪中叶，率先实现社会主义现代化，形成高度市场化、国际化、法治化、现代化的制度体系，成为综合竞争力和文化影响力领先的地区，全体人民共同富裕基本实现，建成经济繁荣、社会文明、生态宜居、人民幸福的美好新海南。

三、建设现代化经济体系

坚持质量第一、效益优先，以供给侧结构性改革为主线，推动经济发展质量变革、效率变革、动力变革，提高全要素生产率，加快建立开放型生态型服务型产业体系，进一步完善社会主义市场经济体制，不断增强海南的经济创新力和竞争力。

（五）深化供给侧结构性改革。坚持把实体经济作为发展经济的着力点，紧紧围绕提高供给体系质量，支持海南传统产业优化升级，加快发展现代服务业，培育新动能。推动旅游业转型升级，加快构建以观光旅游为基础、休闲度假为重点、文体旅游和健康旅游为特色的旅游产业体系，推进全域旅游发展。瞄准国际先进水平，大力发展现代服务业，加快服务贸易创新发展。统筹实施网络强国战略、大数据战略、“互联网+”行动，大力推进新一代信息技术产业发展，推动互联网、物联网、大数据、卫星导航、人工智能和实体经济深度融合。鼓励发展虚拟现实技术，大力发展数字创意产业。高起点发展海洋经济，积极推进南海天然气水合物、海底矿物商业化开采，鼓励民营企业参与南海资源开发，加快培育海洋生物、海水淡化与综合利用、海洋可再生能源、海洋工程装备研发与应用等新兴产业，支持建设现代化海洋牧场。实施乡村振兴战略，做强做优热带特色高效农业，打造国家热带现代农业基地，支持创设海南特色农产品期货品种，加快推进农业农村现代化。

（六）实施创新驱动发展战略。面向深海探测、海洋资源开发利用、航天应用等战略性领域，支持海南布局建设一批重大科研基础设施与条件平台，建设航天领域重大科技创新基地和国家深海基地南方中心，打造空间科技创新战略高地。加强国家南繁科研育种基地（海南）建设，打造国家热带农业科学中心，支持海南建设全球动植物种质资源引进中转基地。设立海南国际离岸创新创业示范区。建立符合科研规律的科技创新管理制度和国际科技合作机制。鼓励探索知识产权证券化，完善知识产权信用担保机制。

（七）深入推进经济体制改革。深化国有企业改革，推进集团层面混合所有制改革，健全公司法人治理结构，完善现代企业制度。完善各类国有资产管理体制，探索政府直接授权国有资本投资、运营公司，加快国有企业横向联合、纵向整合和专业化重组，推动国有资本做强做优做大。完善产权保护制度，加强政务诚信和营商环境建设，清理废除妨碍统一市场和公平竞争的规定与做法，严厉打击不正当竞争行为，激发和保护企业家精神，支持民营企业发展，鼓励更多市场主体和社会主体投身创新创业。深化农垦改革，推进垦区集团化、农场企业化改革，有序推行土地资产化和资本化，鼓励社会资本通过设立农业产业投资基金、农垦产业发展股权投资基金等方式，参与农垦项目和国有农场改革。扎实推进房地一体的农村集体建设用地和宅基地使用权确权登记颁证，在海南全省统筹推进农村土地征收、集体经营性建设用地入市、宅基地制度改革试点，建立不同权属、不同用途建设用地合理比价调节机制和增值收益分配机制，统筹不同地区、拥有不同类型土地的农民收益。支持依法合规在海南设立国际能源、航运、大宗商品、产权、股权、碳排放权等交易场所。创新投融资方式，规范运用政府和社会资本合作（PPP）模式，引导社会资本参与基础设施和民生事业。支持海南以电力和天然气体制改革为重点，开展能源综合改革。理顺民用机场管理体制，先行先试通用航空分类管理改革。

（八）提高基础设施网络化智能化水平。按照适度超前、互联互通、安全高效、智能绿色的原则，大力实施一批重大基础设施工程，加快构建现代基础设施体系。建设“数字海南”，推进城乡光纤网络和高速移动通信网络全覆盖，加快实施信息进村入户工程，着力提升南海海域通信保障能力。落实国家网络安全等级保护制度，提升网络安全保障水平。推进海口机场改扩建工程，开展三亚新机场、儋州机场、东方/五指山机场前期工作，加密海南直达全球主要客源地的国际航线。优化整合港口资源，重点支持海口、洋浦港做优做强。推进电网主网架结构建设和城乡电网智能化升级改造，开展智能电网、微电网等示范项目建设。构建覆盖城乡的供气管网。加强城市地下空间利用和综合管廊建设。完善海岛型水利设施网络。

四、推动形成全面开放新格局

坚持全方位对外开放，按照先行先试、风险可控、分步推进、突出特色的原则，第一步，在海南全境建设自由贸易试验区，赋予其现行自由贸易试验区试点政策；第二步，探索实行符合海南发展定位的自由贸易港政策。

（九）高标准高质量建设自由贸易试验区。以现有自由贸易试验区试点内容为主体，结合海南特点，建设中国（海南）自由贸易试验区，实施范围为海南岛全岛。以制度创新为核心，赋予更大改革自主权，支持海南大胆试、大胆闯、自主改，加快形成法治化、国际化、便利化的营商环境和公平统一高效的市场环境。更大力度转变政府职能，深化简政放权、放管结合、优化服务改革，全面提升政府治理能力。实行高水平的贸易和投资自由化便利化政策，对外资全面实行准入前国民待遇加负面清单管理制度，围绕种业、医疗、教育、体育、电信、互联网、文化、维修、金融、航运等重点领域，深化现代农业、高新技术产业、现代服务业对外开放，推动服务贸易加快发展，保护外商投资合法权益。推进航运逐步开放。发挥海南岛全岛试点的整体优势，加强改革系统集成，力争取得更多制度创新成果，彰显全面深化改革和扩大开放试验田作用。

（十）探索建设中国特色自由贸易港。根据国家发展需要，逐步探索、稳步推进海南自由贸易港建设，分步骤、分阶段建立自由贸易港政策体系。海南自由贸易港建设要体现中国特色，符合海南发展定位，学习借鉴国际自由贸易港建设经验，不以转口贸易和加工制造为重点，而以发展旅游业、现代服务业和高新技术产业为主导，更加强调通过人的全面发展，充分激发发展活力和创造力，打造更高层次、更高水平的开放型经济。及时总结 59 国外国人入境旅游免签政策实施效果，加大出入境安全措施建设，为进一步扩大免签创造条件。完善国际贸易“单一窗口”等信息化平台。积极吸引外商投资以及先进技术、管理经验，支持外商全面参与自由贸易港建设。在内外贸、投融资、财政税务、金融创新、出入境等方面探索更加灵活的政策体系、监管模式和管理体制，打造开放层次更高、营商环境更优、辐射作用更强的开放新高地。

（十一）加强风险防控体系建设。出台有关政策要深入论证、严格把关，成熟一项推出一项。打好防范化解重大风险攻坚战，有效履行属地金融监管职责，构建金融宏观审慎管理体系，建立金融监管协调机制，加强对重大风险的识别和系统性金融风险的防范，严厉打击洗钱、恐怖融资及逃税等金融犯罪活动，有效防控金融风险。优化海关监管方式，强化进出境安全准入管理，完善对国家禁止和限制入境货物、物品的监管，高效精准打击走私活动。建立检验检疫风险分类监管综合评定机制。强化企业投资经营事中事后监管，实行“双随机、一公开”监管全覆盖。

五、创新促进国际旅游消费中心建设的体制机制

深入推进国际旅游岛建设，不断优化发展环境，进一步开放旅游消费领域，积极培育旅游消费新业态、新热点，提升高端旅游消费水平，推动旅游消费提质升级，进一步释放旅游消费潜力，积极探索消费型经济发展的新路径。

（十二）拓展旅游消费发展空间。实施更加开放便利的离岛免税购物政策，实现离岛旅客全覆盖，提高免税购物限额。支持海南开通跨国邮轮旅游航线，支持三亚等邮轮港口开展公海游航线试点，加快三亚向邮轮母港方向发展。放宽游艇旅游管制。有序推进西沙旅游资源开发，稳步开放海岛游。全面落实完善博鳌乐城国际医疗旅游先行区政策，鼓励医疗新技术、新装备、新药品的研发应用，制定支持境外患者到先行区诊疗的便利化政策。推动文化和旅游融合发展，大力发展动漫游戏、网络文化、数字内容等新兴文化消费，促进传统文化消费升级。允许外资在海南试点设立在本省经营的演出经纪机构，允许外资在海南省内经批准的文化旅游产业集聚区设立演出场所经营单位，演出节目需符合国家法律和政策规

定。允许旅游酒店经许可接收国家批准落地的境外电视频道。支持在海南建设国家体育训练南方基地和省级体育中心，鼓励发展沙滩运动、水上运动、赛马运动等项目，支持打造国家体育旅游示范区。探索发展竞猜型体育彩票和大型国际赛事即开彩票。探索从空间规划、土地供给、资源利用等方面支持旅游项目建设。

（十三）提升旅游消费服务质量。鼓励海南旅游企业优化重组，支持符合条件的企业上市融资，促进旅游产业规模化、品牌化、网络化经营，形成一批具有国际竞争力的旅游集团。推进经济型酒店连锁经营，鼓励发展各类生态、文化主题酒店和特色化、中小型家庭旅馆，积极引进国内外高端酒店集团和著名酒店管理品牌。高标准布局建设具有国际影响力的大型消费商圈，完善“互联网+”消费生态体系，鼓励建设“智能店铺”、“智慧商圈”，支持完善跨境消费服务功能。加强旅游公共服务设施的统筹规划和建设。健全旅游服务的标准体系、监管体系、诚信体系、投诉体系，建立企业信誉等级评价、重大信息公告、消费投诉信息和违规记录公示制度。严厉打击扰乱旅游市场秩序的违法违规行为，完善旅游纠纷调解机制，切实维护旅游者合法权益。支持海南整合旅游营销资源，强化整体宣传营销，促进海南旅游形象提升。

（十四）大力推进旅游消费国际化。支持海南积极引进国际优质资本和智力资源，采用国际先进理念进行旅游资源保护和开发。允许在海南注册的符合条件的中外合资旅行社从事除台湾地区以外的出境旅游业务。支持海南积极参与国际旅游合作与分工，与国际组织和企业在引资引智、市场开发、教育培训、体育赛事等方面开展务实合作。加快建立与国际通行规则相衔接的旅游管理体制，推动更多企业开展国际标准化组织（ISO）质量和环境管理体系认证，提升企业管理水平。系统提升旅游设施和旅游要素的国际化、标准化、信息化水平。指导海南进一步办好国际体育赛事，支持再引入一批国际一流赛事。支持海南举办国际商品博览会和国际电影节。

六、服务和融入国家重大战略

支持海南履行好党中央赋予的重要使命，持续加强支撑保障能力建设，更好服务海洋强国、“一带一路”建设、军民融合发展等国家重大战略实施。

（十五）加强南海维权和开发服务保障能力建设。加快完善海南的维权、航运、渔业等重点基础设施，显著提升我国对管辖海域的综合管控和开发能力。实施南海保障工程，建立完善的救援保障体系。保障法院行使对我国管辖海域的司法管辖权。支持三亚海上旅游合作开发基地、澄迈等油气勘探生产服务基地建设。加强重点渔港和避风港建设。

（十六）深化对外交往与合作。充分利用博鳌亚洲论坛等国际交流平台，推动海南与“一带一路”沿线国家和地区开展更加务实高效的合作，建设 21 世纪海上丝绸之路重要战略支点。鼓励境外机构落户海南。支持海南推进总部基地建设，鼓励跨国企业、国内大型企业集团在海南设立国际总部和区域总部。支持在海南设立 21 世纪海上丝绸之路文化、教育、农业、旅游交流平台，推动琼海农业对外开放合作试验区建设。加强海南与东南亚国家的沟通交流，重点开展旅游、环境保护、海洋渔业、人文交流、创新创业、防灾减灾等领域合作。

（十七）推进军民融合深度发展。落实经济建设项目贯彻国防要求的有关部署，加强军地在基础设施、科技、教育和医疗服务等领域的统筹发展，建立军地共商、科技共兴、设施共建、后勤共保的体制机制，将海南打造成为军民融合发展示范基地。依托海南文昌航天发射场，推动建设海南文昌国际航天城。完善南海岛礁民事服务设施与功能，建设生态岛礁，打造南海军民融合精品工程。深化空域精细化管理改革，提升军民航空域使用效率。完善军地土地置换政策，保障军事用地需求，促进存量土地盘活利用。建设国家战略能源储备基地。

（十八）加强区域合作交流互动。依托泛珠三角区域合作机制，鼓励海南与有关省区共同参与南海保护与开发，共建海洋经济示范区、海洋科技合作区。密切与香港、澳门在海事、海警、渔业、海上搜救等领域的合作，积极对接粤港澳大湾区建设。加强与台湾地区在教育、医疗、现代农业、海洋资源保护与开发等领域的合作。深化琼州海峡合作，推进港航、旅游协同发展。

七、加强和创新社会治理

始终坚持以人民为中心的发展思想，完善公共服务体系，加强社会治理制度建设，不断满足人民日益增长的美好生活需要，形成有效的社会治理、良好的社会秩序，使人民获得感、幸福感、安全感更加充实、更有保障、更可持续。

（十九）健全改善民生长效机制。坚决打赢精准脱贫攻坚战，建立稳定脱贫长效机制，促进脱贫提质增效。深化户籍制度改革，有序推进农业转移人口市民化，推动基本公共服务覆盖全部常住人口。大力实施基础教育提质工程，全面提升学前教育和中小学教育质量。完善劳动用工制度，健全最低工资标准调整和工资支付保障长效机制。开展激发重点群体增收活力改革试点，推进事业单位改革和人才评价机制改革，在国家政策框架内，加快完善与自由贸易试验区和自由贸易港建设相适应、体现工作绩效和分级分类管理的机关事业单位工资分配政策。创新社会救助模式，完善专项救助制度，在重点保障城乡低保对象、特困人员的基础上，将专项救助向低收入家庭延伸。全面实施全民参保计划。建立和完善房地产长效机制，防止房价大起大落。继续深化医药卫生体制改革。

（二十）打造共建共治共享的社会治理格局。加强预防和化解社会矛盾机制建设，正确处理人民内部矛盾。加强人口动态数据收集分析，建立人口监测预警报告制度。推动建立以社会保障卡为载体的“一卡通”服务管理模式。探索行业协会商会类、科技类、公益慈善类、城乡社区服务类社会组织依法直接登记制度，支持社会组织在规范市场秩序、开展行业监管、加强行业自律、调解贸易纠纷等方面发挥更大作用，推进行业协会商会脱钩改革。全面加强基层治理，统筹推进基层政权建设和基层群众自治，促进乡镇（街道）治理和城乡社区治理有效衔接，构建简约高效的基层管理体制。全面推进社会信用体系建设，加快构建守信激励和失信惩戒机制。围绕行政管理、司法管理、城市管理、环境保护等社会治理的热点难点问题，促进人工智能技术应用，提高社会治理智能化水平。

（二十一）深化行政体制改革。全面贯彻党的十九届三中全会精神，认真落实《中共中央关于深化党和国家机构改革的决定》、《深化党和国家机构改革方案》，坚决维护党中央权威和集中统一领导，率先完成地方党政机构改革。深化“放管服”改革，在进一步简政放权、放管结合、优化服务方面走在全国前列，推动自由贸易试验区和自由贸易港建设。按照宜放则放、不宜放则不放的原则，赋予海南省级政府更多自主权，将贴近基层和群众的管理服务事务交由下级政府承担。推进海南行政区划改革创新，优化行政区划设置和行政区划结构体系。支持海南按照实际需要统筹使用各类编制资源。深化“多规合一”改革，推动形成全省统一的空间规划体系。积极探索与行政体制改革相适应的司法体制改革。

八、加快生态文明体制改革

牢固树立社会主义生态文明观，像对待生命一样对待生态环境，实行最严格的生态环境保护制度，还自然以宁静、和谐、美丽，提供更多优质生态产品以满足人民日益增长的优美生态环境需要，谱写美丽中国海南篇章。

（二十二）完善生态文明制度体系。加快建立健全生态文明建设长效机制，压紧压实生态环境保护责任。率先建立生态环境和资源保护现代监管体制，设立国有自然资源资产管理和自然生态监管机构。落实环境保护“党政同责、一岗双责”，构建以绿色发展为导向的评价考核体系，严格执行党政领导干部自然资源资产离任审计、生态环境损害责任追究制度。编制自然资源资产负债表，实行省以下环保机构监测监察执法垂直管理制度。支持海南在建立完善自然资源资产产权制度和有偿使用制度方面率先进行探索。加快完善生态保护成效与财政转移支付资金分配相挂钩的生态保护补偿机制。全面实施河长制、湖长制、湾长制、林长制。探索建立水权制度。鼓励海南国家级、省级自然保护区依法合规探索开展森林经营先行先试。加强对海洋生态环境的司法保护。开展海洋生态系统碳汇试点。研究构建绿色标准体系，建立绿色产品政府采购制度，创建绿色发展示范区。实行碳排放总量和能耗增量控制。建立环境污染“黑名单”制度，健全环保信用评价、信息强制性披露、严惩重罚等制度。在环境高风险领域建立环境污染强制责任保险制度。

（二十三）构建国土空间开发保护制度。深入落实主体功能区战略，健全国土空间用途管制制度，完善主体功能区配套政策，制定实施海南省海洋主体功能区规划。完成生态保护红线、永久基本农田、城镇开发边界和海洋生物资源保护线、围填海控制线划定工作，严格自然生态空间用途管制。实行最严格的节约用地制度，实施建设用地总量和强度双控行动，推进城市更新改造，对低效、零散用地进行统筹整合、统一开发，确保海南建设用地总量在现有基础上不增加，人均城镇工矿用地和单位国内生产总值建设用地使用面积稳步下降。加强自然保护区监督管理。研究设立热带雨林等国家公园，构建以国家公园为主体的自然保护地体系，按照自然生态系统整体性、系统性及其内在规律实行整体保护、系统修复、综合治理。实施重要生态系统保护和修复重大工程，构建生态廊道和生物多样性保护网络，提升生态系统质量和稳定性。鼓励在重点生态区位推行商品林赎买制度，探索通过租赁、置换、地役权合同等方式规范流转集体土地和经济林，逐步恢复和扩大热带雨林等自然生态空间。实施国家储备林质量精准提升工程，建设乡土珍稀树种木材储备基地。对生态环境脆弱和敏感区域内居民逐步实施生态移民搬迁。严格保护海洋生态环境，更加重视以海定陆，加快建立重点海域入海污染物总量控制制度，制定实施海岸带保护与利用综合规划。

（二十四）推动形成绿色生产生活方式。坚持“绿色、循环、低碳”理念，建立产业准入负面清单制度，全面禁止高能耗、高污染、高排放产业和低端制造业发展，推动现有制造业向智能化、绿色化和服务型转变，加快构建绿色产业体系。实施能源消费总量和强度双控行动。支持海南建设生态循环农业示范省，加快创建农业绿色发展先行区。实行生产者责任延伸制度，推动生产企业切实落实废弃产品回收责任。减少煤炭等化石能源消耗，加快构建安全、绿色、集约、高效的清洁能源供应体系。建立闲置房屋盘活利用机制，鼓励发展度假民宿等新型租赁业态。探索共享经济发展新模式，在出行、教育、职业培训等领域开展试点示范。科学合理控制机动车保有量，加快推广新能源汽车和节能环保汽车，在海南岛逐步禁止销售燃油汽车。全面禁止在海南生产、销售和使用一次性不可降解塑料袋、塑料餐具，加快推进快递业绿色包装应用。

九、完善人才发展制度

实施人才强国战略，深化人才发展体制机制改革，实行更加积极、更加开放、更加有效的人才政策，加快形成人人渴望成才、人人努力成才、人人皆可成才、人人尽展其才的良好环境。

（二十五）创新人才培养支持机制。鼓励海南充分利用国内外优质教育培训资源，加强教育培训合作，培养高水平的国际化人才。支持海南大学创建世界一流学科，支持相关高校培育建设重点实验室。鼓励国内知名高校和研究机构在海南设立分支机构。完善职业教育和培训体系，深化产教融合、校企合作，鼓励社会力量通过独资、合资、合作等多种形式举办职业教育。鼓励海南引进境外优质教育资源，举办高水平中外合作办学机构和项目，探索建立本科以上层次中外合作办学项目部省联合审批机制。支持海南通过市场化方式设立专业人才培养专项基金。完善促进终身教育培训的体制机制。

（二十六）构建更加开放的引才机制。加大国家级人才计划对海南省人才队伍建设的支持力度。紧紧围绕强化公益属性的目标深化事业单位改革，除仅为机关提供支持保障的事业单位外，原则上取消行政级别，允许改革后的事业单位结合实际完善有利于激励人才的绩效工资内部分配办法。促进教师、医生、科研人员等合理流动。创新"候鸟型"人才引进和使用机制，设立"候鸟"人才工作站，允许内地国企、事业单位的专业技术和管理人才按规定在海南兼职兼薪、按劳取酬。支持海南开展国际人才管理改革试点，允许外籍和港澳台地区技术技能人员按规定在海南就业、永久居留。允许在中国高校获得硕士及以上学位的优秀外国留学生在海南就业和创业，扩大海南高校留学生规模。支持海南探索建立吸引外国高科技人才的管理制度。

（二十七）建设高素质专业化干部队伍。坚持党管干部原则，坚持正确选人用人导向，突出政治标准，注重培养专业能力、专业精神，增强干部队伍助推海南全面深化改革开放的能力。推进公务员聘任制和分类管理改革，拓宽社会优秀人才进入党政干部队伍渠道，允许在专业性较强的政府机构设置高端特聘职位，实施聘期管理和协议工资。加强海南与国内发达地区的公务员学习交流，开展公务员国际交流合作，稳妥有序开展公务人员境外培训。加强优秀后备干部储备，完善鼓励干部到基层一线、困难艰苦地区历练的机制。

（二十八）全面提升人才服务水平。加大优质公共服务供给，满足人才对高品质公共服务的需求。大力引进优质医疗资源，鼓励社会力量发展高水平医疗机构，推进国际国内医疗资源合作，积极引进优秀卫生专业技术人员。深度推进跨省异地就医住院医疗费用直接结算，鼓励发展商业补充保险。推进社会养老服务设施建设。

加快数字图书馆、数字博物馆、网上剧院等建设，构建标准统一、互联互通的公共数字文化服务网络。出台专门政策解决引进人才的任职、住房、就医、社保、子女教育等问题。

十、保障措施

毫不动摇加强党对改革开放的领导，进一步强化政策支持，建立健全“中央统筹、部门支持、省抓落实”的工作机制，坚定自觉地把党中央、国务院的决策部署落到实处。

（二十九）加强党的领导。坚持党对一切工作的领导，充分发挥党总揽全局、协调各方的作用。海南省委要把党的政治建设摆在首位，用习近平新时代中国特色社会主义思想武装海南党员干部。着眼于健全加强党的全面领导的制度，优化党的组织机构，建立健全省委对全面深化改革开放工作的领导体制机制，更好发挥党的职能部门作用，提高党把方向、谋大局、定政策、促改革的能力和定力。加强基层党组织建设，着力提升组织力，增强政治功能，引导广大党员发挥先锋模范作用，把基层党组织建设成为推动海南全面深化改革开放的坚强战斗堡垒。完善体现新发展理念和正确政绩观要求的干部考核评价体系，建立激励机制和容错纠错机制，旗帜鲜明地为敢于担当、踏实做事、不谋私利的干部撑腰鼓劲。牢牢掌握意识形态工作领导权，把社会主义核心价值观融入社会发展各方面，坚定文化自信。持之以恒正风肃纪，强化纪检监察工作，营造风清气正良好环境。深化政治巡视。全面落实监察法。

（三十）强化政策保障。本意见提出的各项改革政策措施，凡涉及调整现行法律或行政法规的，经全国人大或国务院统一授权后实施。中央有关部门根据海南省建设自由贸易试验区、探索实行符合海南发展定位的自由贸易港政策需要，及时向海南省下放相关管理权限，给予充分的改革自主权。按照市场化方式，设立海南自由贸易港建设投资基金。深化司法体制综合配套改革，全面落实司法责任制，实行法院、检察院内设机构改革试点，建立法官、检察官员额退出机制。支持建立国际经济贸易仲裁机构和国际争端调解机构等多元纠纷解决机构。

（三十一）完善实施机制。海南省要发挥主体责任，主动作为、真抓实干，敢为人先、大胆探索，以“功成不必在我”的精神境界和“功成必定有我”的历史担当，一任接着一任干，一茬接着一茬干，将蓝图一绘到底。要制定预案，稳定市场预期，坚决防范炒房炒地投机行为。研究建立重大问题协调机制，统筹推进海南全面深化改革开放工作。中央有关部门要真放真改真支持，切实贯彻落实本意见提出的各项任务和政策措施，会同海南省抓紧制定实施方案。国家发展改革委要加强综合协调，强化督促检查，适时组织对本意见实施情况进行评估，及时发现问题并提出整改建议，重大事项向党中央、国务院报告。

国务院关于积极有效利用外资推动经济高质量发展若干措施的通知①

（2018 年 6 月 10 日）

各省、自治区、直辖市人民政府，国务院各部委、各直属机构：

利用外资是我国对外开放基本国策和构建开放型经济新体制的重要内容。当前我国经济已由高速增长阶段转向高质量发展阶段，利用外资面临新形势新挑战。为贯彻落实党中央、国务院关于推动形成全面开放新格局的决策部署，实行高水平投资自由化便利化政策，对标国际先进水平，营造更加公平透明便利、更有吸引力的投资环境，保持我国全球外商投资主要目的地地位，进一步促进外商投资稳定增长，实现以高水平开放推动经济高质量发展，现将有关事项通知如下：

一、大幅度放宽市场准入，提升投资自由化水平

（一）全面落实准入前国民待遇加负面清单管理制度。2018 年 7 月 1 日前修订出台全国和自由贸易试验区外商投资准入特别管理措施（负面清单），与国际通行规则对接，全面提升开放水平，以开放促改革、促发展、促创新。负面清单之外的领域，各地区各部门不得专门针对外商投资准入进行限制。（发展改革委、商务部牵头，各有关部门、各省级人民政府按职责分工负责）

（二）稳步扩大金融业开放。放宽外资金融机构设立限制，扩

① 《国务院关于积极有效利用外资推动经济高质量发展若干措施的通知》，《中华人民共和国国务院公报》，2018 年 18 期。

大外资金融机构在华业务范围，拓宽中外金融市场合作领域。修订完善合格境外机构投资者（QFII）和人民币合格境外机构投资者（RQFII）有关规定，建立健全公开透明、操作便利、风险可控的合格境外投资者制度，吸引更多境外长期资金投资境内资本市场。大力推进原油期货市场建设，积极推进铁矿石等期货品种引入境外交易者参与交易。深化境外上市监管改革，支持符合条件的境内企业到境外上市，稳妥有序推进在境外上市公司的未上市股份在境外市场上市流通。支持外资金融机构更多地参与地方政府债券承销。（财政部、商务部、人民银行、银保监会、证监会按职责分工负责）

（三）持续推进服务业开放。取消或放宽交通运输、商贸物流、专业服务等领域外资准入限制。加大自由贸易试验区范围内电信、文化、旅游等领域对外开放压力测试力度。（中央宣传部、中央网信办、发展改革委、工业和信息化部、交通运输部、农业农村部、商务部、文化和旅游部、粮食和储备局等有关部门按职责分工负责）

（四）深化农业、采矿业、制造业开放。取消或放宽种业等农业领域，煤炭、非金属矿等采矿业领域，汽车、船舶、飞机等制造业领域外资准入限制。（发展改革委、工业和信息化部、自然资源部、农业农村部、商务部等有关部门按职责分工负责）

二、深化“放管服”改革，提升投资便利化水平

（五）持续推进外资领域“放管服”改革。外商投资准入负面清单内投资总额10亿美元以下的外商投资企业设立及变更，由省级人民政府负责审批和管理。支持地方政府开展相对集中行政许可权改革试点。在全国推行负面清单以外领域外商投资企业商务备案

与工商登记“一口办理”。（商务部、市场监管总局等有关部门、各省级人民政府按职责分工负责）

（六）提高外商投资企业资金运用便利度。进一步简化资金池管理，允许银行审核真实、合法的电子单证，为企业办理集中收付汇、轧差结算业务。放宽企业开展跨国公司外汇资金集中运营管理试点备案条件。支持跨国企业集团办理跨境双向人民币资金池业务。（人民银行、外汇局按职责分工负责）

（七）提升外国人才来华工作便利度。研究出台支持政策，依法保障在华工作外国人才享有基本公共服务。为符合国家支持导向的中国境内注册企业急需的外国人才提供更加便利的外国人来华工作许可管理服务。积极推进外国高端人才服务“一卡通”试点，进一步简化工作许可办理程序。（外交部、司法部、人力资源社会保障部、外专局等有关部门按职责分工负责）

（八）提升外国人才出入境便利度。中国境内注册企业选聘的外国人才，符合外国人才签证实施办法规定条件的，可凭外国高端人才确认函向驻外使馆、领馆或者外交部委托的其他驻外机构申请5—10年有效、多次入境，每次停留期限不超过180天的人才签证，免除签证费和急件费，可在2个工作日内获发签证。（外交部、外专局等有关部门按职责分工负责）

三、加强投资促进，提升引资质量和水平

（九）优化外商投资导向。积极吸引外商投资以及先进技术、管理经验，支持外商全面参与海南自由贸易港建设，强化自由贸易试验区在扩大开放吸引外资方面的先行先试作用。（商务部牵头，国务院自由贸易试验区工作部际联席会议成员单位按职责分工负

责）引导外资更多投向现代农业、生态建设、先进制造业、现代服务业，投向中西部地区。进一步落实企业境外所得抵免、境外投资者以境内利润直接投资以及技术先进型服务企业的税收政策。（发展改革委、财政部、商务部、税务总局按职责分工负责）

（十）支持外商投资创新发展。积极落实外商投资研发中心支持政策，研究调整优化认定标准，鼓励外商投资企业加大在华研发力度。进一步落实高新技术企业政策，鼓励外资投向高新技术领域。（科技部、财政部、商务部、海关总署、税务总局按职责分工负责）

（十一）鼓励外资并购投资。鼓励地方政府根据市场化原则建立并购信息库，引导国内企业主动参与国际合作。允许符合条件的外国自然人投资者依法投资境内上市公司。比照上市公司相关规定，允许外商投资全国中小企业股份转让系统挂牌公司。完善上市公司国有股权监督管理制度，进一步提高国有控股上市公司及其国有股权流转的公开透明程度，为符合条件的国内外投资者参与国有企业改革提供公平机会。（发展改革委、商务部、国资委、证监会等有关部门、各省级人民政府按职责分工负责）

（十二）降低外商投资企业经营成本。允许各地支持制造业企业依法按程序进行厂房加层、厂区改造、内部用地整理及扩建生产、仓储场所，提升集约化用地水平，不再增收地价款。支持外商投资企业科学用工，通过订立以完成一定工作任务为期限的劳动合同、短期固定期限劳动合同满足灵活用工需求。完善外商投资企业申请实行综合计算工时工作制和不定时工作制的审批流程，缩短审批时限。加快推进多双边社会保障协定商签工作，切实履行已签署社会保障协定的条约义务，依据协定内容维护在华外国劳动者的社会保障权益，免除企业和员工对协定约定社会保险险种的双重缴费义务。（人力资源社会保障部、自然资源部、住房城乡建设部按职责分工负责）

（十三）加大投资促进工作力度。鼓励各地提供投资促进资金支持，强化绩效考核，完善激励机制。支持各地在法定权限范围内制定专项政策，对在经济社会发展中作出突出贡献的外商投资企业及高层次人才给予奖励。充分运用因公临时出国管理有关政策，为重大项目洽谈、重大投资促进活动等因公出访团组提供便利。各地在招商引资过程中，应遵守国家产业政策、土地利用政策、城乡规划和环境保护等要求，注重综合改善营商环境，给予内外资企业公平待遇，避免恶性竞争。（中央外办、外交部、发展改革委、财政部、自然资源部、生态环境部、商务部、外专局、各省级人民政府按职责分工负责）

四、提升投资保护水平，打造高标准投资环境

（十四）加大知识产权保护力度。推进专利法等相关法律法规修订工作，大幅提高知识产权侵权法定赔偿上限。严厉打击侵权假冒行为，加大对外商投资企业反映较多的侵犯商业秘密、商标恶意抢注和商业标识混淆不正当竞争、专利侵权假冒、网络盗版侵权等知识产权侵权违法行为的惩治力度。严格履行我国加入世界贸易组织承诺，外商投资过程中技术合作的条件由投资各方议定，各级人民政府工作人员不得利用行政手段强制技术转让。加强维权援助和纠纷仲裁调解，推进纠纷仲裁调解试点工作，推动完善知识产权保护体系。（中央宣传部、最高人民法院、全国打击侵权假冒工作领导小组办公室、司法部、市场监管总局、知识产权局按职责分工负责）

（十五）保护外商投资合法权益。完善外商投资企业投诉工作部际联席会议制度，协调解决涉及中央事权的制度性、政策性问题。建立健全各地外商投资企业投诉工作机制，各部门要加强对地方对口单位的指导和监督，及时解决外商投资企业反映的不公平待遇问题。各地不得限制外商投资企业依法跨区域经营、搬迁、注销等行为。（商务部牵头，有关部门、各省级人民政府按职责分工负责）

五、优化区域开放布局，引导外资投向中西部等地区

（十六）拓宽外商投资企业融资渠道。允许西部地区和东北老工业基地的外商投资企业在境外发行人民币或外币债券，并可全额汇回所募集资金，用于所在省份投资经营。在全口径跨境融资宏观审慎管理框架内，支持上述区域金融机构或经批准设立的地方资产管理公司按照制度完善、风险可控的要求，向境外投资者转让人民币不良债权；在充分评估的基础上，允许上述区域的银行机构将其持有的人民币贸易融资资产转让给境外银行。（发展改革委、财政部、人民银行、银保监会、外汇局按职责分工负责）

（十七）降低外商投资企业物流成本。在中西部地区和东北老工业基地建设陆空联合开放口岸和多式联运枢纽，加快发展江海、铁空、铁水等联运。支持增加中西部和东北老工业基地国际国内航线和班次。加强中欧班列场站、通道等基础设施建设，优化中欧班列发展环境，促进中欧班列降本增效。完善市场调节机制，调整运输结构，提高运输效率，加强公路、铁路、航空、水运等领域收费行为监管，进一步降低西部地区物流成本。（发展改革委、交通运输部、海关总署、市场监管总局、铁路局、民航局、中国铁路总公

司按职责分工负责）

（十八）加快沿边引资重点地区建设。鼓励地方统筹中央有关补助资金和自有财力，支持边境经济合作区、跨境经济合作区、边境旅游试验区建设。鼓励政策性、开发性金融机构在业务范围内加大对边境经济合作区、跨境经济合作区企业的信贷支持力度。积极支持注册地和主要生产地均在边境经济合作区、跨境经济合作区，符合条件的内外资企业，申请首次公开发行股票并上市。（财政部、商务部、文化和旅游部、人民银行、银保监会、证监会、各省级人民政府按职责分工负责）

（十九）打造西部地区投资合作新载体。在有条件的地区高标准规划建设若干个具有示范引领作用的国际合作园区，试点探索中外企业、机构、政府部门联合整体开发，支持园区在国际资本、人才、机构、服务等领域开展便利进出方面的先行先试。（中央财办、外交部、发展改革委、科技部、人力资源社会保障部、商务部、人民银行、海关总署、市场监管总局、外专局等有关部门、各省级人民政府按职责分工负责）

六、推动国家级开发区创新提升，强化利用外资重要平台作用

（二十）促进开发区优化外资综合服务。省级人民政府依法赋予国家级开发区地市级经济管理权限，制定发布相应的赋权清单，在有条件的国家级开发区试点赋予适宜的省级经济管理审批权限，支持国家级开发区稳妥高效用好相关权限，提升综合服务能力。支持国家级开发区复制推广上海市浦东新区“证照分离”改革经验，创新探索事中事后监管制度措施。借鉴国际先进经验，鼓励外商投资企业参与区中园、一区多园等建设运营。（自然资源部、住房城

乡建设部、商务部、市场监管总局等有关部门、各省级人民政府按职责分工负责）

（二十一）发挥开发区示范带动提高利用外资水平的作用。省级人民政府依法制定支持国家级开发区城市更新、工业区改造的政策，优化土地存量供给，引进高技术、高附加值外商投资企业和项目。各地在安排土地利用计划时，对国家级开发区主导产业引进外资、促进转型升级等用地予以倾斜支持。在国家级开发区招商引资部门、团队等实行更加灵活的人事制度，提高专业化、市场化服务能力。进一步提升国家级开发区建设的国际化水平。（人力资源社会保障部、自然资源部、住房城乡建设部、商务部、各省级人民政府按职责分工负责）

（二十二）加大开发区引资金融支持力度。引导各类绿色环保基金，按照市场化原则运作，支持外资参与国家级开发区环境治理和节能减排，为国家级开发区引进先进节能环保技术、企业提供金融支持。地方政府可通过完善公共服务定价、实施特许经营模式等方式，支持绿色环保基金投资国家级开发区相关项目。鼓励设立政府性融资担保机构，提供融资担保、再担保等服务，支持国家级开发区引进境外创新型企业、创业投资机构等，推进创新驱动发展。（发展改革委、科技部、工业和信息化部、财政部、生态环境部、商务部等有关部门按职责分工负责）

（二十三）健全开发区双向协作引资机制。在东部地区国家级开发区建设若干产业转移协作平台，推进产业项目转移对接合作。支持地方制定成本分担和利益分享、人才交流合作、产业转移协作等方面的措施，推动东部地区国家级开发区通过多种形式在西部地区、东北老工业基地建设产业转移园区。支持东部与中西部地区国家级开发区合作引入国际双元制职业教育机构，增加外商投资企业人力资源有效供给。（发展改革委、教育部、工业和信息化部、人力资源社会保障部、自然资源部、住房城乡建设部、商务部等有关部门、各省级人民政府按职责分工负责）

各地区、各部门要充分认识新时代推动扩大开放、积极有效利用外资对于建设现代化经济体系、促进经济升级的重要意义，高度重视，主动作为，狠抓落实，注重实效，确保各项措施与已出台政策有效衔接，形成合力。涉及修订或废止行政法规、国务院文件、经国务院批准的部门规章的，由原牵头起草部门或商务部会同有关部门报请国务院修订或废止。商务部、发展改革委要会同有关部门加强督促检查，重大问题及时向国务院请示报告。

中共中央 国务院关于推进贸易高质量发展的指导意见①

（2019 年 11 月 19 日）

推进贸易高质量发展，是党中央面对国际国内形势深刻变化作出的重大决策部署，是奋力推进新时代中国特色社会主义事业的必然要求，是事关经济社会发展全局的大事。为加快培育贸易竞争新优势，推进贸易高质量发展，现提出如下意见。

一、总体要求

以习近平新时代中国特色社会主义思想为指导，全面贯彻党的十九大和十九届二中、三中、四中全会精神，坚持新发展理念，坚持推动高质量发展，以供给侧结构性改革为主线，加快推动由商品和要素流动型开放向规则等制度型开放转变，建设更高水平开放型经济新体制，完善涉外经贸法律和规则体系，深化外贸领域改革，坚持市场化原则和商业规则，强化科技创新、制度创新、模式和业态创新，以共建“一带一路”为重点，大力优化贸易结构，推动进口与出口、货物贸易与服务贸易、贸易与双向投资、贸易与产业协调发展，促进国际国内要素有序自由流动、资源高效配置、市场深度融合，促进国际收支基本平衡，实现贸易高质量发展，开创开放合作、包容普惠、共享共赢的国际贸易新局面，为推动我国经济社会发展和构建人类命运共同体作出更大贡献。

---

① 《中共中央 国务院关于推进贸易高质量发展的指导意见》，《中华人民共和国国务院公报》，2019 年 35 期。

到2022年，贸易结构更加优化，贸易效益显著提升，贸易实力进一步增强，建立贸易高质量发展的指标、政策、统计、绩效评价体系。

二、加快创新驱动，培育贸易竞争新优势

（一）夯实贸易发展的产业基础。发挥市场机制作用，促进贸易与产业互动，推进产业国际化进程。加快发展和培育壮大新兴产业，推动重点领域率先突破。优化升级传统产业，提高竞争力。加快发展现代服务业，特别是生产性服务业，推进先进制造业与现代服务业深度融合。加快建设现代农业。培育具有全球影响力和竞争力的先进制造业集群。

（二）增强贸易创新能力。构建开放、协同、高效的共性技术研发平台，强化制造业创新对贸易的支撑作用。推动互联网、物联网、大数据、人工智能、区块链与贸易有机融合，加快培育新动能。加强原始创新、集成创新。充分利用多双边合作机制，加强技术交流与合作。着力扩大知识产权对外许可。积极融入全球创新网络。

（三）提高产品质量。加强质量管理，积极采用先进技术和标准，提高产品质量。推动一批重点行业产品质量整体达到国际先进水平。进一步完善认证认可制度，加快推进与重点市场认证和检测结果互认。完善检验检测体系，加强检验检测公共服务平台建设。健全重要产品追溯体系。

（四）加快品牌培育。大力培育行业性、区域性品牌。在重点市场举办品牌展览推介，推动品牌产品走向世界。加强商标、专利等知识产权保护和打击假冒伪劣工作，鼓励企业开展商标和专利境外注册。强化品牌研究、品牌设计、品牌定位和品牌交流，完善品牌管理体系。加强商标、地理标志品牌建设，提升中国品牌影响力。

三、优化贸易结构，提高贸易发展质量和效益

（五）优化国际市场布局。继续深耕发达经济体等传统市场。着力深化与共建“一带一路”国家的贸易合作，拓展亚洲、非洲、拉美等市场。逐步提高自贸伙伴、新兴市场和发展中国家在我国对外贸易中的占比，扩大与周边国家贸易规模。综合考虑市场规模、贸易潜力、消费结构、产业互补、国别风险等因素，引导企业开拓一批重点市场。

（六）优化国内区域布局。以“一带一路”建设、京津冀协同发展、长江经济带发展、长江三角洲区域一体化发展、粤港澳大湾区建设、黄河流域生态保护和高质量发展、推进海南全面深化改革开放等重大战略为引领，推动区域间融通联动。推动东部地区新旧动能转换，实现贸易高质量发展。支持中西部和东北地区加快发展，承接国内外产业转移，提高开放型经济比重。提升边境经济合作区、跨境经济合作区发展水平。

（七）优化经营主体。鼓励行业龙头企业提高国际化经营水平，逐步融入全球供应链、产业链、价值链，形成在全球范围内配置要素资源、布局市场网络的能力。支持推动中小企业转型升级，聚焦主业，走“专精特新”国际化道路。

（八）优化商品结构。大力发展高质量、高技术、高附加值产品贸易。不断提高劳动密集型产品档次和附加值。优化资本品、消费品贸易结构，扩大中间品贸易规模，发展和保护全球产业链。加

快推动智能制造发展，逐步从加工制造环节向研发设计、营销服务、品牌经营等环节攀升，稳步提高出口附加值。

（九）优化贸易方式。做强一般贸易，增强议价能力，提高效益和规模。提升加工贸易，鼓励向产业链两端延伸，推动产业链升级；推进维修、再制造、检测等业务发展；利用互联网、大数据等信息技术完善监管。发展其他贸易，加快边境贸易创新发展和转型升级，探索发展新型贸易方式。

四、促进均衡协调，推动贸易可持续发展

（十）积极扩大进口。适时进一步降低进口关税和制度性成本，激发进口潜力，优化进口结构。扩大先进技术、设备和零部件进口。鼓励国内有需求的资源性产品进口。支持日用消费品、医药和康复、养老护理等设备进口。促进研发设计、节能环保、环境服务等生产性服务进口。

（十一）大力发展服务贸易。深化服务贸易领域改革和开放，持续推进服务贸易创新发展试点，完善促进服务贸易发展的管理体制和政策体系。加快数字贸易发展。推进文化、数字服务、中医药服务等领域特色服务出口基地建设。完善技术进出口管理制度，建立健全技术贸易促进体系。探索跨境服务贸易负面清单管理制度。加强服务贸易国际合作，打造“中国服务”国家品牌。

（十二）推动贸易与双向投资有效互动。持续放宽外资市场准入，鼓励外资投向新兴产业、高新技术、节能环保、现代服务业等领域，充分发挥外资对产业升级和外贸高质量发展的带动作用。深化国际产能和装备制造合作，培育一批产业定位清晰、发展前景好的境外经贸合作区。大力发展对外工程承包，带动装备、技术、标准、认证和服务走出去。

（十三）推进贸易与环境协调发展。发展绿色贸易，严格控制高污染、高耗能产品进出口。鼓励企业进行绿色设计和制造，构建绿色技术支撑体系和供应链，并采用国际先进环保标准，获得节能、低碳等绿色产品认证，实现可持续发展。

五、培育新业态，增添贸易发展新动能

（十四）促进贸易新业态发展。推进跨境电子商务综合试验区建设，复制推广成熟经验做法。完善跨境电子商务零售进出口管理模式，优化通关作业流程，建立全口径海关统计制度。在总结试点经验基础上，完善管理体制和政策措施，推进市场采购贸易方式试点。完善外贸综合服务企业发展政策，推动信息共享和联合监管。鼓励发展其他贸易新业态。

（十五）提升贸易数字化水平。形成以数据驱动为核心、以平台为支撑、以商产融合为主线的数字化、网络化、智能化发展模式。推动企业提升贸易数字化和智能化管理能力。大力提升外贸综合服务数字化水平。积极参与全球数字经济和数字贸易规则制定，推动建立各方普遍接受的国际规则。

（十六）加快服务外包转型升级。健全服务外包创新机制，培育创新环境，促进创新合作。加快服务外包向高技术、高附加值、高品质、高效益方向发展。发挥服务外包示范城市创新引领作用，促进服务外包产业向价值链中高端转型升级。积极发展设计、维修、咨询、检验检测等领域服务外包，促进生产性服务贸易发展。

六、建设平台体系，发挥对贸易的支撑作用

（十七）加快培育各类外贸集聚区。推进国家外贸转型升级基地建设，依托产业集聚区，培育一批产业优势明显、创新驱动突出、公共服务体系完善的基地。加快加工贸易转型升级示范区、试点城市和梯度转移重点承接地发展。推进国家级新区、经济技术开发区、高新技术产业开发区、海关特殊监管区域等各类开放平台建设，创新管理制度。

（十八）推进贸易促进平台建设。办好中国国际进口博览会，不断提升其吸引力和国际影响力。拓展中国进出口商品交易会（广交会）、中国国际服务贸易交易会（京交会）等综合性展会功能，培育若干国际知名度高、影响力大的境内外展会。培育国家进口贸易促进创新示范区，创新监管制度、服务功能、交易模式，带动周边地区增强进口能力。

（十九）推进国际营销体系建设。鼓励企业针对不同市场、不同产品建设营销保障支撑体系，促进线上线下融合发展。完善售后服务标准，提高用户满意度，积极运用物联网、大数据等技术手段开展远程监测诊断、运营维护、技术支持等售后服务。推进国际营销公共平台建设。

（二十）完善外贸公共服务平台建设。加强对重点市场相关法律、准入政策、技术法规、市场信息等收集发布。支持各级政府、行业组织及企业建设不同层级、不同领域的公共服务平台，加强公共服务供给。

（二十一）构建高效跨境物流体系。推进跨境基础设施建设与互联互通，共同推动运输便利化安排和大通关协作。加快发展智能化多式联运。加快智慧港口建设。鼓励电商、快递、物流龙头企业

建设境外仓储物流配送中心，逐步打造智能物流网络。

七、深化改革开放，营造法治化国际化便利化贸易环境

（二十二）深化管理体制改革。进一步推进外贸体制改革，加强事中事后监管。完善政策协调机制，加强财税、金融、产业、贸易等政策之间衔接。推动世界贸易组织《贸易便利化协定》在国内实施。优化通关、退税、外汇、安全、环保管理方式，推进国际贸易“单一窗口”建设和应用，落实减税降费政策，加快打造国际一流、公平竞争的营商环境。

（二十三）充分发挥自由贸易试验区示范引领作用，高水平建设中国特色自由贸易港。以制度创新为核心，推动自由贸易试验区先行先试，开展首创性、差别化改革探索，加快形成法治化国际化便利化的营商环境和公平开放统一高效的市场环境。探索实施国际通行的货物、资金、人员出入境等管理制度。积极复制推广改革试点经验。加快探索建设自由贸易港，打造开放层次更高、营商环境更优、辐射作用更强的开放新高地。

（二十四）加强知识产权保护和信用体系建设。加大对侵权违法行为的惩治力度。加强知识产权保护国际合作，积极参与相关国际规则构建。完善海外知识产权维权援助机制。推进商务、知识产权、海关、税务、外汇等部门信息共享、协同执法的监管体系建设。建立经营主体信用记录，实施失信联合惩戒。

八、坚持共商共建共享，深化“一带一路”经贸合作

（二十五）深化贸易合作。拓宽贸易领域，推动优质农产品、制成品和服务进口，促进贸易平衡发展。发展特色服务贸易。推进

中欧班列、西部陆海新通道等国际物流和贸易大通道建设。发展“丝路电商”，鼓励企业在相关国家开展电子商务。积极开展促贸援助。推进商建贸易畅通工作机制。

（二十六）创新投资合作。拓宽双向投资领域，推动绿色基础设施建设、绿色投资，推动企业按照国际规则标准进行项目建设和运营。鼓励合作建设境外经贸合作区、跨境经济合作区等产业园区，促进产业集群发展。推动新兴产业合作。推进商建投资合作工作机制。

（二十七）促进贸易投资自由化便利化。积极开展共建“一带一路”经贸领域合作、三方合作、多边合作，推进合作共赢的开放体系建设，加强贸易和投资领域规则标准对接。推动削减非关税壁垒，提高技术性贸易措施透明度，提升贸易投资便利化水平。

九、坚持互利共赢，拓展贸易发展新空间

（二十八）建设性参与全球经济治理，推动区域、次区域合作。维护以规则为基础的开放、包容、透明、非歧视性等世界贸易组织核心价值和基本原则，反对单边主义和保护主义，推动对世界贸易组织进行必要改革。积极参与多边贸易规则谈判，维护多边贸易体制的权威性和有效性。深入参与二十国集团、金砖国家、亚太经合组织、湄公河次区域经济合作、大图们倡议等多边和区域、次区域合作机制，积极贡献更多中国倡议、中国方案。

（二十九）加快高标准自由贸易区建设。不断扩大自由贸易区网络覆盖范围，加快形成立足周边、辐射“一带一路”、面向全球的高标准自由贸易区网络。推动与世界重要经济体商建自由贸易区进程，努力提高开放水平，扩大市场准入，提高规则标准。

十、加强组织实施，健全保障体系

（三十）加强党对推进贸易高质量发展工作的全面领导。建立推进贸易高质量发展工作机制，整体推进贸易高质量发展，工作机制办公室设在商务部。商务部会同有关部门，加强协调指导，制定行动计划。

（三十一）健全法律法规体系。落实全面依法治国基本方略，不断完善贸易及相关领域国内立法，为贸易高质量发展提供法治保障。促进国内经贸立法与国际经贸规则的良性互动。加强贸易政策合规工作。

（三十二）加大政策支持力度。在符合世界贸易组织规则前提下，发挥财政资金对贸易发展的促进作用。结合增值税改革和立法，逐步完善出口退税机制。在依法合规、风险可控、商业可持续前提下，支持金融机构有序开展金融创新，提供多样化、综合化金融服务。进一步发挥进出口信贷和出口信用保险作用。稳步提高跨境贸易人民币结算比例，扩大经常项目人民币跨境使用，拓宽人民币跨境投融资渠道。

（三十三）加强贸易领域风险防范。加快出口管制体系建设，强化最终用户最终用途管理。继续敦促相关国家放宽对华出口管制。建立出口管制合规体系。完善对外贸易调查制度。健全产业损害预警体系。妥善应对贸易摩擦。提升运用贸易救济规则能力和水平。研究设立贸易调整援助制度。加强风险监测分析预警，引导企业防范风险。

（三十四）完善中介组织和智力支撑体系。加强与国际组织、各国各地区相关机构和工商业界交流合作，充分发挥行业组织、贸促机构在贸易促进、信息交流、标准体系建设、行业自律、应对摩擦等方面的作用，助力外贸高质量发展。设立推进贸易高质量发展专家咨询委员会。强化外贸发展人才支撑。

中央和国家机关有关部门要按照职能分工，研究具体政策措施，加强协同配合，形成工作合力。各级党委和政府要切实加强组织领导，强化责任担当，结合本地区实际进一步明确重点任务，抓好相关工作落实。

中共中央　国务院印发《海南自由贸易港建设总体方案》①

（2020 年 6 月 1 日）

中共中央、国务院印发了《海南自由贸易港建设总体方案》，并发出通知，要求各地区各部门结合实际认真贯彻落实。

《海南自由贸易港建设总体方案》主要内容如下。

海南是我国最大的经济特区，具有实施全面深化改革和试验最高水平开放政策的独特优势。支持海南逐步探索、稳步推进中国特色自由贸易港建设，分步骤、分阶段建立自由贸易港政策和制度体系，是习近平总书记亲自谋划、亲自部署、亲自推动的改革开放重大举措，是党中央着眼国内国际两个大局，深入研究、统筹考虑、科学谋划作出的战略决策。当今世界正在经历新一轮大发展大变革大调整，保护主义、单边主义抬头，经济全球化遭遇更大的逆风和回头浪。在海南建设自由贸易港，是推进高水平开放，建立开放型经济新体制的根本要求；是深化市场化改革，打造法治化、国际化、便利化营商环境的迫切需要；是贯彻新发展理念，推动高质量发展，建设现代化经济体系的战略选择；是支持经济全球化，构建人类命运共同体的实际行动。为深入贯彻习近平总书记在庆祝海南建省办经济特区 30 周年大会上的重要讲话精神，落实《中共中央、国务院关于支持海南全面深化改革开放的指导意见》要求，加快建设高水平的中国特色自由贸易港，制定本方案。

---

①《中共中央　国务院印发〈海南自由贸易港建设总体方案〉》，《中华人民共和国国务院公报》，2020 年 17 期。

一、总体要求

（一）指导思想。以习近平新时代中国特色社会主义思想为指导，全面贯彻党的十九大和十九届二中、三中、四中全会精神，坚持党的全面领导，坚持稳中求进工作总基调，坚持新发展理念，坚持高质量发展，统筹推进“五位一体”总体布局，协调推进“四个全面”战略布局，对标国际高水平经贸规则，解放思想、大胆创新，聚焦贸易投资自由化便利化，建立与高水平自由贸易港相适应的政策制度体系，建设具有国际竞争力和影响力的海关监管特殊区域，将海南自由贸易港打造成为引领我国新时代对外开放的鲜明旗帜和重要开放门户。

（二）基本原则

——借鉴国际经验。坚持高起点谋划、高标准建设，主动适应国际经贸规则重构新趋势，充分学习借鉴国际自由贸易港的先进经营方式、管理方法和制度安排，形成具有国际竞争力的开放政策和制度，加快建立开放型经济新体制，增强区域辐射带动作用，打造我国深度融入全球经济体系的前沿地带。

——体现中国特色。坚持党的集中统一领导，坚持中国特色社会主义道路，坚持以人民为中心，践行社会主义核心价值观，确保海南自由贸易港建设正确方向。充分发挥全国上下一盘棋和集中力量办大事的制度优势，调动各方面积极性和创造性，集聚全球优质生产要素，着力在推动制度创新、培育增长动能、构建全面开放新格局等方面取得新突破，为实现国家战略目标提供坚实支撑。加强与东南亚国家交流合作，促进与粤港澳大湾区联动发展。

——符合海南定位。紧紧围绕国家赋予海南建设全面深化改革开放试验区、国家生态文明试验区、国际旅游消费中心和国家重大战略服务保障区的战略定位，充分发挥海南自然资源丰富、地理区位独特以及背靠超大规模国内市场和腹地经济等优势，抢抓全球新一轮科技革命和产业变革重要机遇，聚焦发展旅游业、现代服务业和高新技术产业，加快培育具有海南特色的合作竞争新优势。

——突出改革创新。强化改革创新意识，赋予海南更大改革自主权，支持海南全方位大力度推进改革创新，积极探索建立适应自由贸易港建设的更加灵活高效的法律法规、监管模式和管理体制，下大力气破除阻碍生产要素流动的体制机制障碍。深入推进商品和要素流动型开放，加快推动规则等制度型开放，以高水平开放带动改革全面深化。加强改革系统集成，注重协调推进，使各方面创新举措相互配合、相得益彰，提高改革创新的整体效益。

——坚持底线思维。坚持稳扎稳打、步步为营，统筹安排好开放节奏和进度，成熟一项推出一项，不急于求成、急功近利。深入推进简政放权、放管结合、优化服务，全面推行准入便利、依法过程监管的制度体系，建立与国际接轨的监管标准和规范制度。加强重大风险识别和系统性风险防范，建立健全风险防控配套措施。完善重大疫情防控体制机制，健全公共卫生应急管理体系。开展常态化评估工作，及时纠偏纠错，确保海南自由贸易港建设方向正确、健康发展。

（三）发展目标

到 2025 年，初步建立以贸易自由便利和投资自由便利为重点的自由贸易港政策制度体系。营商环境总体达到国内一流水平，市场主体大幅增长，产业竞争力显著提升，风险防控有力有效，适应自由贸易港建设的法律法规逐步完善，经济发展质量和效益明显改善。

到2035年，自由贸易港制度体系和运作模式更加成熟，以自由、公平、法治、高水平过程监管为特征的贸易投资规则基本构建，实现贸易自由便利、投资自由便利、跨境资金流动自由便利、人员进出自由便利、运输来往自由便利和数据安全有序流动。营商环境更加优化，法律法规体系更加健全，风险防控体系更加严密，现代社会治理格局基本形成，成为我国开放型经济新高地。

到本世纪中叶，全面建成具有较强国际影响力的高水平自由贸易港。

（四）实施范围。海南自由贸易港的实施范围为海南岛全岛。

二、制度设计

以贸易投资自由化便利化为重点，以各类生产要素跨境自由有序安全便捷流动和现代产业体系为支撑，以特殊的税收制度安排、高效的社会治理体系和完备的法治体系为保障，在明确分工和机制措施、守住不发生系统性风险底线的前提下，构建海南自由贸易港政策制度体系。

（一）贸易自由便利。在实现有效监管的前提下，建设全岛封关运作的海关监管特殊区域。对货物贸易，实行以“零关税”为基本特征的自由化便利化制度安排。对服务贸易，实行以“既准入又准营”为基本特征的自由化便利化政策举措。

1．“一线”放开。在海南自由贸易港与中华人民共和国关境外其他国家和地区之间设立“一线”。“一线”进（出）境环节强化安全准入（出）监管，加强口岸公共卫生安全、国门生物安全、食品安全、产品质量安全管控。在确保履行我国缔结或参加的国际条约所规定义务的前提下，制定海南自由贸易港禁止、限制进出口的货物、物品清单，清单外货物、物品自由进出，海关依法进行监管。制定海南自由贸易港进口征税商品目录，目录外货物进入自由贸易港免征进口关税。以联运提单付运的转运货物不征税、不检验。从海南自由贸易港离境的货物、物品按出口管理。实行便捷高效的海关监管，建设高标准国际贸易“单一窗口”。

2．“二线”管住。在海南自由贸易港与中华人民共和国关境内的其他地区（以下简称内地）之间设立“二线”。货物从海南自由贸易港进入内地，原则上按进口规定办理相关手续，照章征收关税和进口环节税。对鼓励类产业企业生产的不含进口料件或者含进口料件在海南自由贸易港加工增值超过30%（含）的货物，经“二线”进入内地免征进口关税，照章征收进口环节增值税、消费税。行邮物品由海南自由贸易港进入内地，按规定进行监管，照章征税。对海南自由贸易港前往内地的运输工具，简化进口管理。货物、物品及运输工具由内地进入海南自由贸易港，按国内流通规定管理。内地货物经海南自由贸易港中转再运往内地无需办理报关手续，应在自由贸易港内海关监管作业场所（场地）装卸，与其他海关监管货物分开存放，并设立明显标识。场所经营企业应根据海关监管需要，向海关传输货物进出场所等信息。

3．岛内自由。海关对海南自由贸易港内企业及机构实施低干预、高效能的精准监管，实现自由贸易港内企业自由生产经营。由境外启运，经海南自由贸易港换装、分拣集拼，再运往其他国家或地区的中转货物，简化办理海关手续。货物在海南自由贸易港内不设存储期限，可自由选择存放地点。实施“零关税”的货物，海关免于实施常规监管。

4．推进服务贸易自由便利。实施跨境服务贸易负面清单制度，破除跨境交付、境外消费、自然人移动等服务贸易模式下存在的各种壁垒，给予境外服务提供者国民待遇。实施与跨境服务贸易配套的资金支付与转移制度。在告知、资格要求、技术标准、透明度、监管一致性等方面，进一步规范影响服务贸易自由便利的国内规制。

（二）投资自由便利。大幅放宽海南自由贸易港市场准入，强化产权保护，保障公平竞争，打造公开、透明、可预期的投资环境，进一步激发各类市场主体活力。

5. 实施市场准入承诺即入制。严格落实“非禁即入”，在“管得住”的前提下，对具有强制性标准的领域，原则上取消许可和审批，建立健全备案制度，市场主体承诺符合相关要求并提交相关材料进行备案，即可开展投资经营活动。备案受理机构从收到备案时起，即开始承担审查责任。对外商投资实施准入前国民待遇加负面清单管理制度，大幅减少禁止和限制条款。

6. 创新完善投资自由制度。实行以过程监管为重点的投资便利制度。建立以电子证照为主的设立便利，以“有事必应”、“无事不扰”为主的经营便利，以公告承诺和优化程序为主的注销便利，以尽职履责为主的破产便利等政策制度。

7. 建立健全公平竞争制度。强化竞争政策的基础性地位，确保各类所有制市场主体在要素获取、标准制定、准入许可、经营运营、优惠政策等方面享受平等待遇。政府采购对内外资企业一视同仁。加强和优化反垄断执法，打破行政性垄断，防止市场垄断，维护公平竞争市场秩序。

8. 完善产权保护制度。依法保护私人和法人财产的取得、使用、处置和继承的权利，以及依法征收私人和法人财产时被征收财产所有人得到补偿的权利。落实公司法等法律法规，加强对中小投资者的保护。加大知识产权侵权惩罚力度，建立健全知识产权领域市场主体信用分类监管、失信惩戒等机制。加强区块链技术在知识产权交易、存证等方面应用，探索适合自由贸易港发展的新模式。

（三）跨境资金流动自由便利。坚持金融服务实体经济，重点围绕贸易投资自由化便利化，分阶段开放资本项目，有序推进海南自由贸易港与境外资金自由便利流动。

9. 构建多功能自由贸易账户体系。以国内现有本外币账户和自由贸易账户为基础，构建海南金融对外开放基础平台。通过金融账户隔离，建立资金“电子围网”，为海南自由贸易港与境外实现跨境资金自由便利流动提供基础条件。

10. 便利跨境贸易投资资金流动。进一步推动跨境货物贸易、服务贸易和新型国际贸易结算便利化，实现银行真实性审核从事前审查转为事后核查。在跨境直接投资交易环节，按照准入前国民待遇加负面清单模式简化管理，提高兑换环节登记和兑换的便利性，探索适应市场需求新形态的跨境投资管理。在跨境融资领域，探索建立新的外债管理体制，试点合并交易环节外债管理框架，完善企业发行外债备案登记制管理，全面实施全口径跨境融资宏观审慎管理，稳步扩大跨境资产转让范围，提升外债资金汇兑便利化水平。在跨境证券投融资领域，重点服务实体经济投融资需求，扶持海南具有特色和比较优势的产业发展，并在境外上市、发债等方面给予优先支持，简化汇兑管理。

11. 扩大金融业对内对外开放。率先在海南自由贸易港落实金融业扩大开放政策。支持建设国际能源、航运、产权、股权等交易场所。加快发展结算中心。

12. 加快金融改革创新。支持住房租赁金融业务创新和规范发展，支持发展房地产投资信托基金（REITs）。稳步拓宽多种形式的产业融资渠道，放宽外资企业资本金使用范围。创新科技金融政策、产品和工具。

（四）人员进出自由便利。根据海南自由贸易港发展需要，针对高端产业人才，实行更加开放的人才和停居留政策，打造人才集聚高地。在有效防控涉外安全风险隐患的前提下，实行更加便利的出入境管理政策。

13. 对外籍高层次人才投资创业、讲学交流、经贸活动方面提供出入境便利。完善国际人才评价机制，以薪酬水平为主要指标评估人力资源类别，建立市场导向的人才机制。对外籍人员赴海南自由贸易港的工作许可实行负面清单管理，放宽外籍专业技术技能人员停居留政策。允许符合条件的境外人员担任海南自由贸易港内法定机构、事业单位、国有企业的法定代表人。实行宽松的商务人员临时出入境政策。

14. 建立健全人才服务管理制度。实现工作许可、签证与居留信息共享和联审联检。推进建立人才服务中心，提供工作就业、教育生活服务，保障其合法权益。

15. 实施更加便利的出入境管理政策。逐步实施更大范围适用免签入境政策，逐步延长免签停留时间。优化出入境边防检查管理，为商务人员、邮轮游艇提供出入境通关便利。

（五）运输来往自由便利。实施高度自由便利开放的运输政策，推动建设西部陆海新通道国际航运枢纽和航空枢纽，加快构建现代综合交通运输体系。

16. 建立更加自由开放的航运制度。建设“中国洋浦港”船籍港。支持海南自由贸易港开展船舶登记。研究建立海南自由贸易港航运经营管理体制及海员管理制度。进一步放宽空域管制与航路航权限制，优化航运路线，鼓励增加运力投放，增开航线航班。

17. 提升运输便利化和服务保障水平。推进船舶联合登临检查。构建高效、便捷、优质的船旗国特殊监管政策。为船舶和飞机融资提供更加优质高效的金融服务，取消船舶和飞机境外融资限制，探索以保险方式取代保证金。加强内地与海南自由贸易港间运输、通关便利化相关设施设备建设，合理配备人员，提升运输来往自由便利水平。

（六）数据安全有序流动。在确保数据流动安全可控的前提下，扩大数据领域开放，创新安全制度设计，实现数据充分汇聚，培育发展数字经济。

18. 有序扩大通信资源和业务开放。开放增值电信业务，逐步取消外资股比等限制。允许实体注册、服务设施在海南自由贸易港内的企业，面向自由贸易港全域及国际开展在线数据处理与交易处理等业务，并在安全可控的前提下逐步面向全国开展业务。安全有序开放基础电信业务。开展国际互联网数据交互试点，建设国际海底光缆及登陆点，设立国际通信出入口局。

（七）现代产业体系。大力发展旅游业、现代服务业和高新技术产业，不断夯实实体经济基础，增强产业竞争力。

19. 旅游业。坚持生态优先、绿色发展，围绕国际旅游消费中心建设，推动旅游与文化体育、健康医疗、养老养生等深度融合，提升博鳌乐城国际医疗旅游先行区发展水平，支持建设文化旅游产业园，发展特色旅游产业集群，培育旅游新业态新模式，创建全域旅游示范省。加快三亚向国际邮轮母港发展，支持建设邮轮旅游试验区，吸引国际邮轮注册。设立游艇产业改革发展创新试验区。支持创建国家级旅游度假区和5A级景区。

20. 现代服务业。集聚全球创新要素，深化对内对外开放，吸引跨国公司设立区域总部。创新港口管理体制机制，推动港口资源整合，拓展航运服务产业链，推动保税仓储、国际物流配送、转口贸易、大宗商品贸易、进口商品展销、流通加工、集装箱拆拼箱等业务发展，提高全球供应链服务管理能力，打造国际航运枢纽，推动港口、产业、城市融合发展。建设海南国际设计岛、理工农医类国际教育创新岛、区域性国际会展中心，扩大专业服务业对外开放。完善海洋服务基础设施，积极发展海洋物流、海洋旅游、海洋信息服务、海洋工程咨询、涉海金融、涉海商务等，构建具有国际竞争力的海洋服务体系。建设国家对外文化贸易基地。

21. 高新技术产业。聚焦平台载体，提升产业能级，以物联网、人工智能、区块链、数字贸易等为重点发展信息产业。依托文昌国际航天城、三亚深海科技城，布局建设重大科技基础设施和平台，培育深海深空产业。围绕生态环保、生物医药、新能源汽车、智能汽车等壮大先进制造业。发挥国家南繁科研育种基地优势，建设全球热带农业中心和全球动植物种质资源引进中转基地。建设智慧海南。

（八）税收制度。按照零关税、低税率、简税制、强法治、分阶段的原则，逐步建立与高水平自由贸易港相适应的税收制度。

22. 零关税。全岛封关运作前，对部分进口商品，免征进口关税、进口环节增值税和消费税。全岛封关运作、简并税制后，对进口征税商品目录以外、允许海南自由贸易港进口的商品，免征进口关税。

23. 低税率。对在海南自由贸易港实质经营的企业，实行企业所得税优惠税率。对符合条件的个人，实行个人所得税优惠税率。

24. 简税制。结合我国税制改革方向，探索推进简化税制。改革税种制度，降低间接税比例，实现税种结构简单科学、税制要素充分优化、税负水平明显降低、收入归属清晰、财政收支大体均衡。

25. 强法治。税收管理部门按实质经济活动所在地和价值创造地原则对纳税行为进行评估和预警，制定简明易行的实质经营地、所在地居住判定标准，强化对偷漏税风险的识别，防范税基侵蚀和利润转移，避免成为"避税天堂"。积极参与国际税收征管合作，加强涉税情报信息共享。加强税务领域信用分类服务和管理，依法依规对违法失信企业和个人采取相应措施。

26. 分阶段。按照海南自由贸易港建设的不同阶段，分步骤实施零关税、低税率、简税制的安排，最终形成具有国际竞争力的税收制度。

（九）社会治理。着力推进政府机构改革和政府职能转变，鼓励区块链等技术集成应用于治理体系和治理能力现代化，构建系统完备、科学规范、运行有效的自由贸易港治理体系。

27. 深化政府机构改革。进一步推动海南大部门制改革，整合分散在各部门相近或相似的功能职责，推动职能相近部门合并。控制行政综合类公务员比例，行政人员编制向监管部门倾斜，推行市场化的专业人员聘任制。

28. 推动政府职能转变。强化监管立法和执法，加强社会信用体系应用，深化"双随机、一公开"的市场监管体制，坚持对新兴业态实行包容审慎监管。充分发挥"互联网+"、大数据、区块链等现代信息技术作用，通过政务服务等平台建设规范政府服务标准、实现政务流程再造和政务服务“一网通办”，加强数据有序共享，提升政府服务和治理水平。政府作出的承诺须认真履行，对于不能履行承诺或执行不到位而造成损失的，应及时予以赔偿或补偿。

29. 打造共建共治共享的社会治理格局。深化户籍制度改革，进一步放宽户口迁移政策，实行以公民身份号码为唯一标识、全岛统一的居住证制度。赋予行业组织更大自主权，发挥其在市场秩序维护、标准制定实施、行业纠纷调处中的重要作用。赋予社区更大的基层治理权限，加快社区服务与治理创新。

30. 创新生态文明体制机制。深入推进国家生态文明试验区（海南）建设，全面建立资源高效利用制度，健全自然资源产权制度和有偿使用制度。扎实推进国土空间规划体系建设，实行差别化的自然生态空间用途管制。健全自然保护地内自然资源资产特许经营权等制度，探索生态产品价值实现机制。建立热带雨林等国家公园，构建以国家公园为主体的自然保护地体系。探索建立政府主导、企业和社会参与、市场化运作、可持续的生态保护补偿机制。加快构建自然资源统一调查评价监测和确权登记制度。健全生态环境监测和评价制度。

（十）法治制度。建立以海南自由贸易港法为基础，以地方性法规和商事纠纷解决机制为重要组成的自由贸易港法治体系，营造国际一流的自由贸易港法治环境。

31. 制定实施海南自由贸易港法。以法律形式明确自由贸易港各项制度安排，为自由贸易港建设提供原则性、基础性的法治保障。

32. 制定经济特区法规。在遵循宪法规定和法律、行政法规基本原则前提下，支持海南充分行使经济特区立法权，立足自由贸易港建设实际，制定经济特区法规。

33．建立多元化商事纠纷解决机制。完善国际商事纠纷案件集中审判机制，提供国际商事仲裁、国际商事调解等多种非诉讼纠纷解决方式。

（十一）风险防控体系。制定实施有效措施，有针对性防范化解贸易、投资、金融、数据流动、生态和公共卫生等领域重大风险。

34．贸易风险防控。高标准建设开放口岸和“二线口岸”基础设施、监管设施，加大信息化系统建设和科技装备投入力度，实施智能精准监管，依托全岛“人流、物流、资金流”信息管理系统、社会管理监管系统、口岸监管系统“三道防线”，形成海南社会管理信息化平台，对非设关地实施全天候动态监控。加强特定区域监管，在未设立口岸查验机构的区域设立综合执法点，对载运工具、上下货物、物品实时监控和处理。海南自由贸易港与内地之间进出的货物、物品、人员、运输工具等均需从口岸进出。完善口岸监管设备设施的配置。海关负责口岸及其他海关监管区的监管和查缉走私工作。海南省政府负责全省反走私综合治理工作，对下级政府反走私综合治理工作进行考评。建立与广东省、广西壮族自治区等地的反走私联防联控机制。

35．投资风险防控。完善与投资规则相适应的过程监管制度，严格落实备案受理机构的审查责任和备案主体的备案责任。明确加强过程监管的规则和标准，压实监管责任，依法对投资经营活动的全生命周期实施有效监管，对新技术、新产业、新业态、新模式实行包容审慎监管，对高风险行业和领域实行重点监管。建立健全法律责任制度，针对备案主体提供虚假备案信息、违法经营等行为，制定严厉的惩戒措施。实施好外商投资安全审查，在创造稳定、透明和可预期的投资环境同时，有效防范国家安全风险。

36．金融风险防控。优化金融基础设施和金融法治环境，加强金融消费者权益保护，依托资金流信息监测管理系统，建立健全资金流动监测和风险防控体系。建立自由贸易港跨境资本流动宏观审慎管理体系，加强对重大风险的识别和系统性金融风险的防范。加强反洗钱、反恐怖融资和反逃税审查，研究建立洗钱风险评估机制，定期评估洗钱和恐怖融资风险。构建适应海南自由贸易港建设的金融监管协调机制。

37．网络安全和数据安全风险防控。深入贯彻实施网络安全等级保护制度，重点保障关键信息基础设施和数据安全，健全网络安全保障体系，提升海南自由贸易港建设相关的网络安全保障能力和水平。建立健全数据出境安全管理制度体系。健全数据流动风险管控措施。

38．公共卫生风险防控。加强公共卫生防控救治体系建设，建立传染病和突发公共卫生事件监测预警、应急响应平台和决策指挥系统，提高早期预防、风险研判和及时处置能力。加强疾病预防控制体系建设，高标准建设省级疾病预防控制中心，建立国家热带病研究中心海南分中心，加快推进各级疾病预防控制机构基础设施建设，优化实验室检验检测资源配置。加强公共卫生人才队伍建设，提升监测预警、检验检测、现场流行病学调查、应急处置和医疗救治能力。建设生物安全防护三级实验室和传染病防治研究所，强化全面检测、快速筛查能力，优化重要卫生应急物资储备和产能保障体系。健全优化重大疫情救治体系，建设传染病医疗服务网络，依托综合医院或专科医院建立省级和市级传染病医疗中心，改善传染病医疗中心和传染病医院基础设施和医疗条件。重点加强基层传染病医疗服务能力建设，提升县级综合医院传染病诊疗能力。构建网格化紧密型医疗集团，促进资源下沉、医防融合。完善基层医疗卫生机构标准化建设，强化常见病多发病诊治、公共卫生服务和健康管理能力。加强国际卫生检疫合作和国际疫情信息搜集与分析，提升口岸卫生检疫技术设施保障，建设一流的国际旅行卫生保健中心，严格落实出入境人员健康申报制度，加强对来自重点国家或地区的交通工具、人员和货物、物品的卫生检疫，强化联防联控，筑牢口岸检疫防线。加强对全球传染病疫情的监测，推进境外传染病疫情风险早期预警，严防重大传染病跨境传播。建立海关等多部门协作的境外疫病疫情和有害生物联防联控机制。提升进出口商品质量安全风险预警和快速反应监管能力，完善重点敏感进出口商品监管。

39．生态风险防控。实行严格的进出境环境安全准入管理制度，禁止洋垃圾输入。推进医疗废物等危险废物处置设施建设，提升突发生态环境事件应急准备与响应能力。建立健全环保信用评价制度。

三、分步骤分阶段安排

（一）2025年前重点任务。围绕贸易投资自由化便利化，在有效监管基础上，有序推进开放进程，推动各类要素便捷高效流动，形成早期收获，适时启动全岛封关运作。

1．加强海关特殊监管区域建设。在洋浦保税港区等具备条件的海关特殊监管区域率先实行“一线”放开、“二线”管住的进出口管理制度。根据海南自由贸易港建设需要，增设海关特殊监管区域。

2. 实行部分进口商品零关税政策。除法律法规和相关规定明确不予免税、国家规定禁止进口的商品外，对企业进口自用的生产设备，实行“零关税”负面清单管理；对岛内进口用于交通运输、旅游业的船舶、航空器等营运用交通工具及游艇，实行“零关税”正面清单管理；对岛内进口用于生产自用或以“两头在外”模式进行生产加工活动（或服务贸易过程中）所消耗的原辅料，实行“零关税”正面清单管理；对岛内居民消费的进境商品，实行正面清单管理，允许岛内免税购买。对实行“零关税”清单管理的货物及物品，免征进口关税、进口环节增值税和消费税。清单内容由有关部门根据海南实际需要和监管条件进行动态调整。放宽离岛免税购物额度至每年每人 10 万元，扩大免税商品种类。

3. 减少跨境服务贸易限制。在重点领域率先规范影响服务贸易自由便利的国内规制。制定出台海南自由贸易港跨境服务贸易负面清单，给予境外服务提供者国民待遇。建设海南国际知识产权交易所，在知识产权转让、运用和税收政策等方面开展制度创新，规范探索知识产权证券化。

4. 实行“极简审批”投资制度。制定出台海南自由贸易港放宽市场准入特别清单、外商投资准入负面清单。对先行开放的特定服务业领域所设立的外商投资企业，明确经营业务覆盖的地域范围。建立健全国家安全审查、产业准入环境标准和社会信用体系等制度，全面推行“极简审批”制度。深化“证照分离”改革。建立健全以信用监管为基础、与负面清单管理方式相适应的过程监管体系。

5. 试点改革跨境证券投融资政策。支持在海南自由贸易港内注册的境内企业根据境内外融资计划在境外发行股票，优先支持企业通过境外发行债券融资，将企业发行外债备案登记制管理下放至海南省发展改革部门。探索开展跨境资产管理业务试点，提高跨境证券投融资汇兑便利。试点海南自由贸易港内企业境外上市外汇登记直接到银行办理。

6. 加快金融业对内对外开放。培育、提升海南金融机构服务对外开放能力，支持金融业对外开放政策在海南自由贸易港率先实施。支持符合条件的境外证券基金期货经营机构在海南自由贸易港设立独资或合资金融机构。支持金融机构立足海南旅游业、现代服务业、高新技术产业等重点产业发展需要，创新金融产品，提升服务质效。依托海南自由贸易港建设，推动发展相关的场外衍生品业务。支持海南在优化升级现有交易场所的前提下，推进产权交易场所建设，研究允许非居民按照规定参与交易和进行资金结算。支持海南自由贸易港内已经设立的交易场所在会员、交易、税负、清算、交割、投资者权益保护、反洗钱等方面，建立与国际惯例接轨的规则和制度体系。在符合相关法律法规的前提下，支持在海南自由贸易港设立财产险、人身险、再保险公司以及相互保险组织和自保公司。

7. 增强金融服务实体经济能力。支持发行公司信用类债券、项目收益票据、住房租赁专项债券等。对有稳定现金流的优质旅游资产，推动开展证券化试点。支持金融机构在依法合规、有效防范风险的前提下，在服务贸易领域开展保单融资、仓单质押贷款、应收账款质押贷款、知识产权质押融资等业务。支持涉海高新技术企业利用股权、知识产权开展质押融资，规范、稳妥开发航运物流金融产品和供应链融资产品。依法有序推进人工智能、大数据、云计算等金融科技领域研究成果在海南自由贸易港率先落地。探索建立与国际商业保险付费体系相衔接的商业性医疗保险服务。支持保险业金融机构与境外机构合作开发跨境医疗保险产品。

8．实施更加便利的免签入境措施。将外国人免签入境渠道由旅行社邀请接待扩展为外国人自行申报或通过单位邀请接待免签入境。放宽外国人申请免签入境事由限制，允许外国人以商贸、访问、探亲、就医、会展、体育竞技等事由申请免签入境海南。实施外国旅游团乘坐邮轮入境15天免签政策。

9．实施更加开放的船舶运输政策。以“中国洋浦港”为船籍港，简化检验流程，逐步放开船舶法定检验，建立海南自由贸易港国际船舶登记中心，创新设立便捷、高效的船舶登记程序。取消船舶登记主体外资股比限制。在确保有效监管和风险可控的前提下，境内建造的船舶在“中国洋浦港”登记并从事国际运输的，视同出口并给予出口退税。对以洋浦港作为中转港从事内外贸同船运输的境内船舶，允许其加注本航次所需的保税油；对其加注本航次所需的本地生产燃料油，实行出口退税政策。对符合条件并经洋浦港中转离境的集装箱货物，试行启运港退税政策。加快推进琼州海峡港航一体化。

10．实施更加开放的航空运输政策。在对等基础上，推动在双边航空运输协定中实现对双方承运人开放往返海南的第三、第四航权，并根据我国整体航空运输政策，扩大包括第五航权在内的海南自由贸易港建设所必需的航权安排。支持在海南试点开放第七航权。允许相关国家和地区航空公司承载经海南至第三国（地区）的客货业务。实施航空国际中转旅客及其行李通程联运。对位于海南的主基地航空公司开拓国际航线给予支持。允许海南进出岛航班加注保税航油。

11．便利数据流动。在国家数据跨境传输安全管理制度框架下，开展数据跨境传输安全管理试点，探索形成既能便利数据流动又能保障安全的机制。

12．深化产业对外开放。支持发展总部经济。举办中国国际消费品博览会，国家级展会境外展品在展期内进口和销售享受免税政策，免税政策由有关部门具体制定。支持海南大力引进国外优质医疗资源。总结区域医疗中心建设试点经验，研究支持海南建设区域医疗中心。允许境外理工农医类高水平大学、职业院校在海南自由贸易港独立办学，设立国际学校。推动国内重点高校引进国外知名院校在海南自由贸易港举办具有独立法人资格的中外合作办学机构。建设海南国家区块链技术和产业创新发展基地。

13．优化税收政策安排。从本方案发布之日起，对注册在海南自由贸易港并实质性运营的鼓励类产业企业，减按15%征收企业所得税。对在海南自由贸易港设立的旅游业、现代服务业、高新技术产业企业，其2025年前新增境外直接投资取得的所得，免征企业所得税。对企业符合条件的资本性支出，允许在支出发生当期一次性税前扣除或加速折旧和摊销。对在海南自由贸易港工作的高端人才和紧缺人才，其个人所得税实际税负超过15%的部分，予以免征。对享受上述优惠政策的高端人才和紧缺人才实行清单管理，由海南省商财政部、税务总局制定具体管理办法。

14．加大中央财政支持力度。中央财政安排综合财力补助，对地方财政减收予以适当弥补。鼓励海南在国务院批准的限额内发行地方政府债券支持自由贸易港项目建设。在有效防范风险的前提下，稳步增加海南地方政府专项债券发行额度，用于支持重大基础设施建设。鼓励在海南自由贸易港向全球符合条件的境外投资者发行地方政府债券。由海南统筹中央资金和自有财力，设立海南自由贸易港建设投资基金，按政府引导、市场化方式运作。

15. 给予充分法律授权。本方案提出的各项改革政策措施，凡涉及调整现行法律或行政法规的，经全国人大及其常委会或国务院统一授权后实施。研究简化调整现行法律或行政法规的工作程序，推动尽快落地。授权海南制定出台自由贸易港商事注销条例、破产条例、公平竞争条例、征收征用条例。加快推动制定出台海南自由贸易港法。

16. 强化用地用海保障。授权海南在不突破海南省国土空间规划明确的生态保护红线、永久基本农田面积、耕地和林地保有量、建设用地总规模等重要指标并确保质量不降低的前提下，按照国家规定的条件，对全省耕地、永久基本农田、林地、建设用地布局调整进行审批并纳入海南省和市县国土空间规划。积极推进城乡及垦区一体化协调发展和小城镇建设用地新模式，推进农垦土地资产化。建立集约节约用地制度、评价标准以及存量建设用地盘活处置政策体系。总结推广文昌农村土地制度改革三项试点经验，支持海南在全省深入推进农村土地制度改革。依法保障国家重大项目用海需求。

17. 做好封关运作准备工作。制定出台海南自由贸易港进口征税商品目录、限制进口货物物品清单、禁止进口货物物品清单、限制出口货物物品清单、禁止出口货物物品清单、运输工具管理办法，以及与内地海关通关单证格式规范、与内地海关通关操作规程、出口通关操作规程等，增加对外开放口岸，建设全岛封关运作的配套设施。

18. 适时启动全岛封关运作。2025 年前，适时全面开展全岛封关运作准备工作情况评估，查堵安全漏洞。待条件成熟后再实施全岛封关运作，不再保留洋浦保税港区、海口综合保税区等海关特殊监管区域。相关监管实施方案由有关部门另行制定。在全岛封关运作的同时，依法将现行增值税、消费税、车辆购置税、城市维护建设税及教育费附加等税费进行简并，启动在货物和服务零售环节征收销售税相关工作。

（二）2035年前重点任务。进一步优化完善开放政策和相关制度安排，全面实现贸易自由便利、投资自由便利、跨境资金流动自由便利、人员进出自由便利、运输来往自由便利和数据安全有序流动，推进建设高水平自由贸易港。

1. 实现贸易自由便利。进一步创新海关监管制度，建立与总体国家安全观相适应的非关税贸易措施体系，建立自由进出、安全便利的货物贸易管理制度，实现境外货物在海南自由贸易港进出自由便利。建立健全跨境支付业务相关制度，营造良好的支付服务市场环境，提升跨境支付服务效率，依法合规推动跨境服务贸易自由化便利化。

2. 实现投资自由便利。除涉及国家安全、社会稳定、生态保护红线、重大公共利益等国家实行准入管理的领域外，全面放开投资准入。在具有强制性标准的领域，建立“标准制+承诺制”的投资制度，市场主体对符合相关要求作出承诺，即可开展投资经营活动。

3. 实现跨境资金流动自由便利。允许符合一定条件的非金融企业，根据实际融资需要自主借用外债，最终实现海南自由贸易港非金融企业外债项下完全可兑换。

4. 实现人员进出自由便利。进一步放宽人员自由进出限制。实行更加宽松的商务人员临时出入境政策、便利的工作签证政策，进一步完善居留制度。

5. 实现运输来往自由便利。实行特殊的船舶登记审查制度。进一步放宽空域管制与航路航权限制。鼓励国内外航空公司增加运力投放，增开航线航班。根据双边航空运输协定，在审核外国航空公司国际航线经营许可时，优先签发至海南的国际航线航班许可。

6. 实现数据安全有序流动。创新数据出境安全的制度设计，探索更加便利的个人信息安全出境评估办法。开展个人信息入境制度性对接，探索加入区域性国际数据跨境流动制度安排，提升数据传输便利性。积极参与跨境数据流动国际规则制定，建立数据确权、数据交易、数据安全和区块链金融的标准和规则。

7. 进一步推进财税制度改革。对注册在海南自由贸易港并实质性运营的企业（负面清单行业除外），减按15%征收企业所得税。对一个纳税年度内在海南自由贸易港累计居住满183天的个人，其取得来源于海南自由贸易港范围内的综合所得和经营所得，按照3%、10%、15%三档超额累进税率征收个人所得税。扩大海南地方税收管理权限。企业所得税、个人所得税作为中央与地方共享收入，销售税及其他国内税种收入作为地方收入。授权海南根据自由贸易港发展需要，自主减征、免征、缓征除具有生态补偿性质外的政府性基金，自主设立涉企行政事业性收费项目。对中央级行政事业性收费，按照中央统一规定执行。中央财政支持政策结合税制变化情况相应调整，并加大支持力度。进一步研究改进补贴政策框架，为我国参与补贴领域国际规则制定提供参考。

四、组织实施

（一）加强党的全面领导。坚持用习近平新时代中国特色社会主义思想武装党员干部头脑，认真贯彻落实党中央、国务院决策部署，增强“四个意识”，坚定“四个自信”，做到“两个维护”。建立健全党对海南自由贸易港建设工作的领导体制机制，充分发挥党总揽全局、协调各方的作用，加强党对海南自由贸易港建设各领域各方面各环节的领导。以党的政治建设为统领，以提升组织力为重点，全面提高党的建设质量，为海南自由贸易港建设提供坚强政治保障。加强基层党组织建设，引导广大党员发挥先锋模范作用，把基层党组织建设成为海南推动自由贸易港建设的坚强战斗堡垒。完善体现新发展理念和正确政绩观要求的干部考核评价体系，建立激励机制和容错纠错机制，旗帜鲜明地为敢于担当、踏实做事、不谋私利的干部撑腰鼓劲。把社会主义核心价值观融入经济社会发展各方面。持之以恒正风肃纪，强化纪检监察工作，营造风清气正良好环境。

（二）健全实施机制。在推进海南全面深化改革开放领导小组指导下，海南省要切实履行主体责任，加强组织领导，全力推进海南自由贸易港建设各项工作。中央和国家机关有关单位要按照本方案要求，主动指导推动海南自由贸易港建设，进一步细化相关政策措施，制定出台实施方案，确保政策落地见效。推进海南全面深化改革开放领导小组办公室牵头成立指导海南推进自由贸易港建设工作小组，由国家发展改革委、财政部、商务部、中国人民银行、海关总署等部门分别派出干部驻海南实地指导开展自由贸易港建设工作，有关情况及时上报领导小组。国务院发展研究中心组织对海南自由贸易港建设开展全过程评估，牵头设立专家咨询委员会，为海南自由贸易港建设建言献策。

（三）稳步推进政策落地。加大督促落实力度，将各项政策举措抓实抓细抓出成效。认真研究和妥善解决海南自由贸易港建设中遇到的新情况新问题，对一些重大政策措施做好试点工作，积极稳妥推进方案实施。

国务院办公厅关于推进对外贸易创新发展的实施意见（节选）[①]

（2020 年 11 月 9 日）

（上略）

二、创新开拓方式，优化国际市场布局

优化国际经贸环境。坚定维护以世界贸易组织为核心的多边贸易体制，坚决反对单边主义和保护主义，支持世界贸易组织必要改革，积极参与国际贸易规则制定。推动《区域全面经济伙伴关系协定》（RCEP）尽早签署。加快推进中日韩自由贸易协定、中国—海合会自由贸易协定谈判，积极商签更多高标准自由贸易协定和区域贸易协定。

推进贸易畅通工作机制建设。落实好已签署的共建“一带一路”合作文件，大力推动与重点市场国家特别是共建“一带一路”国家商建贸易畅通工作组、电子商务合作机制、贸易救济合作机制，推动解决双边贸易领域突出问题。

利用新技术新渠道开拓国际市场。充分运用第五代移动通信（5G）、虚拟现实（VR）、增强现实（AR）、大数据等现代信息技术，支持企业利用线上展会、电商平台等渠道开展线上推介、在线洽谈和线上签约等。推进展会模式创新，探索线上线下同步互动、有机融合的办展新模式。

提升公共服务水平。加大对重点市场宣传推介力度，及时发布政策和市场信息。加强国别贸易投资法律政策研究。建设跨境贸易

① 《国务院办公厅关于推进对外贸易创新发展的实施意见》，中国政府网，2020 年 11 月 9 日。

投资综合法律支援平台。做好企业境外商务投诉服务。提升商事法律、标准体系建设等方面服务水平。

三、发挥比较优势，优化国内区域布局

提高东部地区贸易质量。加强京津冀协同发展，围绕雄安新区建设开放发展先行区的定位，全面对标国际高标准贸易规则。以长江三角洲区域一体化发展战略为依托，打造高水平开放平台。以上海自由贸易试验区临港新片区为载体，进一步提升浦东新区开放水平，打造更具国际竞争力的特殊经济功能区。以广州南沙、深圳前海、珠海横琴等重大合作平台为重点，加强贸易领域规则衔接、制度对接，推进粤港澳市场一体化发展。

提升中西部地区贸易占比。支持中西部地区深度融入共建“一带一路”大格局，构筑内陆地区效率高、成本低、服务优的国际贸易通道。加快边境经济合作区和跨境经济合作区建设，扩大与周边国家经贸往来。实施黄河流域生态保护和高质量发展战略，推动成渝地区双城经济圈建设，打造内陆开放战略高地。积极推进中西部地区承接产业转移示范区建设。培育和建设新一批加工贸易梯度转移重点承接地和示范地。

扩大东北地区对外开放。支持东北地区开展大宗资源性商品进出口贸易，探索设立大宗资源性商品交易平台。发挥装备制造业基础优势，积极参与承揽大型成套设备出口项目。落实好中俄远东合作规划，稳步推进能源资源、农林开发等领域合作项目，加强毗邻地区贸易和产业合作，发挥大图们倡议等合作机制作用，提升面向东北亚合作水平。

创新区域间外贸合作机制。以国家级新区、承接产业转移示范

区为重点，建立产业转移承接结对合作机制。鼓励中西部和东北重点地区承接产业转移平台建设，完善基础设施，建设公共服务平台，提升承接产业转移能力。完善东中西加工贸易产业长效对接机制，深化中国加工贸易产品博览会等平台功能，加强投资信息共享，举办梯度转移对接交流活动。

（中略）

六、创新发展模式，优化贸易方式

做强一般贸易。扩大一般贸易规模，提升产品附加值，增强谈判、议价能力。鼓励企业加强研发、品牌培育、渠道建设，增强关键技术、核心零部件生产和供给能力。在有条件的地区、行业和企业建立品牌推广中心，鼓励形成区域性、行业性品牌。

提升加工贸易。加大对加工贸易转型升级示范区和试点城市的支持力度，培育认定新一批试点城市，支持探索创新发展新举措。提升加工贸易技术含量和附加值，延长产业链，由加工组装向技术、品牌、营销环节延伸。支持保税维修等新业态发展。动态调整加工贸易禁止类商品目录。

发展其他贸易。落实促进边境贸易创新发展政策，修订《边民互市贸易管理办法》。制订边民互市进口商品负面清单，开展边民互市进口商品落地加工试点。培育发展边境贸易商品市场和商贸中心。支持边境地区发展电子商务。探索发展新型贸易方式。支持在自由贸易港、自由贸易试验区探索促进新型国际贸易发展。

促进内外贸一体化。优化市场流通环境，便利企业统筹用好国际国内两个市场，降低出口产品内销成本。鼓励出口企业与国内大型商贸流通企业对接，多渠道搭建内销平台，扩大内外销产品“同线同标同质”实施范围。加强宣传推广和公共服务，推动内销规模化、品牌化。

（中略）

八、创新服务模式，推进贸易促进平台建设

办好进博会、广交会等一批综合展会。对标国际一流展会，丰富完善中国国际进口博览会功能，着力提升国际化、专业化水平，增强吸引力和国际影响力，确保“越办越好”。研究推行中国进出口商品交易会线上线下融合办展新模式。拓展中国国际服务贸易交易会、中国国际高新技术成果交易会等展会功能。优化现有展会，培育若干知名度高、影响力大的国际展会。

培育进口贸易促进创新示范区。充分发挥示范区在促进进口、服务产业、提升消费等方面的示范引领作用。提升监管水平，加强服务创新。研究建立追踪问效、评估和退出机制。

（中略）

十一、优化发展环境，完善保障体系

发挥自由贸易试验区、自由贸易港制度创新作用。扩大开放领域，推动外向型经济主体及业务在自由贸易试验区汇聚。推动出台海南自由贸易港法。以贸易自由化便利化为重点，突出制度集成创新，研究优化贸易方案，扎实推进海南自由贸易港建设，制定海南自由贸易港禁止、限制进出口的货物、物品清单，清单外货物、物品自由进出；出台海南自由贸易港跨境服务贸易负面清单，进一步规范影响服务贸易自由便利的国内规制，为适时向更大范围推广积累经验。

（下略）

国务院办公厅关于加快发展外贸新业态新模式的意见（节选）[①]

（2021 年 7 月 9 日）

（上略）

（四）推广数字智能技术应用。运用数字技术和数字工具，推动外贸全流程各环节优化提升。发挥“长尾效应”，整合碎片化订单，拓宽获取订单渠道。大力发展数字展会、社交电商、产品众筹、大数据营销等，建立线上线下融合、境内境外联动的营销体系。集成外贸供应链各环节数据，加强资源对接和信息共享。到 2025 年，外贸企业数字化、智能化水平明显提升。

（五）完善跨境电商发展支持政策。在全国适用跨境电商企业对企业（B2B）直接出口、跨境电商出口海外仓监管模式，完善配套政策。便利跨境电商进出口退换货管理。优化跨境电商零售进口商品清单。稳步开展跨境电商零售进口药品试点工作。引导企业用好跨境电商零售出口增值税、消费税免税政策和所得税核定征收办法。研究制定跨境电商知识产权保护指南，引导跨境电商平台防范知识产权风险。到 2025 年，跨境电商政策体系进一步完善，发展环境进一步优化，发展水平进一步提升。

（六）扎实推进跨境电子商务综合试验区建设。扩大跨境电子商务综合试验区（以下简称综试区）试点范围。积极开展先行先试，进一步完善跨境电商线上综合服务和线下产业园区“两平台”

---

① 《国务院办公厅关于加快发展外贸新业态新模式的意见》，中国政府网，2021 年 7 月 9 日。

及信息共享、金融服务、智能物流、电商诚信、统计监测、风险防控等监管和服务“六体系”，探索更多的好经验好做法。鼓励跨境电商平台、经营者、配套服务商等各类主体做大做强，加快自主品牌培育。建立综试区考核评估和退出机制，2021 年组织开展考核评估。到 2025 年，综试区建设取得显著成效，建成一批要素集聚、主体多元、服务专业的跨境电商线下产业园区，形成各具特色的发展格局，成为引领跨境电商发展的创新集群。

（七）培育一批优秀海外仓企业。鼓励传统外贸企业、跨境电商和物流企业等参与海外仓建设，提高海外仓数字化、智能化水平，促进中小微企业借船出海，带动国内品牌、双创产品拓展国际市场空间。支持综合运用建设—运营—移交（BOT）、结构化融资等投融资方式多元化投入海外仓建设。充分发挥驻外使领馆和经商机构作用，为海外仓企业提供前期指导服务，协助解决纠纷。到 2025 年，力争培育 100 家左右在信息化建设、智能化发展、多元化服务、本地化经营等方面表现突出的优秀海外仓企业。

（八）完善覆盖全球的海外仓网络。支持企业加快重点市场海外仓布局，完善全球服务网络，建立中国品牌的运输销售渠道。鼓励海外仓企业对接综试区线上综合服务平台、国内外电商平台等，匹配供需信息。优化快递运输等政策措施，支持海外仓企业建立完善物流体系，向供应链上下游延伸服务，探索建设海外物流智慧平台。推进海外仓标准建设。到 2025 年，依托海外仓建立覆盖全球、协同发展的新型外贸物流网络，推出一批具有国际影响力的国家、行业等标准。

（中略）

（二十一）推进新型外贸基础设施建设。支持外贸领域的线上综合服务平台、数字化公共服务平台等建设。鼓励电信企业为外贸企业开展数字化营销提供国际互联网数据专用通道。完善国际邮件互换局（交换站）和国际快件处理中心布局。开行中欧班列专列，满足外贸新业态新模式发展运输需要。

（二十二）加强行业组织建设和专业人才培育。依法推动设立外贸新业态领域相关行业组织，出台行业服务规范和自律公约。鼓励普通高校、职业院校设置相关专业。引导普通高校、职业院校与企业合作，培养符合外贸新业态新模式发展需要的管理人才和高素质技术技能人才。

（二十三）深化国际交流合作。积极参与世贸组织、万国邮联等多双边谈判，推动形成电子签名、电子合同、电子单证等方面的国际标准。加强知识产权保护、跨国物流等领域国际合作，参与外贸新业态新模式的国际规则和标准制定。加强与有关国家在相关领域政府间合作，推动双向开放。大力发展丝路电商，加强“一带一路”经贸合作。推动我国外贸新业态新模式与国外流通业衔接连通。鼓励各地方、各试点单位、各企业开展国际交流合作。

（下略）

“十四五”利用外资发展规划（节选）①

（2021年10月22日）

（上略）

当前和今后一个时期，我国发展仍然处于重要战略机遇期，但利用外资面临的机遇与挑战都有新的发展变化。

利用外资发展面临新机遇。从国内看，我国已转向高质量发展阶段，正加快构建以国内大循环为主体、国内国际双循环相互促进的新发展格局，消费市场规模持续扩大，高质量商品和服务需求不断升级，碳达峰、碳中和行动加快推进，投资前景广阔，超大市场规模对跨国公司“磁吸力”与日俱增，特别是我国经济长期向好，产业体系完整、基础设施完善、物质基础雄厚、人力资源丰富，社会大局稳定，综合引资竞争优势凸显。从国际看，经济全球化仍是大势所趋，共建“一带一路”向高质量发展迈进，区域全面经济伙伴关系 协定（RCEP）正加快生效实施，中欧投资协定完成谈判，国际经贸合作不断深化，投资自由化便利化水平持续提升；新一轮科技革命和产业变革不断深化，新产业、新业态、新模式不断涌现，数字经济、绿色经济等加快发展，形成利用外资新增长点。

利用外资发展面临新挑战。从国内看，土地、资源等要素供求关系趋紧，成本持续攀升，传统比较优势弱化；利用外资分布不平衡，中西部和东北地区引资潜力尚未完全激发；一些领域外资发展仍有障碍，营商环境仍有提升空间。从国际看，国际环境日趋复

① 《“十四五”利用外资发展规划》，商务部网站，2021年10月22日。

杂，不稳定性不确定性明显增加，新冠肺炎疫情影响广泛深远，跨国投资持续低迷；经济全球化遭遇逆流，单边主义、保护主义蔓延，跨境投资审查趋严；国际经济政治格局复杂多变，世界进入动荡变革期，全球产业链供应链面临重塑，本土化、区域化、多元化趋势加强。

综合判断，"十四五"时期，我国利用外资面临的机遇和挑战均前所未有，必须统筹中华民族伟大复兴战略全局和世界百年未有之大变局，深刻认识我国社会主要矛盾变化带来的新特征新要求，深刻认识错综复杂的国际环境带来的新矛盾新挑战，增强机遇意识和风险意识，准确识变、科学应变、主动求变，善于在危机中育先机、于变局中开新局，推动利用外资实现更高水平发展。

（中略）

三、推进更高水平对外开放

坚持实施更大范围、更宽领域、更深层次对外开放，持续放宽外商投资市场准入，健全外商投资准入前国民待遇加负面清单管理制度。

（一）压减外商投资准入负面清单。减少全国和自贸试验区、自由贸易港外投资准入负面清单特别管理措施，持续推进制造业、服务业、农业扩大开放，逐步放宽外商投资股比限制，在更多领域允许外资控股或独资经营。优化负面清单形式，细化特别管理措施内容，提高负面清单透明度。在负面清单之外领域，按照内外资一致原则，严格实行"非禁即入"。

（二）放宽重点领域准入门槛。有序推进电信、互联网、教育、文化、医疗等领域相关业务开放。推动放宽外商投资法律、运输等行业业务范围、人员资质等要求。稳妥推进银行、证券、保险、基金、期货等金融领域开放。稳步深化资本市场对外开放，放宽优质外国投资者对上市公司战略投资条件。

（三）持续减少市场准入限制。进一步缩减市场准入负面清单，减少仓储和邮政业、信息传输、软件和信息技术服务业、租赁和商务服务业、科学研究和技术服务业及文化、体育和娱乐业等领域准入许可事项，降低市场准入门槛。

（中略）

四、优化利用外资结构

不断优化利用外资产业结构和区域布局，推动利用外资高质量发展。

（一）优化利用外资产业结构。完善鼓励外商投资产业目录，支持外资更多投向先进制造业、战略性新兴产业和现代服务业；发展绿色经济、数字经济，引导外资更多投向数字转型、节能环保、生态环境、绿色服务等产业，参与新型基础设施建设。引导外商投资现代农业领域，鼓励发展特色农业、休闲农业、智慧农业、农业精深加工、农产品物流、农产品电商等，提升农业领域利用外资水平。支持外资加大中高端制造、高新技术、传统制造转型升级、现代服务等领域投资，引导汽车、化工、装备制造等制造领域外商投资企业向研发、设计、营销、维修等领域延伸，鼓励有条件的外商投资制造业企业向一体化服务总集成总承包商转变，推动外商投资向高端化、智能化转型。支持外商投资企业发展研发设计、金融服务、现代物流、供应链管理、信息服务等生产性服务业和医疗、健康、养老、育幼、旅游、家政等生活性服务业，增加优质服务供给。支持外商投资企业设立全球和区域地区总部、研发中心，参与承担国家科技计划项目，鼓励设立采购中心、结算中心等各类功能性机构，促进全球高端要素资源集聚。鼓励高等院校与产业界合作，搭建外资企业与高等院校交流平台，培养符合产业发展和企业经营需要的人才。

（二）优化利用外资区域布局。鼓励各地立足比较优势扩大开放，积极吸收外资。巩固东部沿海地区开放先导地位，发挥高端要素集聚、创新资源密集、产业配套完整的优势，引导外资投向前瞻性、战略性产业，加快提升产业链供应链现代化水平。扩大中西部和东北地区鼓励外商投资范围，推动中西部和东北地区加强产业配套体系建设，提升承接产业转移能力，引进一批符合当地资源禀赋、示范带动作用强的重点外资项目，培育全球重要加工制造基地和利用外资新增长极。引导外资积极参与京津冀协同发展、长江经济带发展、粤港澳大湾区建设、长三角一体化发展、黄河流域生态保护和高质量发展、成渝地区双城经济圈建设等区域重大战略，服务构建陆海内外联动、东西双向互济的开放格局。

（三）拓展利用外资国别地区来源。发挥香港、澳门、台湾地区在吸引外资中的重要作用，提升内地与港澳贸易投资自由化便利化水平，深化大陆与台湾重点产业合作。加强与欧美等国家（地区）投资合作，引导外商投资企业沿产业链上下游延伸布局，补足产业链供应链关键环节短板；加大重点国别（地区）战略性新兴产业、绿色产业、数字经济、智能制造、科技创新等新兴领域引资力度。深化与共建“一带一路”国家（地区）的投资合作，积极引导阿拉伯国家主权财富基金加大对华投资力度。加强与区域全面经济伙伴关系协定（RCEP）签署国家优势互补，在农业、跨境电商、数字通讯、能源等领域开展投资合作。

（中略）

八、优化外商投资环境

以规则公开透明、监管公平公正、服务便利高效、依法保护权益为着力点，持续打造市场化法治化国际化营商环境，增强对全球优质要素资源的吸引力。

（一）全面保障外商投资公平待遇。保障外商投资企业依法平等适用国家各项支持政策，以及获取人才、资金、土地等生产要素。保障外商投资企业平等参与国家标准、行业标准、地方标准和团体标准的制定工作，提高标准化工作的公开性和透明度。破除行业壁垒和地方保护，保障外商投资企业依法通过公平竞争参与政府采购、招投标活动。提高行政执法公平性，对内外资企业一视同仁、平等对待。深入落实公平竞争审查制度，维护公平竞争市场秩序。

（二）保护外商投资合法权益。落实《外商投资企业投诉工作办法》，完善外商投资企业投诉工作机制，及时处理外商投资企业投诉事项。鼓励有条件的地区开展外商投资保护地方立法工作，依法保护外商投资合法权益。依法平等保护外商投资企业产权。落实知识产权侵权惩罚性赔偿制度，加大商业秘密保护力度，打击各类知识产权侵权行为。加大知识产权行政执法力度，提高知识产权司法救济的及时性和便利性。推进知识产权仲裁和调解，探索多元化知识产权纠纷解决机制，切实保护外商投资企业知识产权。

（中略）

九、促进国际投资自由化便利化

强化双边投资合作，深度参与多边投资规则制定，有效推动国际投资自由化便利化。

（一）构建新型国际经贸关系。维护世界贸易组织在全球贸易投资自由化便利化中的主渠道地位，支持对世界贸易组织进行必要改革，推动多边体制与时俱进，继续推动世界贸易组织投资便利化谈判。与国际组织开展多层次合作，用好联合国、二十国集团、亚太经合组织、上合组织、金砖国家等平台，主动参与投资新议题规则讨论，提供代表广大发展中国家利益的方案，推动国际投资治理体系朝着更加公平、公正、合理的方向发展。推进国内投资制度体系与国际高标准规则相衔接。积极推动国际投资争端解决机制改革进程。

（二）加强国际投资议题交流合作。推动区域全面经济伙伴关系协定（RCEP）实施，积极推动加入全面与进步跨太平洋伙伴关系协定（CPTPP），参与构建高标准国际投资规则。全面落实各自贸协定服务投资条款和市场开放承诺，推动自贸协定框架下地方经济合作，夯实已有自贸协定投资安排实施成果。实施自由贸易区提升战略，引入更多高标准投资规则，增强高水平投资安排的开放性和包容性。

（三）推进多双边投资协定谈判。积极推动中欧投资协定签署生效。适时与有关国家和地区商签或者更新双边投资协定。力争与更多国家签订经济合作、避免双重征税、司法协助、领事条约、社会保险等政府间的双边协定，形成更加稳定、更可预期、更加优越的投资环境。与更多经济体建立健全机制性对话，共同反对各种形式的投资保护主义及歧视性投资限制措施，营造更加开放透明的投资政策环境。

（下略）

“十四五”对外贸易高质量发展规划（节选）①

（2021 年 11 月 18 日）

（上略）

优化服务进出口结构。扩大研发设计、节能降碳、环境服务等生产性服务进口。推动医疗等生活性服务进口。提升旅游、运输、建筑等传统服务出口规模。推动知识密集型服务出口，鼓励成熟产业化技术出口，推动知识产权、人力资源、语言服务、地理信息、农业生产、法律、会计等专业服务走出去。拓展国家特色服务出口基地，促进版权有效应用，扩大文化服务、中医药服务、专业服务等出口。

加快服务外包转型升级。推进服务外包创新发展，培育云外包、众包、平台分包等新模式，积极发展研发、设计、维修、咨询、检验检测等生产性服务外包。鼓励对外发包，助力构建稳定的国际产业链供应链。推动服务外包与制造业融合发展，利用 5G、物联网等新兴技术发展数字制造外包。高标准建设服务外包示范城市，优化示范城市布局，开展综合评价和动态调整。

大力发展数字贸易。建立健全数字贸易促进政策体系，探索发展数字贸易多元化业态模式。加快建立数据资源产权、交易流通、跨境传输、安全保护等基础制度和标准规范。在国家数据跨境传输安全管理制度框架下，开展数据跨境传输安全管理试点。建设国家数字服务出口基地，培育数字贸易示范区。完善数字贸易公共服务

① 《“十四五”对外贸易高质量发展规划》，商务部网站，2021 年 11 月 23 日。

平台，加快研究相关统计方法。加强数字贸易国际合作。

完善服务贸易发展机制。提升服务贸易开放水平，建立健全跨境服务贸易负面清单管理制度。有效发挥自由贸易港、自由贸易试验区引领作用，率先出台跨境服务贸易负面清单。全面深化服务贸易创新发展试点，推动成效明显的地区升级为国家服务贸易创新发展示范区，推进建设服务贸易国际合作示范区，支持地方建设服务贸易境外促进中心。完善服务贸易统计体系。

（中略）

加快贸易全链条数字化赋能。推动外向型产业依托产业互联网平台提升智能制造水平。搭建云展会等线上平台，促进数字化营销。拓展国际贸易“单一窗口”功能，推动通关化。持续推进进出口许可证件无纸化。加快智慧港口建设，打造融合高效的跨境智慧仓储物流体系。鼓励运用数字化工具提升售后服务质量，推广智能诊断、远程运维等数字化售后服务模式。推行贸易融资、跨境支付等金融服务线上化场景应用。加快在贸易领域运用区块链技术，提升服务和监管效能。

推进服务贸易数字化进程。推动数字技术与服务贸易深度融合，促进传统服务贸易转型升级。运用数字化手段，创新服务供给方式，提升交易效率。大力发展远程医疗、在线教育等，积极支持旅游、运输、建筑等行业开展数字化改造，推动跨境服务供需精准匹配。

推动贸易主体数字化转型。支持生产型外贸企业开展产品研发等全价值链数字化转型。鼓励贸易型企业提升数字化服务水平，提供智能、便捷、高效的服务。引导外贸企业提升信息化、智能化水平。支持贸易数字化服务商为外贸企业提供优质数字化转型服务，协同推进外贸企业数字化转型，提升企业综合竞争力。

营造贸易数字化良好政策环境。研究出台促进贸易数字化发展的政策措施。健全完善规则标准，推动贸易数字化国际合作。鼓励地方开展贸易数字化实践探索，总结推广发展经验。完善贸易数字化公共服务。推动外贸大数据应用。搭建贸易数字化公共服务平台。鼓励行业组织提供精准化数字展示和撮合服务。搭建贸易数字化企业交流合作平台，构建开放包容、健康有序、协同发展的贸易数字化生态体系。

（下略）

关于大力发展对外贸易增加外汇收入若干问题的规定（节选）[①]

（1979年8月13日国务院颁发）

（上略）

为了加快四个现代化的步伐，我国对外贸易必须有个大的发展，外汇收入必须有个大幅度的增长。目前，我国对外贸易额还占不到世界对外贸易总额的百分之一，出口额不仅低于工业发达的国家，而且低于第三世界一些国家和地区。这同我国国际地位很不相称，同我国社会主义现代化建设和对外关系发展的需要很不适应。这种状况必须改变，也一定能够改变。我们有优越的社会主义制度，有勤劳智慧的九亿人民，有富饶的自然资源，而且经过三十年的建设，有了比较雄厚的经济基础。我们应当掌握这些有利条件，在不太长的时间内，把对外贸易搞上去，把旅游事业搞上去，把一切能增加外汇收入的工作搞上去。我们要全党动手，千方百计，力争到一九八五年外汇总收入比一九七八年增长两倍。

在国民经济三年调整期间，要从生产和建设方面作出相应的安排，保证对外贸易和旅游事业的迅速发展。要在中央统一政策统一计划的指导下，充分发挥各地方、各部门、各企业单位的积极性。要加强外贸队伍建设，认真总结和运用国内外一切行之有效的经验，制订新的政策，对现行的外贸体制和其他有关的经济体制进行重大的改革。这都需要进行认真的调查和专门的研究。现就当前急

① 中共中央书记处研究室经济组编：《对外开放政策文献汇编（一九七九年七月—一九八五年四月）》，北京：中共中央党校出版社，1985年版，第58–59页。

需解决的问题，作如下的规定：

一、实行出口商品的分级管理。中央管理的商品，由外贸部各专业公司经营出口；某些商品，经国务院批准，也可以由有关部门经营出口。地方管理的商品，凡是有条件的地区，由省、市、自治区经营出口。要逐步扩大地方经营商品的范围。凡属地方出口计划和用地方外汇进口的业务，从出国考察、谈判、成交到交接货、运输、结汇，都由地方负责。为了防止出国考察谈判的重复现象，除加工装配业务已有规定者外，各地方需要出国的人员，须报经归口部和外贸部审批，出国期间要在驻外使馆领导下进行工作。

外贸部要统一掌握对外政策和外贸计划，研究国际市场变化趋势，研究外币币值和贷款利率的变化，通报国外商情和价格资料，协调各地方和各部门的外贸活动，加强全国外贸工作的业务指导。

二、认真完成国家出口收汇计划。出口供货和收汇计划，经国家批准后，由外贸部会同有关部专项单列，一次下达到各地方及其所属生产企业和供货单位。生产企业和供货单位要同外贸单位签订合同，严格履行。

各地区、各有关部门要把出口任务放在重要位置上，恢复“五先”原则，即在国家计划的范围内，安排任务在先、生产在先、原材料燃料动力和包装物料供应在先、收购在先、运输在先，保证按时按质按量完成。

三、加强技术和设备的引进工作。各部门引进技术和设备计划，经国务院批准后，对外进行考察和一般性询价。引进项目的谈判，由引进部门、外贸、银行、机械和科研设计部门共同组成谈判小组，统一对外。技术谈判，以引进部门为主，上述几个部门参加；商务谈判，以外贸部门为主，其他几个部门参加。大型补偿贸易、合营企业项目和开发石油风险合同，办法另定。引进工作中，要把购买制造技术、设备分交、设备的合作生产以及信贷条件等结合考虑。使用国外贷款支付的项目，必须安排好资金来源、支付方式，核实偿还能力后，才能签约。

各省、市、自治区使用地方外汇引进技术和设备，组织合作生产、合资企业和补偿贸易的，由省、市、自治区人民政府批准。有关原材料、燃料动力供应需要国家统一平衡的，须事先报经国务院或有关主管部门批准，才能对外签约。

使用银行贷款引进的项目，在还款期间，其产品优先用于出口，并免缴利润和税收。

四、成立专业贸易公司。各省、市、自治区可以成立专业贸易公司，办理地方商品或某些特种商品的出口，办理本地区的进口业务。也可以不另成立公司，由现有外贸各分公司继续办理地方进出口业务。属于这方面的业务，由地方为主安排，单独核算，自负盈亏。某些特种商品，有条件的，可以成立工贸结合的贸易公司，对产、供、销实行一条鞭管理。国务院有关部门，经过批准，可以成立出口供应公司，办理本部门的供货业务，参与出口成效，组织交货。有条件的，经过批准，也可以成立工贸结合、农贸结合的出口公司或进出口公司。这类公司原则上由主管部和外贸部双重领导，它们的职责范围、经营体制以及同外贸部各公司之间的关系如何安排，根据具体情况商定。

五、增加口岸和调整口岸分工。外贸口岸可以直接对外洽谈业务，签约成交，交货接货。要加强现有口岸工作，加强港口建设。有条件的地区，经过批准，可以开辟新的口岸。现行口岸分工不合理的，要根据具体情况适时进行调整。设立口岸的地区，可以经营本地区生产的出口商品和使用地方外汇、留成外汇的进口业务。原有口岸要主动协助内地口岸，在运输、仓储、发运、结算等方面给予方便。

（下略）

开展对外加工装配和中小型补偿贸易办法(节选)[1]

(1979年9月3日国务院颁发)

开展对外加工装配和中小型补偿贸易，是较快地提高出口产品生产技术，改善产品质量品种，扩大出口商品生产，增加外汇收入的有效途径。它有利于发挥我国劳动力、自然资源和生产的潜力，扩大出口货源，增强出口产品的竞争能力。各地方、各有关部门(包括军工部门，下同)要加强领导，解放思想，千方百计地把这项业务更多更好地开展起来，为社会主义现代化建设作出贡献。为了搞好对外加工装配和中小型补偿贸易，特制定本办法。

一、加工装配业务，主要是由外商提供一定的原材料、零部件、元器件，必要时提供某些设备，由我国工厂按对方的要求进行加工或装配，成品交给对方销售，我方收取工缴费。外商提供设备的价款，我方用工缴费偿还。也可以采取灵活作法，运进的原料和运出的成品，各作各价，分别订立合同，我方赚取差价，用差价即工缴费偿还设备价款。或者由外贸部门同外商签订合同，承担加工装配业务，然后组织工厂生产，外贸部门同工厂之间按购销关系办理。

(中略)

二、对外开展加工装配业务和中小型补偿贸易，要以发展出口商品生产、增加外汇收入为主要目的。开展这项业务，要结合我国的实际情况，多搞劳动集约产品，不要片面追求自动化；要尽可能

① 中共中央书记处研究室经济组编:《对外开放政策文献汇编(一九七九年七月—一九八五年四月)》，北京：中共中央党校出版社，1985年版，第65–67页。

利用现有的厂房设备，同现有企业的挖潜、革新、改造结合进行。进口设备必须从严控制，凡是能引进技术在国内制造的，不要进口设备，能进口单项设备在国内组织配套的，不要成套进口。必须引进的技术和进口的设备，要进行周密的经济分析和成本核算，不能搞那些偿还期过长、收汇少、没有盈利甚至亏损的项目。

三、各地方、各部门要根据自己的条件和特点，制定发展规划。要因地制宜地发展重点行业、重点产品，发展高级加工产品，逐步改变出口商品结构。在继续搞好加工装配业务的基础上，有些来料加工，要积极创造条件，争取逐步改变为进料加工或使用国产原料，有些装配业务要逐步提高国产零部件、元器件的比重，以至完全立足于国内。

四、开展加工装配和中小型补偿贸易，要在国家对外贸易政策的指导下，依靠各地方、各部门放手去办。有条件的地方，都可承接这方面业务，不受现行口岸商品经营分工的限制。引进技术和进口设备，凡是不需要国家增拨原材料、不影响燃料动力平衡、产品不涉及国外市场配额和用汇在一百万美元以下的项目，由省、市、自治区研究确定，报国家计委，并抄报国家经委，进出口管理委员会、外贸部和主管部备案；凡涉及上述问题和用汇在一百万美元以上的项目，需事先报国家计委会同进出口管理委员会等有关部门审查批准。

（下略）

国家进出口管理委员会、对外贸易部关于出口许可制度的暂行办法[①]

（1980年6月3日国家进出口管理委员会、对外贸易部发布）

为了加强对外贸易管理，特制定本办法：

第一条　中华人民共和国实施出口许可制度是加强对出口商品的管理，协调各地、各部门对外成交、出口，以利统一对外的必要措施。中华人民共和国对外贸易部（以下简称对外贸易部）及其授权的有关省、市、自治区对外贸易局，是国家指定的执行出口许可制度的机关。

第二条　对外贸易部所属的进出口总公司和分公司，以及经国家进出口管理委员会批准经营出口业务的公司，有权经营在批准范围内的出口业务。需要经营某项出口业务的公司，必须事先提出申请，经上述批准机关批准后，凭批准文件向对外贸易部或所在的省、市、自治区对外贸易局和有关海关登记后才能经营出口业务。

第三条　按第二条规定，经批准经营出口的公司，在批准的经营范围内的出口商品，一般即视为取得出口许可，海关可凭公司填写的“出口货物报关单”放行，不必另行申领出口许可证，但有下列情况之一者，需另行申请出口许可证：

1. 输往国家、地区有配额限制的商品（具体办法由对外贸易部另定）；

2. 为了防止各地、各部门的出口总量超过输往国家、地区市

① 《进出口管理委员会、对外贸易部关于出口许可制度的暂行办法》，《中华人民共和国国务院公报》，1980年09期。

场的容纳量，对外贸易部认为有必要实行出口许可制度，规定各地、各部门出口数量的商品；

3．为了防止出口价格过低，对外贸易部认为有必要实行出口许可制度，规定最低出口价格的商品；

4．国务院有关主管部门已明确规定控制出口或不准出口产品；

5．由于国际市场的变化或者国别政策的需要，对外贸易部认为需要在一定时期内适当控制出口的商品。

第四条　下列情况，必须申请出口许可证：

1．未经批准经营出口业务的企业、国家机关、团体、学校或个人运往国外的货物；

2．各有关部门、企业、团体组织的出国展览的展销品和出卖品；

3．各企业、厂矿与国外签订补偿贸易、来料加工和贷款合同，不通过外贸公司要求直接出口的商品；

4．各外国使团、企业代表、外国公民和旅游者运出的货物；

5．外国公民和旅游者带出超过合理自用数量的货物。

第五条　遇下列情况，对任何企业向任何国家或地区出口的任何商品，对外贸易部可随时通知其停止出口，暂缓出口或减少出口：

1．不符合我国对输往国家、地区的国别、地区政策的；

2．不符合我国和输往国家、地区签订的双边贸易协定、支付协定的内容和精神的；

3．双边贸易中由于外汇平衡的原因，有必要推迟或减缓出口的；

4．经国家进出口商品检验局检验，出口商品质量不符合国家规定的标准或不符合出口合同的规定的。

第六条　出口许可应由企业、机关、团体、学校、公社或个人分别提出申请。申请的内容包括出口商品（或货物）名称、规格、输往国别地区、数量、单价、总金额、交货期、支付方式（即出口收汇方式）等项目（申请出口许可的表式另发），发货前报对外贸易部或经授权的省、市、自治区对外贸局审批。

申请单位和申请人在申报出口许可时，其内容不得弄虚作假，骗取许可。如有违犯，必须追究责任，情节严重者将依法惩处。

第七条　申报出口许可经审批机关审核同意后，发给“出口货物许可证”（以下简称出口许可证）一式三份。一份由申请单位或个人留存，两份随“出口货物报关单”送交海关，凭以查验放行，其中一份由海关留存，一份由海关签印后送当地中国银行凭以检查结收外汇。

第八条　中华人民共和国各级海关应按照本暂行办法和有关规定，对商品和货物出口执行监管。凡规定需申报出口许可的商品和货物，在向海关报送出口时，必须交验出口许可证。海关如发现出口商品和出口许可证不符，应督促有关单位补办出口许可证或纠正差错后，方可放行。对应申报出口许可的商品，在未取得出口许可证前，不予放行。

第九条　出口许可证的有效期，应根据合同交货期等实际情况确定，自发证日起，最长不超过六个月，过期失效。申报人如不能及时在有效期内出运所报的商品，除领取的出口许可证已规定不准展期的以外，可以申请展期。展期不得超过两个月，展证以一次为限。展证期内仍不能出运，申请人如仍需出口该项商品，应另行申请许可，审批机关视当时情况，重新审核。

第十条　本办法规定需要申报领取出口许可证的商品货单，由对外贸易部制定并按照实际情况随时予以调整，并向有关单位通报执行。

广东省经济特区条例[①]

（1980年8月26日第五届全国人民代表大会常委委员会第十五次会议通过）

第一章　总则

第一条　为发展对外经济合作和技术交流，促进社会主义现代化建设，在广东省深圳、珠海、汕头三市分别划出一定区域，设置经济特区（以下简称特区）。特区鼓励外国公民，华侨、港澳同胞及其公司、企业（以下简称客商），投资设厂或者与我方合资设厂，兴办企业和其他事业，并依法保护其资产、应得利润和其他合法权益。

第二条　特区内的企业和个人，必须遵守中华人民共和国的法律、法令和有关规定。本条例有特别规定的，按照本条例的规定执行。

第三条　设立广东省经济特区管理委员会，代表广东省人民政府对各特区实行统一管理。

第四条　特区为客商提供广阔的经营范围，创造良好的经营条件，保证稳定的经营场所。一切在国际经济合作和技术交流中具有积极意义的工业、农业、畜牧业、养殖业、旅游业、住宅和建筑业、高级技术研究制造业，以及客商与我方共同感兴趣的其他行业，都可以投资兴办或者与我方合资兴办。

第五条　特区的土地平整工程和供水、排水、供电、道路、码

① 中共中央书记处研究室经济组编:《对外开放政策文献汇编（一九七九年七月—一九八五年四月）》，北京：中共中央党校出版社，1985年版，第118-121页。

头、通讯、仓储等各项公共设施，由广东省经济特区管理委员会负责兴建，必要时也可以吸收外资参与兴建。

第六条　各特区分别聘请国内外专家和热心我国现代化建设的有关人士组成顾问委员会，作为该特区的咨询机构。

第二章　注册和经营

第七条　客商在特区投资设厂，兴办各项经济事业，应向广东省经济特区管理委员会提出申请，经审核批准后，发给注册证书和土地使用证书。

第八条　客商可在特区内设立的中国银行或者其他经我方批准设立的银行开户，并办理有关外汇事宜。

客商的各项保险，可向特区内设立的中国人民保险公司或者其他经我方批准设立的保险公司投保。

第九条　特区企业的产品供国际市场销售；其产品如向我国内地销售，须经广东省经济特区管理委员会核准，并办理海关补税手续。

第十条　客商在特区内可以独立经营自己的企业，雇用外籍人员担任技术和管理工作。

第十一条　客商在特区所办的企业中途停业，应向广东省经济特区管理委员会申报理由，办理停业手续，清理债权债务；停业后，其资产可转让，资金可汇出。

第三章　优惠办法

第十二条　特区的土地为中华人民共和国所有。客商用地，按实际需要提供，其使用年限、使用费数额和缴纳办法，根据不同行业和用途，给予优惠，具体办法另行规定。

第十三条 特区企业进口生产所必需的机器设备、零配件、原材料、运输工具和其他生产资料，免征进口税；对必需的生活用品，可以根据具体情况，分别征税或者减免进口税。上述物品进口和特区产品出口时，均应向海关办理申报手续。

第十四条 特区企业所得税税率为百分之十五。对在本条例公布后两年内投资兴办的企业，或者投资额达五百万美元以上的企业，或者技术性较高、资金周转期较长的企业，给予特别优惠待遇。

第十五条 客商在缴纳企业所得税后所得的合法利润，特区企业的外籍职工、华侨职工、港澳职工在缴纳个人所得税后的工资和其他正当收入，可以按照特区外汇管理办法的规定，通过特区内的中国银行或者其他银行汇出。

第十六条 客商将所得利润用于在特区内进行再投资为期五年以上者，可申请减免用于再投资部分的所得税。

第十七条 鼓励特区企业采用我国生产的机器设备、原材料和其他物资，其价格可按我国当时同类商品的出口价格给予优惠，以外汇结算。这些产品和物资，可凭售货单位的销售凭证直接运往特区。

第十八条 凡来往特区的外籍人员、华侨和港澳同胞，出入境均简化手续，给予方便。

第四章 劳动管理

第十九条 各特区设立劳动服务公司，特区企业雇用中国职员和工人，或者由当地劳动服务公司介绍，或者经广东省经济特区管理委员会同意由客商自行招聘，都由企业考核录用，同职工签订劳动合同。

第二十条　特区企业雇用的职工，由该企业按其经营的要求进行管理，必要时可以解雇，其手续按照劳动合同的规定办理。

特区企业职工可按照劳动合同规定，向企业提请辞职。

第二十一条　特区企业的中国职工工资水平、工资形式、奖励办法，以及劳动保险、国家对职工的各项补贴，按照广东省经济特区管理委员会的规定，由企业同职工签订合同。

第二十二条　特区企业应有必要的劳动保护措施，保证职工在安全、卫生的条件下进行工作。

第五章　组织管理

第二十三条　广东省经济特区管理委员会行使以下职权：

1. 制定特区发展计划并组织实施；

2. 审核、批准客商在特区的投资项目；

3. 办理特区工商登记和土地核配；

4. 协调设在特区内的银行、保险、税务、海关、边检、邮电等机构的工作关系；

5. 为特区企业所需的职工提供来源，并保护职工的正当权益；

6. 举办特区教育、文化、卫生和各项公益事业；

7. 维护特区治安，依法保护特区内人身和财产不受侵犯。

第二十四条　深圳特区由广东省经济特区管理委员会直接经营管理；珠海、汕头特区设立必要的办事机构。

第二十五条　为适应特区经济活动的开展，设立广东省经济特区发展公司。公司业务范围：承办资金筹集和信托投资业务；经营或者与客商合资经营特区的有关企业；代理特区客商与内地贸易往来的购销事宜，并提供洽商服务。

第六章　附则

第二十六条　本条例由广东省人民代表大会通过，并报中华人民共和国全国人民代表大会常务委员会批准后施行。

关于设立中外合资对外贸易公司试点暂行办法（节选）[①]

（1996年9月2日对外贸易经济合作部令第3号发布）

第一条　为了进一步扩大对外开放，促进我国对外贸易的发展，根据《中华人民共和国对外贸易法》和《中华人民共和国中外合资经营企业法》及其他有关法律、法规，制定本办法。

第二条　本办法适用于外国的公司、企业（以下简称“外方公司”）同中国的公司、企业（以下简称“中方公司”）在中国境内（试点地区）设立专门从事进出口贸易的中外合资外贸公司（以下简称“合资外贸公司”）。

第三条　合资外贸公司为有限责任公司。合资外贸公司的注册资本中方公司所占比例不得低于51%；外方公司所占比例应在25%以上。法定代表人应由中方公司委派。

第四条　设立合资外贸公司应符合下列条件：

（一）外方公司应具备以下条件：

1．申请前一年营业额在50亿美元以上；

2．申请前三年年平均对华贸易额在3000万美元以上；

3．申请前已在中国境内设立代表处三年以上，或在中国境内投资超过3000万美元。

（二）中方公司应具备以下条件：

1．具有外贸经营权；

① 《关于设立中外合资对外贸易公司试点暂行办法》，《中华人民共和国国务院公报》，1996年30期。

2. 申请前三年年平均进出口额在2亿美元以上，其中出口额不低于1亿美元；

3. 已在中国境外设立分公司、子公司以及合资企业3个以上，申请前三年境外企业年均营业额超过1000万美元。

（三）合资外贸公司应具备下列条件：

1. 注册资本不得低于1亿元人民币；

2. 有自己的名称和组织机构；

3. 有与其对外贸易经营相适应的营业场所、专业人员以及其它必备的物质条件。

（下略）

境外金融机构投资入股中资金融机构管理办法（节选）[①]

（2003年12月5日中国银行业监督管理委员会令第6号发布）

（上略）

第四条　境外金融机构投资入股中资金融机构，应当经中国银行业监督管理委员会批准。

第五条　境外金融机构向中资金融机构投资入股，应当基于诚实信用并以中长期投资为目标。

第六条　境外金融机构投资入股中资金融机构应当用货币出资。

第七条　境外金融机构投资入股中资金融机构，应当具备下列条件：

（一）投资入股中资商业银行的，最近一年年末总资产原则上不少于100亿美元；投资入股中资城市信用社或农村信用社的，最近一年年末总资产原则上不少于10亿美元；投资入股中资非银行金融机构的，最近一年年末总资产原则上不少于10亿美元；

（二）中国银行业监督管理委员会认可的国际评级机构最近二年对其给出的长期信用评级为良好；

（三）最近两个会计年度连续盈利；

（四）商业银行资本充足率不低于8%；非银行金融机构资本总额不低于加权风险资产总额的10%；

（五）内部控制制度健全；

① 《境外金融机构投资入股中资金融机构管理办法》，中国政府网，2003年12月5日。

（六）注册地金融机构监督管理制度完善；

（七）所在国（地区）经济状况良好；

（八）中国银行业监督管理委员会规定的其他审慎性条件。

中国银行业监督管理委员会根据金融业风险状况和监管需要，可以调整境外金融机构投资入股中资金融机构的资格条件。

第八条　单个境外金融机构向中资金融机构投资入股比例不得超过 20%。

第九条　多个境外金融机构对非上市中资金融机构投资入股比例合计达到或超过 25%的，对该非上市金融机构按照外资金融机构实施监督管理。

多个境外金融机构对上市中资金融机构投资入股比例合计达到或超过 25%的，对该上市金融机构仍按照中资金融机构实施监督管理。

（下略）

外国投资者并购境内企业暂行规定（节选）[①]

（2003 年 3 月 7 日中华人民共和国对外贸易经济合作部
中华人民共和国国家税务总局中华人民共和国国家工商行政管理总局
中华人民共和国国家外汇管理局令第 3 号发布）

（上略）

第二条　本规定所称外国投资者并购境内企业，系指外国投资者协议购买境内非外商投资企业（以下称“境内公司”）的股东的股权或认购境内公司增资，使该境内公司变更设立为外商投资企业（以下称“股权并购”）；或者，外国投资者设立外商投资企业，并通过该企业协议购买境内企业资产且运营该资产，或，外国投资者协议购买境内企业资产，并以该资产投资设立外商投资企业运营该资产（以下称“资产并购”）。

（中略）

第五条　外国投资者并购境内企业设立外商投资企业，应依照本规定经审批机关批准，并向登记管理机关办理变更登记或设立登记。外国投资者在并购后所设外商投资企业注册资本中的出资比例一般不低于 25%。外国投资者的出资比例低于 25%的，除法律、行政法规另有规定外，应依照现行设立外商投资企业的审批、登记程序进行审批、登记。审批机关在颁发外商投资企业批准证书时加注“外资比例低于 25%”的字样。登记管理机关在颁发外商投资企业营业执照时加注“外资比例低于 25%”的字样。

---

① 《外国投资者并购境内企业暂行规定》，中国政府网，2003 年 3 月 7 日。

（中略）

第十条　外国投资者协议购买境内公司股东的股权，境内公司变更设立为外商投资企业后，该外商投资企业的注册资本为原境内公司注册资本，外国投资者的出资比例为其所购买股权在原注册资本中所占比例。被股权并购境内公司同时增资的，并购后所设外商投资企业的注册资本为原境内公司注册资本与增资额之和；外国投资者与被并购境内公司原其他投资者，在对境内公司资产评估的基础上，确定各自在外商投资企业注册资本中的出资比例。

外国投资者认购境内公司的增资，境内公司变更设立为外商投资企业后，该外商投资企业的注册资本为原境内公司注册资本与增资额之和。外国投资者与被并购境内公司原其他股东，在境内公司资产评估的基础上，确定各自在外商投资企业注册资本中的出资比例。

被股权并购境内公司中国自然人股东在原公司享有股东地位一年以上的，经批准，可继续作为变更后所设外商投资企业的中方投资者。

（下略）

外商投资商业领域管理办法（节选）[①]

（2004 年 4 月 16 日商务部令第 8 号公布）

（上略）

第九条　经批准，外商投资商业企业可以经营下列业务：

（一）从事零售业务的外商投资商业企业：

1. 商品零售；

2. 自营商品进口；

3. 采购国内产品出口；

4. 其它相关配套业务。

（二）从事批发业务的外商投资商业企业：

1. 商品批发；

2. 佣金代理（拍卖除外）；

3. 商品进出口；

4. 其它相关配套业务。

外商投资商业企业可以授予他人以特许经营方式开设店铺。

外商投资商业企业经批准可以从事以上一种或几种销售业务，其经营的商品种类应在合同、章程有关经营范围的内容中注明。

（中略）

第十八条　同一外国投资者在境内累计开设店铺超过 30 家以上的，如经营商品包括图书、报纸、杂志、汽车（2006 年 12 月 11 日起取消本限制）、药品、农药、农膜、化肥、成品油、粮食、植

① 《外商投资商业领域管理办法》,《司法业务文选》，2004 年 22 期。

物油、食糖、棉花等商品，且上述商品属于不同品牌，来自不同供应商的，外国投资者的出资比例不得超过 49%。

（中略）

第二十一条　2004 年 12 月 11 日起，允许设立外资商业企业。

第二十二条　从事零售的外商投资商业企业及其店铺的设立地域在 2004 年 12 月 11 日前限于省会城市、自治区首府、直辖市、计划单列市和经济特区。自 2004 年 12 月 11 日以后，取消地域限制。

从事批发的外商投资商业企业自本办法实施之日起取消地域限制。

（下略）

境外投资项目核准暂行管理办法（节选）[1]

（2004 年 10 月 9 日中华人民共和国国家发展和改革委员会令第 21 号发布）

（上略）

第四条　国家对境外投资资源开发类和大额用汇项目实行核准管理。

资源开发类项目指在境外投资勘探开发原油、矿山等资源的项目。此类项目中方投资额 3000 万美元及以上的，由国家发展改革委核准，其中中方投资额 2 亿美元及以上的，由国家发展改革委审核后报国务院核准。

大额用汇类项目指在前款所列领域之外中方投资用汇额 1000 万美元及以上的境外投资项目，此类项目由国家发展改革委核准，其中中方投资用汇额 5000 万美元及以上的，由国家发展改革委审核后报国务院核准。

第五条　中方投资额 3000 万美元以下的资源开发类和中方投资用汇额 1000 万美元以下的其他项目，由各省、自治区、直辖市及计划单列市和新疆生产建设兵团等省级发展改革部门核准，项目核准权不得下放。为及时掌握核准项目信息，省级发展改革部门在核准之日起 20 个工作日内，将项目核准文件抄报国家发展改革委。地方政府按照有关法规对上款所列项目的核准另有规定的，从其规定。

① 《境外投资项目核准暂行管理办法》，中国政府网，2004 年 10 月 9 日。

第六条　中央管理企业投资的中方投资额3000万美元以下的资源开发类境外投资项目和中方投资用汇额1000万美元以下的其他境外投资项目，由其自主决策并在决策后将相关文件报国家发展改革委备案。国家发展改革委在收到上述备案材料之日起7个工作日内出具备案证明。

第七条　前往台湾地区投资的项目和前往未建交国家投资的项目，不分限额，由国家发展改革委核准或经国家发展改革委审核后报国务院核准。

（下略）

关于外国投资者并购境内企业的规定（节选）[1]

（2006年8月8日中华人民共和国商务部 国务院国有资产监督管理委员会 国家税务总局 国家工商行政管理总局 中国证券监督管理委员会 国家外汇管理局令第10号发布）

（上略）

第二条　本规定所称外国投资者并购境内企业，系指外国投资者购买境内非外商投资企业（以下称“境内公司”）股东的股权或认购境内公司增资，使该境内公司变更设立为外商投资企业（以下称“股权并购”）；或者，外国投资者设立外商投资企业，并通过该企业协议购买境内企业资产且运营该资产，或，外国投资者协议购买境内企业资产，并以该资产投资设立外商投资企业运营该资产（以下称“资产并购”）。

（中略）

第九条　外国投资者在并购后所设外商投资企业注册资本中的出资比例高于25%的，该企业享受外商投资企业待遇。

外国投资者在并购后所设外商投资企业注册资本中的出资比例低于25%的，除法律和行政法规另有规定外，该企业不享受外商投资企业待遇，其举借外债按照境内非外商投资企业举借外债的有关规定办理。审批机关向其颁发加注“外资比例低于25%”字样的外商投资企业批准证书（以下称“批准证书”）。登记管理机关、外汇管理机关分别向其颁发加注“外资比例低于25%”字样的外

① 《关于外国投资者并购境内企业的规定》，中国政府网，2009年7月24日。

商投资企业营业执照和外汇登记证。

境内公司、企业或自然人以其在境外合法设立或控制的公司名义并购与其有关联关系的境内公司，所设立的外商投资企业不享受外商投资企业待遇，但该境外公司认购境内公司增资，或者该境外公司向并购后所设企业增资，增资额占所设企业注册资本比例达到25%以上的除外。根据该款所述方式设立的外商投资企业，其实际控制人以外的外国投资者在企业注册资本中的出资比例高于25%的，享受外商投资企业待遇。

外国投资者并购境内上市公司后所设外商投资企业的待遇，按照国家有关规定办理。

（中略）

第十六条　外国投资者并购境内企业设立外商投资企业，外国投资者应自外商投资企业营业执照颁发之日起3个月内向转让股权的股东，或出售资产的境内企业支付全部对价。对特殊情况需要延长者，经审批机关批准后，应自外商投资企业营业执照颁发之日起6个月内支付全部对价的60%以上，1年内付清全部对价，并按实际缴付的出资比例分配收益。

外国投资者认购境内公司增资，有限责任公司和以发起方式设立的境内股份有限公司的股东应当在公司申请外商投资企业营业执照时缴付不低于20%的新增注册资本，其余部分的出资时间应符合《公司法》、有关外商投资的法律和《公司登记管理条例》的规定。其他法律和行政法规另有规定的，从其规定。股份有限公司为增加注册资本发行新股时，股东认购新股，依照设立股份有限公司缴纳股款的有关规定执行。

外国投资者资产并购的，投资者应在拟设立的外商投资企业合同、章程中规定出资期限。设立外商投资企业，并通过该企业协议购买境内企业资产且运营该资产的，对与资产对价等额部分的出资，投资者应在本条第一款规定的对价支付期限内缴付；其余部分的出资应符合设立外商投资企业出资的相关规定。

外国投资者并购境内企业设立外商投资企业，如果外国投资者出资比例低于企业注册资本25%的，投资者以现金出资的，应自外商投资企业营业执照颁发之日起3个月内缴清；投资者以实物、工业产权等出资的，应自外商投资企业营业执照颁发之日起6个月内缴清。

第十七条　作为并购对价的支付手段，应符合国家有关法律和行政法规的规定。外国投资者以其合法拥有的人民币资产作为支付手段的，应经外汇管理机关核准。外国投资者以其拥有处置权的股权作为支付手段的，按照本规定第四章办理。

第十八条　外国投资者协议购买境内公司股东的股权，境内公司变更设立为外商投资企业后，该外商投资企业的注册资本为原境内公司注册资本，外国投资者的出资比例为其所购买股权在原注册资本中所占比例。

外国投资者认购境内有限责任公司增资的，并购后所设外商投资企业的注册资本为原境内公司注册资本与增资额之和。外国投资者与被并购境内公司原其他股东，在境内公司资产评估的基础上，确定各自在外商投资企业注册资本中的出资比例。

外国投资者认购境内股份有限公司增资的，按照《公司法》有关规定确定注册资本。

第十九条　外国投资者股权并购的，除国家另有规定外，对并购后所设外商投资企业应按照以下比例确定投资总额的上限：

（一）注册资本在 210 万美元以下的，投资总额不得超过注册资本的 10/7；

（二）注册资本在 210 万美元以上至 500 万美元的，投资总额不得超过注册资本的 2 倍；

（三）注册资本在 500 万美元以上至 1200 万美元的，投资总额不得超过注册资本的 2.5 倍；

（四）注册资本在 1200 万美元以上的，投资总额不得超过注册资本的 3 倍。

（下略）

报刊文章

▼

关于实行对外开放的经济发展战略问题

（董辅礽，《经济问题探索》，1983 年 01 期）

自从 1976 年 10 月，我国粉碎江青反革命集团以来，特别是党的十一届三中全会以来，这种闭关自守的经济发展战略逐步转变为对外开放的经济发展战略。党的十二大更明确指出："实行对外开放，按照平等互利的原则扩大对外经济技术交流，是我国坚定不移的战略方针。"

这种从闭关自守的经济发展战略向对外开放的经济发展战略转变，是否意味着我国的经济从内向发展的战略向外向发展战略的转变呢？我想还不能这样看。我国经济的对外开放，改变了过去实行的极端的内向发展的战略，但应该说，它是一种在以内向发展为主的对外开放。因为，我国作为一个拥有十亿人口、丰富自然资源的大国，我们的建设资金必须而且只能以国内的积累为主，采取各种形式利用外国的资金（包括外国资金在我国国内投资、中外合办企业等）对我国经济建设是重要的，但只能起补充的作用。我国发展经济所需的资源大部分可以由国内的开发和生产来满足，国外的资源的进口在国内的需要中只占极小的比重，而我国出口的资源也只能占生产量的小部分。引进外国的先进技术是重要的，但更重要的是要在学习外国先进技术的基础上开发适用于我国情况的新技术。我国有一个庞大的国内市场，这个市场的庞大需要必须主要依靠国内生产的产品来满足，进口一些外国产品特别是国内不能生产或生产不足的产品是必要的，但在我国市场的总供给量中只能占很小部分。国内生产的产品应该以国内市场为主体，发展向国际市场出口的产品是很重要的，应努力提高出口产品在国内生产总值中的比重，但这个比重不可能是大的。那未来，对外开放意味着什么呢？简单地说，对外开放意味着我们不能一般地拒绝利用外国资金，而是要根据条件采取各种形式尽可能多地利用一些可以利用的外国资金进行建设，包括吸收外国资本在中国投资、同中国合办企业、共同开发资源等；我们国内的生产不仅仅要考虑作为市场主体的国内市场的需要，而且还要积极地考虑国际市场的需要，促进国内产品进入国际市场，扩大出口；我们进口外国的产品除了主要为了满足国内的需要以外，也为了扩大出口的需要（如进料加工成成品出口）；我们积极引进一些适合我国情况的先进技术，特别是有助于企业技术改造的先进技术，同时要努力加以消化和发展，逐步出口新技术，并开展国际间的多边和双边经济技术合作；我们还要承包国外工程，扩大各种形式的劳务合作；同时还要做好对第三世界国家的经济技术援助；等等。这一切都表明，我们继续实行自力更生的方针，但绝不是像过去那样，把自力更生误解为自给自足，对外开放是在自力更生基础上的对外开放；实行对外开放，扩大对外经济技术交流，目的是增强自力更生的能力。

实行对外开放是我国坚定不移的战略方针

（陈德照、谈世中，《国际贸易》，1983 年 05 期）

在独立自主的基础上实行对外开放是改变我国落后面貌、赶超世界先进水平不可缺少的条件。新中国成立三十多年来，我国虽然在社会主义建设中已经取得重大成就，但一时还难以根本改变长期历史原因造成的技术落后、资金不足的状况。今天，我们国家提出对外开放的政策正是以对世界历史发展的特点和各种类型国家实行现代化的历史经验的深刻认识和客观总结为根据的。我们不应当从消极的、被动的立场来看待引进资金和技术，而应当采取积极的态度，把它看作一种有利的、不可缺少的外部条件，主动地去加以利用。我们要在 20 世纪末实现工农业年总产值翻两番，一半要靠科技进步来达到，更说明引进国外先进技术所具有的战略意义。

试论体制改革和对外开放的理论基础

（卓炯，《经济体制改革》，1984 年 04 期）

积极办好经济特区和进一步开放沿海城市，是发展我国商品生产的重要环节。我国在过去采取的是闭关锁国的政策，科学技术落后了几十年。现代化的商品生产和先进的科学技术是分不开的。旧体制的突出特点是经济效益不高，因而资金非常缺乏。基于以上的原因，采取对外开放的政策，引进外资、先进技术和科学经营管理的经验，就成为不可缺少的一环。

商品生产的一个特点就是要开发市场，因此，引进外资也符合发达国家的要求。商品生产是没有国界的，不可能完全受到意识形态的支配，因而就存在引进的可能性。我们开办经济特区取得了显著的成绩完全符合商品经济的原则。因此，实行对外开放，是符合我国实际情况的正确决策，必须坚定不移地贯彻执行。引进外资和先进科学技术必须有正确的政策。这就是：外商投资办厂，在税收方面可以按照规定享受更优惠的待遇，放宽利用外资建设项目和引进技术的审批权限，简化外商入境出境手续；允许外商兴办独资企业，适当延长合资企业的合营期限，对确实提供了先进技术的产品，允许在国内市场部分销售。

对外开放与体制改革

（沈立人，《财经问题研究》，1984 年 05 期）

对外开放要求体制改革，首先是指宏观经济体制的改革，因为它已不能适应对外开放面临的和带来的新情况。我们进行体制改革，一定要考虑有关对外开放的问题。对外经济往来，过去有一种传统看法，把它局限于流通过程，似乎只是商品、货币的流通由国内转向国外，超越了一国范围的结果。这是很不够的。对外经济往来与整个社会再生产过程密切相关，关系到社会总产品和国民收入的来源、分配和使用，直接或间接地影响一个国家国民经济体系的建立、经济结构的变化、经济增长的幅度、积累和消费的比例、生产力的布局以及经济效益的提高等。因此，对外经济往来的体制不仅是整个经济体制的组成部分，而且在很大程度上渗透到整个经济体制的很多方面。

对外开放还是闭关锁国，对整个经济体制的要求是不一样的。这是两种不同的经济模式或经济类型：一种是开放型，一种是封闭型。长期以来，我国的经济是封闭型的，经济体制也是适应于封闭型的。现在转向开放型，就与原来的经济体制有矛盾了。必须及时改革，才不会束缚对外开放，束缚生产力的发展。虽然，我国不同于某些发达国家和发展中国家，它们“以外贸立国”，对外经济往来起着左右全局的作用。但是，从闭关锁国到对外开放，如一间黑屋打开了窗口，如一潭静水投入了石子，其影响不可低估。首先是反映在宏观经济体制上，要求有适应于开放的改革。

对外开放要进一步解放思想

（《瞭望周刊》，1984 年 16 期）

贯彻执行中央制定的对外开放政策，需要解放思想，提高认识，研究新情况，解决新问题。现在，沿海部分城市座谈会提出了进一步开放十四个沿海港口城市、放宽若干政策的建议，其中包括有些城市将逐步兴办经济开发区，集中地举办中外合资经营、合作经营、外商独资经营企业等，并采取经济特区的若干政策，给以优惠等。这就把我国的对外开放政策向前推进了一大步。实行这样的对外开放政策，更加需要进一步解放思想，从理论上和路线上提高认识，胆子更放大些，步子更加快些。

实行对外开放，发展对外经济关系，是适应世界经济发展趋势的唯一正确的政策。马克思、恩格斯早在一百多年前就指出，随着资本主义世界市场的形成，各民族之间经济上的互相往来和互相依赖逐步取代了原来的闭关自守和自给自足状态。近几十年来，特别是第二次世界大战以后，这种情况又有了空前巨大的发展。尤其在当前世界新技术革命的新形势下，各国的经济生活比任何时候都更加密切地联系在一起。大量事实证明，国际范围内的经济联系是所有国家经济建设高速度发展必不可少的外部条件。不仅发达国家需要这种联系，发展中国家更需要在平等互利的原则下扩大对外经济技术交流，放手地利用国外一切可以为我所用的因素，以天下之长，补自己之短。因此，我国的对外开放政策，无疑是审时度势，实事求是，顺乎历史潮流的正确决策。在这个问题上，一切崇洋媚外、照抄照搬的思想和行为是错误的，一切闭关自守、墨守成规的思想和行为也是错误的。

试论当前外贸体制改革的理论基础及其主要特征

（王绍熙，《国际贸易》，1985 年 06 期）

国务院批转了对外经济贸易部关于外贸体制改革意见的报告，并通知各地认真贯彻执行。这标志着我国外贸体制改革进入了一个新阶段。这次改革是针对原有外贸体制的症结问题，从组织形式、管理权限和经营分工等方面，进行全局性的改革，是从根本上调整和改革外贸部门和企业之间以及外贸部门、企业与其他经济部门、企业之间的经济关系，以适应实行对外开放、对内搞活经济的需要，加快“四化”建设。实质上就是在外贸领域调整和改革不适应社会生产力发展的生产关系，建立符合现阶段我国生产力发展客观要求的外贸经营管理新体制。这次外贸体制改革是建立在新的理论基础上的根本性变革。

原有的外贸单一化的经济形式和经营方式，搞独家经营，是与社会主义商品经济不相适应的，是不利于搞活外贸，发展生产力的。在社会主义商品经济理论的指导下，要建立多部门、多层次的外贸经营体制，充分调动各部门、各地方经营外贸的积极性。同时要改变外贸单一化的经济形式和经营方式，逐步建立以国营经济为主导，中外合资企业、独资企业、集体经济等多种经济形式和经营方式的外贸经营体制，在国家的统一领导和管理下，八仙过海，各显神通，开创外贸新局面。

关于我国对外开放的国际环境
——中青年世界经济学术讨论会观点综述

（中青年世界经济学术讨论会“会议纪要组”，

《世界经济》，1985 年 02 期）

研究和调查表明，沿海开放带的开放不可能效仿深圳和蛇口模式。中国的对外开放很可能形成三个层次：第一个层次是开发区和特区的开放；第二个层次是沿海城市的开放；第三个层次是内地的开放。这实际上构成了我国对外开放的多层次、多形式、多渠道的系统。在今后的发展过程中，很可能形成开发区和特区、沿海城市和内地三种不同的开放模式。三种不同开放模式各自在其自身的开放基础上形成了不同的优势和依托：内地的开放主要以资源为依托；沿海城市的开放主要以老企业的技术改造为依托，同时涉及现有的市场渠道或销售网络；开发区和特区的开放主要以特殊政策为依托。三个层次、三种模式、三种优势，加上一个统一的国内市场，这可能就是未来中国的开放模式的一个基本雏形。

再论中国对外经济战略的选择

（黄方毅，《经济研究》，1986 年 12 期）

出口替代战略是解决外汇短缺的有效办法。我们仍然可以从供给和需求两方面看。

从供给方面看。制成品的需求弹性大，生产过程的附加价值高。因而它的出口创汇能力要比初级产品大得多。同时，由于国产制成品的市场由国内“一个”，转向国内和国际“两个”，因而销售市场扩大了，有助于实现生产的规模效应。

从需求方面看。由于出口替代战略的目标是以国产制成品瞄准国际市场，因而自然迫使企业把提高效益、提高质量、讲究包装、及时交货等内涵型经济发展的内容放在首位。国际市场上的竞争，将对企业的预算约束、成本约束、质量约束等由进口替代下的“软”变“硬”。这就能极大地在生产的环节上减少对外汇的盲目需求。国产制成品的质量提高，价格降低，易于改变国内消费者争购进口货的消费倾向。这也同时从消费的环节减少了对外汇需求的压力。

出口替代战略由进口替代战略的“一个半市场”发展到“两个市场”，一方面缓解了外汇的需求，另一方面也增加了外汇的供给。因此，也就弥补了进口替代的局限性即“替代”的不完全性，从而有助于实现一国经济的良性循环。相比进口替代战略只是“局部”利用国际交换，出口替代是实现积极利用国际交换的更成熟、更全面、更加与中国实行对外开放这一基本国策相协调的对外经济战略。

中国经济特区发展战略的若干问题

（刘国光，《财贸经济》，1987 年 02 期）

中国政府建立经济特区的意图，并不是简单地划出几块出口加工区以吸引外商办厂，从而解决就业、创汇问题，也不是简单地设立自由港和自由贸易区，发展转口贸易，而是要通过特区，扩大对外经济联系，更好地吸引外资，引进先进的科学技术和管理方法，发挥“四个窗口”和“两个扇面”的枢纽作用，同时，在经济体制改革方面做大胆的试验，为全国的体制改革提供经验，从而促进我国社会主义现代化建设，并为收回香港主权、保持香港的稳定和繁荣，促进台湾回归祖国，为实现“一国两制”的战略决策做出贡献。按照这种意图建立的经济特区，由于目的的多重性，它们的任务和性质不同于世界上许多地区兴办的单一的出口加工区、自由港、自由贸易区、科学园等特别区域，而是要把它们的功能都摄取进来，成为一个综合性的经济特区。建立这样具有多重目的的综合性经济特区，其难度要比建立单一的加工区、自由港等大得多。这是我们在考察特区问题时不能忘记的。

特区建设的战略目标是由它在全国社会主义现代化建设中的战略地位和作用决定的。从上述我国政府兴办经济特区的战略意图看，特区要在对外开放与经济改革中先行一步，探索道路，提供经验，以带动沿海和全国的开放和改革。基于特区的这种战略地位和作用，再考虑到它的毗邻港澳或面对台湾的特殊地理位置和促进祖国统一大业所起的特殊作用，我们对经济特区发展的战略目标得出一个概念，即它们应该是外向型的，以工业为主的、工贸并举、工贸技结合、兼营各业的综合性经济特区。这一观点已被吸收到国务院有关文件中了。

社会主义新型外贸体制构思

（王仕元，《中国经济体制改革》，1987 年 04 期）

第一，中国的对外贸易面临着严峻的现实。在国际市场上是愈加激烈的竞争，在国内是不断发展的商品经济。外贸体制改革只能适应而不可能在宽松的环境下进行，在对外开放和整个经济体制改革的进程中推进自身的改革。

第二，我国正由高度集中的计划经济向有计划的商品经济转变，企业转轨变型、市场机制作用强化、间接管理为主已经打破了传统外贸体制的格局。现在，外贸专业公司面对逐步走向自主经营、自负盈亏并具有相对独立经济利益的生产企业，以及正在蓬勃发展的企业联合体和企业集团，势必要求重新塑造工贸关系；在价值规律、供求规律和竞争规律对经济运行影响增强的态势下，势必要求建立新的外贸机制；在政企职责逐步分开的变革中，势必要求各类外贸企业（包括：外贸专业公司、工贸公司、直接对外的生产企业和企业联合体、集团）走自主经营、自负盈亏的企业化道路。

第三，对外开放政策使我国越来越广泛地参与国际经济技术贸易活动，越来越体会到国际市场竞争的激烈和变化的迅速，越来越认识到在国际贸易战中，决定胜负的不仅是产品，而且是信息、技术和人才，以及正确的决策和灵活的经营。这就要求建立的新型外贸体制，必须使各类外贸企业有充分的自主权，以适应国际市场多变的特点；必须从产品技术开发入手，以工贸联合的集团优势，增强在国际市场上竞争的实力。

第四，国内外经济的新形势，首先需要制定相应的外贸发展战略，同时需要改革外贸体制。在改革中，坚持把生产、国内流通和外销经营作为一个系统工程来研究，坚持以经济效益为中心，坚持统一和联合对外，坚持政企职责分开、企业化经营等一系列重要指导原则。

进口替代是我国赶超世界工业大国的长期战略

（刘昌黎，《经济研究》，1987 年 08 期）

进口替代乃是出口替代的基础。而且，任何一个国家的出口导向产业都不是孤立发展的，它必须以各国工业化整体水平的提高为基础。所以，引进外资的首要任务不是出口导向，而是进口替代。20 世纪六七十年代一些中进国或地区引进外资之所以和出口导向相联系，只是由于它们在进口替代方面已获得了较大成功，通过进口替代很快把比较优势产业转为出口导向产业罢了。

就我国的情况而言，如果我们按发展外向型经济的要求，强调合资生产必须返销汽车，且不说日资不会同意，即使同意了，按我国的技术水平，特别是国内汽车需求的情况，我们能否马上把汽车工业发展为出口成长产业呢？如果我们实行进口替代战略，适当让出一部分国内市场，坚持以产顶进，则无疑会对日本或其他国家的汽车行业资本产生很大的吸引力。在引进外资后经过一二十年的努力，只要我们能生产出世界第一流水平的汽车，还愁汽车工业不能发展为出口创汇产业吗？这种后发制人的思想，怎么会是被外资所利用了呢？

为了加速我国工业化的进程，我们无疑要学习外国成功的经验。美国在第一次世界大战前赶超英国的过程中，苏联在十月革命后追赶西欧和在二次大战后追赶美国的过程中，都实行了进口替代战略。至于日本在战后初期至60年代追赶欧美的过程中实行的战略，不少人曾认为是出口导向战略。然而，根据金凤德同志《战后日本经济发展模式再研究——战后至七十年代中期日本实行的是出口导向战略吗？》一文的深刻分析，日本在这一阶段实行的也是进口替代战略。在世界上人口超过一亿的大国中，凡取得经济大国地位的国家，无一不是在赶超过程中实行进口替代战略并取得成功的国家。因此，对我国来说，不是选择进口替代或出口导向战略的问题，而是一定要在进口替代战略方面取得成功。舍此，我国就不能赶超世界工业大国。

吸收外商投资是中国的坚定方针

（何椿霖，《国际经济合作》，1987年07期）

我国吸收外国投资的主要政策原则：一是鼓励外商重点投资产品出口创汇企业、进口替代企业和技术先进企业。二是充分发挥我国的优势，形成有竞争力的投资环境。我们理解到，国际投资对环境的选择面临激烈的竞争。我国改善投资环境要着力发挥自己的优势，建立符合国际商业条件的投资环境。三是开展多层次、多样化的经济合作，坚持有重点的发展战略。我国的对外开放政策，面向世界广泛的国家和地区，采取多样化的经济技术合作方式，除了举办合资企业、合作企业、外资企业，还广泛开展合作生产、来料加工、补偿贸易、租赁贸易等合作方式。四是维护和保障外国投资者的合法权益。在对外开放、吸收外国投资中，我们恪守平等互利、互守信用的原则，创造良好的生产经营条件，使投资者有利可图，切实保障合法利益。

社会主义初级阶段外贸发展战略

（许心礼，《财经研究》，1987 年 11 期）

从全国总体来看，我国经济发展主要立足于国内，面向国内庞大的市场，不能也无必要把我国国民经济推向出口导向模式。但不搞全局性的出口导向战略，并不意味着所有部门或所有地区都不搞出口导向；相反我们还要狠抓出口，鼓励和扶植出口创汇型企业的开拓和发展。因为无论是利用外资，引进技术还是进口设备和原料，最终都要靠出口创汇来支付。因此，振兴出口是一项长期的战略任务，在社会主义初级阶段更有其特殊的重要意义。扩大出口、增加创汇要抓住三个主要环节，即必须在出口商品构成、国际市场的开拓和出口地区布局等方面努力。当前我国出口商品结构落后，在国际分工中处于不利地位。要摆脱这种被动局面，必须加快步伐实现两个转变，一是由主要出口原料性的初级产品向主要出口工业制成品转变；二是由主要出口粗加工制成品向主要出口精加工制成品转变。为了保证有较好质量的出口货源，有条件的重点出口产品应该建立出口生产体系。在近期内，我们还只能采取“发展中间、兼顾两头”的橄榄形出口产品战略，即大力发展有比较优势的轻纺工业等劳动密集型产品出口，兼顾资源密集型产品出口，并积极开拓资金和技术密集型产品出口。

由于我国各地区的经济发展水平很不平衡，在出口地区布局上要发挥各地区优势，沿海开放城市特别是以上海为代表的大城市，其贸易发展战略可以是外向型的出口导向为主，兼顾国内市场。目前上海市提供的出口货源仅占本市生产总量的三分之一，今后应以面向世界市场为主，国内市场所需产品可由内地其他地区发展生产来满足。上海出口产品不仅在数量上应有保证，在质量上更应该有国际竞争能力。要发展出口，当前特别要加强对老企业的技术改造，对技术引进也要统筹规划，加强管理，择优引进。对出口创汇型企业在税收、贷款、外汇留成、机器折旧以及职工奖励等方面给予更大优惠。对出口创汇型的三资企业更要在政策上加以扶植。上海处于太平洋西海岸的中间点，因而在出口市场战略上，要在继续保持市场多元化格局的同时，着重面向环太平洋市场。总之，我国对外贸易发展战略模式在地区布局上，不搞“一刀切”，各地可根据自己的特点和优势，选择最优化的地区发展战略模式。

关于海南特区经济发展战略问题

（刘国光，《财贸经济》，1988 年 09 期）

根据中央对海南建省的要求和海南的实际，我们认为海南经济发展的战略目标应是：坚持以开放、改革促开发的方针，最终建设成为以工业为主导、工农贸旅并举、三次产业协调发展、外向型、实行社会主义市场经济的全国最大的经济特区，力争以 20 年左右的时间，达到人均国民生产总值 2000 美元以上。这是一个宏伟的战略目标，为了实现上述目标，必须实现经济发展战略的转换，就是：从主要作为国防前哨转向同时作为建设前沿；从单纯强调为国家作出贡献转向同时着眼于海南本身的开发和振兴；从与港台和东南亚对峙转向相互补充、协作；从封闭的半自然经济转向开放的市场经济。海南为了实现上述战略转移，必须经过长时间的艰苦奋斗，扎实工作，分步骤地逼近；大体可以分为以下四个阶段。

1. 近期：以 1987 年为基础，花三五年时间，赶上全国的平均水平，解决全岛的温饱问题。到 1990 年或 1992 年，人均国民生产总值从 1987 年预计 840 元增长到 1500 元左右（按现行汇率折合 400 美元），即三五年翻一番。

2. 中期：在近期基础上，再花五年到七年时间，赶上全国比较发达地区的水平，提前达到原定本世纪末的“小康”标准。大致是到 1995 年或 1997 年（从 1987 年算起，为第一个十年），达到人均国民生产总值 3000 元左右（折合 800 美元），即十年翻两番。

3. 长期：在中期基础上，再花十年或稍多时间，达到台湾 20 世纪 80 年代初的水平。大致在 2005 年或 2007 年（从 1997 年算起，为第二个十年），人均国民生产总值达到 8400 元左右（折合

2260 美元），即十年再翻一番半。

4. 远期：在长期基础上，再花二十年或稍多时间，大致到 21 世纪的 30 年代前后，比全国提前进入中等发达国家和地区的行列。我们起草的战略报告，主要限于前三个时期，即从 1987 年到 2005 年或 2007 年之间。

贯彻沿海地区经济发展战略中需要重视的几个问题

（季崇威，《国际贸易》，1988 年 04 期）

我国在对外开放前走的是第一条道路，开放以后电子工业发展和中外合资的汽车厂是走的第二条道路。看来两者各有优缺点。我觉得根据中国劳动力多、原材料资源和工业生产协作配套性差、制造技术水平低的国情，应该将这两种方式结合起来，灵活地运用国际分工和国际交换以人之长，补我之短。通过来料加工、进料加工、大进大出、两头在外的办法发展加工组装工业，在现阶段是适合我国国情，应当大力发展的。其中有一部分产品也可用来替代进口，供应内需，这总比进口成品合算。当然，从长期的战略来看，我们应当逐步做到原材料、零部件的国产化，但不能脱离实际地要求过高过快，也不必强求百分之百的国产化。这样又会走到自我封闭的老路去。

对外贸易体制改革的认识与探索

（周小川，《财贸经济》，1990 年 06 期）

外贸体改究竟选择大致什么样的目标模式，应通过哪儿个阶段性演变，都应该作出回答，否则就会陷入无序与代价高昂的浪费。学术界对国际经验的总结指出，从管制经济走向自由贸易体制需要若干个阶段，在某些阶段上的过度停滞存在着政府官员走向腐败，企业竞相寻租的危险倾向，这是很值得我们思考与警惕的。外贸体改道路的选择是与整个经济体制改革的战略选择紧密联系在一起的，具有一系列必然的逻辑关系。从当前的认识来看，这一选择有两种主要的出路：一是与价格、税收、财政（包含中央与地方政府之间的分权模式）、金融等改革相配合。在较为有效的总需求控制之下尽快建立国内的竞争性统一市场，并与国际市场相衔接，通过一系列外贸的经济调节手段把外贸企业和生产企业推向自负盈亏、放开经营、平等竞争和政企分开的轨道上，同时，在此基础上逐步深化企业体制的改革。二是在现有的价格体系及其决定的税收、财政、金融体制下，率先以承包制或类似的方法推动企业内部机制的改革，在不平等的现行条件下制定不同的任务与权利，把企业推向自负盈亏的轨道，企业内部的改革将有力地促进有效供给的增长，以积极的方式缩小总供给与总需求之间的缺口，从而将创造出有利的条件和环境来探寻价格、税收等改革的机会。我对后一种选择的前景是不很乐观的，它有可能导致改革再度陷入循环往复。

中国对外经贸发展的形势与任务

（李岚清，《国际贸易》，1992 年 06 期）

按照发展有计划商品经济和国际贸易规范惯例的要求，继续完善与深化外贸体制改革的重点是：改革进口体制进一步减少对进口的限制，建立以经济杠杆为主要调节手段的进口管理体制，完善对外经贸宏观管理体系。按照对外经贸发展和国际贸易规范的要求，健全以经济调节手段为主，辅以必要的行政法律手段的宏观调控体系。参照国际上通行的科学方法，改进管理方式，提高管理效率，提高管理制度的透明度。深化外贸企业内部机制改革，在企业自主经营自负盈亏的基础上，完善企业内部的自我发展、自我约束的机制，切实保障企业的经营自主权，促进各种形式的贸工（农技）结合，推动外贸企业向实业化、集团化和国际化发展。健全对外经贸协调服务机制，充分发挥商会协会的协调功能，加强信息咨询工作，完善运输、保险、广告等配套服务体系。

如何面对一场没有硝烟的世界商战
——关于外贸体制改革问题

（吴仪，《中国改革》，1994 年 07 期）

从 1994 年开始，进行以汇率并轨为核心的新一轮的外贸体制改革。通过新一轮改革，将使长期困扰我国外贸发展的一些深层次问题得以有效地解决。

从多年来外贸发展与改革的经验和实践看，新一轮外贸体制改革措施出台，尤其是在当前形势下改革汇率制度，是真正抓住了关键。这些措施较之以往的改革措施在统一政策、放开经营、自负盈亏、平等竞争等方面取得了重大突破，将使长期困扰外贸发展的一些深层次问题得以有效地解决，从而有利于我国外贸体制按国际规范运行，有利于外贸企业更广泛、更深入地参与国际分工和交换，发展开放型经济，实现国内经济与国际经济的对接互补。对外经济贸易今后将要向外贸、外经、外资相结合，货物贸易、技术贸易、服务贸易相结合，商品、资金、技术、劳务相结合，贸工、贸农、贸技、贸商相结合的“大经贸”的新格局发展。

关于“大经贸”战略的几个问题

（王子先，《国际贸易问题》，1994 年 12 期）

要很好地实施“大经贸”战略，保证其切实得到贯彻执行，从理论上看还要加强对以下问题的研究：1.专业化分工与协作、联合的关系。市场经济是专业化分工高度发达的经济，同时也是有着广泛协作和联合的经济。由于生产的国际化和跨国公司的日益发展，发达国家在专业化分工加强的同时也出现了综合化、联合化、多样化经营，如何结合中国的实际正确处理外经贸企业与其他企业之间的分工和联合关系，是理论界需要深入研究的问题。2.竞争与垄断的关系。发达国家的经验表明，当今世界完全的竞争和完全的垄断都是不存在的，在竞争与垄断之间存在一个合理的结合点。就外经贸领域而言，同样也存在这个问题。我国的现状是过度竞争与过分垄断并存，我们面临着既要打破垄断，又要防止过度竞争的双重任务。这也是经贸理论工作者亟待研究的一个问题。3.市场机制与政府干预的关系。在外经贸领域，政府干预和市场机制的关系从理论上讲同其他领域一样，是一种互为补充、互为依存的关系，但在经济（外贸）体制改革过渡期，如何正确处理政府干预和市场机制的关系是难度很大的问题，如何使外经贸宏观调节和管理与市场机制的长期作用趋势保持一致，确实起到校正市场扭曲和弥补市场缺陷的作用，值得好好研究。4.政府干预方式和手段的选择问题。在外经贸宏观调节和管理上要采取以间接调控为主的方式是毫无疑问的，但是在不同条件下经济、法律手段与行政手段如何合理组合，在外贸调节上关税手段和非关税手段在符合关贸总协定原则条件下如何合理配合等，都是亟待研究的问题。5.宏观调控与微观基础的关系。外经贸宏观调节与管理需要有合适的微观基础，如何按照社会主义市场经济下外经贸宏观调控的需要，并按照现代企业制度的要求重塑外经贸的微观基础包括企业经营机制和企业组织结构，也是确立新的外经贸发展模式需要研究的一个重要问题。6.静态优势与动态优势的关系。外经贸发展既要有利于发挥我国的静态比较优势，又要有利于培植动态比较优势，确保国家的长期利益，必须在两者之间寻找一个合理的结合点，保证静态利益和动态利益的平衡。这个问题的妥善解决对于“大经贸”战略实施具有重大意义。

中国经济进入 21 世纪的理论思考与政策选择

（中国社科院经济学科片《1991—2001 年经济发展思路》课题组，《经济研究》，1994 年 08 期）

为有效地参与国际竞争，推进区域经济国际化的进程，当前必须组织若干大的地域经济圈，走区域经济集团化的道路。随着改革开放的不断深入和国际国内市场的并轨，我国各地区经济将由封闭的国内经济循环逐步转向国际经济大循环。在这种区域经济国际化的过程中，为积极参与国际竞争，提高国际竞争能力，一些彼此邻近的地区有必要相互联合起来，组成一些地域经济圈或区域性集团。可以预见，在今后一段时期内，我国将会逐步形成六大地域经济圈。这六大地域经济圈是：①以广州为中心，包括广东、海南、福建、湘南、赣南、桂东部分地区以及香港、澳门、台湾等在内的华南经济圈；②以上海为中心，包括江苏、浙江、安徽、湖北以及湘北、赣北、川东、豫南部分地区在内的长江流域经济圈；③以北京、天津为中心，包括河北、山东、山西以及辽宁沿海、豫北、内蒙古部分地区在内的环渤海经济圈；④以哈尔滨为中心，由包括黑龙江、吉林、辽宁北部、内蒙古东部地区在内的东北地区和邻国沿边地区共同组成的东北亚经济圈；⑤以乌鲁木齐为中心，由包括新疆、青海、甘肃、陕西、内蒙古西部地区在内的西北地区和邻国沿边地区共同组成的西北—中亚经济圈；⑥以昆明为中心，由包括云南、贵州、西藏以及四川、广西部分地区在内的西南地区和邻国沿边地区共同组成的西南—东南亚经济圈。

走向开放型经济

（周小川，《经济社会体制比较》，1994 年 05 期）

社会主义市场经济应该是开放型经济。党的十一届三中全会确定了我国经济体制改革和对外开放的总方针。对外开放正是针对过去相对来讲相当封闭的经济而言的。从英文的意思看对外开放就是开门政策（open door policy），开门是形象说明把基本上关闭的门打开，一开始打开一点、逐步开得更大一点，究竟开多大、开到什么程度，这一问题过去没有得到很好的回答。因而对外开放指的是一个动态过程，并没有明确的目标模式的界定。我们应该更明确经济上的对外开放最终想要达到一个什么样的经济模式。改革同样也有一个明确最终目标模式的问题。从开始引入市场调节明确社会主义生产目的、允许使用物资刺激，逐渐到企业、价格、财政、税收、金融、内外贸等各个方面改革的进步，经济体制改革也经历了一个过程。从党的十二届三中全会明确了社会主义商品经济，到党的十三大进一步明确了国家、市场、企业三者之间的相互关系，发展到现在大家初步达成共识，即建立社会主义市场经济。关于目标模式的认识会对改革开放的实践和进程产生深远的影响。

相应地，社会主义市场经济应该与什么样的对外开放的模式相衔接呢？我认为，社会主义市场经济所对应的模式应该是“开放型经济”（open economy）。开放型经济与对外开放有一定的区别，从经济学概念以及经济体制模式来讲，对外开放讲的是一个过程和方向，几乎在任何起点上都可以讲对外开放，而开放型经济却是一个经济学上明确的与“封闭性经济”（close economy）相对照的概念，强调的是把国内经济和整个国际市场联系在一起，尽可能充分地参加国际分工，同时在国际分工中发挥出本国经济的比较优势。开放型经济是厂商在国际市场中自负盈亏、自主经营、放开经营、自由进入的体制，它不仅区别于传统的中央计划经济中的国营贸易（state trading）的体制，也区别于过分搞保护主义——使用关税和非关税壁垒尽力把国内市场和国际市场隔绝的经济体制。虽然国际市场中也有许多不健全的环节，某些发达国家也搞一定的保护主义，开放型经济在某些方面也会有例外的做法，但就总体而言，开放型经济意味着相当高程度上参与国际市场和国际分工，并主张自由贸易制度。这里值得补充一点的是，开放型经济的概念与常人理解的外向型经济也有一定的区别。很多人理解经济是否属于外向型，取决于进出口贸易总额占GNP（国民生产总值）的比重，如果其比重很高，就比较“外向型”。然而，大国和小国的情况是不一样的，小国的进出口贸易额甚至可能超过GNP的总值；而大国由于国内市场很大，即便是完全没有保护主义的开放型经济，进出口贸易总额占GNP的比重也不一定很高。所以开放型经济主要是强调国内经济和国际的充分衔接。

国际资本流动与我国宏观经济稳定

（李扬，《经济研究》，1995 年 06 期）

1994 年，以外汇体制改革为标志，我国经济的对外开放又前进了一大步。但是，外汇体制改革也对我国的宏观经济调控提出了新的挑战。能够被直接感觉到的是，外汇储备的动态变化对国内货币供应和物价产生了较大的影响；更进一步的影响是，人民币同外汇在经常项目下的有条件可兑换，使得中国经济与世界经济有了更多和更紧密的联系。如果说，中国的宏观调控过去只须考虑“对内”平衡的话，那么，在进一步对外开放的今天，已经必须同时考虑“对内”和“对外”两个平衡的问题了。这些影响意味着，国际资本流动已经成为影响我国宏观经济平衡和宏观经济稳定的重要因素。为此，我们对宏观金融调控机制的改进、利用外资的安排、对内金融体制的改革等等，都须有新的战略考虑。

日本爆发金融危机之后

（王洛林、余永定、李薇，《改革》，1996 年 03 期）

第一，在制定货币政策的时候，不但要重视货币供应对物价的影响，而且应当高度重视货币供应对资产价格的影响。日本在 20 世纪 80 年代物价很稳定，国际收支状况也很好，于是货币政策的制定者就认为无须控制货币供应量，逐年大幅度地增加货币供应，忽视了货币供应量增加对房价、地价、股价等资产价格的影响，在资产价格暴涨的情况下没有及时调整货币政策，没有及时紧缩银根，从而导致泡沫经济的蔓延。因此，今天在日本金融界达成一个共识，就是在判断经济形势、制定货币政策的事后，一定要重视资产价格的变动。

第二，在推动金融自由化的同时一定要对金融管理体制进行相应的改革，一定要充分估计可能出现的风险并采取预防措施。日本在 20 世纪 70 年代末就开始了金融自由化的改革进程，但金融管理体制一直没有进行根本性的改革，没有在金融自由化过程中建立

"新的规矩"，如扩大银行营业状况的透明度、加强对金融机构的内部管理、建立健全对贷款的审查制度、建立金融机构的破产机制等等。这种金融管理体制改革滞后的状况，是导致金融危机的重要原因之一。

第三，应当全面地、历史地评价一个国家的金融体制。这次金融危机发生以后，日本国内外对于日本现行的金融体制提出许多批评，加快金融自由化的步伐，彻底改革现行金融体制的呼声很高。但我们国家在金融体制改革过程中，对于日本战后建立起来的一整套金融体制不应简单地否定。有的在今天已经不适应形势的发展，但在一定历史时期曾经起到积极作用的制度、政策、措施，也还是可以结合我们的具体情况有选择地学习和借鉴。当然，在学习和借鉴的事后需要全面地权衡这些制度、政策、措施的利弊，尽量避免重复别人走过的弯路。

中国外汇体制改革的进展——人民币实现从经常项目可兑换到资本项目可兑换

（吴晓灵，《金融研究》，1997 年 01 期）

维持人民币汇率的基本稳定是中国人民银行货币政策的目标之一。中国在实现人民币经常项目可兑换之后，能否尽快地实现资本项目可兑换，在很大程度上取决于能否有效地防止资本的大规模流动和是否有能力消除大规模资本流动给经济带来的影响。在中国实现资本项目可兑换，主要需要以下几个条件：一是有一个健全的财政体制，逐渐减少财政赤字和用非通货膨胀的方式弥补已有的财政赤字。二是微观活动主体对资本流动产生的后果做出灵敏而有效的反应。三是内、外资金融机构的同等税赋。四是健全的金融体系和强有力的金融监管。放开资本项目的管制必然导致居民金融资产的多样化。当然从改革的方向看，人民币将走向自由兑换这是既定的目标，我们将通过各项改革努力创造条件逐步推进资本项目可兑换。

积极推进外汇体制改革稳步实现人民币自由兑换

（周小川，《国际金融研究》，1997 年 01 期）

1996 年 11 月 27 日，中国人民银行行长戴相龙正式致函国际货币基金组织，宣布中国不再适用国际货币基金组织协定第十四条第二款的过渡性安排。自 1996 年 12 月 1 日起，接受国际货币基金组织协定第八条第二、三、四款的义务，实现人民币经常项目下的可兑换。这是我国综合国力增强的具体表现，是我国外汇管理体制改革的里程碑。

我国接受国际货币基金组织第八条义务，取消了对经常项目的外汇管制，但我国仍对资本项目外汇收支实行一定的管制，人民币还不是自由兑换货币。根据《中共中央关于建立社会主义市场经济体制若干问题的决定》提出的要“逐步使人民币成为可兑换货币”的精神，下一步我国外汇体制改革的重点将是在完善以前外汇体制改革成果的基础上，逐步放松资本项目外汇管制，最终实现包括资本项目可兑换在内的人民币自由兑换。这是我国外汇体制改革的长远目标，还需要一个较长的过程。货币可兑换性改革必须分阶段实施，是人们的共识。即便是发达的资本主义国家，实现货币的完全可兑换性往往也要经历数十年的过程。大家共同的做法是首先实现经常项目的可兑换，同时完善资本项目的管理，最终走向货币的完全可兑换。盲目地追求可兑换进程的速度，忽视经济发达程度的制约，必然会带来不必要的风险甚至会付出不必要的代价。

关于外汇储备和国际收支结构的几个问题

（余永定，《世界经济与政治》，1997 年 10 期）

中国的外汇储备随着资本项目和贸易项目顺差的持续增加而迅速增加。在充分肯定中国在利用外资方面所取得的巨大成就的同时，也应看到中国的国际收支结构是可以进一步完善的。为了使国际收支结构更为合理，中国必须加强各种宏观经济政策协调。

不管作出何种选择，中国政府必须有一个明确的引资和外贸战略，并在此基础上制定一套首尾一贯的经济政策。变单纯创汇观念为实现总体上的资源最优配置。此外，我们还必须看到，中国经济基本上已是一种开放型经济，事实上的固定汇率制度和一定程度上的资本自由流动已使我国的货币政策在相当程度上丧失了独立性和有效性。在制定经济政策时，决策者对此须有充分的认识。

对外贸易跨世纪发展的构想

（董辅礽，《经济研究参考》，1997 年 02 期）

我国对外贸易发展的基本思路：不断扩大对外开放程度，完善和发展对外开放的新格局；积极开拓外贸市场，推进对外贸易向纵深发展；转换外贸增长方式，培育对外贸易的新的增长点；优化进出口商品结构，提高对外贸易增长质量；保持国际收支平衡，合理控制外汇储备的规模和结构；深化外贸体制改革，创造良好的体制环境。

外资对中国经济的影响及未来利用外资展望

（王洛林、江小涓，《中外管理导报》，1997 年 03 期）

未来一二十年，中国基础设施领域需要大量的投资。公路、铁路、发电、通信等行业在未来 15 年的发展规划中，都对外资寄予厚望。据世界银行的一份报告估计，未来 5 年中国用于基础设施的投资需求将达到 2800 亿美元，国家计委正在寻求国外资金的项目包括三峡大坝、京沪高速公路这样上百亿美元的世纪性项目，这意味着中国将成为世界上最大的基础设施投资市场。

外资对推动中国经济体制转轨特别是国有企业机制转变方面的作用特别值得强调。中国有相当一部分国有企业由于企业体制、历史负担、产业选择等方面的原因，处于长期亏损境况。非国有企业在管理、内部治理结构、国际化经营能力、与地方政府的分配关系、创业者利益体现等方面，也普遍存在不能适应今后竞争需要的问题。许多企业通过与外商合资，较好地解决了上述问题，其经验对国内其他企业的改革和发展也起到示范作用。

国际资本市场的巨大潜力，使中国有可能保持较大的利用外资规模。最近几年，跨国投资每年约 2300 亿美元，其中投向发展中国家的比例日趋上升。国际资本市场融资金额每年约 8000 亿美元，人均利率可能处于较低水平。亚太地区以其相对稳定的社会环境和巨大市场，成为国际投资的热点。从这些因素分析，我国继续保持较大数额利用外资是可能的。

从近期看，适当多吸收外商直接投资，保持以长期的、非债务性的资本流入为主的利用外资结构，可能更适合中国目前的发展阶段和体制特征。

中国工业国际竞争力报告

（金碚、胥和平、谢晓霞，《管理世界》，1997 年 04 期）

第一，中国出口工业品中，竞争力比较强的还是附加值比较低的劳动密集型产品，如纺织品和服装。纺织品和服装产业在西方国家虽然被称为“夕阳产业”，但在中国仍然是具有极强的国际竞争力和比较优势的产业。1996 年，中国共出口服装 250 亿美元，比上年增长 4%，占外贸出口总值 17%；出口纺织纱线、织物 121 亿美元。第二，中国在附加值高和技术或资金密集型产业方面的出口竞争力尚处于劣势。1996 年中国机电产品进口 614 亿美元，增长 3.6%，占进口总值的 44%。其中，进口值在 10 亿美元的有纺织机械、金属加工机床、塑料橡胶加工机械、集成电路、飞机、自动数据处理设备、电视及无线电信设备的附件、汽车零件、搬运装卸设备等。第三，随着中国对外开放的不断扩大，“三资”企业在中国工业品出口额中的比重逐年增加。“三资”企业对中国工业的出口竞争力的影响是比较复杂的，一方面，它们对提高中国工业品的国际竞争力起到了显著的促进作用，另一方面，外商控股的“三资”企业又对中国民族工业形成很强的竞争压力。第四，中国的某些机电产品，如摩托车和收音机，在国际市场的占有率已位居前列，具有比较强的出口竞争力。政府应对这些产品的出口继续给予鼓励和支持，将这些产业培养成为具备更强的出口竞争力的产业，这不仅会提高中国工业的国际竞争力，而且还会减少由于单一纺织品出口竞争力过强而引起的国际贸易摩擦。第五，中国大部分工业品在国内市场的竞争态势，大大优于在国际市场的竞争态势。这表明，由于国内市场特点、消费特点、销售渠道及方式等方面的优势，这些产业尚能够与外商竞争。但是也要看到，这种竞争态势，在不同程度上是在政府的保护下进行的，而且，有些领域的市场正在被外商逐步占领。90年代以来，由于外商的大举进入，中国市场上的国际竞争愈演愈烈。1995年，中国大部分工业品在国内市场的占有率相比1992年有所下降，而同时，企业的产品库存却在逐年增加，说明中国的企业迫切需要进行产品结构调整，增强国际竞争能力。

从比较优势到竞争优势
——兼论国际贸易的比较利益理论的缺陷

（洪银兴，《经济研究》，1997 年 06 期）

适应经济增长方式由粗放型向集约型的转变，我国的出口贸易和利用外资也要由单纯追求数量增长转向追求质量和效益。单纯的比较优势不一定能成为竞争优势。注重质量和效益的对外贸易不能停留在现有的比较优势上，需要将这种比较优势转化为竞争优势。在现阶段，一个国家的产品在国际市场上的竞争力，最主要的是产业竞争力。单纯由资源禀赋决定的比较优势在国际贸易中不一定具有竞争优势，单纯根据资源禀赋来确定自己的国际贸易结构，企图以劳动密集型产品作为出口导向，就会跌入“比较利益陷阱”。长期以来，我们说明自己的劳动密集型产品具有比较优势的一个主要理由是劳动力资源丰富和劳动成本低，劳动成本低主要是就工资成本而言的。在我国，高科技和高科技产业的国际差距是不一致的。由于高科技的研究没有国界，高校和科研机构所掌握的高科技的国际差距相对来说，要比高科技产业的国际差距要小。这就给实施战略贸易政策提供了条件，政府一方面扶持高科技研究，另一方面鼓励企业接受高校和科研机构的高科技研究成果并使之产业化。由此可以利用自己的科技力量发展起在未来具有竞争力的战略性产业。

徐徐开启的流通领域大门
——服务贸易协议对我国商业的影响

（黄海，《国际贸易》，1998 年 01 期）

中国已经签署了乌拉圭回合的谈判协议，并正在按照协议的要求进行加入世界贸易组织的谈判。由于改革开放是我国的一项基本国策，尽管我国目前还没有加入世界贸易组织，但是仍然按照乌拉圭回合协议的精神，积极进行商品流通领域的对外开放。

在社会主义市场经济条件下，流通的地位越来越重要，要起到指导生产、引导消费的作用。目前我国的流通业发展相对滞后，搞得不好将会成为制约经济发展的“瓶颈”。从我国工业实现现代化的经验看，对外开放是促进流通业发展的一条有效途径。

根据目前我国流通领域对外开放的实际情况，应当积极采取如下几点对策：一是尽快制订外商参与我国国内零售、批发经营的法规；二是把允许外商参与零售经营的地域扩大到中部地区的省会城市；三是尽快开展中外合资合作批发经营的试点工作；四是明确规定国内流通领域对外开放的主管部门。

更应注重动态效应
——外贸在国民经济发展中的地位与作用的再认识

（王子先，《国际贸易》，1998 年 10 期）

就我国而言，外贸的作用首先表现为充分发挥我国的比较优势，通过参与国际分工和交换，学习吸收人类一切文明成果特别是当代科技成果，迅速缩短与先进国家的差距，加快本国工业和现代化进程，还可以利用国际市场转换机制的作用，扶持有动态比较优势的产业，提高本国的经济素质，增强经济发展的后劲。

东南亚国家发生金融危机的教训表明，作为发展中国家，没有出口的持续增长，仅靠外资特别是短期外来资本来维系国际收支平衡是非常危险的，无论是当前还是今后一段时间，提高出口竞争力，保持出口的持续稳定发展，仍是实现我国对外均衡进口而实现国内均衡的基本保证。

加工业和机电行业结构调整和渡过难关创造更好的条件同时，通过优化进口结构加大技术引进力度会加快我国新兴产业的发展，增强国际竞争力，促进我国工业的现代化。当前尤其要注意改变近年来我国技术引进不振的状况，抓住日元和欧洲工业化国家货币相对美元较大幅度贬值的有利时机，大力引进技术设备，加快国有企业技术改造步伐，增加新的有效供给，创造新的市场需求，促进经济增长，要在加强监管的条件，保持加工贸易进口的健康发展势头，鼓励附加值和技术含量较高的中间品的进口，并提高国产料件的比重下，更好地带动国内相关产业的发展。引进竞争，增强国际竞争力。国际经验表明，出口竞争和进口竞争是促进一国产品更新换代和企业提高国际竞争力的有效途径。

中国的资本外逃问题研究：1987—1997

（宋文兵，《经济研究》，1999 年 05 期）

中国在改革开放过程中大量引进外资的同时，资本外逃的规模已经不容忽视。只不过外资的持续、大量流入以及国家对宏观经济的有力调控使其冲击力未表面化。然而这毕竟已形成一巨大隐患。不能排除它在某些时候恶化的可能性。

"外资内流"和"内资外流"这一似乎矛盾的现象背后，至少有两方面的原因：第一，两者面临不同的制度环境有着不同的决策动机；第二，"过渡性"资本外逃的存在使得两者之间在一定程度上有着内在的逻辑联系。同时这也说明，考虑到这一因素之后，中国真正引进的外资恐怕要打一定的折扣。

一个时期以来，由于外汇黑市和骗、套、逃汇事件十分猖獗，管理部门已加大了打击力度并获一定成效。然而只要上述原因未消除，这一现象就不可能被杜绝。而且其中有很多是难以被"堵截"和查核的。比如，国内外配合假报货值、境外逃汇、投资转移等。再比如，受国际惯例的约束，外汇指定银行在履行付款义务时，只能根据单据的表面一致性进行检验，无法对交易的真实性进行监督。

注意到资本外逃在很大程度上是国内经济政策扭曲和制度缺陷的反映，政府应当和可以做到的应是：第一，推进金融深化，减少在利率管理、市场准入、投资限制等方面的直接管制和行政干预；第二，在深化外汇改革的同时建立人民币远期外汇市场，为企业和个人提供充足的套期保值、规避风险的工具；第三，协调货币、财政和汇率政策，保持宏观经济政策的一致性，有效地化解银行不良资产，抑制通货膨胀，维持稳定而合理的实际汇率，减少居民的风险预期；第四，引进外资应从"优惠政策导向"向"市场导向"转变，依靠提高效率和减少交易成本来增强投资的吸引力；第五，加大对侵吞国有资产行为的督查和惩处，严格规范企业对外直接投资、买壳上市以及国际购并中的资产评估和财务管理。

实现第二次战略转变
——面向21世纪的中国利用外资战略

（马宇，《国际贸易》，1999年09期）

1997年以后，随着国内经济形势和国际环境的变化，中国利用外资进入一个新的转折阶段，其突出表现是吸收外资增长速度大幅度降低，其中1997年对外借款已陷入负增长，1998年进一步下降8.5%。1998年利用外资总额出现改革开放以来的第一次负增长，由上年的64亿美元减少到58.9亿美元，降幅达7.9%，其中外资直接投资由453亿美元增加到456亿美元，仅略增0.7%。从更深层次看，近年我国利用外资结构调整缓慢，经济效益下滑，对国民经济发展的推动作用相对减弱，种种现象表明我国利用外资面临严峻挑战，需进行新的战略调整。

中国利用外资第二次战略转变，其核心问题是吸收外商投资战略重心的转移及吸收外商投资方式的转变。我国利用外资战略调整面临的首要问题，是从以工业为主转向以服务业和农业为主；其次是如何利用国际通行方式引进外资。围绕外商投资重心的转移和方式的转变问题，需要采取一系列的战略措施，如市场经济体系和法律体系的建设、投资管理体制的改革、产业政策的调整、国内市场的开放等。如此才有可能实现我国利用外资的第二次战略转变。

迈向市场经济的前沿——加工贸易对我国国民经济总体作用评价

（中国社会科学院财贸经济研究所课题组，《国际贸易》，2000 年 09 期）

不能单纯从贸易方式去理解加工贸易对国民经济的总体作用，而应从参与国际分工的角度去分析其创汇作用、就业效应、引资作用、技术转让和产业升级的带动作用、区域经济的启动作用。第一，加工贸易促进了我国经济体制从计划模式向市场模式的转换。加工贸易的发展为在我国建立市场经济的体制开辟了滩头阵地。第二，加工贸易启动了我国东南沿海地区经济的发展。改革开放正是首先通过加工贸易打开了东南沿海地区进入国际市场的大门，成为区域经济发展的领先板块。加工贸易的收入构成了区域内生产资金积累的源泉，成为居民消费的开支来源，构成了启动区域经济发展的投资资金和产品的消费基金。第三，加工贸易推动了我国整体对外开放的进程。加工贸易在进出口贸易、引进外资、接触国际市场、引进技术设备管理人才等多个方面都走在了其他方式的前面，在东中西部的经济交流中还带动了中西部经济的发展。第四，加工贸易的发展符合自身发展的普遍规律。我国加工贸易的发展从劳动密集型产品向技术和资金密集型产品过渡，劳动力成本比较优势的下降恰当地反映在这一过程之中，加工贸易增值率的提高也恰当反映在这一过程之中，从利用最显著的比较优势要素向其他要素扩展。第五，开展加工贸易是我国参与国际分工新体制的方式。加工贸易是我国在改革开放过程中参与国际分工的方式之一，初期效果比较理想，动态的发展也符合我国比较优势的变动格局。第六，加工贸易出口的比重问题。对加工贸易的收益要作多层次的分析，不能局限在直接的经济收益上。加工贸易能够带动国内相关产业的发展，提高其向加工贸易提供中间产品和原材料的能力。

中国应从亚洲金融危机中汲取的教训

（余永定，《金融研究》，2000 年 12 期）

中国应该从亚洲金融危机中汲取五大教训：第一，健全的金融体系是可持续经济增长的必要条件；第二，汇率制度应更具弹性，汇率应存在随经济变动而定期调整的空间；第三，必须稳步、有序地实行资本管制自由化；第四，协调宏观政策，保持内外平衡；第五,一国应稳步调整其贸易结构以保持竞争力。

基于高不良资产比率，中国的金融体系非常脆弱；基于高M2／GDP比率，中国经济的稳定期似乎也面临着严重挑战。但是，在良好的财政状况和强有力的对外部门状况的支持下，中国可望在不经历大的经济波动的情况下完成改革。我们应该对中国的经济前景抱乐观态度。然而，我们必须认识到，良好的财政状况和强有力的对外部门状况只能替我们“购买”时间。如果我们不能在这段宝贵的时间内推行基本面改革，我们就可能再也没有机会了。比如，在低利率和零通货膨胀率条件下，政府可以通过发行国债来筹集巨额资金，以核销金融机构不良资产、推动养老保险和失业保险等社会保障制度改革。如果我们错过当前时机，未来的改革成本可能比现在要高得多，最后也许不得不依靠征收铸币税和通货膨胀税来为改革融资。如果允许这种情形发生，无异于把整个改革进程置于危险境地。

入世归根结底是“政府入世”

（樊纲，《领导决策信息》，2001 年 42 期）

加入WTO后，近期将对中国经济增长产生积极影响，但两三年后中国企业会感到压力，开始痛苦的调整期，这一过程会延续 5 到 10 年。但长期看，对中国的影响是正面的。首先是政府要建立新的外经贸管理体制，既符合WTO原则，又符合中国国情；其次要转变职能，逐步取消审批制，而将政府的精力集中于宏观管理和服务；清理与WTO规则不相符的法律法规，加快废、改、立的工作；进一步降低关税水平；减少或取消非关税壁垒；进一步提高市场准入程度；建立稳健的金融运行机制，防范金融风险；充分利用国际规则的“安全阀”来保护民族产业。

WTO 与政府管理体制的创新

（李晓西，《求是》，2001 年 22 期）

有人担心，按WTO规则来转变政府职能，会弱化政府制定政策和对经济调控的自主权，削弱政府对经济命脉部门和产业的控制权。这种担心不是没有道理，关键是要我们如何看待这个问题。总体上讲，加入WTO后，我国政府的职能不是弱化，而是转化，是由计划经济下的政府职能向市场经济体制下的政府职能转变。从各国经验看，弱化一部分行政管理权的同时，如弱化对企业的经营管理权，还需要强化另一部分行政管理权，如在公共政策方面的管理权；减少对经济命脉部门和产业的行政调控权的同时，必须强化对此的法规监管权。现代社会中，对政府管理的需求不是减少了，而是更强了，只不过对管理方式的要求变化了。可以相信，我国加入WTO有助于政府管理体制的改革和完善，而政府管理体制的改革与完善又有助于提高我国参与国际竞争的能力，在全球性竞争中促进国民经济健康发展。

入世后应对国际资本流动的政策选择（上、下篇）

（张晓朴，《经济社会体制比较》，2002年04、05期）

面对加入世界贸易组织后所带来的挑战，中国应该提高资本项目管制的方式和效率。应该鼓励和尝试以市场为基础的间接管制手段，通过提高资本流动的成本限制特定资本的流入。这种以市场为基础的间接管制手段可以采取很多种形式，包括对跨境资本流动直接或间接征税，对银行系统实行审慎监管，采取双重或多重汇率体制等。中国资本项目的主要管理目标应该是减少金融危机发生的概率和维护货币政策的独立，加入世界贸易组织后，中国可以考虑采取如下具体政策改进资本项目管理。第一，根据管理目标，将国际资本划分为外商直接投资、证券投资、外债三大类，鼓励外商直接投资等中长期资本流动，限制证券投资和短期外债等短期资本流动。第二，对短期外国资本流动征收登记费。第三，加强外债管理。第四，加强对银行系统的审慎性监管。第五，必须建立一套实时的外汇管理电子系统。第六，建立国际收支早期监测预警体系。第七，禁止境内机构从事人民币的无交割远期交易。

中国外汇管理的最终目标仍然应该是实现人民币资本项目可兑

换。我国资本项目开放应该遵循整体渐进、分步实施的原则，开放的进程应该可控制、可预测。目前可以考虑下述举措：进一步放松对直接投资的管制；逐步允许用封闭基金或（和）存托凭证的方式进行证券投资。

消除人民币升值恐惧症，实现向经济平衡发展的过渡

（余永定，《国际经济评论》，2003 年 05 期）

在“以市场供求为基础的、单一的、有管理的浮动汇率制度”下，如果人民币面临升值的压力，在一般情况下，我们应该让人民币升值。但是，对于升值的幅度则应该加以控制。在有管理的浮动汇率制度下，中央银行酌情对外汇市场进行干预是理所当然的。人民币的小幅升值至少有三个作用。首先，向外界发出信号：作为一个负责任的大国，中国是充分考虑其他国家利益的，中国正在努力解决同其他国家之间的贸易不平衡问题。其次，向中国的企业和金融机构发出信号：今后外汇风险将会增加，企业和金融机构应当做好相应准备，加强风险的防范。最后，如果在若干年之后，中国的国际收支发生不利变化，人民币需要贬值时，由于已恢复了有管理的浮动，企业和金融机构具备了较强的应变能力，我们就可以让人民币汇率下浮，而不必等到最后一刻再被迫大幅度贬值。

工业发展、国情变化与经济现代化战略
——中国成为工业大国的国情分析

（陈佳贵、黄群慧，《中国社会科学》，2005 年 04 期）

我国基本经济国情已经从一个农业大国发展成为工业大国，但还没有成为工业强国。从我国现代化进程看，我国从农业大国向工业大国的变化表明，我国经济现代化进程进入了一个新的阶段，进入了从工业经济大国向工业经济强国转变的阶段。在对外经济关系上，工业制成品出口技术密集化程度将逐步提高，实施“走出去”战略的中国企业逐步增加。在对外经济方面，新阶段中国需要提高工业制成品技术密集化程度，同样面临从工业贸易大国向工业贸易强国转变的任务；同时，伴随着中国企业在全球范围内获取资源的能力的提高，对外直接投资将逐步增加，已成为从国外得到支持继续推进中国工业化进程的关键性和战略性资源。

“十一五”时期的改革开放重点

（范恒山，《浙江经济》，2006 年 10 期）

我国加入世界贸易组织后过渡期即将结束和融入国际经济生活程度日益加深的形势，大大增强了推进体制创新、提高对外开放水平的紧迫性。“十一五”时期，要围绕转变对外贸易增长方式和实施互利共赢的开放战略，推进体制创新。特别要着力推进如下几个方面的改革：一是加快建立公开、统一和科学的涉外经济法规体系。二是切实保障各类企业的自主权和平等地位。三是完善外贸经

济活动调控体系。四是建立健全应对涉外经济活动风险的机制。

实现“走出去”是提升开放经济水平的转折点

（裴长洪和彭玉榴，《红旗文稿》，2007 年 15 期）

第一，实行GNP核算体系，实现从GDP到GNP的跨越。逐渐用GNP核算体系来观察中国经济同际化的水平。第二，“走出去”战略应贯彻多元化方针。“走出去”既要重视发达同家，也要重视发展中国家。应努力开拓欧美等发达国家市场，利用发达国家先进的技术水平，在发达国家投资设立高新技术研发中心或高新技术产品开发公司。亚洲、非洲、拉丁美洲一些发展中国家投资和开展经济技术合作潜力很大，应加大开拓力度，增大投资的比重。第三，应按照有利于我国产业升级，实现长远发展的要求，确定“走出去”的方向。对石油、金属和非金属矿产、木材等短缺资源，要更多地通过境外投资来解决。对我国生产能力过剩的加工业，要把技术、设备带出去，在境外寻求合作与发展，在新一轮国际分工中分享比较利益。第四，应鼓励有条件的各种所有制企业“走出去”。通过“走出去”战略的实施，增强企业的国际竞争力，拓展我国的经济发展空间。第五，政府应为“走出去”创造良好的政策环境。政府应在符合WTO规则的前提下，千方百计地为企业创造良好的外部环境。

我国开放型经济体系构建的纲领与重大意义

（薛荣久，《国际商务——对外经济贸易大学学报》，2007 年 06 期）

党的十七大报告中提出的“开放型经济体系”是我国对外开放实践的科学总结与升华；其基础是科学发展观；其内涵和功能是“内外联动、互利共赢、安全高效”；其整体战略架构为：“引进来”和“走出去”结合，加强互动和关联性；通过协调发展加快从贸易大国向贸易强国转变；积极参与世界各种经济组织活动，加强多边和双边经贸合作；注重防范国际经济风险，保证资源供应和金融安全；开放型经济体系纲领确立的重大意义是：为我国从贸易大国转变为贸易强国奠定扎实的基础，对世界经济贸易发展将做出更大的贡献，有助于建设共同繁荣的和谐世界。

实现开放战略转折　提高开放型经济水平

（裴长洪，《财贸经济》，2007 年 12 期）

进入“十一五”建设时期，我国开放型经济已经站在了一个新的历史起点上，其主要标志是：我国加入世界贸易组织后五年过渡期结束，对外扩大开放的承诺需要进一步兑现，特别是涉及金融、通信等经济安全的服务贸易领域需要扩大开放。在新的发展阶段，要实现开放型经济水平的进一步提高，开放经济面临着一个战略性转折。

我国开放经济面临战略性转折的基本方向是，从过去以“引进来”为主，转变为今后实现“引进来”与“走出去”并重，通过扩大企业海外直接投资和国民对外投资，加速资本对外输出，不仅加深国内经济的国际化，还要深入和全面参与经济全球化；把国际经济竞争从国内市场更广泛地引向全球市场。

中国开放三十年的回顾与展望

（江小涓，《中国社会科学》，2008 年 06 期）

经过 30 年的改革开放和持续增长，我国经济总量和人均收入显著增加，参与国际分工的比较优势和外部环境有了明显变化，经济发展和对外经贸关系呈现出许多新特点，中国正在进入一个新的发展阶段，面临新的机遇与挑战，对外开放要有新的思路和战略。今后扩大开放和提高开放水平的四个重点：第一，通过全球配置资源，提高全要素生产率（通过开放获得提高全要素生产率的有利条件）。第二，转向“中性”开放，建成稳定的制度型开放体制（从政策型开放转向制度型开放）。第三，继续使改革开放相互推进，以开放促改革促发展。在体制改革和制度创新中，更多更好地借鉴国际经验；引进多种所有制投资者，进一步完善所有制结构和公司治理，提高会计准则标准和增加透明度，规范企业行为，增强微观经济的稳定性。第四，防范开放风险和推动改善全球治理。防范外资并购产生的垄断风险，防范大量资金短期集中跨境流动的风险，关注服务业扩大开放产生的新问题，积极参与国际经济事务，推动完善全球治理。

我们要充分认识自身情况的变化和全球化的最新进展，积极参与全球经济事务，通过扩大沟通合作，推动利益融合，共同应对全球性的经济社会难题，创造和维护符合我国根本和长远利益的外部环境。

新阶段改革开放的走势及建议

（迟福林，《广东经济》，2008 年 11 期）

新阶段的对外开放，既面临复杂多变的新情况，又有重要机遇。

第一，区域经济一体化。这包括东盟 10+3、上海经济合作组织，以及和非洲的合作。在未来几年，我国和东盟的合作有望先取得突破。首先，在东盟区域合作中，粤港澳这个紧密合作区是一个最重要的对接口，广东将在我国的对外开放中扮演重要角色。其次，广东在与越南、新加坡等国家的合作中也扮演重要的角色。最后，广东在与中国大陆与台湾的合作中扮演着重要角色。总体上说，未来几年，广东在我国区域合作格局中的地位越来越重要。现在需要考虑的是，如何对接的问题，并尽早做出相应的安排。

第二，“走出去”是对外开放的一个大战略。应该说我们对“走出去”的认识还不到位，至今为止，“走出去”仍然缺乏相应的体制、政策体系做保障。我们还没有把“走出去”作为一个大战略，从体制政策和政府服务方面来做出全面安排。鼓励企业“走出去”作为一个大战略，是广东抓住对外开放新机遇，形成国际竞争新优势的重大课题。

第三，抓住人民币未来几年可能成为区域主导货币的重要机遇。国际经济形势变化和我国经济实力的增强，为人民币成为区域主导货币提供了重要机遇。这是我国对外开放的一个大课题、大趋势。这也为广东的下一步开放提供了新机遇。抓住这个机遇，积极建设区域金融合作中心，对广东是十分重要的。

国际旅游岛是海南发展的大战略

（迟福林，《新世纪周刊》，2009 年 15 期）

在国际金融危机背景下，海南能否实现以服务业发展为主导的产业升级和经济转型，能否保持经济社会发展持续较快的上升势头，能否务实地推进新阶段改革开放进程，关键在于抓住机遇，把国际旅游岛这篇大文章做大、做好、做实。

建设国际旅游岛，其本质是更大程度的开放，目标是建设国际化的海南岛，以此寻求在亚洲区域经济循环中发挥海南开放的独特优势，使海南在我国对外开放的大格局中发挥特殊的作用，成为我国与亚洲区域经济合作的桥梁和枢纽。

走向大开放，始终是海南发展的大战略、大目标。应当采取更为积极的措施，争取把推进国际旅游岛建设纳入我国区域合作的整体布局中。要从国家扩大内需的大战略出发，统筹规划设计海南国际旅游岛，使其在国家扩大内需中发挥重要作用。以国际旅游岛为突破口，在海南大胆地进行改革开放和体制机制创新，把服务业开放、产业开放纳入国际旅游岛建设的整体框架中，努力走出一条新阶段改革开放的新路子。

加工贸易在内陆地区发展的模式探索

（黄奇帆，《新重庆》，2010 年 10 期）

内陆地区要发展加工贸易，就必须着眼于降低物流成本、实现保税通关便利化，转变加工贸易的发展方式，探索出一条内陆加工贸易发展的新路径。

内陆发展加工贸易不能停留在简单的制造、装配环节，还应积极抢占结算和研发等高端领域，推动加工贸易转型升级和跨越发展。我们绝不能因噎废食，轻易丢掉加工贸易；要夯实制造基础，补上薄弱环节，抢占高端领域。

实施互利共赢的开放战略

（霍建国，《中国外资》，2010 年 11 期）

在新形势下，对外开放应体现新的内容，所以我们的对外开放不仅要提高对外贸易的竞争力，实现对外贸易发展的转型升级，不仅要通过改善投资环境、提高利用外资的规模和水平，更要加快企业的国际化经营，提高利用两个市场、两种资源的能力，逐步拓展全球经济发展的空间和布局。同时，面对当前复杂的国际经济发展格局，积极参与全球经济治理已是不可回避的任务。这也是对我国对外开放提出的一个新的更高的要求。创造有利的发展环境，形成一批新的稳定的竞争合作伙伴关系，以开放促合作，以开放促发展，才能逐步形成新的竞争优势。

落实好新时期我国的对外开放战略是项艰巨的任务，需要我们以科学的精神、世界的眼光，准确判断国际形势的变化及影响，把握好国情，提高我们驾驭经济的能力和水平，处理好国民经济发展同对外开放的关系。

以开放促发展 以开放促改革 以开放促创新

（陈德铭，《国际商务财会》，2011 年 04 期）

进一步提高对外开放水平，已经在中国社会取得高度共识。我们将继续十年前那样的勇气和决心，实行更加积极主动的开放战略，以开放促发展、以开放促改革、以开放促创新。面对新的国际国内形势，“十二五”期间，中国将坚持进口和出口并重、吸收外资和对外投资并重，把提高对外开放水平作为转变经济发展方式的新动力。我们将加快推进结构调整，着力培育参与国际竞争和合作的新优势，努力保持出口稳定增长。中国转变经济发展方式、扩大内需，不仅不会排斥外资，相反需要发挥外资更积极的作用。我们将与全球资本共同发展、分享繁荣。我们还将更加重视“走出去”，推动“引进来”和“走出去”平衡发展。

开放能否“倒逼”改革

（迟福林、匡贤明，《同舟共进》，2011 年 12 期）

“以开放促改革”，是中国取得成功的关键所在。30 年来，我们不仅利用国际市场发展国内经济，更重要的是通过与国际接轨，推进改革不断深化。应当说，改革开放带来的制度红利，是中国 30 年发展的原动力。没有这个制度红利，中国很难充分利用原本就存在的人口红利、成本红利，也很难有效抓住全球化红利。尤其是入世 10 年来，我国全面融入国际市场，从一个被动的参与者逐步成为一个主动的推进者，从单纯利用国际市场逐步成为维护国际市场稳定的重要力量。

与国际接轨，是中国改革的最强动力之一。开放不仅为中国改革提供了可供参考的经验，而且提供了倒逼改革的压力。从中国发展的实际情况看，开放倒逼改革不仅没有结束，反而面临着更艰巨的任务。未来中国改革要取得进一步突破，仍然需要通过开放带来的倒逼压力。未来 5 ~ 10 年，我们正处于公平与可持续科学发展的关键时期，处于改革战略转型的关键时期，从变化了的现实情况出发，重要的是在坚持开放的基础上主动改革，为中国未来 10 年、20 年的发展奠定坚实的体制基础。

适应新常态实现新作为加快构建开放型经济新体制

（高虎城，《求是》，2015 年 21 期）

2015 年 9 月，中共中央、国务院发布了《关于构建开放型经济新体制的若干意见》(以下简称《意见》)，对构建开放型经济新体制的基本原则、总体目标和重点任务作出了全面系统部署。《意见》既是对党的十八届三中全会关于构建开放型经济新体制改革目标的进一步深化和落地，也是指导当前和未来一个时期我国对外开放的纲领性文件。深入学习领会《意见》精神实质、加快构建开放型经济新体制，是贯彻习近平总书记提出的“四个全面”战略布局的重要举措，也是落实“四个坚定不移”的内在要求，意义重大、使命光荣。

共建“一带一路”自由贸易区网络

（迟福林，光明网，2016 年 11 月 16 日）

在“一带一路”沿线 65 个国家之间建立多种形式的自由贸易区网络，是多数国家的共同需求，尤其是在贸易保护主义抬头的背景下，在推进“一带一路”进程中尽快建立多种形式的自由贸易区网络，更具现实性、迫切性。由于“一带一路”沿线部分国家基础设施落后和某些方面的贸易壁垒，使得“一带一路”沿线国家之间的贸易成本居高不下，尤其是“一带一路”沿线国家受传统贸易思想的影响，重货物贸易而轻服务贸易，由此造成“一带一路”沿线国家贸易自由化程度比较低。在这种情况下，“一带一路”要以基础设施为依托，以产能合作和服务贸易为重点，以建立多层次、多种形式的自由贸易区网络为目标。也就是说，“一带一路”要与自由贸易区网络建设的战略直接融合，以加快构建立足周边、辐射“一带一路”沿线国家、面向全球的自由贸易区网络，推动新一轮的全球贸易自由化进程。总的看，“一带一路”的多边自由贸易趋势正在逐步形成。例如，在各方的共同努力下，上海合作组织有可能在不久的未来发展成为“一带一路”中的多边自由贸易区；中国与相关国家合作，有可能通过打造“10+1 升级版”，推动与东南亚的“一带一路”进程；有共识也有可能经过努力，把中东欧合作（“16+1”）发展为多边自由贸易区网络。在共建“一带一路”中，基础设施互联互通要先行。与此同时，如果能在某些产业项下实行双边、多边的自由贸易政策，这对推进“一带一路”沿线国家之间的贸易自由化进程将产生重要影响，也是务实推进“一带一路”自由贸易区网络的重要选项。

新时代推动形成全面开放新格局

（钟山，《服务外包》，2018 年 02 期）

推动形成全面开放新格局，不仅意味着扩大开放的范围、拓宽开放的领域、加深开放的层次，还意味着创新方式、优化布局、提升质量。对外开放是我国的基本国策。党的十九大报告强调，要推动形成全面开放新格局，“开放带来进步，封闭必然落后。中国开放的大门不会关闭，只会越开越大”。我们要认真学习、深入领会党的十九大关于开放工作的战略部署，主动参与和推动经济全球化进程，发展更高层次的开放型经济，不断壮大我国经济实力和综合国力。

中国对外开放的理念、进程与逻辑

（张宇燕，《中国社会科学》，2018 年 11 期）

中国改革开放 40 年，各领域取得举世瞩目的成就。对外开放成为中国的基本国策，既是老一辈领导集体总结国内外历史经验后做出的重大抉择，也是实现国家繁荣发展的内在要求。

中国改革开放的总设计师邓小平早在改革开放之初便明确指出：“现在的世界是开放的世界”，“发展经济，不开放是很难搞起来的。[①]” 邓小平的对外开放思想主要包括如下论断：建设经济特区，积极利用外资，开展对外经济合作和对外贸易，逐步从沿海向

① 邓小平：《邓小平文选》（第三卷），北京：人民出版社，1993 年版，第 64、367 页。

内地推进对外开放，正确处理独立自主、自力更生与对外开放的关系等。改革开放的根本目标是解放和发展生产力，提高劳动生产率，最终实现中国经济的高质量发展。概言之，改革开放就是通过体制机制改革，理顺政府与市场的关系，让市场在资源配置中发挥主导作用；强化产权保护，加速人力资本积累，鼓励科技创新；降低交易成本，深化国际分工与专业化，扩大市场规模。改革与开放既相互独立又相辅相成、辩证统一。对内改革涵盖了经济、社会、政治、文化等各个领域，同时每个领域的改革均涉及开放，也为推进对外开放提供体制机制保障；而基于贸易往来、直接投资、金融合作等持续扩大的对外开放，其本身就是改革，它们反过来又会促进和深化国内各领域的改革。党的十八大以来，新时代的对外开放无论在理念，还是在形式和内容上都迈上了一个新台阶。围绕着这一历史进程，本文试归纳总结对外开放的基本内容，并探讨其取得伟大成就所遵循的经济学原理或理论逻辑。

中国对外开放战略回顾与展望

（隆国强，《中国经济报告》，2018 年 12 期）

当前世界经济面临深刻调整，中国经济发展战略机遇期的内涵和条件发生了深刻变化，在制定对外开放战略时，必须准确判断时代特征，把握大势，趋利避害。

20 世纪 70 年代末，中国打开封闭多年的国门，开启了不断融入经济全球化浪潮的历史进程。经过 40 年的不断扩大开放，中国从经济全球化的旁观者变身为参与者、贡献者和受益者。当前，世界经济面临深刻调整，不确定性因素显著增加，中国对外开放面临着前所未有的新形势和新挑战。中国经济发展战略机遇期的内涵和条件发生了深刻变化，必须深入分析、准确研判时代特征和变化趋势，才能把握机遇，趋利避害。

海南探索建设中国特色自由贸易港的初步设想

（迟福林 等，《改革》，2019 年 04 期）

探索建设中国特色自由贸易港是新时代党和国家赋予海南的重大战略使命，是党中央着眼于国际国内发展大局，深入研究、统筹考虑、科学谋划作出的重大决策，是我国进一步扩大开放的重大举措。这就需要把海南自由贸易港打造成为全球开放水平最高、最具国际竞争力、最有特点的开放平台，为探索打造人类命运共同体提供示范。与此相适应，以服务贸易为主导的海南自由贸易港，需要对标国际最高开放标准，研究制定具有国际竞争力的产业开放政策、财税政策、贸易自由化便利化政策，以此实现海南自由贸易港的“高度自由、高度便利”。此外，要正确处理好政策与体制的关系，通过理顺中央与地方关系，赋予海南更大经济自主权，建立与自由贸易港相适应的海关监管体制、财税体制、金融体制、行政体制、司法体制等，以此破除束缚发展的体制障碍，使自由贸易港政策效应充分释放，从而为加快海南自由贸易港建设进程提供重要保障。

建设更高水平开放型经济新体制

（张燕生，《中国国情国力》，2020 年 01 期）

建设更高水平开放型经济新体制需要解决好三个基本问题。一是推动我国新时代改革开放的规则、规制、管理和标准与国际高标准规则相衔接，同时如何保持好“中国特色”的问题。二是在引入外来竞争压力、引进先进技术、人才和文化的同时，如何保障关键技术设备和人力资源自主可控的问题。三是我国一些重大领域供应安全如何保障？如能源安全、金融安全、粮食安全、信息安全与生物多样性安全等。

加快建立海南自由贸易港开放型经济新体制

（迟福林，《行政管理改革》，2020 年 08 期）

在全球经济格局发生复杂深刻变化的背景下，加快建立海南自由贸易港开放型经济新体制，是形成法治化、国际化、便利化的营商环境的重大举措，是我国积极推进经济全球化、坚定不移扩大开放的实际行动，是我国高水平开放的重要标志。加快推进海南自由贸易港建设进程，就是要把制度集成创新摆在突出位置，对标当今世界最高水平开放形态，尽快形成既有中国特色，又有较强国际竞争力的自由贸易港开放型经济新体制。

“十四五”时间的世界变奏

（王文，《环球》，2020 年 26 期）

中国发展即将步入“十四五”时间。未来 5 年，全球经济增长态势大概率会出现剧烈的数字转型与分化，大国格局的权力重心将加快向亚洲转移，西方政治体制会遭遇意想不到的衰败，传统的全球治理体系不得不面临必须改革的前景。

从经济动能、政治体制、大国格局与国际体系等四个重要层面看，世界百年未有之大变局在未来 5 年将加速演进。只有把握这些变化，中国才能充分抓住当下仍存在的重要战略机遇期。

以服务业贸易为重点加快推进高水平开放

（迟福林，《当代金融家》，2021 年 01 期）

我国 14 亿人内需大市场的释放，将对尽快实现全球经济再平衡起到重要作用。“十四五”时期，要同步推进生活性服务业和生产性服务业领域的贸易开放进程，将服务业市场对内对外开放作为深化供给侧结构性改革的重大任务，推进服务业与新经济的深度融合。

建设更高水平开放型经济新体制

（迟福林，《当代经济科学》，2021 年 01 期）

当前，世界处于百年未有之大变局。中国正逐步形成以国内大循环为主体，国内国际双循环相互促进的新发展格局。在此背景下，提高对外开放水平，建设更高水平的开放型经济新体制，并以高水平开放带动改革全面深化，促进开放与经济转型升级的直接融合，将在全球不确定性明显加大背景下赢得国际合作和竞争新优势。

推进中国—东盟更紧密命运共同体建设

（卢国学，《中国发展观察》，2021 年 24 期）

中国—东盟广泛的务实合作已经为双方进一步深化合作打下了坚实的物质基础，而“相互依存”、“协同发展”、“全球治理”、“可持续发展”等新型国际关系理念也为双方合作提供了必要的理论支撑和政策保障。除此之外，长期以来区域内共同面对的诸如亚洲金融危机、地震、海啸、飓风等各种非传统安全威胁更是促使山水相连的中国—东盟加深合作的必然选择。特别是当下正在流行的新冠肺炎疫情又将成为推动中国—东盟共同体建设这一历史进程的强效“催化剂”。中国—东盟共同体建设必将在双方开启对话合作的 30 年后，迈上新的、更高的台阶。

著作介绍

▼

《外商投资的经济社会效益评价——理论与方法》

（王洛林、翁君奕、张小金著，鹭江出版社 1992 年出版）

本书研究了外商投资的技术扩散效益、市场发育效益等，对外商投资效益评价的理论和方法做出了许多开放性的探索。例如，利用成本效益分析这一方法来解决外商投资经济与社会效益的事后评价，并主要依靠统计指标进行社会范围的成本效益流量核算，是外商投资评价方法论上的重要创新。该书曾获 1994 年度（第六届）孙冶方经济科学奖。

"走向市场经济的中国"丛书

（高尚全、迟福林主编，海南出版社、外文出版社，

1993 年至 1996 年出版）

本丛书是中国（海南）改革发展研究院与海南出版社、外文出版社等出版社于 1993 年至 1996 年联合策划出版的。丛书序言

指出，1992年，邓小平南方谈话，吹响中国向市场经济进军的号角，掀起中国新一轮改革开放的热潮。市场经济目标，连接着中国与世界，连接着现在和未来。为了促进改革开放事业的顺利发展，为中国走向市场经济倾心服务、贡献力量，中国（海南）改革发展研究院从建院开始，就抓住改革实践中的热点和难点问题展开研究，大力探索。在建院不到两年的时间里，成功地与联合国开发计划署、世界银行、国际劳工组织、国家体改委、海南省政府等共同举办了一系列大型国际研讨活动，开展了中国走向市场经济的理论与现实、中国金融体制改革、中国社会保障制度改革、中国股份制改革、中国证券市场发展、20世纪90年代中国经济特区发展等重要课堂的研讨，提交了一些研究报告，这些都在国内外产生一定反响。

《论中国对外开放的战略和政策》

（季崇威著，社会科学文献出版社1995年出版）

作者根据马克思主义关于对外经济贸易的基本原理和邓小平建设有中国特色的社会主义理论，紧密联系我国对外开放出现的新情况新问题，通过深入调查研究，总结实践经验，从理论和战略的高度加以论述和分析，回答人们的疑问，并从政策方面提出解决问题的新思路，为我国对外开放的健康发展做出了有益的贡献。全书以对外开放的战略和政策为主线，其内容涉及对外经贸领域的各个方面，包括理论篇、战略篇、国际环境和国际合作篇、利用外资篇、对外贸易篇、金融篇、地区战略篇、产业战略篇、成绩和展望篇、大陆与台港澳经济合作篇共10个单元，91个专题，50余万字。

《人民币悬念：人民币汇率的当前处境和未来改革》

（余永定、何帆主编，中国青年出版社2000年出版）

2000年以来围绕人民币的种种纷争，其实质是什么？人民币名义汇率的短期走势和汇率制度的长期归宿是什么？本书以中国社会科学院国际金融研究中心的最新研究成果为基础，汇集了美国、日本和英国等国学者的讨论。本书代表了中国学术界在汇率问题研究方面的前沿水平，并且是当前人民币汇率问题讨论中的代表性观点。本书集中讨论了人民币升值的国际压力、人民币合理的汇率水平、人民币升值的成本和收益、应对人民币升值压力的策略、人民币汇率制度改革的思路等。

《亚太蓝皮书：2000年亚太地区发展报告》

（张蕴岭主编，社会科学文献出版社2001年出版）

亚太一直是备受世人瞩目的地区。这个地区的一大特点是多样性。因此，研究亚太地区问题不仅应体现多角度、多层面，而且也应是动态和发展的。本研究报告集不是对亚太地区发展的全面总结概述，而是选择各个领域的重要问题进行分析研究。经济问题自然是亚太地区发展中颇令人关注的问题。亚洲金融危机发生后，许多人曾对亚太地区的经济能否较快恢复持悲观态度，然而，由于东亚受危机国家经济迅速恢复，美国经济持续强劲，中国经济保持较高增长率，亚太经济出现了令人羡慕的增长。《亚太蓝皮书：2000 年亚太地区发展报告》不仅对经济增长问题进行了深入分析，而且还对地区合作、科技发展、人口与经济等重要问题进行了研究。

《中国加入世界贸易组织法律文件》

（对外贸易经济合作部世界贸易组织司编，法律出版社 2002 年出版）

本书收录了中国加入世界贸易组织（WTO）法律文件、《中华人民共和国加入议定书》及其附件和《中国加入工作组报告书》的英文原文和中文译文。中国加入WTO法律文件的主体是《马拉喀什建立世界贸易组织协定》(《WTO协定》)，该协定已收录在法律出版社出版的《乌拉圭回合多边贸易谈判结果：法律文本》(中英文对照）中。《中华人民共和国加入议定书》及其附件和《中国加入工作组报告书》是中国与WTO成员经过谈判达成的协议，对中国和WTO成员均具有约束力，现已成为《马拉喀什建立世界贸易组织协定》的组成部分。中国加入WTO法律文件的英文本、法文本和西班牙文本为正式文本，中文译文仅供参考，不具法律效力。

《2003年中国市场经济发展报告》

（李晓西等主编，中国对外经济贸易出版社2003年出版）

世界贸易组织大部分成员是市场经济，世界贸易组织运作遵循着市场经济规则。但中国在参与世界范围的贸易中，在国外对华反倾销中被视为“非市场经济”（Non-Market Economy Country，NMC），受到不公平的待遇。事实上，中国经过20多年改革开放，已经建立起市场经济体制。为促进外国朋友对中国市场经济的了解，本书围绕中国市场经济地位这个主题，有针对性地回答国外对华反倾销中各种带有普遍性的疑问，客观地揭示2001年中国经济市场化的现状和水平，通过与一些发达、转轨及发展中国家市场经济程度的国际比较展示中外市场经济的共性与差异。

《世纪之交的中国对外经济贸易》

（石广生著，人民出版社2003年出版）

我国外经贸改革与发展的历程是不平凡的。特别是改革开放以来，在党中央、国务院正确领导下，我国外经贸事业由小到大，逐步发展成为国民经济的重要组成部分；实现了由贸易小国向贸易大国的历史性转变，有力地促进了我国综合国力的增强和人民生活水平的提高；结束了长达15年的谈判，我国最终加入世界贸易组织，并实现了加入后初期的良好应对，我国参与经济全球化的能力显著增强。

《中国金融安全论》

（王元龙著，中国金融出版社 2003 年出版）

20 世纪 90 年代以来，全球金融稳定由于亚洲金融危机的爆发与迅速蔓延而备受重视。国内外关于金融稳定、金融全球化的讨论不绝于耳，著述甚丰。但是，综观国内学者的论述，尽管不乏深刻之作，但研究面较窄，难以对中国的经济状况予以全面关注。《中国金融安全论》这本书的研究，涉猎广泛，从金融全球化发展态势、实质与金融全球化背景下的金融安全理论，到我国金融安全的环境、现有的政策选择以及做法，从国际资本流动、银行业改革与发展、金融监管体系的完善与强化，到我国汇率制度评价与政策趋向，再到货币政策协调、资本账户的开放、国际收支政策的调整等，进行了深入分析和探讨。在此基础上对中国金融安全总体状况进行了评析，从多角度、全方位对维护中国金融安全的战略问题进行研究，并提出了一系列维护中国金融安全的政策建议。

《新开放观：对外开放理论与战略再探索》

（张幼文　等著，人民出版社 2007 年出版）

本书以科学发展观为指导，分析对外开放在新的历史发展阶段上应着力回答与解决的一些重大理论与现实问题。提出以提升开放战略、优化开放政策为内容的“新开放观”。报告分为导论与四篇共 22 章。第一篇“理论创新与观念转换”探讨了对外开放的基本理论问题，阐述了对外开放战略创新的必要性和关于开放效益与国家竞争力评估的方法与观念问题，证明了开放经济发展的阶段性，并提出了当代国际分工为“要素合作型国际专业化”的论点。第二篇“战略调整与政策重构”提出了我国对外开放战略提升的方向与政策重点，分析了当前中国国际分工地位的相对不利性和外贸战略的粗放性，提出了外资政策与引资战略调整的方向和在开放中加快技术进步实现自主科技创新的战略思路。第三篇“体制改革与发展统筹”研究了提高对外开放水平中的体制问题，提出了加强对跨国公司监管和反垄断的建议，分析了中国汇率形成机制的形成发展与主要特点，证明了国内体制改革深化对提高开放水平的关键意义。第四篇“和平发展与和谐世界”从中国发展的世界影响上论述了开放战略调整的意义，通过提出经济全球化中的“要素集聚”机制，证明了中国在当代世界经济中的功能与地位，并从“和平发展道路与建设和谐世界”的高度论述了对外开放战略调整的意义。

《中国经济的开放与增长 1980—2005 年》

（江小涓主编，中国人民大学出版社 2007 年出版）

中国经济持续快速增长，是过去四分之一个世纪中全球经济最重要的事件之一。中国成功经验的一个重要方面，就是走开放式的发展道路，通过对外开放，推动思想解放和改革创新，校正国内要素结构失衡，提高资源配置效率，提升产业竞争能力。本书全面描述了这个过程中的重要方面和未来趋势。

全书共分三篇。上篇以大量的数据和情况，描述了中国成为对外贸易和吸收外资大国的进程及其对国内经济的影响。从进出口规模、结构和对全球贸易的贡献等方面看，我国已经成为一个最重要的贸易大国。对外贸易对我国经济增长、就业和结构升级都有显著的积极影响。外资企业已经成为中国经济的重要组成部分，在制造业产出、结构升级、就业、税收、出口、新产品新技术开发等方面促进了经济和技术进步。中篇论述了中国对外开放和全球贸易投资格局变化的关系和相互影响。包括全球进出口格局和中国地位的变化、中国和主要贸易伙伴的贸易关系、全球FDI流动格局和中国在其中的地位以及中国要应对贸易摩擦。总体上看，经济全球化进程有利于我国继续利用两个市场、两种资源。下篇展望了中国对外开放新阶段的特征和需要考虑的战略调整。随着人均收入水平的提高、国内要素结构改善和外部环境的变化，我国对外开放将呈现新的格局。出口商品结构稳步升级，吸收利用外资方式多样化，对外投资快速增长。政策调整的方向应该是：促进对外贸易均衡发展和资金双向流动，促进平等竞争，坚持互利共赢，更全面合理地参与全球化过程，继续增强我国产业的竞争力。要高度重视控制开放经济面临的各种风险，保持经济社会的稳定发展。

《中国对外贸易增长与经济发展：改革开放三十周年回顾与展望》

（金哲松、李军著，中国人民大学出版社 2008 年出版）

自 1978 年以来，我国对经济管理体制，特别是对外贸易和外资体制进行了一系列卓有成效的改革，给我国的国民经济带来了翻天覆地的变化，造就了我国经济和对外贸易增长的奇迹。目前正值改革开放三十周年之际，认真总结我国对外贸易发展的巨大成就和经验，分析现存问题生成的缘由及我国与发达国家的差距，提出解决问题和改进的对策、思路或方向，是很有必要的。鉴于此，本书利用历史、理论和实证分析方法，回顾了我国对外贸易体制和外资体制的演变轨迹，整理和分析了在此进程中取得的成就和经验，并对如何在变幻莫测的新国际环境中寻求对外贸易的稳步发展，提出了相应的对策思路。

《中国对外贸易三十年》

（傅自应主编，中国财政经济出版社 2008 年出版）

对外贸易 30 年是我国紧紧抓住战略机遇期、坚持对外开放基本国策不动摇的 30 年；是我国全面参与经济全球化和国际竞争的 30 年；是我国国际地位和国际竞争力不断提升的 30 年。对外贸易 30 年的发展历史丰富多彩、波澜壮阔，值得我们认真回顾。站在新的历史起点上，对外贸易下一步的发展，也需要在全面总结过去 30 年经验教训的基础上，按照科学发展观的新要求，加快转变发展方式，迈向新的发展征程。编者组织了一批外贸领域的专家学者以及从事外贸实务工作的相关人员，共同编写了这本书，对大家了解中国对外贸易在改革开放 30 年中的发展历程有所帮助。

《走向世界市场：30 年对外开放回眸》

（张小济、张玉台主编，中国发展出版社 2008 年出版）

本书为“崛起的足迹”丛书之一。本丛书力图真实、客观地回顾改革开放以来中国经济社会发展情况，深入剖析各领域改革的基本经验和发展取向。丛书共 10 卷，分别由国务院发展研究中心各部（所）长担任主编。这套丛书不仅是一部纪念改革开放 30 周年的历史画卷，更能对中国今后的改革与发展提供有益的借鉴并产生积极的影响。本书为其中一册，主要介绍了外贸体制改革，30 年来我国利用外资的成就与经验，外汇管理体制改革回顾与展望，区域开放和特殊经济区，中国的对外投资，加入世界贸易组织的深远意义和影响，中国的双边和区域经济合作等内容。

《中国对外开放与对外经贸 30 年》

（王子先编，经济管理出版社 2008 年出版）

我国 30 年对外开放取得了巨大成功。创造了新的世界经济奇迹和以开放促转型的成功范例。全面回顾和总结 30 年对外开放是一件神圣而伟大的事。与同类图书相比，本书立足于全方位的实证分析，并更多侧重横向比较和全球视野，对 30 年对外开放重要历程进行了自己独到概要的描绘，全面总结了其重要成就与宝贵经验，揭示了区域性开放、政策性开放、多边性开放等几大主线，深入归纳了贸易、投资、对外经济合作等主要开放领域的进展与成就。在此基础上，本书还对新形势下对外开放战略进行了前瞻性研究，概述了我国迈向开放型经济的路径和战略目标。此外，本书还从政策和学术研究两个视角，对30年对外开放理论的发展进行了总结和评述。附录部分汇集了覆盖30年对外开放历史的重要文献，希望能够对读者了解对外开放30年重大事件有所裨益。

《突围：国门初开的岁月》

（李岚清著，中央文献出版社2008年出版）

本书是李岚清同志为纪念改革开放30周年而作。作者以自己的所知、所为、所见为素材，回顾了对外开放初期的有关重大事件，再现了以邓小平同志为核心的党的第二代中央领导集体带领全国人民进行对外开放的伟大探索和实践。本书以故事叙事，图文并茂，采用了大量文献、档案、领导人手迹和照片，很多史料属首次披露。特别是对一些重要事件，作者都画龙点睛地加以评述，有的则用印章加以映衬，把历史还原得生动活泼。

《中国对外经济合作30年》

（商务部研究院编，中国商务出版社2008年出版）

2008年是党的十一届三中全会胜利召开，亦即实施改革开放伟大决策30年的重要年份。30年来，中国的对外经济合作事业在推动对外开放、拓展国际空间、促进经济发展、推动经济外交等方面发挥了极为重要的作用。《中国对外经济合作30年》涵盖对外投资、对外承包工程、对外劳务合作、对外援助和接受援助等五项业务。书稿以总论统领全书，确定中国对外经济合作的内涵、特点，回顾发展历程，探讨其在中国政治、经济和国际关系中的地位和作用。接下来，为了详细描述各种对外经济合作业务的发展历程，按照业务形式独立成篇，分别探讨对外投资、对外承包工程、对外劳务合作、对外援助和接受援助业务的发展历程、法规政策的演变过程、发展成效以及发展经验和展望。

《对外开放起始录》

（刘向东主编，经济管理出版社 2008 年出版）

本书着力反映 1979 年至 1982 年中国改革开放初期的艰难历程，回顾和总结了原国家进出口委、外资委的工作。全书包括实施对外开放的重要步骤；组织制订对外开放急需的经贸法规，积极开展有关双边协定的谈判；开利用外资之先河；加强管理，开创引进技术新局面；改革外贸管理体制，促进进出口事业全面发展；附录（大事记）等内容。

《中国开放 30 年：增长、结构与体制变迁》

（江小涓主编，人民出版社 2008 年出版）

本书立足改革开放 30 年理论与实践中的一系列重点、热点、难点问题进行理论分析和学术探讨，客观真实地记录了改革开放

30年波澜壮阔的历史场景，全面回顾了我国30年改革开放的伟大实践，记录了30年来马克思主义中国化的历史进程，宣传了30年改革开放成就和中国对人类社会发展和进步所做出的伟大贡献，总结了中国改革开放30年的历史经验，阐释了中国特色社会主义理论体系。

《改革开放30年中国国际环境和对外关系的演变与展望：2008年国际形势研讨会论文集》

（马振岗主编，世界知识出版社2009年出版）

2008年是中国改革开放30周年。30年间，中国发生了翻天覆地的变化，同世界的关系也发生了历史性变化。中国的发展是在世界多极化和经济全球化深入发展的背景下进行的，自然与整个国际环境密不可分。中国抓住经济全球化带来的良好机遇，不断深化改革和扩大开放，妥善应对各种复杂挑战，在社会经济发展的各个领域，都取得了举世瞩目的光辉成就。在历史的长河中，30年不过是一瞬间，就在这样短短的时间里，中国在比较落后的基础上发展起来，综合国力全面提升，人民生活水平普遍提高，成为具有重大影响的世界第三大经济体。中国发展之好、之快，使世人惊叹不已，被视为近半个世纪人类发展史伟大的事件之一。

中国的崛起，内因是根本，首先要归功于中国共产党的英明领导和正确决策，归功于中华各族人民振兴祖国的坚强决心和辛勤劳动，归功于坚定不移高举中国特色社会主义伟大旗帜和始终不渝坚持和平发展道路。中国的发展，也毫无疑义借助外部的适宜条件，得益于总体缓和与稳定的国际环境，得益于世界新一轮经济发展周期契机以及各国谋发展、求合作大势而形成的良好经济环境。“天时、地利、人和”三大因素与有利形势，造就了中国发展的成功；而中国发展的成果，又促进了三大因素积极效应的拓展。

本书主要包括改革开放30年中国国际环境和对外关系的演变、中国对21世纪国际关系的重大理念贡献、2008年国际形势回顾与中国外交、国际问题专论等内容。

《第二次转型——处在十字路口的发展方式转变》

（迟福林主编，中国经济出版社2010年出版）

2009年，中国政府及时采取一系列反危机的应对措施，在“保增长、调结构、促改革、惠民生”中取得了阶段性成果，成功地实现了保八的增长目标。在这样一个背景和前提下，人们更加关心中国未来5年、10年、30年的改革发展前景。我们认为，今后几年，中国正处在改革发展的关键时期。从发展阶段性的变化看，公平与可持续发展成为中国发展方式转型的主题。

由生产大国转向消费大国的第二次转型，是后危机时代中国发展方式转型的现实选择。过去30年的次转型，中国成为世界性的生产大国，但还不是消费大国。在这次反危机中看得很清楚，以欧美市场为代表的外部需求萎缩将成为中长期趋势，出口导向模式已经难以为继。即使外部市场恢复，作为13亿人口的大国，也不能把经济增长长期建立在外需基础上。为此，无论是短期内巩固反危机成果，还是从保持中长期经济可持续增长的现实需求看，都客观上要求尽快启动第二次转型，以实现由生产大国向消费大国的转型。

《开放与国家盛衰》

（陈锦华 等著，人民出版社 2010 年出版）

本书是一本专门论述对外开放与国家盛衰关系的著述。它以全球开放历史为经、中国对外开放为纬，梳理汉唐时期以及 15 世纪以来，中国从早期的对外开放到后来一再丧失开放机遇，再到新中国成立，特别是改革开放后抓住开放机遇的历史进程及其经验教训，着眼于探讨开放与国家盛衰的关系，目的在于以史为鉴，推动各界人士更加重视对外开放的研究与实践，继续探索和完善中国的发展模式。

《对外开放的历史启示和中国道路》

（孟志军著，光明日报出版社 2012 年出版）

本书从“历史启示”和“中国道路”两大起源点和落脚点出发，回顾了中国对外开放的进程，总结了对外开放过程中的重要节点和历史启示，分析归纳了对外开放的中国经验，从哲学角度进行了深度思考，认清了现实挑战和国际环境，有针对性地提出了对外开放的政策建议和中国道路选择，最后对中国对外开放的未来走向进行了展望。

《加入 WTO 十年后的中国》

（王洛林主编，中国发展出版社 2012 年出版）

本书共分上、下两篇，从宏观经济、对外贸易与投资、行业经济、知识产权战略、社会保障体制建设以及发达国家和发展中国家与中国的贸易关系等多个角度入手，对中国加入WTO前与加入WTO后的发展进行比较，系统评估加入WTO十年对中国经济社会和国际经济体系的影响，探讨中国未来十年的发展路径，探寻中国中长期发展的突破口和着力点，并提出一系列推动中国未来十年进一步改革发展的建议。

《中国对外经济贸易改革和发展史》

（石广生主编，人民出版社 2013 年出版）

本书共分八章，采取编年体与叙事体相结合的方式，以中国外经贸改革和发展变迁为主线，对不同时期的外经贸的发展成就、体制改革、政策措施进行了梳理和介绍。该书的前五章分别介绍了中国对外贸易的历史发展与演变（1949 年以前）、新中国对外经贸发展（1949 年至 1978 年）、改革开放初期对外经贸改革与发展（1979 年至 1992 年）、社会主义市场经济目标下对外经贸改革与发展（1992 年至 2001 年）以及加入WTO后对外经贸改革与发展（2001 年至 2011 年）。第六章至第八章是三个专题篇章，分别介绍了中国“入世”谈判历程、中国对外经济技术援助、中国会展业及电子商务。石广生在座谈会上介绍，“本书按照只写史、不写论的原则撰写，把论证、评价、结论等空间留给读者。本书不同于个人的回忆录，可作为高校外经贸专业的翔实教材”。

《中国对外开放》

（范文、周文彰主编，国家行政学院出版社 2013 年出版）

本书简约地介绍了中国对外开放基本情况，重点介绍了中国经济对外开放、中国政治对外开放、中国文化对外开放、中国社会对外开放。通过上述领域的简要概述，让读者尤其是中国港澳地区和外国公务员了解中国历史发展的变迁、新中国成立以后的巨大变化、取得的成绩，以及未来发展趋向。

《中国开放报告》

（综合开发研究院著，中国经济出版社 2014 年出版）

本书结合全球开放的新趋势，分析了新一轮开放的新思维和新格局，开放面临的机遇和挑战，并提出推动我国新一轮开放的路径选择。围绕这一主题，本书分析了中国开放与世界开放的关系，梳理了全球化的发展趋势和特点，反映中国开放的理念、制度、政策和举措，通过呈现开放视角，跟踪分析中国开放的发展轨迹、成就和问题，充分展示中国开放的包容性、多元性和创新性。

《中国改革：历史、逻辑和未来》

（田国强、陈旭东著，中信出版社 2014 年出版）

本书运用现代经济学的基本原理和分析手段，从历史现实比较、国际国内比较、理论实际比较的视角论述了中国改革的基本脉络、问题难点和趋势走向；根据过去 170 多年的变革历史，总结出"明道、树势、优术、抓时"四位一体的改革方法论，提出了全方位联动改革的设想，并据此鞭辟入里地分析了政治体制、法治建设、文化体制、对外开放、农村改革与城镇化、要素市场、金融体制、国企改革与民营经济、财税体制、社保体制、医疗卫生体制、生态文明体制、教育体制及房地产等改革和发展议题。在对这些分析的基础上，探讨了各领域深化改革应取的理念和方向，给出了行动建议。

贯彻全书的核心观点是，只有合理界定政府与市场、政府与社会的治理边界，通过三者之间各归其位又互动互补的综合治理，才能真正实现国家治理体系和治理能力的现代化。这也是改革的关键。

本书能够为下一步全面深化改革和公共政策制定提供更丰富的视角和思路，也有助于读者更好地把握中国改革的发展脉络和未来走向。

《中国新一轮对外开放：机遇与挑战》

（樊纲、马蔚华主编，中国经济出版社 2015 年出版）

本书以"中国新一轮对外开放：机遇与挑战"为主题，旨在探讨如何建立对全球高端生产要素富有吸引力的体制环境，提高我国整合国际资源的能力；如何通过进一步对外开放促进国内经济体制改革，释放改革红利；如何适应新的国际贸易与投资环境，建立有效的风险防范体系；如何发挥上海自贸区和深圳前海试验区的作用，推动服务业尤其是金融业领域的扩大开放。为政策制定者提供决策参考。

《“一带一路”：机遇与挑战》

（王义桅著，人民出版社 2015 年出版）

本书是国内从国际关系角度解读“一带一路”倡议的著作。本书指出，“一带一路”是全方位对外开放的必然逻辑，也是文明复兴的必然趋势，还是包容性全球化的必然要求，标志着中国从参与全球化到塑造全球化的态势转变。“一带一路”是中国提出的伟大倡议和国际合作公共产品，既面临着全方位开放机遇、周边外交机遇、地区合作机遇、全球发展机遇，也面临着地缘风险、安全风险、经济风险、道德风险、法律风险。本书对此做了辩证解读。“一带一路”既超越古代，又超越近代，体现在：一是理念革新：共商、共建、共享；二是理论创新：经济发展理论、区域合作理论、全球化理论；三是方式崭新：依靠中国与有关国家既有的双多边机制，借助既有的、行之有效的区域合作平台，高举和平发展的旗帜，主动地发展与沿线国家的经济合作伙伴关系，实现“五通”——政策沟通、道路联通、贸易畅通、货币流通、民心相通，共同打造政治互信、经济融合、文化包容的利益共同体、命运共同体和责任共同体，充分展示了“世界养育中国、中国回馈世界”的主旋律。

《二次开放：全球化十字路口的中国选择》

（迟福林主编，中国工人出版社 2017 年出版）

2017 年，我国发展的内外环境将发生深刻而复杂的变化：一方面，全球贸易保护主义抬头、逆全球化势头上扬，使全球政治经济局势跌宕不止、暗流汹涌；另一方面，我国面临着经济下行压力加大、经济金融风险增大的突出矛盾与问题。在这样的背景下，作为一个转型发展中的大国，如何面对复杂多变的外部形势？如何应对经济转型的多重挑战？本书全面解释新阶段我国扩大开放的战略构想——从“一次开放”走向“二次开放”。深入分析了经济全球化的新挑战，提出以“二次开放”应对经济全球化新变局，以经济转型为目标推进结构性改革，在坚定扩大开放中赢得国内发展和国际竞争的主动，厚植我国经济转型与结构性改革的新动力，为推进开放、包容、共享、均衡的经济全球化作出中国的努力与贡献。为新形势下推进经济转型与结构性改革提供了十分有益的参考和借鉴。

《构建开放型经济新体制：中国对外开放40年》

（隆国强主编，广东经济出版社2017年出版）

本书是“复兴之路——中国改革开放40年回顾与展望”丛书中的一部，旨在纪念我国改革开放40年的伟大成就，同时，向党献礼。中国改革开放的40年同时也是中国对外开放的40年，本书从货物贸易、服务贸易、引进外资、对外投资、金融领域的对外开放、对外开放的区域推荐、特殊经济区等方面回顾了我国对外开放的历程，总结了40年来取得的辉煌成就，并对未来进行展望，认为要积极参与全球经济治理体系，制定对外开放新战略，提升我国在全球经济中的话语权和影响力。

《一带一路：区域与国别经济比较研究》

（刘伟、张辉主编，北京大学出版社2018年出版）

“一带一路”是一个以经济发展为主导，社会、文化等各个方面互相融合的国际合作平台。本书首先从全球价值链的角度，量化研究世界主要经济体在国际分工中的角色，进而明确中国与发达经济体和发展中经济体的价值循环体系，建立符合当前世界经济格局的理论范式，即世界经济结构逐渐由以发达国家为核心的单循环模式转变为更为复杂的双环流模式，并根据这一理论范式梳理总结“一带一路”中的投资、贸易和相对应的国内城镇布局等。其次通过经济指标测算、社会历史回溯、外交政治综述等方面的梳理归纳，对“一带一路”沿线各个国家进行了相对完整的经济发展分析，并深度发掘在“和平、发展、合作、共赢”的宗旨下我国与沿线国家相匹配、有潜力的合作方式与领域。期望通过这两部分的研究，深入对“一带一路”的理解，拓宽“一带一路”的研究领域与范畴。

《中国对外开放40年》

（国家发展和改革委员会和国际合作中心对外开放课题组编，人民出版社2018年出版）

本书是一部较为全面、系统、客观梳理中国对外开放40年基本历程、重大政策和主要成就的专著。本书紧密围绕1978年至今中国对外开放的伟大实践，通过系统搜集、研究大量第一手材料和数据，深刻总结了中国在区域开放、国际贸易、利用外资、境外投资、金融开放和参与全球治理等六大关键领域对外开放的历史经验和现实启示，并提出新时代促进全面开放的新战略、新任务和新举措。站在新时代新起点，顺应经济全球化大趋势，中国开放的大门将越开越大。

《制度型开放：构建“一带一路”投融资新体系》

（肖钢著，中国金融出版社2019年出版）

本书是中国金融四十人论坛课题“顺应新形势 构建新体系——‘一带一路’投融资研究”的成果。本书回顾总结了五年来“一带一路”投融资的情况与特点，全面分析了制约投融资发展的问题与原因，提出构建利益风险共享、资金主体多元、体系运行高效、多边沟通有序的投融资新体系。通过本书，读者可以了解国际金融治理体系的基本内容和框架、国际信贷规则及其构成要素，为参与“一带一路”建设的中资企业投融资工作提供有益的参考，为金融机构提供有益的借鉴。本书还收录了投资者—国家争端解决机制、巴黎俱乐部等国际金融治理机制介绍，《纽约公约》《华盛顿公约》等文件原文，是难得的参考资料。

《改革开放 40 年中国参与全球经济治理的历程与特点》

（苏宁、沈玉良主编，上海社会科学院出版社 2019 年出版）

本书主要介绍了改革开放 40 年以来国际地位变化背景下中国全球治理角色的变化以及对全球治理的主要贡献。全书共分八章，从中国 40 年来的国际影响力与国际互动机制着眼，探讨了中国对全球治理的理念认知深化过程，以及中国推动全球经济治理机制改革的历程、中国参与全球经济治理体系的进程与特点、中国参与国际贸易治理的历程等内容，并一步讨论了深化改革与中国参与国际发展治理和贸易治理的主要趋势。

《全球化视野下的我国自贸区战略》

（赵晋平 等著，广东经济出版社 2019 年出版）

本书作者在以往十多年有关我国自贸区战略和政策研究的大量

成果的基础上，对全球化视野下的我国自贸区战略进行历史的、全面的梳理和分析，并对自贸区战略规划思路与政策提出建议。本书在对我国经济发展的总体概况进行总结研究的基础上，论述了新形势下我国加快推进自贸区战略的意义，并对自贸区战略的经济影响、进展以及未来推进的难点进行分析。全书案例丰富，结合重要的文献资料，条理清晰，是一本较有学术价值的著作。

《对外开放与中国经济发展》

（陈江生著，社会科学文献出版社 2019 年出版）

这是一本在习近平新时代中国特色社会主义思想指导下，基于对历史和现实的分析，主张中国必须全面扩大开放的论文集合。包括了作者过去几年对世界和中国发展的分析、走势的预期、在对外开放方面的建议。有些结论已经被事实所证实，并成为未来新的发展的依据；有些看法将在未来接受实践的检验。

《新中国对外开放 70 年》

（江小涓著，人民出版社 2019 年出版）

新中国成立 70 年来，对外开放在推进社会主义现代化建设、加快技术进步、提高人民生活水平、推动体制改革、提升我国国际地位等方面，都发挥了不可替代的重要作用。

绪章“70 年对外开放之概览”，概要介绍新中国成立以来对外开放的历史脉络、重大事件、关键节点、主要作用和标志性成就。概括而言，对外开放奠定了新中国现代化产业基础，推动了经济增长、就业、结构升级、技术进步和体制改革，也推动了思想解放与理念创新。中国的开放在为自身发展提供诸多收益的同时，也为全球提供了多种参与方共享的红利。

上篇是对新中国前30年的对外开放与现代化建设关系的研究。关于这30年发展与开放的关系，是一个被相当普遍误读、误解的问题，认为这个阶段的指导思想是“闭关锁国”，建设实践是“独立发展”。真实的情况是，对外开放在新中国成立初期的现代化建设中发挥了极为重要的作用，其间虽然有偏向和波动，但并没有改变这个基本态势。这一篇以大量数据和事实为依据，描绘出对外开放在新中国前30年发展中的重要地位，提供理解和评价历史的事实依据。上篇包括三章，分别是：“新中国成立初期引进项目与大规模经济建设”、“引进受挫与经济发展的波动”、“再次引进高峰及现代化建设加速”。

中篇是分析改革开放40年来对外开放的历程。与前30年相比，这是一个全新的开放过程，“新”字体现在开放理念、开放目标、开放方式、开放范围和开放效果等各个方面。概括而言，前30年开放的主要意义，是大量引进设备和技术，加快国内现代化建设；后40年开放的眼界和目标更为开阔：利用两个市场、两种资源提升各类资源的配置效率，推动国内企业深度参与全球分工体系，参与重构国际经济格局，开放还对思想解放和体制改革产生了重要推动作用。中篇包括五章，分别是：“对外贸易快速增长及贸易大国地位形成”，“中国服务贸易的发展、规模与结构”，“外商在华直接投资：结构技术和重要地位”，“对外投资增长与‘一带一路’倡议的实施”，“以开放促改革：中国道路的重要经验”。

下篇是若干重要问题和典型案例的讨论研究。这部分内容有些体现了中国特色开放道路的突出特征，有些回应了开放过程中不同甚至对立的观点，还有些总结了中国经验的理论贡献和学术价值。下篇包括五章分别是：“案例研究：对外开放的外溢效应与本土产业竞争力提升”、“案例研究：中国出口商品结构变化的决定因素”、“案例研究：对外开放中的收益分配”、“案例研究：科技全球化和中国技术引进”、“案例研究：市场开放与本土文化国际传播”。

尾章是对中国未来开放前景的概略展望。以开放合作、互利共赢的开放理念和构建人类命运共同体的重要思想为指导，从国内经济基本面变化和国际形势变化两个角度，提出中国今后对外开放可能出现的若干趋势。

《策论海南自由贸易港》

（迟福林主编，海南出版社 2020 年出版）

本书系统地从海南自由贸易港初步设想、将海南打造成为我国面向太平洋和印度洋的重要对外开放门户、海南自贸港（区）建设的财税制度与政策设计、海南自贸港建设的金融体制、海南自由贸易港国际人才流动与资格互认制度创新、新科技革命背景下数据流动与海南服务业市场开放、海南自由贸易港资本市场发展研究、海南自由贸易港立法的若干重大问题、从自贸试验区走向自贸港的海南行动等九个方面，分析了以制度创新为核心的海南自由贸易港建设。对自贸港政策制度设计把握比较准确，符合海南实际，具有一定的指导性和操作性，对落实总体方案有较高价值。

《服务业：制度型开放促改革深化》

（王微、刘涛 等著，中国发展出版社 2020 年出版）

以开放促改革是过去 40 多年我国服务业持续快速发展的成功实践。面向高质量发展新阶段和应对百年未有之大变局，服务业发展迫切需要对标规则推进制度型开放。本书系统梳理和总结了党的十八大以来我国以开放促进服务业改革和发展的经验、成效及主要问题，深度挖掘了OECD服务贸易限制指数及其背后的规制数据库，深入分析了我国不同类型服务行业开放的主要制度障碍，并通过对标对扩大服务业开放的政策措施进行了情景模拟，系统提出了未来一段时期以制度型开放促进我国服务业体制机制改革的基本思路、推进路径、关键措施及优先次序。

《新时代文明交流互鉴思想研究》

（吴海江 等著，人民出版社 2020 年出版）

本书以党的十八大以来，习近平总书记关于对外开放中借鉴人类文明成果重要论述为基础，按照“总—分”的阐释思路，以时代定位统摄下的历史、理论和实践三重逻辑，深入研究新时代文明交流、互鉴与共存思想的生成来源、实质内涵及现实意义。立足于新时代中国特色社会主义世界视域的新发展，以人类文明多元并行的认知图景、“亲、诚、惠、容”的价值取向、“文明因交流而多彩，文明因互鉴而丰富”的思维逻辑、本国本民族文明自觉自信的底线意识、推动形成全面开放新格局的路径选择、“世界大同，和合共生”的美好愿景以及推动构建人类命运共同体的实践方案等七个方面，详细探讨了新时代在对外开放中借鉴人类文明成果思想的核心要义。具有较高的学术价值和现实意义。

《海南自由贸易港未来及全球定位》

（吴士存主编，广东人民出版社 2021 年出版）

海南自由贸易港建设是习近平总书记亲自谋划、亲自部署、亲自推动的改革开放重大举措，是党中央着眼于国内国际两个大局作出的重大战略决策。2020 年 6 月 1 日，中共中央、国务院正式公布《海南自由贸易港建设总体方案》。本书结合《海南自由贸易港建设总体方案》的主要内容，分十一个章节，分别针对贸易、投资、跨境资金流动、人员进出、运输来往的自由化便利化和数据安全有序流动六个方面的制度安排，现代产业体系的构建，以及加强税收、社会治理、法治、风险防控四个方面的制度建设，分析当前海南自由贸易港建设面临的机遇和挑战，展望未来的广阔发展前景，并提出相应的政策建议，是深入了解和正确把握海南自贸港未来及全球定位的权威读本。

《建设更高水平开放型经济新体制》

（迟福林、张飞、方栓喜著，广东经济出版社 2021 年出版）

本书围绕中国持续推进更高水平对外开放形成改革新发展格局的措施展开，即继续扩大市场开放释放内需潜力，继续推进双边、多边自由贸易进程，继续推动服务贸易高质量发展，加快形成区域开放发展新格局，继续推进对外开放新高地的建设，继续完善开放格局等。本书的出版，对我国成功构建现代化经济体系进行开创性的探索和实践总结，推进社会主义现代化国家经济建设实践，总结改革开放和社会主义现代化建设的宝贵经验，应对国内外风险挑战明显增多的复杂局面，以坚定、自信的姿态开启新时代中国特色社会主义建设的伟大征程具有一定的指导意义。

《改革开放与构建新发展格局研究》

（赵艾著，人民出版社 2021 年出版）

本书根据作者 2019 年 10 月以来在有关学术会议（论坛）和相关场合的部分演讲和报告的内容整理而成，反映了作者对新发展阶段完整准确全面贯彻新发展理念、深化改革开放、构建新发展格局、推动高质量发展、实现共同富裕等问题的体会和思考。全书按照内容分为深化市场化改革、推动高水平开放、共建“一带一路”高质量发展三个部分，以不同的话题，从不同的角度，表达了同一个主题，这就是：构建新发展格局，实现高质量发展和共同富裕，必须坚持市场化改革方向，坚持推进更大范围、更宽领域、更深层次的开放。

《共赢新时代：高水平开放的中国与世界》

（迟福林主编，外文出版社 2021 年出版）

本书有针对性地对中国经济及对外开放政策、中国经济与世界经济的走势进行解读。中国坚持推进以内需为导向的高水平开放，有利于推动中国实现高质量发展，有利于全球共享中国市场，有利于中国以高水平开放促进深层次市场化改革，而且有利于全球分享中国全面深化改革开放的红利。建设开放型世界经济，中国与世界共赢新时代。

重要文献索引

▼

政策文件

《中共中央 国务院关于打击经济领域中严重犯罪活动的决定》，《中华人民共和国国务院公报》，1982 年 08 期。

《国务院关于同意广东省恢复宝安县给广东省人民政府的批复》，《中华人民共和国国务院公报》，1983 年 01 期。

《中共中央关于经济体制改革的决定》，人民出版社，1984 年版。

《国务院批转对外经济贸易部关于外贸体制改革意见的报告的通知》，《中华人民共和国国务院公报》，1984 年 25 期。

《国务院颁发〈关于大力发展对外贸易增加外汇收入若干问题的规定〉》，载中共中央书记处研究所经济组编，《对外开放政策文献汇编（一九七九年七月— 一九八五年四月）》，中共中央党校出版社，1985 年版，第 58–59 页。

《国务院关于颁发〈开展对外加工装配和中小型补偿贸易办法〉的通知》，载中共中央书记处研究所经济组编，《对外开放政策文献汇编（一九七九年七月— 一九八五年四月）》，中共中央党校出版社，1985 年版，第 65–67 页。

《进出口管理委员会关于印发〈全国进出口工作会议汇报提纲〉的

通知》，载中共中央书记处研究所经济组编，《对外开放政策文献汇编（一九七九年七月— 一九八五年四月）》，中共中央党校出版社，1985年版，第80–85页。

《国务院关于改革海关管理体制的决定》，载中共中央书记处研究所经济组编，《对外开放政策文献汇编（一九七九年七月— 一九八五年四月）》，中共中央党校出版社，1985年版，第87–88页。

《国务院关于广东省设置深圳、珠海市的批复》，载国务院办公厅法制局编，《中华人民共和国法规汇编1979年1月—12月》，1986年版，第125–126页。

《全国人民代表大会常务委员会关于国务院提请审议设立海南省议案的决定》，《中华人民共和国国务院公报》，1987年21期。

《国务院关于加快和深化对外贸易体制改革若干问题的规定》，中国政府网，1988年2月26日。

《第七届全国人民代表大会第一次会议关于设立海南省的决定》，《中华人民共和国国务院公报》，1988年10期。

《国务院关于授权省、自治区、直辖市、经济特区和计划单列市人民政府审批外资企业的通知》，《中华人民共和国国务院公报》，1988年15期。

《中共广东省委关于试办深圳、珠海、汕头出口特区的初步设想》，载国家体改委办公厅编，《十一届三中全会以来经济体制改革重要文件汇编》，改革出版社，1990年版，第3页。

《国务院批转一九九〇年经济特区工作会议纪要的通知》，《中华人民共和国国务院公报》，1990年11期。

《关于进一步改革和完善对外贸易体制若干问题的决定》，中国政府网，1991年1月1日。

《中共中央关于建立社会主义市场经济体制若干问题的决定》，人民出版社，1993年版。

《国务院关于金融体制改革的决定》，《中华人民共和国国务院公报》，1993年31期。

《办好经济特区，增加对外开放城市》，载邓小平著，《邓小平文选》（第三卷），人民出版社，1993年版，第51–52页。

《建设有中国特色的社会主义》，载邓小平著，《邓小平文选》（第三卷），人民出版社，1993年版，第62–65页。

《中华人民共和国政府和美利坚合众国政府关于签署中国加入世界贸易组织问题双边协议的新闻公报》，《中华人民共和国国务院公报》，1999年36期。

《中华人民共和国国民经济和社会发展第十个五年计划纲要》，《中华人民共和国国务院公报》，2001年12期。

《全国人民代表大会常务委员会关于我国加入世界贸易组织的决定》，《中华人民共和国全国人民代表大会常务委员会公报》，2002年S1期。

《中华人民共和国国民经济和社会发展第十一个五年规划纲要》，《中华人民共和国国务院公报》，2006年12期。

《国务院关于推进天津滨海新区开发开放有关问题的意见》，《中华人民共和国国务院公报》，2006年21期。

《高举邓小平理论伟大旗帜，把建设有中国特色社会主义事业全面推向二十一世纪》，载江泽民著，《江泽民文选》（第一卷），人民出版社，2006年版，第25–27页。

《二十年来我们党的主要历史经验》，载江泽民著，《江泽民文选》（第二卷），人民出版社，2006年版，第254–255页。

《在中英两国政府举行的香港交接仪式上的讲话》，载江泽民著，《江泽民文选》（第一卷），人民出版社，2006 年版，第 651–651 页。

《国务院办公厅转发发展改革委关于 2007 年深化经济体制改革工作意见的通知》，《中华人民共和国国务院公报》，2007 年 23 期。

《中共中央关于推进农村改革发展若干重大问题的决定》，人民出版社，2008 年版。

《关于国务院提请审议授权深圳市制定深圳经济特区法规和规章的议案的决定》，中国政府网，2008 年 4 月 11 日。

《全面开创社会主义现代化建设的新局面——在中国共产党第十二次全国代表大会上的报告》，载中共中央文献研究室编，《改革开放三十年重要文献选编》（上），中央文献出版社，2009 年版，第 262–294 页。

《解放思想，实事求是，团结一致向前看》，载中共中央文献研究室编，《改革开放三十年重要文献选编》（上），中央文献出版社，2009 年版，第 8 页。

《中华人民共和国政府关于中美建交的声明》，载中共中央文献研究室编，《改革开放三十年重要文献选编》（上），中央文献出版社，2009 年版，第 11 页。

《中国共产党第十一届中央委员会第三次全体会议公报》，载中共中央文献研究室编，《改革开放三十年重要文献选编》（上），中央文献出版社，2009 年版，第 15–21 页。

《高举中国特色社会主义伟大旗帜为夺取全面建设小康社会新胜利而奋斗》，载中共中央文献研究室编，《十七大以来重要文献选编》（上），中央文献出版社，2009 年版，第 21–37 页。

《国务院关于推进海南国际旅游岛建设发展的若干意见》，《海南省人民政府公报》，2009 年 24 期。

《让我们共同缔造一个更美好的世界》，载中共中央文献研究室编，《改革开放三十年重要文献选编》（上），中央文献出版社，2009 年版，第 539 页。

《国务院关于进一步深化对外贸易体制改革的决定》，载中共中央文献研究室编，《十四大以来重要文献选编》（上），中央文献出版社，2009 年版，第 557–563 页。

《加快改革开放和现代化建设步伐，夺取有中国特色社会主义事业的更大胜利》，载中共中央文献研究室编，《改革开放三十年重要文献选编》（上），中央文献出版社，2009 年版，第 661–662 页。

《在武昌、深圳、珠海、上海等地的谈话要点》，载中共中央文献研究室编，《改革开放三十年重要文献选编》（上），中央文献出版社，2009 年版，第 635 页。

《对亚太经济合作的原则建议》，载中共中央文献研究室编，《改革开放三十年重要文献选编》（上），中央文献出版社，2009 年版，第 793–794 页。

《国务院关于加快发展服务业的若干意见》，载中共中央文献研究室编，《十六大以来重要文献选编》（下），中央文献出版社，2009 年版，第 1007–1008 页。

《深化团结协作，共创美好世纪》，载中共中央文献研究室编，《改革开放三十年重要文献选编》（下），中央文献出版社，2009 年版，第 1162 页。

《在八国集团同发展中国家领导人对话会议上的讲话》，载中共中央文献研究室编，《十六大以来重要文献选编》（下），中央文献出版社，2009 年版，第 1075–1076 页。

《全面建设小康社会，开创中国特色社会主义事业新局面》，载中共中央文献研究室编，《改革开放三十年重要文献选编》（下），中央文献出版社，2009 年版，第 1254–1255 页。

《中共中央关于完善社会主义市场经济体制若干问题的决定》，载中共中央文献研究室编，《改革开放三十年重要文献选编》（下），中央文献出版社，2009 年版，第 1355 页。

《在中非合作论坛北京峰会开幕式上的讲话》，载中共中央文献研究室编，《改革开放三十年重要文献选编》（下），中央文献出版社，2009 年版，第 1675–1676 页。

《中共海南省委关于海南经济特区体制创新的若干意见》，载钟坚、郭茂佳、钟若愚主编，《中国经济特区文献资料》（第一辑），社会科学文献出版社，2010 年版，第 350–366 页。

《天津市人民政府关于印发天津滨海新区综合配套改革试验总体方案的通知》，载钟坚、郭茂佳、钟若愚主编，《中国经济特区文献资料》（第一辑），社会科学文献出版社，2010 年版，第 367–381 页。

《国务院关于宝安、珠海两县外贸基地和市政建设规划设想的批复》，载钟坚、郭茂佳、钟若愚主编，《中国经济特区文献资料》（第一辑），社会科学文献出版社，2010 年版，第 3–4 页。

《广东省经济特区条例》，载钟坚、郭茂佳、钟若愚主编，《中国经济特区文献资料》（第二辑），社会科学文献出版社，2010 年版，第 4–7 页。

《国务院关于扩大汕头经济特区范围的批复》，中国政府网，2010 年 12 月 31 日。

《中共中央关于〈广东、福建两省会议纪要〉的批示》，载钟坚、郭茂佳、钟若愚主编，《中国经济特区文献资料》（第一辑），社会科学文献出版社，2010 年版，第 37–44 页。

《国务院批转〈海南岛问题座谈会纪要〉的通知》，载钟坚、郭茂佳、钟若愚主编，《中国经济特区文献资料》（第二辑），社会科学文献出版社，2010年版，第45–53页。

《中共中央、国务院批转〈广东、福建两省和经济特区工作会议纪要〉的通知》，载钟坚、郭茂佳、钟若愚主编，《中国经济特区文献资料》（第二辑），社会科学文献出版社，2010年版，第63–75页。

《中共中央批转〈广东、福建两省座谈会纪要〉的通知》，载钟坚、郭茂佳、钟若愚主编，《中国经济特区文献资料》（第二辑），社会科学文献出版社，2010年版，第76–85页。

《中共中央、国务院关于〈当前试办经济特区工作中若干问题的纪要〉的通知》，载钟坚、郭茂佳、钟若愚主编，《中国经济特区文献资料》（第一辑），社会科学文献出版社，2010年版，第90–96页。

《中共中央、国务院关于批转〈加快海南岛开发建设问题讨论纪要〉的通知》，载钟坚、郭茂佳、钟若愚主编，《中国经济特区文献资料》（第一辑），社会科学文献出版社，2010年版，第98–105页。

《中共中央、国务院关于加强利用外资工作的指示》，载钟坚、郭茂佳、钟若愚主编，《中国经济特区文献资料》（第一辑），社会科学文献出版社，2010年版，第106–112页。

《中共中央、国务院关于批转〈沿海部分城市座谈会纪要〉的通知》，载钟坚、郭茂佳、钟若愚主编，《中国经济特区文献资料》（第一辑），社会科学文献出版社，2010年版，第113–123页。

《国务院关于改革深圳市银行体制问题的批复》，载钟坚、郭茂佳、钟若愚主编，《中国经济特区文献资料》（第一辑），社会科学文献出版社，2010年版，第124–127页。

《国务院关于调整汕头经济特区区域范围问题的批复》，载钟坚、郭茂佳、钟若愚主编，《中国经济特区文献资料》（第一辑），社会科学文献出版社，2010 年版，第 128 页。

《国务院关于厦门经济特区实施方案的批复》，载钟坚、郭茂佳、钟若愚主编，《中国经济特区文献资料》（第一辑），社会科学文献出版社，2010 年版，第 139–142 页。

《国务院关于厦门经济特区的批复》，载钟坚、郭茂佳、钟若愚主编，《中国经济特区文献资料》（第二辑），社会科学文献出版社，2010 年版，第 139–142 页。

《国务院批转特区办公室〈关于当前海南岛情况和需要帮助解决问题的汇报〉的通知》，载钟坚、郭茂佳、钟若愚主编，《中国经济特区文献资料》（第一辑），社会科学文献出版社，2010 年版，第 143–153 页。

《国务院关于批转〈经济特区工作会议纪要〉的通知》，载钟坚、郭茂佳、钟若愚主编，《中国经济特区文献资料》（第一辑），社会科学文献出版社，2010 年版，第 154–164 页。

《国务院关于批转〈一九八七年经济特区工作会议纪要〉的通知》，载钟坚、郭茂佳、钟若愚主编，《中国经济特区文献资料》（第一辑），社会科学文献出版社，2010 年版，第 165–172 页。

《中共中央、国务院关于建立海南省及其筹建工作的通知》，载钟坚、郭茂佳、钟若愚主编，《中国经济特区文献资料》（第一辑），社会科学文献出版社，2010 年版，第 173–174 页。

《国务院关于调整珠海经济特区范围的批复》，载钟坚、郭茂佳、钟若愚主编，《中国经济特区文献资料》（第一辑），社会科学文献出版社，2010 年版，第 175 页。

《国务院批转〈关于海南岛进一步对外开放加快经济开发建设的座谈会纪要〉的通知》，载钟坚、郭茂佳、钟若愚主编，《中国经济特区文献资料》（第一辑），社会科学文献出版社，2010 年版，第 176–184 页。

《国务院关于深圳市在国家计划中实行单列的批复》，载钟坚、郭茂佳、钟若愚主编，《中国经济特区文献资料》（第一辑），社会科学文献出版社，2010年版，第187页。

《国务院关于调整经济特区和三个试点行业外汇留成比例的复函》，载钟坚、郭茂佳、钟若愚主编，《中国经济特区文献资料》（第一辑），社会科学文献出版社，2010年版，第188页。

《中共中央、国务院关于开发和开放浦东问题的批复》，载钟坚、郭茂佳、钟若愚主编，《中国经济特区文献资料》（第一辑），社会科学文献出版社，2010年版，第205–206页。

《广东省革命委员会、交通部报送国务院关于我驻香港招商局在广东宝安建立工业区的报告》，载钟坚、郭茂佳、钟若愚主编，《中国经济特区文献资料》（第一辑），社会科学文献出版社，2010年版，第325–326页。

《中共广东省委关于解决蛇口工业区问题的座谈会纪要》，载钟坚、郭茂佳、钟若愚主编，《中国经济特区文献资料》（第一辑），社会科学文献出版社，2010年版，第331–332页。

《中共广东省委关于设立深圳市和珠海市的决定》，载钟坚、郭茂佳、钟若愚主编，《中国经济特区文献资料》（第一辑），社会科学文献出版社，2010年版，第327页。

《国务院关于支持云南省加快建设面向西南开放重要桥头堡的意见》，中国政府网，2011年5月6日。

《国务院关于天津北方国际航运中心核心功能区建设方案的批复》，中国政府网，2011年5月10日。

《国务院关于批转沿海地区对外开放工作会议纪要的通知》，中国政府网，2011年9月8日。

《国务院关于深圳机场享受特区待遇问题的批复》，中国政府网，2011 年 11 月 15 日。

《排除干扰，坚定地执行改革开放政策》，载中共中央文献研究室编，《十二大以来重要文献选编》（下），中央文献出版社，2011 年版，第 161 页。

《中共中央国务院关于进一步扩大对外开放，提高利用外资水平的若干意见》，载中共中央文献研究室编，《十五大以来重要文献选编》（上），人民出版社，2011 年版，第 259–269 页。

《在中华人民共和国澳门特别行政区成立庆祝大会上的讲话》，载中共中央文献研究室编，《十五大以来重要文献选编》（上），中央文献出版社，2011 年版，第 233–234 页。

《正确处理社会主义现代化建设中的若干重大关系》，中共中央文献研究室编，《十四大以来重要文献选编》（中），人民出版社，2011 年版，第 450–463 页。

《国务院关于深圳、珠海经济特区边防管理若干问题的规定》，中国政府网，2012 年 7 月 26 日。

《国务院关于支持深圳前海深港现代服务业合作区开发开放有关政策的批复》，《中华人民共和国国务院公报》，2012 年 20 期。

《国务院关于促进海关特殊监管区域科学发展的指导意见》，《中华人民共和国国务院公报》，2012 年 32 期。

《中共中央关于全面深化改革若干重大问题的决定》，人民出版社，2013 年版。

《中共中央关于全面推进依法治国若干重大问题的决定》，人民出版社，2014 年版。

《坚定不移沿着中国特色社会主义道路前进为全面建成小康社会而

奋斗——在中国共产党第十八次全国代表大会上的报告》，载中共中央文献研究室编，《十八大以来重要文献选编》（上），中央文献出版社，2014 年版，第 1–44 页。

《推动共建丝绸之路经济带和 21 世纪海上丝绸之路的愿景与行动》，商务部网站，2015 年 4 月 7 日。

《关于加快发展服务贸易的若干意见》，《中华人民共和国国务院公报》，2015 年 07 期。

《中共中央国务院关于构建开放型经济新体制的若干意见》，《人民日报》，2015 年 9 月 18 日。

《中华人民共和国国民经济和社会发展“九五”计划和 2010 年远景目标纲要》，人民网，2015 年 10 月 14 日。

《国务院关于加快实施自由贸易区战略的若干意见》，中国政府网，2015 年 12 月 17 日。

《国务院关于扩大对外开放积极利用外资若干措施的通知》，中国政府网，2017 年 1 月 17 日。

《国务院关于印发全面深化中国（上海）自由贸易试验区改革开放方案的通知》，中国政府网，2017 年 3 月 31 日。

《国务院关于促进外资增长若干措施的通知》，中国政府网，2017 年 8 月 16 日。

《中共中央 国务院关于支持海南全面深化改革开放的指导意见》，《中华人民共和国国务院公报》，2018 年 13 期。

《国务院关于积极有效利用外资推动经济高质量发展若干措施的通知》，《中华人民共和国国务院公报》，2018 年 18 期。

《中共中央关于坚持和完善中国特色社会主义制度推进国家治理体系和治理能力现代化若干重大问题的决定》，人民出版社，2019 年版。

《决胜全面建成小康社会夺取新时代中国特色社会主义伟大胜利——在中国共产党第十九次全国代表大会上的报告》，载中共中央党史和文献研究院编，《十九大以来重要文献选编》（上），中央文献出版社，2019年版，第1–50页。

《中共中央 国务院关于推进贸易高质量发展的指导意见》，《中华人民共和国国务院公报》，2019年35期。

《国务院办公厅关于推进对外贸易创新发展的实施意见》，中国政府网，2020年11月9日。

《中华人民共和国国民经济和社会发展第十四个五年规划和2035年远景目标纲要》，人民出版社，2021年版。

《建设高标准市场体系行动方案》，中国政府网，2021年1月31日。

《中共中央办公厅国务院办公厅印发〈建设高标准市场体系行动方案〉》，《中华人民共和国国务院公报》，2021年05期。

《国务院办公厅关于加快发展外贸新业态新模式的意见》，中国政府网，2021年7月9日。

《中共中央关于党的百年奋斗重大成就和历史经验的决议》，中国政府网，2021年11月16日。

法律规章

对外贸易

《国务院批转中国银行关于要求批准短期外汇贷款办法的请示报告》，《中华人民共和国国务院公报》，1980年14期。

《国务院批转财政部〈关于进出口商品征免工商税收的规定〉的通知》，《中华人民共和国国务院公报》，1981年01期。

《中华人民共和国对外合作开采海洋石油资源条例》，《中华人民共和国国务院公报》，1982 年 03 期。

《最高人民法院印发〈关于审理涉港澳经济纠纷案件若干问题的解答〉的通知》，人民网，1987 年 10 月 19 日。

《对外经济贸易部关于执行联合国国际货物销售合同公约应注意的几个问题》,《中华人民共和国国务院公报》，1988 年 01 期。

《国务院关于鼓励华侨和香港澳门同胞投资的规定》，人民网，1990 年 8 月 19 日。

《中华人民共和国海商法》,《中华人民共和国最高人民法院公报》，1992 年 04 期。

《出口商品管理暂行办法》，人民网，1992 年 12 月 21 日。

《一般商品进口配额管理暂行办法》，人民网，1993 年 12 月 22 日。

《中华人民共和国对外合作开采陆上石油资源条例》,《中华人民共和国国务院公报》，1993 年 26 期。

《国务院关于进一步深化对外贸易体制改革的决定》，人民网，1994 年 1 月 11 日。

《中华人民共和国对外贸易法》，人民网，1994 年 5 月 12 日。

《进口商品经营管理暂行办法》，人民网，1994 年 7 月 19 日。

《对外贸易业务统计制度》，人民网，1994 年 10 月 20 日。

《进口照相机销售管理暂行办法》，人民网，1995 年 8 月 8 日。

《关于出国（境）举办招商和办展等经贸活动的管理办法》，人民网，1995 年 9 月 12 日。

《旅游商品小额贸易管理暂行规定》，人民网，1996 年 5 月 9 日。

《中华人民共和国反倾销和反补贴条例》，人民网，1997 年 3 月 25 日。

《国务院关于严格执行我国核出口政策有关问题的通知》，人民网，

1997年5月27日。

《关于印发〈进口酒类国内市场管理办法〉的通知》，人民网，1997年9月9日。

《中华人民共和国核出口管制条例》，人民网，1997年9月10日。

《中华人民共和国军品出口管理条例》，人民网，1997年10月22日。

《关于赋予私营生产企业和科研院所自营进出口权的暂行规定》，人民网，1998年9月2日。

《国务院办公厅转发国家经贸委等部门关于进一步完善加工贸易银行保证金台账制度意见的通知》，人民网，1999年4月5日。

《关于下发〈对外承包工程项目投标（议标）许可暂行办法〉的通知》，人民网，1999年12月14日。

《对外贸易经济合作部反倾销调查听证会暂行规则》，人民网，2000年6月2日。

《对外贸易经济合作部、海关总署关于全面试行进出口许可证联网核销制度的通知》，人民网，2000年9月30日。

《对外贸易经济合作部关于调整进出口经营资格有关规定的通知》，人民网，2000年11月2日。

《关于调整私营生产企业和科研院所申请自营进出口经营权资格条件的通知》，中国政府网，2000年12月9日。

《对台湾地区贸易管理办法》，人民网，2000年12月29日。

《出国举办经济贸易展览会审批管理办法》，人民网，2001年2月15日。

《中华人民共和国外派劳务人员（研修生）培训资格证书管理办法》，人民网，2001年8月1日。

《外商投资租赁公司审批管理暂行办法》，人民网，2001年8月14日。

《中华人民共和国货物进出口管理条例》，人民网，2001 年 10 月 31 日。

《中华人民共和国加入世界贸易组织议定书》，人民网，2001 年 11 月 11 日。

《中华人民共和国技术进出口管理条例》，《中华人民共和国国务院公报》，2002 年 02 期。

《中华人民共和国生物两用品及相关设备和技术出口管制条例》，人民网，2002 年 10 月 14 日。

《出口商品配额管理办法》，《中华人民共和国国务院公报》，2002 年 18 期。

《出口商品配额招标办法》，《中华人民共和国国务院公报》，2002 年 18 期。

《中华人民共和国导弹及相关物项和技术出口管制条例》，《中华人民共和国国务院公报》，2002 年 28 期。

《商务部关于调整进出口经营资格标准和核准程序的通知》，人民网，2003 年 7 月 30 日。

《对外贸易壁垒调查暂行规则》，《中华人民共和国国务院公报》，2003 年 09 期。

《国务院关于改革现行出口退税机制的决定》，《中华人民共和国全国人民代表大会常务委员会公报》，2003 年 34 期。

《中华人民共和国对外贸易法》，《中华人民共和国全国人民代表大会常务委员会公报》，2004 年 04 期。

《货物进口许可证管理办法》，《中华人民共和国国务院公报》，2005 年 27 期。

《易制毒化学品进出口管理规定》，《中华人民共和国国务院公报》，

2007年11期。

《易制毒化学品进出口国际核查管理规定》,《中华人民共和国国务院公报》,2007年22期。

《机电产品进口管理办法》,《中华人民共和国国务院公报》,2008年31期。

《货物出口许可证管理办法》,《中华人民共和国国务院公报》,2008年35期。

《外商投资商业领域管理办法补充规定(五)》,《中华人民共和国国务院公报》,2012年23期。

《机电产品国际招标投标实施办法(试行)》,商务部网站,2014年3月3日。

《"十四五"对外贸易高质量发展规划》,商务部网站,2021年11月23日。

经济合作

《中外合资经营企业劳动管理规定》,《中华人民共和国国务院公报》,1980年10期。

《中华人民共和国中外合资经营企业所得税法施行细则》,外交部网站,1980年12月10日。

《中国银行办理中外合资经营企业贷款暂行办法》,《中华人民共和国国务院公报》,1981年05期。

《中华人民共和国中外合资经营企业法实施条例》,国务院侨务办公室网站,1983年9月2日。

《对外经济贸易部关于确认和考核外商投资的产品出口企业和先进技术企业实施办法的补充规定》,人民网,1992年3月2日。

《对外经济贸易部关于举办中外合资经营企业过程中有关法律问题

的通知》，人民网，1993年10月5日。

《中华人民共和国台湾同胞投资保护法》，人民网，1994年3月5日。

《中国民用航空总局、对外贸易经济合作部关于外商投资民用航空业有关政策的通知》，人民网，1994年5月6日。

《国务院关于股份有限公司境外募集股份及上市的特别规定》，人民网，1994年8月4日。

《外商投资企业劳动管理规定》，人民网，1994年8月11日。

《中国民用航空总局、对外贸易经济合作部〈关于外商投资民用航空业有关政策的通知〉若干问题的解释》，人民网，1994年10月25日。

《对外经济贸易合作部、国家经济贸易委员会、国家档案局关于印发〈外商投资企业档案管理暂行规定〉的通知》，人民网，1994年12月29日。

《对外贸易经济合作部关于以BOT方式吸收外商投资有关问题的通知》，人民网，1995年1月16日。

《指导外商投资方向暂行规定》，人民网，1995年6月20日。

《中华人民共和国中外合作经营企业法实施细则》，人民网，1995年9月4日。

《国务院关于股份有限公司境内上市外资股的规定》，人民网，1995年12月25日。

《外国人在中国就业管理规定》，人民网，1996年1月22日。

《关于加强中外合资、合作企业中国有财产监督管理的暂行规定》，人民网，1996年3月14日。

《国家国有资产管理局关于认真贯彻国务院紧急通知加强外商投资企业国有资产管理的通知》，人民网，1996年4月16日。

《股份有限公司境内上市外资股规定的实施细则》，人民网，1996

年 5 月 4 日。

《外商投资企业清算办法》，人民网，1996 年 7 月 9 日。

《国务院关于扩大内地省、自治区、计划单列市和国务院有关部门等单位吸收外商直接投资项目审批权限的通知》，人民网，1996 年 8 月 22 日。

《关于设立中外合资对外贸易公司试点暂行办法》，人民网，1996 年 9 月 2 日。

《外商投资企业投资者股权变更的若干规定》，人民网，1997 年 5 月 28 日。

《外商投资产业指导目录》，人民网，1997 年 12 月 29 日。

《对外贸易经济合作部、国家工商行政管理局、国家国内贸易局关于外商投资传销企业转变销售方式有关问题的通知》，人民网，1998 年 6 月 18 日。

《国务院办公厅关于清理整顿非试点外商投资商业企业情况的通知》，人民网，1998 年 7 月 1 日。

《中外合资旅行社试点暂行办法》，人民网，1998 年 12 月 29 日。

《关于进一步促进境外上市公司规范运作和深化改革的意见》，人民网，1999 年 3 月 29 日。

《外商投资商业企业试点办法》，人民网，1999 年 6 月 25 日。

《中华人民共和国台湾同胞投资保护法实施细则》，人民网，1999 年 12 月 5 日。

《中华人民共和国外资企业法》，人民网，2000 年 10 月 31 日。

《中华人民共和国中外合作经营企业法》，人民网，2000 年 10 月 31 日。

《中华人民共和国中外合资经营企业法》，《中华人民共和国全国人民代表大会常务委员会公报》，2001 年 03 期。

《中华人民共和国外商投资企业和外国企业所得税法》，中国政府网，2005 年 7 月 12 日。

《中华人民共和国外资企业法》，中国政府网，2005 年 8 月 31 日。

《中华人民共和国出境入境管理法》，外交部网站，2012 年 6 月 30 日。

《中华人民共和国外资企业法（2016 修正）》，人民网，2016 年 9 月 6 日。

《关于加强对外经济合作领域信用体系建设的指导意见》，人民网，2017 年 11 月 28 日。

《中华人民共和国个人所得税法》，中国政府网，2018 年 9 月 1 日。

《优化营商环境条例》，人民网，2019 年 10 月 22 日。

《外商投资企业投诉工作办法》，人民网，2020 年 8 月 25 日。

《国务院关于管理外国企业常驻代表机构的暂行规定》，中国政府网，2020 年 12 月 25 日。

《国务院关于鼓励外商投资的规定》，中国政府网，2020 年 12 月 25 日。

《中华人民共和国海南自由贸易港法》，人民网，2021 年 6 月 11 日。

金融管理

《中华人民共和国国家货币出入境管理办法》，人民网，1993 年 1 月 20 日。

《中华人民共和国外资金融机构管理条例》，人民网，1994 年 2 月 25 日。

《中华人民共和国中国人民银行法》，人民网，1995 年 3 月 18 日。

《中华人民共和国商业银行法》，人民网，1995 年 5 月 10 日。

《中外合资投资银行类机构管理暂行办法》，人民网，1995 年 5 月 20 日。

《设立境外中国产业投资基金管理办法》，人民网，1995 年 8 月 11 日。

《国际收支统计申报办法》，人民网，1995 年 8 月 30 日。

《国务院关于进一步加强借用国际商业贷款宏观管理的通知》，人民网，1995 年 9 月 27 日。

《在华外资银行设立分支机构暂行办法》，人民网，1996 年 1 月 4 日。

《外国金融机构驻华代表机构管理办法》，人民网，1996 年 4 月 29 日。

《中华人民共和国外资金融机构管理条例实施细则》，人民网，1996 年 4 月 30 日。

《外资金融机构存款准备金缴存管理办法》，人民网，1996 年 4 月 30 日。

《委托注册会计师对外资金融机构进行审计管理办法》，人民网，1996 年 4 月 30 日。

《中国人民银行关于对外商投资企业实行银行结售汇的公告》，人民网，1996 年 6 月 20 日。

《境外进行项目融资管理暂行办法》，人民网，1997 年 4 月 16 日。

《外资金融机构中、高级管理人员任职资格暂行规定》，人民网，1997 年 5 月 15 日。

《境内机构发行外币债券管理办法》，人民网，1997 年 9 月 24 日。

《非法金融机构和非法金融业务活动取缔办法》，人民网，1998 年 7 月 13 日。

《关于支持境外带料加工装配业务的信贷指导意见》，人民网，1999年6月30日。

《外经贸企业封闭贷款管理暂行办法》，中国政府网，1999年8月5日。

《境外金融机构投资入股中资金融机构管理办法》，中国政府网，2003年12月5日。

《境外投资项目核准暂行管理办法》，中国政府网，2004年10月9日。

《关于外国投资者并购境内企业的规定》，中国政府网，2009年7月24日。

《金融业发展和改革“十二五”规划》，中国政府网，2012年9月17日。

《中华人民共和国外商投资法》，中国政府网，2019年3月20日。

《中华人民共和国外商投资法实施条例》，中国政府网，2019年12月31日。

《中华人民共和国外资银行管理条例》，中国政府网，2020年12月27日。

《“十四五”利用外资发展规划》，中国政府网，2021年10月24日。

《境外投资管理办法》，商务部网站，2022年2月18日。

外汇管理

《中华人民共和国外汇管理暂行条例》，《中华人民共和国国务院公报》，1980年20期。

《中国人民银行关于实施〈银行外汇信贷资金管理办法〉（试行）的通知》，人民网，1992年10月9日。

《国务院办公厅关于设立外币免税商店（场）有关问题的通知》，

人民网，1993 年 3 月 27 日。

《国家外汇管理局关于银行外汇资产负债比例管理的规定》，人民网，1993 年 4 月 15 日。

《国家外汇管理局关于金融机构办理自营外汇买卖业务的管理规定》，人民网，1993 年 4 月 15 日。

《国家外汇管理局关于对各级银行外汇业务范围的规定》，人民网，1993 年 4 月 15 日。

《中国人民银行关于进一步加强外币利率管理的几项规定》，人民网，1993 年 10 月 14 日。

《国务院关于进一步改革外汇管理体制的通知》，人民网，1993 年 12 月 25 日。

《中国人民银行关于进一步改革外汇管理体制的公告》，人民网，1993 年 12 月 28 日。

《国家外汇管理局境内居民因私出境兑付外汇的有关规定》，人民网，1994 年 3 月 30 日。

《外汇账户管理暂行办法》，人民网，1994 年 4 月 1 日。

《国家外汇管理局关于〈外汇账户管理暂行办法〉有关问题的通知》，人民网，1994 年 5 月 30 日。

《国家外汇管理局关于外商投资企业中中方投资者购买外汇投资款的通知》，人民网，1994 年 11 月 3 日。

《中国人民银行关于人民币外汇价管理问题的通知》，人民网，1995 年 3 月 23 日。

《国家外汇管理局关于外商投资企业外汇年检若干问题的补充通知》，人民网，1995 年 9 月 22 日。

《保税区外汇管理办法》，人民网，1995 年 12 月 18 日。

《外资银行结汇、售汇及付汇业务实施细则》，人民网，1996年6月18日。

《中国人民银行结汇、售汇及付汇管理规定》，人民网，1996年6月20日。

《国家外汇管理局、海关总署关于对携带外汇进出境管理的规定》，人民网，1996年12月31日。

《中华人民共和国外汇管理条例》，人民网，1997年1月14日。

《贸易进口付汇核销监管暂行办法》，人民网，1997年1月17日。

《边境贸易外汇管理暂行办法》，人民网，1997年1月23日。

《检查处理违反外汇管理行为办案程序》，人民网，1997年4月8日。

《银行外汇业务管理规定》，人民网，1997年9月24日。

《境内外汇划转管理暂行规定》，人民网，1997年9月25日。

《境外外汇账户管理规定》，人民网，1997年12月11日。

《进口付汇核销贸易真实性审核规定》，中国人民银行网站，1998年6月22日。

《出口收汇核销管理办法实施细则》，商务部网站，2003年9月8日。

《中国人民银行、国家外汇管理局关于停办外汇调剂业务的通知》，人民网，1998年10月25日。

《关于骗购外汇、非法套汇、逃汇、非法买卖外汇等违反外汇管理规定行为的行政处分或纪律处分暂行规定》，中国政府网，2020年12月26日。

《国家外汇管理局关于完善外商直接投资外汇管理工作有关问题的通知》，国家外汇管理局网站，2002年3月6日。

《外国投资者并购境内企业暂行规定》，商务部网站，2003年3月

13 日。

《国家外汇管理局关于调整部分境外投资外汇管理政策的通知》，国家外汇管理局网站，2006 年 6 月 6 日。

《个人外汇管理办法》，中国政府网，2007 年 1 月 9 日。

《合格境外机构投资者境内证券投资外汇管理规定》，中国政府网，2016 年 2 月 4 日。

报刊文章

苏彦汉，《我国经济特区经济性质初探》，《福建论坛》，1981 年 04 期。

方晓丘，《我国试办经济特区的必要性及其基本特点》，《福建论坛》，1981 年 04 期。

林滨、江永泰、李惠琴，《发展广州与特区的经济联合》，《广州研究》，1982 年 01 期。

董辅礽，《关于实行对外开放的经济发展战略问题》，《经济问题探索》，1983 年 01 期。

刘再兴，《论新形势下的沿海与内地的关系》，《经济理论与经济管理》，1983 年 03 期。

陈德照、谈世中，《实行对外开放是我国坚定不移的战略方针》，《国际贸易》，1983 年 05 期。

王梦奎，《自力更生和对外开放——读〈邓小平文选〉》，《财贸经济》，1983 年 12 期。

徐金水，《开创经济特区管理体制的新局面——蛇口工业区“政企分开”的调查》，《经营与管理》，1984 年 03 期。

卓炯，《试论体制改革和对外开放的理论基础》，《经济体制改革》，

1984 年 04 期。

沈立人，《对外开放与体制改革》，《财经问题研究》，1984 年 05 期。

中青年世界经济学术讨论会“会议纪要组”，《关于我国对外开放的国际环境——中青年世界经济学术讨论会观点综述》，《世界经济》，1985 年 02 期。

王绍熙，《试论当前外贸体制改革的理论基础及其主要特征》，《国际贸易》，1985 年 06 期。

黄方毅，《再论中国对外经济战略的选择》，《经济研究》，1986 年 12 期。

刘国光，《中国经济特区发展战略的若干问题》，《财贸经济》，1987 年 02 期。

王仕元，《社会主义新型外贸体制构思》，《中国经济体制改革》，1987 年 04 期。

何椿霖，《吸收外商投资是中国的坚定方针》，《国际经济合作》，1987 年 07 期。

王谦光，《沿海中心城市经济体制改革刍议》，《财经研究》，1991 年 08 期。

李岚清，《中国对外经贸发展的形势与任务》，《国际贸易》，1992 年 06 期。

《东方风来满眼春——邓小平同志在深圳纪实》，《深圳特区报》，1992 年 3 月 26 日。

吴仪，《调整外贸战略的重要步骤——在赋予首批一百家科研院所对外经营权大会上的总结讲话摘要》，《国际贸易》，1993 年 04 期。

周小川，《走向开放型经济》，《经济社会体制比较》，1994 年 05 期。

吴仪,《如何面对一场没有硝烟的世界商战——关于外贸体制改革问题》,《中国改革》,1994 年 07 期。

于培伟,《90 年代中国外经贸战略国际研讨会综述》,《经济学动态》,1994 年 09 期。

《机遇与前景:90 年代中国对外经贸发展的基本构想——吴仪部长在“90 年代中国外经贸战略国际研讨会”上的主旨报告》,《国际贸易》,1994 年 06 期。

谷萌,《中国口岸发展报告》,《中国国情国力》,1994 年 07 期。

中国社科院经济学科片《1991—2001 年经济发展思路》课题组,《中国经济进入 21 世纪的理论思考与政策选择》,《经济研究》,1994 年 08 期。

王子先,《关于“大经贸”战略的几个问题》,《国际贸易问题》,1994 年 12 期。

李扬,《国际资本流动与我国宏观经济稳定》,《经济研究》,1995 年 06 期。

王洛林、余永定、李薇,《日本爆发金融危机之后》,《改革》,1996 年 03 期。

吴晓灵,《中国外汇体制改革的进展——人民币实现从经常项目可兑换到资本项目可兑换》,《金融研究》,1997 年 01 期。

周小川,《积极推进外汇体制改革稳步实现人民币自由兑换》,《国际金融研究》,1997 年 01 期。

董辅礽,《对外贸易跨世纪发展的构想》,《经济研究参考》,1997 年 02 期。

王洛林、江小涓,《外资对中国经济的影响及未来利用外资展望》,《中外管理导报》,1997 年 03 期。

金碚、胥和平、谢晓霞,《中国工业国际竞争力报告》,《管理世界》, 1997 年 04 期。

洪银兴,《从比较优势到竞争优势 —— 兼论国际贸易的比较利益理论的缺陷》,《经济研究》, 1997 年 06 期。

余永定,《关于外汇储备和国际收支结构的几个问题》,《世界经济与政治》, 1997 年 10 期。

黄海,《徐徐开启的流通领域大门——服务贸易协议对我国商业的影响》,《国际贸易》, 1998 年 01 期。

王子先,《更应注重动态效应——外贸在国民经济发展中的地位与作用的再认识》,《国际贸易》, 1998 年 10 期。

李剑竹,《我国对外贸易体制改革探讨》,《南开经济研究》, 1998 年S1 期。

杨圣明,《关于提高我国开放水平的几点理论思考——纪念党的十一届三中全会召开 20 周年》,《财贸经济》, 1998 年 11 期。

宋文兵,《中国的资本外逃问题研究:1987—1997》,《经济研究》, 1999 年 05 期。

马宇,《实现第二次战略转变——面向 21 世纪的中国利用外资战略》,《国际贸易》, 1999 年 09 期。

中国社会科学院财贸经济研究所课题组,《迈向市场经济的前沿——加工贸易对我国国民经济总体作用评价》,《国际贸易》, 2000 年 09 期。

余永定,《中国应从亚洲金融危机中汲取的教训》,《金融研究》, 2000 年 12 期。

《中国复关/入世 四任首席谈判代表披露谈判内幕》,《神州学人》, 2001 年 11 期。

李晓西，《WTO与政府管理体制的创新》，《求是》，2001 年 22 期。

樊纲，《入世归根结底是“政府入世”》，《领导决策信息》，2001 年 42 期。

张晓朴，《入世后应对国际资本流动的政策选择》（上、下篇）》，《经济社会体制比较》，2002 年 04、05 期。

国务院发展研究中心课题组，《全球化与政府职能转变：国际比较研究》，《国际贸易》，2002 年 05 期。

魏后凯，《加入WTO对“特殊经济区”政策的影响》，《经济管理》，2002 年 09 期。

张卓元，《十六大报告提出经济领域需要研究的重大课题》，《中国社会科学院研究生院学报》，2003 年 02 期。

郑必坚，《从十六大主题看新世纪中国的走向》，《中国审计》，2003 年 02 期。

余永定，《消除人民币升值恐惧症，实现向经济平衡发展的过渡》，《国际经济评论》，2003 年 05 期。

迟福林，《危机给中国改革敲响警钟》，《改革与开放》，2003 年 08 期。

陈东林，《20 世纪 50—70 年代中国的对外经济引进》，《上海行政学院学报》，2004 年 06 期。

孙玉琴，《外贸经营权改革与外贸经营主体的变化》，《国际贸易问题》，2004 年 10 期。

陈佳贵、黄群慧，《工业发展、国情变化与经济现代化战略——中国成为工业大国的国情分析》，《中国社会科学》，2005 年 04 期。

范恒山，《“十一五”时期的改革开放重点》，《浙江经济》，2006 年 10 期。

张旭东，《1976～1978：中共对外引进政策的恢复与突破》，《党史研究与教学（福州）》，2007年02期。

马桦、张鹏、邓辉年，《广东外贸经营权改革历程回眸》，《大经贸》，2007年05期。

薛荣久，《我国开放型经济体系构建的纲领与重大意义》，《国际商务——对外经济贸易大学学报》，2007年06期。

国家统计局，《大开放、大发展、大跨越——从党的十六大到党的十七大经济社会发展回顾》，《宏观经济管理》，2007年10期。

裴长洪，《实现开放战略转折 提高开放型经济水平》，《财贸经济》，2007年12期。

段芸芸、巫林，《浅论我国加工贸易发展及作用》，《商场现代化》，2007年15期。

裴长洪、彭玉榴，《实现"走出去"是提升开放经济水平的转折点》，《红旗文稿》，2007年15期。

王子先，《论中国对外开放的递进》，《中国经济特区研究》，2008年01期。

张松涛，《全面提高开放型经济水平的若干问题》，《国际贸易》，2008年01期。

赵榄，《对外开放与我国特殊经济区的发展——以保税区为例》，《国际贸易问题》，2008年06期。

江小涓，《中国开放三十年的回顾与展望》，《中国社会科学》，2008年06期。

张燕生，《对外开放的历程、发展经验及前景》，《宏观经济研究》，2008年10期。

迟福林，《新阶段改革开放的走势及建议》，《广东经济》，2008年

11 期。

迟福林，《国际旅游岛是海南发展的大战略》，《新世纪周刊》，2009 年 15 期。

张春光，《改革开放 30 年：中国利用外资政策的回顾》，《生产力研究》，2009 年 17 期。

刘向东，《对外开放是怎样起始的》，《中国外资》，2010 年 03 期。

黄奇帆，《加工贸易在内陆地区发展的模式探索》，《新重庆》，2010 年 10 期。

霍建国，《实施互利共赢的开放战略》，《中国外资》，2010 年 11 期。

戴相龙，《回顾 1997 年全国金融工作会议》，《中国金融》，2010 年 Z1 期。

陈德铭，《以开放促发展 以开放促改革 以开放促创新》，《国际商务财会》，2011 年 04 期。

隆国强，《中国入世十周年：新的起点》，《国际经济评论》，2011 年 04 期。

曹远征，《人民币国际化：缘起与发展》，《国际金融》，2011 年 08 期。

迟福林、匡贤明，《开放能否"倒逼"改革》，《同舟共进》，2011 年 12 期。

董筱丹、薛翠、温铁军，《改革以来中国对外开放历程的演变及其内在逻辑》，《中国经济史研究》，2012 年 02 期。

孙玉琴、孙倩、王辉，《我国加工贸易的历史考察》，《国际贸易问题》，2013 年 04 期。

高尚全，《三中全会：新一轮改革的战略起点》，《人民论坛》，2013 年 30 期。

王志乐，《以开放促改革——对外开放理论的创新》，《经济体制改革》，2014年01期。

裴长洪、丁燕，《“一带一路”建设与我国扩大开放》，《国际经贸探索》，2015年10期。

徐绍史，《统筹国内国际两个大局的战略抉择——深入学习习近平总书记关于“一带一路”战略构想的重要论述》，《求是》，2015年19期。

高虎城，《适应新常态实现新作为加快构建开放型经济新体制》，《求是》，2015年21期。

金立群，《金立群解读亚投行创新理念》，《清华金融评论》，2016年01期。

孙祁祥、李连发，《我国全方位对外开放战略的新思考》，《北京大学学报》，2016年02期。

钟实，《以更开放的姿态拥抱世界——党的十八大以来我国对外开放取得的成就》，《经济》，2016年10期。

杨洁勉，《全球治理困境和中国方案思考》，《探索与争鸣》，2017年03期。

李光辉，《新时代：推动形成全面开放新格局》，《国际贸易》，2018年01期。

罗清和、朱诗怡，《从经济特区到自由贸易区：中国改革开放路径与目标的演绎逻辑》，《深圳大学学报（人文社会科学版）》，2018年01期。

钟山，《新时代推动形成全面开放新格局》，《服务外包》，2018年02期。

刘书林，《从反封锁到构建人类命运共同体——新中国对外开放战略的历史演进》，《理论与评论》，2018年04期。

杨丹辉，《对外开放四十年：中国的模式与经验》，《中国经济学人》，2018年04期。

屠新泉、娄承蓉,《改革开放40年：中国与多边贸易体制关系的演变》,《东南学术》，2018年05期。

姜荣春、江涛,《新时代全面开放新格局思想的逻辑关系研究》,《国际贸易》，2018年07期。

史本叶、马晓丽,《中国特色对外开放道路研究——中国对外开放40年回顾与展望》,《学习与探索》，2018年10期。

宋泓,《对外开放四十年：从适应者到影响者和引领者》,《国际贸易》，2018年10期。

张宇燕,《中国对外开放的理念、进程与逻辑》,《中国社会科学》，2018年11期。

金华宝、梅浩,《习近平对邓小平对外开放思想的继承与发展》,《重庆理工大学学报（社会科学）》，2018年11期。

隆国强,《中国对外开放战略回顾与展望》,《中国经济报告》，2018年12期。

桑百川、王伟,《对外开放四十年：基本经验与前景展望》,《国际贸易》，2018年12期。

戴相龙,《中国金融改革开放难忘的十年》,《中国金融》，2018年23期。

门洪华,《推动中国对外开放进入新时代——党的十八大以来中国对外开放战略的总结与前瞻》,《社会科学》，2019年01期。

迟福林等,《海南探索建设中国特色自由贸易港的初步设想》,《改革》，2019年04期。

苏庆义,《中国是否应该加入CPTPP?》,《国际经济评论》，2019年04期。

余振、王净宇,《中国对外贸易发展70年的回顾与展望》,《南开学报（哲学社会科学版）》，2019 年 04 期。

白光裕，《中国区域开放战略的演进与成效分析》，《区域经济评论》，2019 年 05 期。

袁则文，《中国对外开放历程的三重演进》，《上海党史与党建》，2019 年 05 期。

朱振，《新中国口岸开放发展 70 年》，《边界与海洋研究》，2019 年 06 期。

李成钢，《改革开放 40 年来利用外资法律制度的变迁与展望》，《中国人大》，2019 年 05 期。

丁继敏、徐宏霞，《习近平关于对外开放重要论述的三维探析》，《苏州科技大学学报（社会科学版）》，2019 年 05 期。

俞岚，《经济对外开放的效应评价与路径选择》，《改革》，2019 年 08 期。

盛斌、魏方，《新中国对外贸易发展 70 年：回顾与展望》，《财贸经济》，2019 年 10 期。

江小涓，《新中国对外开放 70 年：赋能增长与改革》，《管理世界》，2019 年 12 期。

韩文秀，《建设更高水平开放型经济新体制》，《宏观经济管理》，2019 年 12 期。

董希淼、朱美璇，《中国特色对外开放的历程与逻辑》，《中国金融》，2019 年 20 期。

张燕生，《建设更高水平开放型经济新体制》，《中国国情国力》，2020 年 01 期。

张宇燕，《全球化、区域化和平行体系》，《世界经济与政治》，2020 年 01 期。

马林静、梁明,《中国对外贸易体制 70 年变革与未来改革思路探索》,《国际经济合作》, 2020 年 01 期。

王跃生、马相东,《经济全球化新趋势与开放型世界经济建设》,《中国特色社会主义研究》, 2020 年 03 期。

杨丽花、王跃生,《建设更高水平开放型经济新体制的时代需求与取向观察》,《改革》, 2020 年 03 期。

张茉楠,《全球经贸规则体系正加速步入“2.0 时代”》,《宏观经济管理》, 2020 年 04 期。

陈昱霖,《习近平开放发展理念对马克思主义开放思想的新贡献》,《哲学进展》, 2020 年 04 期。

范硕、何彬,《新时代中国特色社会主义对外开放的经济内涵与实践路径》,《经济学家》, 2020 年 05 期。

迟福林,《建设更高水平开放型经济新体制》,《马克思主义与现实》, 2020 年 06 期。

迟福林,《加快建立海南自由贸易港开放型经济新体制》,《行政管理改革》, 2020 年 08 期。

迟福林,《以制度型开放深化服务业市场化改革》,《北方经济》, 2020 年 10 期。

屠新泉、杨丹宁、李思奇,《加入WTO20 年:中国与WTO互动关系的演进》,《改革》, 2020 年 11 期。

裴长洪、倪江飞,《坚持与改革全球多边贸易体制的历史使命——写在中国加入WTO20 年之际》,《改革》, 2020 年 11 期。

迟福林,《以扩大内需为基本导向的高水平开放》,《中国经贸导刊》, 2020 年 12 月下。

戴长征,《全球治理中全球化与逆全球化的较量》,《国家治理》,

2020年23期。

王文,《"十四五"时间的世界变奏》,《环球》，2020年26期。

迟福林,《高水平开放与深层次市场化改革的互促共进》,《人民论坛》，2020年35期。

迟福林,《以服务业贸易为重点加快推进高水平开放》,《当代金融家》，2021年01期。

钱克明,《建设更高水平开放型经济新体制》,《国际贸易论坛》，2021年01期。

沈铭辉、郭明英,《大变局下的〈区域全面经济伙伴关系协定〉:特征、影响与机遇》,《当代世界》，2021年01期。

马相东、王跃生,《加入CPTPP：推动改革开放迈出新步伐》,《学习时报》，2021年01期。

钱书法、郑子媛、周绍东,《对外开放与对内开放的协同机制研究——以党的十八大以来区域协调发展战略为例》,《现代管理科学》，2021年01期。

国家发展改革委对外经济研究所课题组,《中国推进制度型开放的思路研究》,《宏观经济研究》，2021年02期。

迟福林,《全面深化改革开放的历史新起点》,《中国经济报告》，2021年04期。

沈国兵,《积极参与全球经济治理体系改革》，光明网，2021年4月22日。

李娣,《我国区域开放合作进展、问题与思考》,《全球化》，2021年04期。

马相东、王跃生,《从加入世界贸易组织到共建"一带一路"：世界经济增长的中国贡献》,《中共中央党校（国家行政学院）学报》，

2021 年 05 期。

彭焕才,《“开放发展”的国际影响与世界意义》,《湖湘论坛》,2021 年 05 期。

王跃生、边恩民、张羽飞,《中国经济对外开放的三次浪潮及其演进逻辑——兼论RCEP、CECAI、CPTPP的特征和影响》,《改革》,2021 年 05 期。

王海峰,《构建开放型经济新体制是实行高水平对外开放的制度保证》,《中国发展观察》,2021 年 06 期。

叶静,《中国共产党领导对外开放的百年历程与基本经验》,《科学社会主义》,2021 年 06 期。

郭树华、杨泽夏,《新时代我国沿边区域开放空间格局优化研究》,《中州学刊》,2021 年 07 期。

金瑞庭、原倩,《建设更高水平开放型经济新体制：基本思路和政策取向》,《宏观经济研究》,2021 年 08 期。

迟福林,《建立面向东盟的区域性大市场》,《今日海南》,2021 年 11 期。

李钢、叶欣,《中国入世廿周年：进口贸易与关税政策的调整与不断完善》,《国际贸易》,2021 年 12 期。

范恒山,《中国实施高水平对外开放的若干重要特点》,《社会治理》,2021 年 12 期。

吴晓灵,《见证中国承诺经常项目可兑换》,《中国金融》,2021 年 13–14 期。

陈雨露,《推动中国金融业对外开放行稳致远》,《中国金融》,2021 年 24 期。

卢国学,《推进中国—东盟更紧密命运共同体建设》,《中国发展观察》，2021 年 24 期。

迟福林，《决定当代中国前途命运的关键一招——学习领悟党的十九届六中全会精神》，《人民论坛》，2022 年 01 期。

韩增林、曹凡、郭建科、李富祥，《改革开放以来中国口岸体系演化阶段识别及其开放特征分析》，《世界地理研究》，2022 年 3 月 21 日。

图书著作

赵桂英、林潼主编，《深圳经济特区的体制改革》，辽宁科技出版社，1985 年版。

广东省人民政府体制改革办公室编，《改革开放与广东》，广东人民出版社 ，1988 年版。

张不知主编，《外向型经济指南（理论、经验、实务）》，知识出版社，1988 年版。

梁仲桓、张中林主编，《深圳特区建设的调查与研究》，深圳海天出版社，1989 年版。

赵海成主编，《外向型经济》，经济日报出版社，1989 年版。

陆迅、陈建勋、王宗贤编著，《中国经济特区》，中国人民大学出版社，1989 年版。

李克华著，《开放区体改理论与实践》，天津社会科学院出版社，1990 年版。

廖月辉著，《中国特区经济论》，深圳海天出版社，1990 年版。

赵瑞彰、沈贵进主编，《中国开放经济：反思与选择》，中国经济出版社，1991 年版。

周泽喜、胡金根主编，《中国工业化进程中的对外贸易》，中国物价出版社，1992 年版。

王洛林、翁君奕、张小金著,《外商投资的经济社会效益评价——理论与方法》,鹭江出版社,1992年版。

覃定超著,《中国沿海开放地区九十年代经济发展战略研究》,中国计划出版社,1993年版。

高尚全、迟福林主编,《走向市场经济的中国》,海南出版社、外文出版社,1993—1996年版。

季崇威著,《论中国对外开放的战略和政策》,社会科学文献出版社,1995年版。

杨继绳著,《邓小平时代:中国改革开放纪实》,中央编译出版社,1998年版。

尹集庆著,《中国对外贸易经济改革20年》,中州古籍出版社,1998年版。

启元著,《中国对外开放20年》,中州古籍出版社,1998年版。

王梦奎主编,《中国经济转轨二十年》,外交出版社,1999年版。

张蕴岭著,《欧洲剧变与世界格局》,社会科学文献出版社,1999年版。

深圳博物馆编,《深圳特区史》,人民出版社,1999年版。

杨圣明著,《中国对外贸易理论前沿》,社会科学文献出版社,1999年版。

中国社会科学院科研局著,《马洪集》,中国社会科学出版社,2000年版。

余永定、何帆主编,《人民币悬念:人民币汇率的当前处境和未来改革》,中国青年出版社,2000年版。

张蕴岭主编,《亚太蓝皮书:2000年亚太地区发展报告》,社会科学文献出版社,2001年版。

张松涛著,《宏观经济、对外经济、世界经济：改革开放新阶段的思考》，中国商务出版社，2001年版。

石广生主编,《中国加入世界贸易组织法律文件导读》，人民出版社，2002年版。

对外贸易经济合作部世界贸易组织司编,《中国加入世界贸易组织法律文件》，法律出版社，2002年版。

《经济研究》编辑部编,《中国经济理论问题争鸣（1990—1999）》，中国财政经济出版社，2002年版。

李正华著,《改革开放的酝酿与起步》，当代中国出版社，2002年版。

李晓西等主编,《2003年中国市场经济发展报告》，中国对外经济贸易出版社，2003年版。

石广生著,《世纪之交的中国对外经济贸易》，人民出版社，2003年版。

王元龙著,《中国金融安全论》，中国金融出版社，2003年版。

张小济主编,《中国对外开放的前沿问题》，中国发展出版社，2003年版。

江小涓、杨圣明、冯雷主编,《中国对外经贸理论前沿Ⅲ》，社会科学文献出版社，2003年版。

中共中央文献研究室,《邓小平年谱 一九七五— 一九九七》（下），中央文献出版社，2004年版。

张卓元著,《张卓元文集》，上海辞书出版社，2005年版。

[法] 伊兹拉莱维奇著，姚海星、斐晓亮译,《当中国改变世界》，中信出版社，2005年版。

[美] 托马斯·弗里德曼著，何帆、肖莹莹、郝正非译,《世界是平的》，湖南科学技术出版社，2006年版。

张幼文等著，《新开放观：对外开放理论与战略再探索》，人民出版社，2007年版。

江小涓主编，《中国经济的开放与增长1980—2005年》，中国人民大学出版社，2007年版。

[日]大前研一著，刘宝成译，《全球新舞台——无国界世界中的新机遇和新挑战》，中国人民大学出版社，2007年版。

李岚清著，《突围：国门初开的岁月》，中央文献出版社，2008年版。

裴长洪著，《中国对外开放与流通体制改革30年研究》，经济管理出版社，2008年版。

张小济、张玉台主编，《走向世界市场：30年对外开放回眸》，中国发展出版社，2008年版。

王子先编，《中国对外开放与对外经贸30年》，经济管理出版社，2008年版。

陈文敬、李钢、李健著，《振兴之路：中国对外开放30年》，中国经济出版社，2008年版。

商务部研究院编，《中国对外经济合作30年》，中国商务出版社，2008年版。

陈德铭主编，《中国特色商务发展道路：对外开放30年探索》，中国商务出版社，2008年版。

金哲松、李军著，《中国对外贸易增长与经济发展：改革开放三十周年回顾与展望》，中国人民大学出版社，2008年版。

傅自应主编，《中国对外贸易三十年》，中国财政经济出版社，2008年版。

新华月报编，《中国改革开放30年大事记》，人民出版社，2008年版。

陈述著，《改革开放重大事件和决策述实》，人民出版社，2008年版。

中国经济体制改革研究会编写组编,《中国改革开放大事记（1978—2008）》，中国财政经济出版社，2008 年版。

杨圣明主编,《社会主义市场经济基本理论问题研究》，经济科学出版社，2008 年版。

赵海均著,《30 年：1978—2007 年中国大陆改革的个人观察》，世界知识出版社，2008 年版。

刘向东主编,《对外开放起始录》，经济管理出版社，2008 年版。

谷牧著,《谷牧回忆录》，中央文献出版社，2009 年版。

迟福林主编,《危机挑战改革》，中国经济出版社，2009 年版。

马振岗主编,《改革开放 30 年中国国际环境和对外关系的演变与展望：2008 年国际形势研讨会论文集》，世界知识出版社，2009 年版。

钟坚、郭茂佳、钟若愚主编,《中国经济特区文献资料》，社会科学文献出版社，2010 年版。

迟福林主编,《第二次转型——处在十字路口的发展方式转变》，中国经济出版社，2010 年版。

陈锦华等著,《开放与国家盛衰》，人民出版社，2010 年版。

王洛林主编,《加入WTO十年后的中国》，中国发展出版社，2012 年版。

张丽平、赵峥著,《产业升级与国家竞争优势》，北京师范大学出版社，2012 年版。

石广生主编,《中国对外经济贸易改革和发展史》，人民出版社，2013 年版。

田国强、陈旭东著,《中国改革：历史、逻辑和未来》，中信出版社，2014 年版。

商务部国际贸易经济合作研究院主编,《中国对外贸易史（下）》，中国商务出版社，2015 年版。

王义桅著，《“一带一路”：机遇与挑战》，人民出版社，2015 年版。

樊纲、马蔚华主编，《中国新一轮对外开放：机遇与挑战》，中国经济出版社，2015 年版。

张平著，《开放经济视野下的中国服务业发展研究》，中国经济出版社，2016 年版。

李钢、聂平香等著，《新时期中国服务业开放战略及路径》，经济科学出版社，2016 年版。

迟福林主编，《二次开放：全球化十字路口的中国选择》，中国工人出版社，2017 年版。

隆国强主编，《构建开放型经济新体制：中国对外开放 40 年》，广东经济出版社，2017 年版。

王义桅著，《“一带一路”：中国崛起的天下担当》，人民出版社，2017 年版。

海关总署统计分析司编著，《改革开放 40 年中国对外贸易发展报告》，中国海关出版社，2018 年版。

裴长洪著，《中国开放型经济建设 40 年（上、下）》，中国社会科学出版社，2018 年版。

国家发展和改革委员会和国际合作中心对外开放课题组编，《中国对外开放 40 年》，人民出版社，2018 年版。

刘伟、张辉主编，《一带一路：区域与国别经济比较研究》，北京大学出版社，2018 年版。

门洪华著，《中国对外开放战略（1978—2018 年）》，上海人民出版社，2018 年版。

迟福林主编，《口述改革历史（上、中、下）》，广东经济出版社，

2019年版。

霍建国、胡登良著，《开放中国》，云南教育出版社，2019年版。

王新奎主编，《推动形成全面开放新格局》，上海人民出版社，2019年版。

陈江生著，《对外开放与中国经济发展》，社会科学文献出版社，2019年版。

霍建国著，《改革开放与贸易强国》，广东经济出版社，2019年版。

赵晋平等著，《全球化视野下的我国自贸区战略》，广东经济出版社，2019年版。

张宇燕主编，《中国对外开放40年》，经济管理出版社，2019年版。

江小涓著，《新中国对外开放70年》，人民出版社，2019年版。

肖钢著，《制度型开放：构建“一带一路”投融资新体系》，中国金融出版社，2019年版。

苏宁、沈玉良主编，《改革开放40年中国参与全球经济治理的历程与特点》，上海社会科学院出版社，2019年版。

中共上海市委党史研究室编著，《上海改革开放史话》，上海人民出版社，2020年版。

迟福林主编，《策论海南自由贸易港》，海南出版社，2020年版。

赵刚印等著，《改革开放成就上海》，上海人民出版社，2020年版。

吴海江等著，《新时代文明交流互鉴思想研究》，人民出版社，2020年版。

秦淑娟、刘海泉主编，《开放中国》，中国商务出版社，2020年版。

迟福林、张飞、方栓喜著，《建设更高水平开放型经济新体制》，广东经济出版社，2021年版。

吴士存主编，《海南自由贸易港未来及全球定位》，广东人民出版社，2021 年版。

王微、刘涛等著，《服务业：制度型开放促改革深化》，中国发展出版社，2020 年版。

赵艾著，《改革开放与构建新发展格局研究》，人民出版社，2021 年版。

迟福林主编，《共赢新时代：高水平开放的中国与世界》，外文出版社，2021 年版。

何传添、霍伟东、李春顶、林创伟著，《中国全面开放新格局战略研究》，人民出版社，2021 年版。

蒋庆哲、夏文斌主编，《对外开放蓝皮书：北京对外开放发展报告（2021）》，人民出版社，2021 年版。

中国对外开放大事记

1978 年

3 月 11 日，国务院同意国家计委、国家建委、国家经委、上海市委、冶金部的报告，决定从日本引进成套设备，在上海宝山新建钢铁厂。

4 月 19 日，中共中央政治局听取国家计委等 5 个部委关于《今后 8 年发展对外贸易，增加外汇收入的规划要点》的汇报，旨在对 1978 年至 1985 年对外开放做出总体性规划布局的指导性文件。

5 月 23 日，中国技术进口总公司和新日本制铁公司在北京签署《关于建设上海宝山钢铁总厂协议书》及技术协作合同。

6 月 30 日，中共中央政治局听取和讨论谷牧访问欧洲 5 国的情况汇报。汇报建议，同西欧开展经济技术合作，正是有利时机。

7 月 6 日—9 月 9 日，国务院务虚会在北京召开。会议围绕如何加快我国现代化建设速度的问题，强调要放手利用外资，大量引进国外先进技术设备，使实现“四化”的速度更快、更高。

8 月 12 日，《中日和平友好条约》签字仪式在北京举行。这是中日两国自 1972 年实现邦交正常化后，两国关系史上又一重要里程碑。

11 月 5—14 日，邓小平访问泰国、马来西亚、新加坡。这是我国领导人第一次访问这三个国家。

12月13日，美国可口可乐公司与中国粮油进出口总公司签订协议，可口可乐在撤离中国大陆30年后重返中国市场，可口可乐成为新中国成立以来，第一家进入大陆的外企。

12月16日，中国和美国两国政府分别在北京和华盛顿同时发表《中华人民共和国和美利坚合众国关于建立外交关系的联合公报》。

12月18—22日，党的十一届三中全会在北京召开，会议作出了把工作重点转移到社会主义现代化建设的战略决策。从此，中国进入改革开放和社会主义现代化建设的新时期。

1979年

1月28日—2月5日，邓小平访问美国。这是新中国成立以来我国领导人首次访问美国。此行被誉为中美关系的“破冰之旅”。

1月31日，中共中央、国务院决定，在广东蛇口举办全国第一个对外开放工业区——蛇口工业区。

4月1—3日，五届全国人大常委会第七次会议通过了关于不延长中苏友好同盟互助条约的决议。我国政府向苏联政府建议，中苏双方就解决两国间悬而未决的问题、改善两国关系举行谈判。

4月5—28日，中共中央工作会议在北京召开，邓小平在听取广东省委主要负责同志习仲勋的汇报之后同意下放权力搞特区。

5月16日—6月7日，中国银行、财政部、外交部等部门组成考察小组，先后访问了南斯拉夫和罗马尼亚，了解情况，学习经验，为恢复我国在国际货币基金组织和世界银行等国际金融组织中的合法席位做准备。回国后向国务院报送了“关于准备参加国际货币基金组织和世界银行步骤安排的请示”。国务院同意了该报告的安排，以中国银行的名义向国际货币基金组织发出了正式邀请。

6月1日，经国务院批准，宁波港正式对外开放。这意味着外籍轮船可以出入宁波港，世界各地货物可以通过宁波港往来运输。曾经作为“五口通商”口岸的宁波港对外开放由此启航。

6月16—29日，国务院财政经济委员会召开全体会议，讨论宝钢建设问题。

7月1日，五届全国人大二次会议通过了《中华人民共和国中外合资经营企业法》。这是我国首次从法律上允许外商对华直接投资。

7月8日，《人民日报》头版第二条刊登了《国务院批准成立中国国际信托投资公司》。这是全国第一家部级公司。

7月15日，中共中央、国务院批转广东省委和福建省委《关于对外经济活动实行特殊政策和灵活措施的两个报告》。中央和国务院原则同意试行在中央统一领导下大包干的经济管理办法，两省在计划、物资供应、物价政策等方面也实行新的经济体制和灵活政策。并决定，先在深圳、珠海两市划出部分地区试办出口特区，取得经验后，再考虑在汕头、厦门设置。

8月13日，国务院公布了十五项经济改革措施，其中第十三条明确提出：出国办企业。这是我国第一次以政策的形式把发展对外直接投资正式确定下来，从而拉开了我国企业对外直接投资的序幕。

8月13日，国务院公布《关于大力发展对外贸易增加外汇收入若干问题的规定》，扩大地方和企业的外贸权限，鼓励增加出口，办好出口特区，对以出养进的商品实行优惠税利。

8月23日，国务院成立外国投资管理委员会，负责统一监管和控制外资工作。

9月3日，国务院公布《开展对外加工装配和中小型补偿贸易办法》，正式确立了加工贸易的合法地位。

1979 年，日本输出入银行在北京设立新中国第一家外资银行代表处，拉开了中国银行业对外开放的序幕。

1980 年

2 月 9 日，国务院印发《关于改革海关管理体制的决定》，将现行的以地方为主的海关管理体制改为中央统一管理，成立海关总署。

2 月 29 日，国务院印发《关于改革进出口商品检验管理体制的通知》，决定改革现行的进出口商品检验管理体制。将对外贸易部所属的商品检验管理局改为中华人民共和国进出口商品检验总局（简称国家商检总局），为国务院直属局，由对外贸易部代管。

3 月 14 日，国务院批转国务院财贸小组《关于成立丝绸公司的意见》，同意成立丝绸总公司，实行产供销一体化。

3 月 24—30 日，国务院副总理谷牧受中共中央、国务院委托在广州召开广东、福建两省会议。会议指出，中央决定对广东、福建两省在对外经济活动中实行特殊政策和灵活措施，是改革经济体制的一种试验。并同意将“出口特区”更改为“经济特区”。

4 月 10 日，我国第一家中外合资企业——北京航空食品有限公司被批准成立，5 月 1 日公司在北京正式挂牌。首批被批准的中外合资企业还有中国迅达电梯有限公司、新疆天山毛纺织品有限公司、北京建国饭店、北京长城饭店、天津王朝葡萄酒公司等。

4 月 25 日，广东省委决定成立“广东省经济特区管委会”。

5 月 1 日，由中国民航北京管理局和香港中国航空食品公司合资经营的企业——北京航空食品公司正式营业，获得工商部门颁发的中外合资企业营业执照 001 号。

5月15日，世界银行执行董事会正式决定恢复我国在世界银行、国际开发协会和国际金融公司的代表权，标志着我国融入全球经济治理体系迈出第一步，为之后加入其他多边经济组织和恢复关贸总协定做铺垫。

5月16日，中共中央、国务院批转《广东、福建两省会议纪要》，要求积极稳妥地抓好经济特区建设。

6月30日—7月11日，国务院在北京召开海南岛问题座谈会。7月24日，国务院批转《海南岛问题座谈会纪要》，提出“把海南岛建设成为我国独特的旅游胜地”。

7月24日，国务院批转国家进出口委等部委《关于贸易外汇内部结算价格试行办法的报告》。

7月26日，国务院印发《中外合资经营企业登记管理办法》、《中外合资经营企业劳动管理规定》和《关于中外合营企业建设用地的暂行规定》。

8月26日，五届全国人大常委会第十五次会议批准国务院提出《中华人民共和国广东省经济特区条例》，决定为发展对外经济合作和技术交流，促进社会主义现代化建设，在广东省深圳、珠海、汕头三市分别划出一定区域，设置经济特区。

9月10日，五届全国人大三次会议通过《中华人民共和国中外合资经营企业所得税法》，对涉外企业缴纳税款作出法律规定。

10月1日，我国首次参加在华盛顿举行的国际货币基金组织和世界银行的联合年会。

10月7日，国务院批准在厦门市湖里划出2.5平方公里为经济特区，实行对外开放、对内搞活经济的特殊政策。

10月30日，国务院公布《关于管理外国企业常驻代表机构的暂行规定》，指出外国企业确有需要在中国设立常驻代表机构的，必须提出申请，经过批准，办理登记手续。未经批准、登记的，不得开展常驻业务活动。

12月16—25日，中共中央在北京召开工作会议。邓小平在会上作了《贯彻调整方针，保证安定团结》的讲话。

1981年

1月21日，国务院公布《技术引进和设备进口工作暂行条例》。

6月3日，国务院批转国家进出口管理委员会《关于当前对外经济贸易如何为国民经济调整服务的报告》，并发出通知指出，现行的对外经济贸易管理体制很不适应对外经济贸易的发展，必须有步骤地进行改革。

7月19日，中共中央、国务院批转《广东、福建两省和经济特区工作会议纪要》，同意会议提出的办好经济特区的10条政策、措施，明确深圳、珠海的特区应建成兼营工、商、农、牧、住宅、旅游等多种行业的综合性特区；汕头、厦门的特区，目前应建成以加工出口为主的，同时发展旅游等行业的特区。

10月15日，经国务院批准，恢复宝安县建制，即深圳市分辖深圳经济特区和宝安县。

11月14日，广东省汕头经济特区管理委员会成立。

11月26日，五届全国人大常委会第二十一次会议通过决议，授权广东省、福建省人大及其常委会制定所属经济特区的各项单行经济法规。

11月30日，五届全国人大四次会议的《政府工作报告》提出今后经济建设的十条方针，其中提出坚持对外开放政策，增强我国自立更生能力。

12月28日，国务院批转国家进出口委、国家计划委员会制定的《关于部分物资计划外出口实行许可证办法的请示报告》，拟划出石油、煤炭、钢材、生铁、有色金属、木材、粮食等11类紧缺物资，对计划外出口实行许可证办法。

1982年

1月15日，中共中央、国务院批转《沿海九省、市、自治区对外经济贸易工作座谈会纪要》，并发出通知指出，正确处理沿海和内地的关系，是我国社会主义经济建设中的一个战略性问题。在新形势下，要发挥沿海地区的优势，加强对外经济贸易工作，带动内地经济的发展。

1月30日，国务院公布《中华人民共和国对外合作开采海洋石油资源条例》，指出中国政府依法保护参与合作开采海洋石油资源的外国企业的投资、应得利润和其他合法权益、合作开采活动。中华人民共和国石油工业部是对外合作开采海洋石油资源的政府主管部门。

3月1日，中共中央批转《广东、福建两省座谈会纪要》，并发出通知指出，过去中央发出的有关文件的内容，凡是同这次会议精神有不同的地方，都以这次会议《广东、福建两省座谈会纪要》的内容为准。希望坚决贯彻落实。对进一步开展打击经济领域中违法犯罪活动的斗争作出具体部署，坚决贯彻执行。

3月5日，国务院批转国家进出口委、国家计委、外贸部、国家外汇管理总局《关于修订〈出口商品外汇留成试行办法〉的报告》和修订后的《出口商品外汇留成试行办法》。

4月16日，中国政府和苏联政府换文批准黑龙江恢复同苏联的边境贸易，协议恢复新疆口岸同苏联的贸易。沿江口岸恢复对外经商成为中国沿边地区恢复对外开放的起点。

12月3日，中共中央、国务院批转《当前试办经济特区工作中若干问题的纪要》，肯定了试办经济特区是我国在新的历史时期贯彻实行对外开放政策的一项重要措施。强调广东、福建两省和国务院有关部门应加强对经济特区的指导和协调，及时解决前进中的问题，力求使经济特区办好。

1983年

3月16日，国务院批转国家经委、经贸部《关于进一步办好中外合资经营企业的报告》，指出要进一步放宽政策。

3月21日，六届全国人大常委会第十次会议通过《中华人民共和国涉外经济合同法》，自1985年7月1日起施行。

4月1日，中共中央、国务院批转《加快海南岛开发建设问题讨论纪要》。决定给予海南在对外经济体合作方面更大的自主权。

5月23日，中美商业贸易联合委员会首届会议在北京举行。这是当时中美两国之间最高层次的双边经贸磋商机制，工作重点是推动双边经贸合作的开展，同时讨论具体的经贸问题。

7月8日，深圳市宝安县联合投资公司成立。在深圳首次公开发行股份证。这是全国第一家股份制集资企业。

7月12日，国务院办公厅印发《关于成立外贸体制改革小组的通知》，要求做到：既要集中统一，又不能走一家垄断和产销割裂的老路；既要发挥各方面的积极性，又不能多头对外。改革的目的是着眼于努力提高产品质量，不断增加新的花色品种，搞好产销衔接，增加产品在国际市场上的竞争能力。要求小组于1983年底提出外贸体制改革方案上报国务院。

7月19日，国务院批准《对侨资企业、外资企业、中外合资经营企业外汇管理施行细则》，并由国家外汇管理总局于1983年8月1日发布施行。

8月24日，中共中央、国务院作出《关于引进国外智力以利四化建设的决定》，指出引进人才要充分利用各种渠道，包括官方的、半官方的、民间的，以及各种国际组织的。

9月2日，六届全国人大常委会第二次会议通过关于修改《中华人民共和国中外合资经营企业所得税法》的决定。

9月3日，中共中央、国务院公布《关于加强利用外资工作的指示》，指出要把利用外资作为发展经济的一个长期方针。

9月20日，国务院发布《中华人民共和国中外合资经营企业法实施条例》，对外国投资者和合资企业普遍关心的一些政策作了具体而明确的规定。

10月31日，深圳第一家外商独资企业三洋电机（蛇口）有限公司举行开工典礼。

1984年

1月10日，国务院印发《中华人民共和国进口货物许可证制度暂行条例》，规定凡属本条例规定凭证进口的货物，除国家另有规定者外，都必须事先申请领取进口货物许可证，经由国家批准经营该项进口业务的公司办理进口订货。海关凭进口货物许可证和其他有关单证查验放行。中华人民共和国对外经济贸易部代表国家统一签发进口货物许可证。

1月21日，国务院下发《关于进一步加强口岸工作领导的通知》，决定国务院港口口岸工作领导小组改名为国务院口岸领导小组。

2—3月、4—5月，世界银行派出考察团分两次来中国进行第二次经济考察。考察团分为综合经济、能源、工业技术、农业及农村发展、工业布局及贸易5个组进行活动。考察团还访问了湖北、甘肃、江苏3个省。1985年2月，考察团提交了题为《中国：长期发展的问题和方案》的考察报告。

2月7日，广东省人民政府公布《深圳经济特区涉外经济合同规定》，2月8日公布《深圳经济特区技术引进暂行规定》。

2月24日，邓小平在视察广东、福建等地回京同几位中央领导同志谈《办好经济特区，增加对外开放城市》。

3月26日—4月6日，沿海部分城市座谈会在北京召开。会议建议进一步开放天津、上海、大连、秦皇岛、烟台、青岛、连云港、南通、宁波、温州、福州、广州、湛江和北海等14个沿海港口城市。

4月29日，中美合作经营平朔安太堡露天煤矿的最终协议在北京签字。

4月30日，海关总署、财政部、对外经济贸易部公布《关于中外合资经营企业进出口货物的监督和征免税规定》。

5月4日，中共中央、国务院关于批转《沿海部分城市座谈会纪要》的通知，作出决定：开放天津、上海、大连、秦皇岛、烟台、青岛、连云港、南通、宁波、温州、福州、广州、湛江、北海等14个沿海港口城市，建立经济技术开发区，以此带动整个沿海地带的开放和发展。由此，对外开放由经济特区的4个点连成14个沿海港口城市一条线。

5月7日，中共中央、国务院批复同意天津港作为港口管理体制改革的试点，实行“双重领导，地方为主”的管理体制。

5月31日，六届全国人大二次会议决定设立海南行政区。

6月30日，邓小平会见前来参加第二次中日民间人士会议的日本委员会代表，发表题为《建设有中国特色社会主义》的重要谈话。

7月16日，国务院决定设立特区办公室。

8月19日，中华全国供销合作总社全国委员会第五次扩大会议在北京举行。会议作出决议，申请参加国际合作社联盟。会议修改了《中华全国供销合作总社章程》。1985 年 2 月 20 日，中华全国供销合作总社被接纳为国际合作社联盟正式成员。

9 月 15 日，国务院批转对外经济贸易部《关于外贸体制改革意见的报告》并发出通知，提出外贸体制改革的主要内容是政企分开，简政放权，充分调动外贸企业的经营积极性。

9 月 24 日，国务院办公厅印发《关于讨论杭州市改革和开放问题的会议纪要》，明确利用外资总投资 500 万美元以下的生产项目审批权，下放到杭州市。

同日，国务院批转沙头角口岸对外开放。1985 年 2 月 28 日，经广东省口岸办公室批准，沙头角口岸正式对外开放。

9 月 25 日，国务院批准建立大连经济技术开发区。这是继 14 个沿海开放城市之后，国务院批准建立的第一个国家级经济技术开发区。

9 月 26 日，国务院办公厅转发《关于秦皇岛市进一步对外开放问题的会议纪要》，明确逐步建设经济技术开发区，规划面积为 2 平方公里左右。10 月 27 日国务院特区办公室通知此规划面积为 1.9 平方公里。

10 月 6 日，邓小平会见出席中外经济合作问题讨论会全体中外代表时，发表题为《我们的宏伟目标和根本政策》的讲话。

10 月 18 日，国务院批复宁波市进一步对外开放规划，同意兴办经济技术开发区，面积为 3.9 平方公里。

10 月 20 日，中共十二届三中全会在北京举行。全会通过《中共中央关于经济体制改革的决定》，正式把对外开放确定为长期的基本国策。

同日，国务院批复青岛、烟台进一步开放兴办经济技术区规划方案，同意规划面积青岛为 15 平方公里，烟台为 10 平方公里。

11 月 13 日，国务院办公厅印发《关于山东省威海港、龙口港对外开放的会议纪要》，明确威海港、龙口港对外开放，允许外轮进出。

11 月 15 日，国务院印发《关于经济特区和沿海 14 个港口城市减征、免征企业所得税和工商统一税的暂行规定》。自 1984 年 12 月 1 日起施行。

11 月 29 日，国务院批复《湛江市开放工作报告》，同意兴办经济技术开发区，首期面积不超过 2 平方公里。

同日，国务院批准汕头经济特区的区域范围调整为 52.6 平方公里。

11 月 30 日，中共中央对外联络部举行首次新闻发布会。新闻发言人表示，中国共产党已同 150 多个外国政党建立了多种形式的友好联系。

12 月 1 日，党中央、国务院决定将上海经济区范围扩大到包括上海、江苏、浙江、安徽、江西 4 省 1 市。在经济区扩大后，在以上海为中心的经济区 63 万平方公里土地上，将逐步形成一个依托大小城市、开放式的、网络型的经济区。

12 月 5 日，国务院批复《广州市对外开放工作报告》，同意兴办经济技术开发区，总面积为 9.6 平方公里。

12 月 6 日，国务院批复《天津市进一步实行对外开放报告》，同意兴办经济技术开发区，总面积为 33 平方公里。

12 月 18—20 日，英国首相撒切尔夫人来中国签署《中英关于香港问题的联合声明》并对我国进行正式访问。19 日，《中英关于香港问题的联合声明》由国务院总理和撒切尔夫人在北京正式签字，邓小平出席了签字仪式。

12 月 19 日，国务院批复南通、连云港两市进一步对外开放方案，同意两市逐步兴办经济技术开发区，南通初步规划面积为 4.62 平方公里，连云港近期规划面积为 3 平方公里。

1985 年

1 月 25—31 日，国务院在北京召开长江、珠江三角洲和闽南厦（门）漳（州）泉（州）三角地区座谈会，建议将这 3 个地区开辟为沿海经济开放区。

2 月 18 日，中共中央、国务院批转《长江、珠江三角洲和闽南厦漳泉三角地区座谈会纪要》。

2 月 26 日，国务院印发《中华人民共和国进出口关税条例》和《中华人民共和国海关进出口税则》，于 1985 年 3 月 7 日公布施行。

3 月 8 日，国务院作出《关于上海市进一步对外开放有关问题的批复》，同意上海市人民政府县城关区、重点卫星城镇和集中安排工业、科研项目，可享受沿海 14 个开放城市的有关政策。

3 月 14 日，国务院作出《关于温州市进一步对外开放有关问题的批复》，要求近期工作的重点是打好基础。

同日，国务院批转财政部《关于对国有企业出口商品征税利润调节税的报告》和《国有企业出口商品利润调节税征收办法》。

3 月 21 日，六届全国人大常委会第十次会议通过《中华人民共和国涉外经济合同法》，自 1985 年 7 月 1 日起施行。

3 月 23 日，国务院作出《关于营口市享受沿海开放城市某些权限的批复》。

3 月 28 日，邓小平会见日本自由民主党副总裁，指出改革是中国的第二次革命。

同日，国务院批转《关于广东、福建两省继续实行特殊政策、灵活措施的会议纪要》。

4 月 2 日，国务院印发《中华人民共和国经济特区外资银行、中外合资银行管理条例》。

4 月 10 日，六届全国人大三次会议通过《关于授权国务院在经济体制改革和对外开放方面可以制定暂行的规定或者条例的决定》。

5 月 21 日，中国和欧洲共同体在布鲁塞尔正式签署了贸易和经济合作协定。

6 月 26 日，国务院下发《关于对若干商品开征进口调节税的通知》。

6 月 29 日，国务院批复福建省人民政府《关于报审厦门经济特区实施方案的报告》。批准厦门经济特区的范围扩大到厦门全岛和鼓浪屿全岛，面积为 131 平方公里，还批准逐步实行自由港的某些政策。

7 月 11 日，我国政府向世界关税及贸易总协定总干事提交《关于恢复中国在关贸总协定缔约国地位的申请》，并准备就此问题同关贸总协定缔约各方进行谈判。

9 月 18 日，国务院印发《关于口岸开放的若干规定》。

9 月 30 日，国务院印发《关于中外合资建设港口码头优惠待遇的暂行规定》。

10 月 7 日，“南极条约”协商国一致同意接纳中华人民共和国为该条约协商成员国。

12 月 25 日—1986 年 1 月 5 日，全国经济特区工作会议在深圳举行，国务委员谷牧主持这次会议。会议总结了经济特区举办以来的工作，提出要从“抓基建、打基础”转向“抓生产、上水平、求效益”，努力建立以工业为主、工贸结合的外向型经济。

1986 年

1 月 20 日，六届全国人大常委会第十四次会议决定，批准将长江南京港对外国籍船舶开放。

1月29日，国务院办公厅转发《关于上海港下放问题的会议纪要》，批准上海港实行双重领导，以上海市为主的管理体制。

1月30日，公安部负责人宣布：中国政府决定调整对外国人开放的地区，由1985年的107个增加到244个。

2月7日，国务院批转《经济特区工作会议纪要》。

3月22日，深圳市政府发布《深圳经济特区与内地人员往来管理规定实施细则》。

4月12日，六届全国人大四次会议通过《中华人民共和国外资企业法》，当日公布施行。

7月11日，国务院下发《关于进一步改善外商投资企业生产经营条件的通知》。

同日，我国政府向世界关税及贸易总协定总干事提交《关于恢复中国在关贸总协定缔约国地位的申请》，并准备就此问题同关贸总协定缔约各方进行谈判。

7月24日，国务院下发《关于重新组建交通银行的通知》。

8月5日，国务院下发《关于上海市扩大利用外资规模的通知》，同意上海扩大利用外资规模，以加强城市基础设施建设，加快工业技术改造。

10月11日，国务院印发《关于鼓励外商投资的规定》，鼓励外国投资者在中国境内举办中外合资经营企业、中外合作经营企业和外资企业。

10月31日，国务院下发《关于开拓国外技术市场，加强技术出口管理问题的批复》。规定对外经济贸易部、国家科委统一归口管理技术出口工作。

12月11日，国务院作出《关于宁波市北仑港工业区外商投资企业享受经济技术开发区优惠待遇的批复》。

1987年

1月9日，中国人民银行、财政部、国务院特区办公室联合发出《关于经济特区、经济技术开发区贷款实行差别利率和贴息的规定》。

1月16日，中共中央政治局扩大会议发表公报，强调指出要继续实行全面改革，实行对外开放、对内搞活经济的政策。

1月22日，六届全国人大十九次会议通过《中华人民共和国海关法》，自1987年7月1日起施行。

4月7日，国务院批准《中国银行对外商投资企业贷款办法》，于4月24日公布施行。

4月8日，我国第一家由企业集团创办的银行——招商银行在深圳成立。

4月11日，国务院批准《一九八七年经济特区工作会议纪要》。

6月12日，邓小平会见南斯拉夫共产主义者联盟中央主席团委员时公开提出在海南建设经济特区。

8月28日，国务院向全国人大常委会提出议案，建议撤销海南行政区，将海南岛从广东省划出来，单独建立海南省。

9月5日，六届全国人大常委会第二十二次会议决定，将国务院关于设立海南省的议案提交七届人大一次会议审议批准，并授权国务院成立海南省筹备组。

9月9日，深圳首次实现土地有偿使用管理办法。

9月12日，国务院修订印发《中华人民共和国进出口关税条例》。

9月26日，中共中央、国务院正式下发《关于建立海南省及其筹备工作的通知》。筹备组要按照上述原则，立即开展工作，把有关开发、建设工作全面抓起来，并同有关部门和广东省协商，认真解决好建省中的问题。在筹备建省期间，海南行政区党委、政府的工作，在筹备组领导下进行。

同日，国务院批准对外经济贸易部 1988 年外贸体制改革方案。

9 月 27 日，深圳特区证券公司正式成立。

10 月 25 日—11 月 1 日，党的十三大在北京举行。会议阐明了社会主义初级阶段理论，提出以经济建设为中心，坚持四项基本原则，坚持改革开放。

12 月 1 日，深圳市按国际惯例公开拍卖第一块土地使用权。这是深圳特区对土地管理体制进行重大改革的尝试，也是我国首次公开进行使用权拍卖。

12 月 18 日，全国乡镇企业出口创汇工作会议提出，要把更多的乡镇企业推向国际市场。

12 月 29 日，广东省人大常委会通过《深圳经济特区土地管理条例》。

12 月 30 日，国务院批准《中外合资经营企业合营各方出资的若干规定》，由国家经贸部、国家工商局 1988 年 1 月 1 日公布施行。

1988 年

2 月 26 日，国务院印发《关于加快和深化对外贸易体制改革若干问题的规定》。

3 月 4 日，国务院召开沿海地区对外开放工作会议。会议指出贯彻执行沿海经济发展战略，关键是必须把出口创汇抓上去，要两头在外、大进大出、以出保进、以进养出、进出结合。

3 月 8 日，国务院召开的沿海地区对外开放会议强调，实施沿海地区经济发展战略，关键必须抓好出口创汇。

3 月 15 日，广东省政府宣布，国务院原则批准广东省为综合改革的试验区，改革、开放继续先行一步。

3 月 18 日，国务院下发《关于扩大沿海经济开放区范围的通知》，决定适当扩大沿海经济开放区，新划入沿海经济开放区的有 140 个市、县，包括杭州、南京、沈阳等省会城市，人口增加到 1.6 亿人。

3 月 23 日，国务院印发《关于沿海地区发展外向型经济的若干补充规定》。

4 月 13 日，七届全国人大一次会议通过《关于设立海南省的决定》和《关于建立海南经济特区的决议》。会议还通过《中华人民共和国中外合作经营企业法》。

4 月 26 日，海南省委、省政府正式挂牌。

同日，海关总署公布《中华人民共和国海关对经济技术开发区进出境货物的管理规定》。

5 月 4 日，国务院印发《关于鼓励投资开发海南岛的规定》。

5 月 5 日，国务院办公厅转发国家劳动部、人事部《关于进一步落实外商投资企业用人自主权的意见》。

5 月 10 日，国务院批准成立北京市高新技术产业开发试验区（1999 年 8 月更名为中关村科技园区），中国首个高新技术产业开发试验区成立。

5 月 27 日，全国第一家合资保险公司——平安保险公司在深圳蛇口开业。

6 月 9 日，国务院下发《关于授权省、自治区、直辖市、经济特区和计划单列市人民政府审批外资企业的通知》，规定按三种情况批准设立外资企业。

6 月 15 日，国家财政部发布《关于沿海经济开放区鼓励外商投资减征、免征企业所得税和工商统一税暂行规定的通知》。

7月3日，国务院印发《关于鼓励台湾同胞投资的规定》，规定基本方针是，实行一国两制，平等互利，来去自由。

8月22—27日，国家体改委、世界银行和联合国开发计划署在北京举办了固定资产投资管理咨询讨论会。参加会议的外国专家有英国国家经济发展办公室主任爱尔梯斯教授、日本兴业银行常务董事小林实先生、西德财政部高级官员罗力先生、法国财政部高级官员狄昆斯先生和世界银行亚洲部南朝鲜籍经济学家南山吾先生、世界银行驻华代表处高级经济学家哈曼德先生。会议期间，外国专家除了介绍英国、日本、西德、法国和南朝鲜投资管理的情况外，还对中国固定资产投资等提了一些有参考价值和启发我们思考问题的意见。

10月3日，国务院下发《关于深圳市在国家计划中实行单列的批复》，批准深圳市在国家计划中实行单列，并赋予其相当于省一级的经济管理权限。

1989年

1月3日，深圳经济特区与加拿大合资兴办的全国首家中外合资科研机构——善集赛格研究所成立。

1月12日，国务院下发《关于加强借用国际商业贷款管理的通知》。

1月13日，国务院下发《关于批转沿海地区对外开放工作会议纪要的通知》，要求坚定不移地把治理整顿和实施沿海发展战略紧密结合起来。

2月20日，国务院下发《关于清理整顿各类对外经济贸易公司的通知》。要求重新核定1988年以来批准设立的各类外贸公司的业务范围。

2月20日，国家外汇管理局宣布：从3月1日起，在我国开办的外商投资企业可用人民币，也可用外币计价结算、销售产品。

4月4日，七届全国人大二次会议通过国务院提请审议授权深圳市制定深圳经济特区法规和规章的议案。

4月21日，全国外商投资工作会议在北京召开。

5月15—18日，苏联最高苏维埃主席团主席、苏共中央总书记戈尔巴乔夫对我国进行正式访问。16日上午，邓小平在人民大会堂会见戈尔巴乔夫，正式宣布中苏两国关系实现了正常化。随着两国关系的正常化，中国共产党与苏联共产党的关系也实现了正常化。18日，《中苏联合公报》发布。

5月20日，国务院批准厦门经济特区在厦门市管辖的杏林、海沧地区为台商投资区。

6月20日，国务院批准福建沿海划定台商投资区，鼓励台湾投资者从事土地开发经营和投资办厂。

6月23—24日，党的十三届四中全会在京举行，会议提出把现代化建设和改革开放事业继续推向前进。

11月10日，国家外汇管理局公布《外汇（转）贷款登记管理办法》和《外债登记实施细则》。

1990年

2月8日，全国特区工作会议在深圳闭幕。会议提出要进一步发展外向型经济，充分发挥对外开放的窗口和基地作用。

2月19日，国务院下发《关于将济南市划入沿海经济开发区的复函》，同意将济南市划入沿海经济开放区，执行对长江、珠江三角洲规定的政策。

4月4日，七届全国人大三次会议通过了《中华人民共和国香港特别行政区基本法》和《关于修改〈中华人民共和国中外合资经营企业法〉

的决定》。

4月18日，中共中央、国务院同意上海市加快浦东地区的开发开放，并实行经济技术开发区和某些经济特区的政策。

4月23日，深圳市首次公开出售四家国有企业，允许国内外企业和个人购买。

5月19日，国务院印发《外商投资开发经营成片土地暂行管理办法》。

5月28日，国务院批转《一九九〇年经济特区工作会议纪要》，要求把外向型经济提高到新水平。

6月2日，中共中央、国务院下发《关于开发和开放上海浦东的批复》，批准十条政策措施和划出一定区域辟为保税区。

8月19日，国务院印发《关于鼓励华侨和香港、澳门同胞投资的规定》。

9月10日，国务院三个部门的负责人和上海市政府在上海宣布了开发、开放浦东新区的九项具体政策规定，包括《上海外资金融机构、中外合资金融机构管理办法》《鼓励外商投资浦东新区的若干规定》等。

11月21日，全国外贸工作会议提出，要推行外贸企业自负盈亏、平等竞争的机制。

11月23日，国务院下发《关于加强利用国外贷款项目进口机电设备管理的通知》。

12月9日，国务院作出《关于进一步改革和完善对外贸易体制若干问题的决定》指出，必须在继续发挥中央、地方和企业三方面积极性的前提下，进一步改革和完善对外贸易体制，以提高出口商品质量、经济效益为中心，努力扩大出口，调整进口结构，持续、稳定、协调地发展对外贸易。

12月14日，国务院办公厅转发经贸部等部门《关于外派劳动人员出国审批手续和办理护照的暂行办法》。

12月25—30日，党的十三届七中全会在北京举行，会议审议并通过了《中共中央关于制定国民经济和社会发展十年规划和“八五”计划的建议》。会议强调指出，要坚定不移地推进改革开放。

1991年

1月28日—2月18日，邓小平视察上海。开发浦东是关系上海发展的问题，是利用上海这个基地发展长江三角洲和长江流域的问题。

2月3日，国家院批转财政部、经贸部《关于改革和完善外贸财务管理的若干意见》提出，继续实行外贸承包经营责任制，做好盈亏调剂工作。

同日，国务院办公厅印发《关于实行出口产品退税由中央财政和地方财政共同负担的通知》，决定对出口产品退税实行由中央财政和地方财政共同负担的办法。对1991年地方各类外贸企业出口产品的退税，暂由中央财政负担90%，地方财政负担10%；从1992年起，中央财政负担80%，地方财政负担20%。

2月21日，国务院批转国务院机电产品出口办公室《关于“八五”期间进一步扩大机电产品出口的意见》。

3月5日，海关总署公布《中华人民共和国海关对外商投资企业物资公司进口物资保税管理办法》，自1991年4月1日起施行。

3月25日—4月9日，七届全国人大四次会议在北京举行。会议批准《中华人民共和国国民经济和社会发展十年规划和第八个五年计划纲要》，通过了《中华人民共和国外商投资企业和外国企业所得税法》，自1991年7月1日起施行。

4月11日，中国人民银行批准成立深圳证券交易所。

4月19日，国务院办公厅转发经贸部等部门《关于积极发展边境贸易和经济合作促进边疆繁荣稳定的意见》。

4月26日，海关总署公布《中华人民共和国海关关于进口货物实行海关估价的规定》。

5月12日，国务院下发《关于设立天津港保税区的批复》，同意设立天津港保税区，面积为1.2平方公里。

5月28日，国务院下发《关于深圳市设立福田和沙头角保税区的批复》，同意深圳市设立福田和沙头角两个保税区，面积分别为1.35平方公里和0.2平方公里。

6月30日，国务院印发《中华人民共和国外商投资企业和外国企业所得税法实施细则》，自1991年7月1日起施行。

8月20日，邓小平同几位中央负责同志谈话，指出坚持改革开放是决定中国命运的一招。

9月2日，海关总署发布《中华人民共和国海关对国家高新技术产业开发区进出口货物的管理办法》。

10月30日，七届全国人大常委会第二十二次会议通过决定，批准武汉、九江、芜湖港对外国籍船舶开放。

12月4—6日，国务院特区办公室在上海召开全国沿海开放城市经济技术开发区工作座谈会，确定“八五”期间开发区的发展方向是：以工业项目为主，吸收外商投资企业为主，举办产品出口型和先进技术型企业为主。

1992年

1月8日，国务院下发《关于同意开放广东番禺南沙港口岸的批复》，同意开放广东番禺南沙港口岸。

同日，中国人民银行和深圳市政府联合发布《深圳市人民币特种股票管理暂行办法》，为利用股市引进外资提供了法规保证，也为深圳股市国际化奠定了基础。

1月18日—2月21日，邓小平在武昌、深圳、珠海、上海等地视察，发表了重要谈话。

2月25日，七届全国人大常委会第二十四次会议通过《中华人民共和国领海及毗连区法》。

3月8日，我国开放度最大的自由贸易区——上海外高桥保税区通过海关总署验收，投入运营。

同日，国务院印发《中华人民共和国出口货物原产地规则》要求，国家对外经济贸易主管部门对全国出口货物原产地工作实施统一监督管理。省、自治区、直辖市人民政府对外经济贸易主管部门负责协调本行政区域内的出口货物原产地工作。《规则》自5月1日起施行。

3月9日，国务院下发《关于进一步对外开放黑河等四个边境城市的通知》，决定进一步对外开放黑龙江省黑河市、黑龙江省绥芬河市、吉林省珲春市和内蒙古自治区满洲里市等4个边境城市，加强同周边国家经济技术交流与合作。

同日，国务院批准海南省吸收外商投资开发洋浦经济开发区，一次性出让30平方公里土地的使用权。

3月16日，国务院下发《关于设立温州经济技术开发区的批复》，批复同意设立温州经济技术开发区，总面积5.11平方公里，首期开发1.8平方公里。

3月18日，国务院印发《关于修改〈中华人民共和国进出口关税条例〉的决定》，自1992年4月1日起施行。

4月1日，全部取消进口调节税，同时调整一般摄像机和小汽车的进口关税税率。

4月12日，国务院批复同意建立中俄满洲里——后贝加尔斯克边民互市贸易区。

5月11日，国务院批转经贸部、国务院生产办《关于赋予生产企业进出口经营权有关的意见的通知》。

5月13日，国务院公布《关于设立大连保税区的批复》，同意设立大连、广州保税区，面积分别为1.25平方公里和1.4平方公里。

5月15日，中共中央政治局会议通过《中共中央关于加快改革，扩大开放，力争经济更好更快地上一个新台阶的意见》，指出以上海浦东开发为龙头，进一步开放长江沿岸城市；逐步开放沿边城市，形成周边的对外开放格局。此外，成立国家经贸委，协调日常经济工作。

6月9日，国务院下发《关于进一步对外开放南宁、昆明市及凭祥等五个边境城镇的通知》，决定进一步对外开放南宁 、昆明市及凭祥市、东兴镇、畹町市、瑞丽县、河口县。

7月7日，国务院下发《关于丹东市建立边境经济合作区的批复》，同意丹东市建立边疆经济合作区。

7月29日，国务院下发《关于进一步对外开放重庆等市的通知》，对5个沿长江城市（重庆、岳阳、武汉、九江、芜湖），4个边境、沿海和11个内陆的省会（首府）城市，实行沿海开放城市政策。

8月8日，全国外汇调剂中心公开市场在京开业，当日成交额2012万美元。

8月22日，国务院批复同意设立昆山经济技术开发区，规划面积为10平方公里。

8月29日，国务院决定将韶关、河源、梅州三个市列入沿海经济开放区。

9 月 10 日，国务院发出《关于审批设立外贸公司有关问题的批复》。

10 月 15 日，国务院批复同意设立厦门象屿保税区。首期面积为 0.6 平方公里。

10 月 16 日，国务院批复同意海南省洋浦经济开发区国有土地使用权出让合同，面积为 27.353 平方公里，出让期限为 70 年。

同日，国务院批复同意设立张家港保税区，规划面积 4.1 平方公里，起步面积 2 平方公里。

10 月 21 日，国务院批复同意设立威海、营口、福清融桥经济技术开发区，规划面积分别为 5.72 平方公里、5.6 平方公里和 10 平方公里。

同日，国务院批复同意海南省设立海口保税区，保税区应以发展保税仓储、转口贸易及技术密集型的出口加工业为主，面积为 1.93 平方公里。该保税区实行比特区更加优惠的政策。

同日，国务院批复同意宁波经济技术开发区与北仑港工业区的重点开发区域合并，统称宁波经济技术开发区。总面积调整为 29.6 平方公里。

11 月 9 日，国务院印发《关于增建国家高新技术产业开发区的批复》，同意在苏州、无锡、常州、佛山、惠州、珠海、青岛、潍坊、淄博、昆明、贵阳、南昌、太原、南宁、乌鲁木齐、包头、襄樊、株洲、洛阳、大庆、宝鸡、吉林、绵阳、保定、鞍山等 25 个城市建立国家高新技术产业开发区。

12 月 18 日，中国人民银行批准《银行外汇业务管理规定》和《非银行金融机构外汇业务管理规定》，明确国家外汇管理局是银行和非银行金融机构经营外汇业务的监管机关，负责银行外汇业务的审批、终止、管理、指导、协调、监督和检查。

1993 年

1 月 11 日，国务院批复同意设立汕头经济特区保税区，规划面积 2.34 平方公里。

1 月 20 日，国务院印发《中华人民共和国国家货币出入境管理办法》规定，国家对货币出入境实行限额管理制度，自 1993 年 3 月 1 日起施行。

同日，国务院批复同意福建省进一步对外开放。将三明、南平、龙岩 3 市及宁德地区的福安市、福鼎县列入沿海经济开放区；福州经济技术开发区由现有的 4.4 平方公里延伸到 10 平方公里；并同意设立东山经济技术开发区。

3 月 9 日，国务院办公厅转发国务院特区办公室《关于简化外商投资企业中方人员出国（境）审批手续的规定》。

3 月 22 日，八届全国人大一次会议审议通过了《关于国务院机构改革方案的决定》。其中，对外经济贸易部更名为对外贸易经济合作部。

4 月 4 日，国务院批复同意设立武汉、芜湖、重庆、杭州、沈阳、长春、哈尔滨 7 个经济技术开发区，实行沿海城市经济技术开发区的政策。

5 月 10 日，全国首家由外资企业开发和经营、占地面积 1.4 平方公里的保税区——广州保税区，正式封关运营。

5 月 20 日，国务院批复同意设立萧山、广州南沙、惠州大亚湾经济技术开发区。规划面积都不超过 10 平方公里。至此，国务院批准建立的经济技术开发区，已有 30 个。其中 1992 年以前批准 19 个。

6 月 26 日，中国冶金进出口总公司委托华夏证券有限公司在我国境内发行 4000 万美元外币企业债券，并在北京签字。这是我国首次在国内发行外币债券。

9月9日，海南洋浦经济开发区经海关总署验收通过封关运营。

10月11日，中国大中型企业对外经济技术合作洽谈会在深圳召开。

11月4日，国务院批转国家经贸委、外经贸部、内贸部《关于赋予商业、物资企业进出口经营权试点的意见》指出，首先在商业（包括商业、粮食、供销）、物资企业中选择少数规模较大、效益较好、在进出口工作方面有一定基础的企业，进行赋予进出口经营权的试点。

11月20日，江泽民出席在美国西雅图举行的亚太经济合作组织第一次领导人非正式会议并发表讲话。

12月5日，国务院下发《关于进一步加强外商投资管理工作若干问题的通知》，为正确引导外商投资，加强宏观管理，国家即将公布《指导外商投资方向暂行规定》及其具体目录。

12月22日，国务院批复《一般商品进口配额管理暂行办法》，并于1994年1月1日起施行。

12月25日，国务院印发《关于金融体制改革的决定》，决定改革现行金融体制，加强中央银行的职能，实行政策性银行和商业性银行分开及汇率并轨，逐步建立以国有商业银行为主体、多种金融机构并存的金融组织体系，推动形成统一开放、有序竞争、严格管理的金融市场。此外，还提出改革外汇管理体制，协调外汇政策和货币政策。

同日，国务院印发《关于进一步改革外汇管理体制的通知》，提出现阶段外汇管理体制改革的总体要求是，实现汇率并轨，实行以市场供求为基础的、单一的、有管理的浮动汇率制；实行银行结汇和售汇制，取消外汇留成和上缴；建立银行间外汇交易市场，改进汇率形成机制；禁止外币在境内计价、结算和流通；改革和完善收、付汇核销管理；实现经常项目下人民币可兑换；取消外汇收支指令性计划，国家主要运用经济、法律手段实现对外汇和国际收支的宏观调控。为保证上述体制改革的顺利进行，应采取一些过渡性措施，先实行经常项目下人民币有条件可兑换。

12月28日，中国人民银行发布《关于进一步改革外汇管理体制的公告》，根据国务院的决定，从1994年1月1日起，实行人民币汇率并轨。具体实行外汇收入结汇制，取消外汇留成；实行银行售汇制，建立全国统一的银行间外汇交易市场。

12月30日，我国从1994年1月1日至12月31日对部分进口商品实施暂定关税税率，共234种商品，进一步降低关税，将有利各项改革的顺利进行。

12月31日，外经贸部、国家计委、国家经贸委、海关总署宣布，取消部分商品进口管理，共283个税号。

1994年

1月11日，国务院作出《关于进一步深化对外贸易体制改革的决定》，指出我国外贸体制改革的目标：统一政策、放开经营、平等竞争、自负盈亏、工贸结合、推行代理制，建立适应国际经济通行规则的运行机制。

1月14日，我国政府发行第一笔10亿美元的全球债券，也是我国政府第一次进入美国资本市场。

2月25日，国务院公布《中华人民共和国外资金融机构管理条例》，规定了外资银行在中国经营的市场准入条件和监管标准等事项。该条例自1994年4月1日起施行。

2月28日，根据中国人民银行的决定，中国外汇交易中心在上海成立。

3 月 19 日，国务院下发《关于组建中国进出口银行的通知》，决定组建中国进出口银行，这是国务院领导的政策性金融机构。

4 月 13 日，国家计委、外经贸部等 5 部门发布《一般商品进口配额管理暂行办法实施细则》和《特定商品进口自动登记管理暂行办法》。

4 月 19 日，国务院下发《关于严格控制减免进口税收问题的通知》，指出关税和进口环节税是中央税，是调节宏观经济的重要手段，也是中央财政收入的重要来源，任何部门、地方、单位和个人都无权决定减免。

4 月 26 日，中国进出口银行成立，同年 7 月 1 日正式开业。其主要任务是执行国家产业政策和外贸政策，为扩大我国机电产品和成套设备等资本性货物出口提供政策性金融支持。

4 月 28 日，中美证券交易部门签订中美合作监管谅解备忘录。今年将有 5 家企业到美国直接上市。

5 月 2 日，中国银行发行港币庆典在香港举行，中国银行发行的港币同日起在香港正式流通。

5 月 12 日，八届全国人大常委会第七次会议通过《中华人民共和国对外贸易法》，自 1994 年 7 月 1 日起施行。

6 月 2 日，经国务院批准，中国民航总局和外经贸部日前联合发出《关于外商投资民用航空业有关政策的通知》，有条件地允许外商投资民用航空业。

6 月 13 日，国务院批准《进口商品经营管理暂行办法》，7 月 19 日由外经贸部、国家计委发布，自 1994 年 7 月 1 日起施行。

8 月 1 日，国务院印发《关于进一步发展海峡两岸经济关系若干问题的决定》提出，要大力改善投资环境，为台商投资创造更有利的条件；要在办好现有台资企业和继续吸引中小台商投资的同时，重点做好台湾人企业的工作，鼓励台商按照大陆产业政策投资大型项目；加强两岸在农业、科技、基础设施建设以及共同开辟国际市场等领域的合作。

8月4日，国务院印发《关于股份有限公司境外募集股份及上市的特别规定》。

9月7日，国家经贸委发布《关于促进自营生产企业扩大出口的意见》。为使已获得进出口经营权的生产企业保持出口后劲，扩大出口创汇，不断提高在国际市场上的竞争能力，保证自营企业的生产和经营活动正常进行，提出加快自营企业转机建制，增强适应国际市场的能力等措施。

11月19—22日，中美联合经济委员会第八次会议在北京举行。这是联合委员会自1988年以来召开的首次会议。会议是在美方提议下恢复的。双方就中国恢复关贸总协定缔约国地位、最惠国待遇以及中美知识产权、劳改产品和市场准入的3个谅解备忘录执行情况及多边开发机构等问题交换了意见。

11月20日，中国人民银行发布《关于外汇兑换券停止流通和限期兑换的公告》，决定外汇兑换券1995年1月1日起停止在市场中流通，并限期1995年6月30日之前，境内外持券者办理完兑换事宜。

1995年

2月26日，中美两国就知识产权问题达成协议，从而避免了一场贸易战，也结束了中美两国关于知识产权问题长达20个月的9轮磋商。

2月27日，国务院作出《关于北京市实行沿海开放城市有关政策问题的批复》。

6月20日，国家计委、国家经贸委、外经贸部首次联合发布《外商投资产业指导目录》和《指导外商投资方向暂行规定》，由此成为中国在规范外商投资、引导进出口贸易方面操作性最强的一部法规。

7月21日，国务院办公厅转发国家体改委、国家经贸委《关于深圳口岸管理体制改革试点方案》，提出深圳口岸管理体制改革的总目标：结合中国国情和国际惯例，建立起依法把关、监管有效、方便进出、服务优良、管理科学、收费合理、国际一流的口岸管理体制和政企分开、统一协调、平等竞争、高效运作的港口营运机制。

9月4日，经国务院批准，对外贸易经济合作部发布《中华人民共和国中外合作经营企业法实施细则》。

9月6日，经国务院批准，中国人民银行发布《设立境外中国产业投资基金管理办法》。

9月27日，国务院下发《关于进一步加强借用国际商业贷款宏观管理的通知》，目的是更好地适应改革开放和经济建设的需要，进一步提高国际商业贷款的使用效益，防止外债失控。

10月6日，国务院下发《关于调低出口退税率的通知》，对1996年1月1日（含1月1日）以后报关离境的出口货物，煤炭、农产品出口退税率仍为3%；以农产品为原料加工的工业品和按13%的税率征收增值税的其他货物，出口退税率由10%调减为6%；按17%的税率征收增值税的其他货物，出口退税率由14%调减为9%。

12月4日，中央经济工作会议在北京召开。会上宣布1996年关于涉外税制的三项重要改革，一是大幅度降低关税税率，同时取消进口税收减免的优惠政策；二是进一步调低出口货物退税率；三是对加工贸易实行进口料件保证金台账监管制度。会议强调，1996年和今后经济工作中一定要紧紧抓住经济体制和经济增长方式转变的关键环节。

12月25日，国务院公布《关于股份有限公司境内上市外资股的规定》。

12月26日，国务院下发《关于改革和调整进口税收政策的通知》指出，必须加快对进口税收政策的改革和调整，进一步降低进口关税总水平，取消过多的、不平等的进口税收减免规定，并决定自1996年4月1日起，将我国进口关税总水平降至23%。

1996年

1月3日，国务院下发《关于边境贸易有关问题的通知》。

1月22日，劳动部等4部门发布《外国人在中国就业管理规定》指出，用人单位聘用外国人从事的岗位应是有特殊需要，国内暂缺适当人选，且不违反国家有关规定的岗位。严格控制外国一般劳务人员来中国就业。

1月29日，国务院公布《中华人民共和国外汇管理条例》，自1996年4月1日起施行。

3月5日，国务院公布《关于经济特区企业进出口经营权问题的批复》，决定从1996年起，对海南、深圳、珠海、汕头、厦门5个经济特区的企业申请进出口经营权，进行以下试点：一是对经济特区内生产企业申请自营进出口权，试行自动登记制。二是对经济特区内除生产企业以外的其他企业申请进出口经营权，试行由外经贸部总量控制，经济特区自行审批的办法。

4月1—3日，国务院经济特区工作会议在广东省珠海市召开。

4月22日，国家发展计划委员会、国家外汇管理局发布《关于借用国外贷款实行全口径计划管理的通知》，规定了借用中长期国外贷款实行全口径计划管理的范围，以及根据不同的借用方式和偿还责任，分别实行指令性计划管理和指导性计划管理。该通知还指出实行指令性计划管理、指导性计划管理的范围和管理方式。

6月20日，中国人民银行发布《关于对外商投资企业实行银行结售汇的公告》。从1996年7月1日起，我国对外商投资企业实行银行结售汇，并在年内实现人民币经常项目可兑换。

9月25日，中国人民银行发布《境内机构对外担保管理办法》，从1996年10月1日起施行。

9月30日，中华人民共和国对外贸易经济合作部发布《关于设立中外合资对外贸易公司试点暂行办法》，自发布之日起施行。

12月1日，我国开始接受国际货币基金组织协定第八条，实行人民币经常项目下的可兑换。提前达到国际货币基金组织协定第八条的要求，标志着我国外汇管理体制改革取得重大进展。

12月2日，中国人民银行发布《上海浦东外资金融机构经营人民币业务暂行管理办法》，开始审批设在上海浦东符合条件的外资金融机构经营人民币业务。

1997年

1月14日，国务院公布修改后的《中华人民共和国外汇管理条例》，国家对经常性国际支付和转移不予限制。同时，放宽了个人因私购汇的限制。

2月25日，国务院印发《关于对生产企业自营出口或委托代理出口货物实行"免、抵、退"税办法的通知》指出，对有进出口经营权的生产企业自营出口或委托外贸企业代理出口货物实行"免、抵、退"税的办法，是出口退税管理办法的重要改革。

3月25日，国务院公布《中华人民共和国反倾销和反补贴条例》。

9月30日，中国人民银行下发《关于允许中资企业保留一定限额外汇收入的通知》指出，为了进一步加快国有企业改革，完善企业经营机制，实行中外资企业同等待遇，为企业创造更为宽松的经营环境，经国务院批准，自1997年10月15日起，逐步允许中资企业开立外汇账户，保留一定限额外汇收入。

11月7日，国家税务总局公布《关于进一步推进和深化涉外税收征管改革的补充意见》。

12月24日，江泽民在会见全国外资工作会议代表时发表题为《实施"引进来"和"走出去"相结合的开放战略》讲话。

12月29日，国务院公布《关于调整进口设备税收政策的通知》，自1998年1月1日起，对国家鼓励发展的国内投资项目和外商投资项目进口设备，在规定的范围内，免征关税和进口环节增值税。

1998年

2月，中共中央、国务院转发国家计委《关于应对东南亚金融危机、保持国民经济持续快速健康发展的意见》。

3月10日，九届全国人大一次会议通过《关于国务院机构改革方案的决定》，改革后除国务院办公厅外，列入国务院组成部门序列的共有29个部、委、行、署。

4月14日，中共中央、国务院印发《关于进一步扩大对外开放，提高利用外资水平的若干意见》提出，进一步发展和完善全方位、多层次、宽领域的对外开放，充分利用国内国际两个市场、两种资源，更多更好地利用外资，促进国民经济持续快速健康发展和社会全面进步。

6月26日，九届全国人大常委会第三次会议通过《中华人民共和国专属经济区和大陆架法》。

8月14日，国务院办公厅印发《关于印发对外贸易经济合作部职能配置内设机构和人员编制规定的通知》。

10月1日，经国务院批准，对外贸易经济合作部发布《关于赋予私营生产企业和科研院所自营进出口权的暂行规定》，逐步放开私营生产企业和科研院所自营进出口权。

1999年

1月4日，外经贸部发布《关于对全国大型工业企业实行自营进出口权登记备案制的通知》。

同日，国内首批20家私营生产企业获得自营进出口权，标志着非公有制经济在全国范围内首次合法获得直接从事对外贸易的权利。

3月29日，国家经贸委、中国证监会公布《关于进一步促进境外上市公司规范运作和深化改革的意见》。

10月19日，国家经贸委公布《关于进一步促进自营企业扩大出口的意见》，提出进一步促进自营企业扩大出口的政策措施。

11月11日，对外贸易经济合作部发布《关于防范和打击骗取出口退税有关问题的通知》。

11月15日，中美两国政府在北京签署关于中国加入世界贸易组织的双边协议，并发表新闻公报，为我国“入世”迈出重要一步。

12月9日，对外贸易经济合作部发布《关于对国有、集体生产企业实行自营进出口权登记制的通知》，决定进一步扩大自营进出口权登记制的适用范围，即在对经济特区生产企业、国家千户重点企业和国有大型工业企业实行自营进出口权登记制的基础上，在全国范围内对国有、集体生产企业自营进出口权实行登记制。

12月17日，国家税务总局发布《关于实施对设在中西部地区的外商投资企业给予3年减按15%税率征收企业所得税的优惠的通知》，就实施这一税收优惠政策执行的地域范围、产业范围、优惠期的计算、审批程序和执行时间等，作出具体规定。

2000 年

4 月 27 日，国务院办公厅就海关总署《关于设立出口加工区及进行试点的请示》复函，同意选择辽宁大连出口加工区等 15 个加工区作为第一批出口加工区的试点。要求设立出口加工区不得搞新的重复建设。每个出口加工区的面积要严格控制在 2~3 平方公里内。

5 月 15 日，卫生部、对外贸易经济合作部公布《中外合资、合作医疗机构管理暂行办法》，对中外合资、合作医疗机构的性质、设置条件、设置审批与登记、变更、延期和终止、执业、监督管理等事项作出具体规定。

5 月 19 日，我国与欧盟在北京就我国加入世界贸易组织达成双边协议。

7 月 25 日，对外贸易经济合作部、国家工商局公布《关于外商投资企业境内投资的暂行规定》，并自 2000 年 9 月 1 日起施行。

10 月 31 日，九届全国人大常委会第十八次会议通过《全国人民代表大会常务委员会关于修改〈中华人民共和国外资企业法〉的决定》，自公布之日起施行。

11 月 14 日，深圳经济特区建立 20 周年庆祝大会在深圳举行。经济特区要继续当好改革开放和现代化建设的排头兵，继续争当建设有中国特色社会主义的示范地区，继续充分发挥技术的窗口、管理的窗口、知识的窗口和对外政策的窗口的作用，努力形成和发展经济特区的中国特色、中国风格、中国气派。

12 月 31 日，经国务院批准，我国再次自主降低关税总水平，平均降幅为 6.6%。

2001 年

2 月 27 日，博鳌亚洲论坛成立大会在海南博鳌举行。

3 月 14 日，九届全国人大四次会议通过并公布修改后的《中华人民共和国中外合资经营企业法》，自公布之日起生效。

6 月 15 日，哈萨克斯坦共和国、中华人民共和国、吉尔吉斯共和国、俄罗斯联邦、塔吉克斯坦共和国和乌兹别克斯坦共和国 6 国元首共同签署《“上海合作组织”成立宣言》，在中国、俄罗斯、哈萨克斯坦、吉尔吉斯斯坦、塔吉克斯坦 5 国元首会晤机制基础上正式建立上海合作组织，并将我国提出的以互信、互利、平等、协商、尊重多样文明、谋求共同发展为基本内容的“上海精神”写入成立宣言。

7 月 10 日，外经贸部发布《关于进出口经营资格管理的有关规定》，将进出口经营资格审批制度改为实行登记和核准制，对企业的进出口经营资格，按登记或核准的经营范围实行分类管理。

7 月 13 日，在莫斯科举行的国际奥委会第 112 次全体会议上，北京获得 2008 年第 29 届奥运会主办权。

9 月 17 日，世贸组织中国工作组第十八次会议在世贸组织总部举行正式会议，通过了我国加入世贸组织的所有法律文件。1987 年 3 月 4 日成立的中国工作组也随之结束了历时 14 年 6 个月的历史使命。

10 月 8 日，中国证监会、对外贸易经济合作部发布《关于上市公司涉及外商投资有关问题的若干意见》，对境内外商投资企业发行上市股票行为予以规范。

10 月 21 日，亚太经合组织第九次领导人非正式会议在上海举行。

11 月 10 日，在卡塔尔首都多哈举行的世界贸易组织第四届部长级会议以全体协商一致的方式，审议并通过中国加入世界贸易组织的决定。

12 月 8 日，中国人民银行发出《关于逐步开放银行业的公告》，我国将按照承诺逐步开放银行业。自 2001 年 12 月 11 日起，外资金融机构可在外汇业务方面，取消对外资金融机构服务对象的限制等四个方面得到准入通行证。

12 月 11 日，我国正式加入世界贸易组织，成为其第 143 个成员，标志着我国对外开放进入新的阶段。

12 月 18 日，中国出口信用保险公司正式揭牌运营，是我国四家政策性金融机构之一，也是我国唯一承办出口信用保险业务的政策性保险公司，直属中央管理的副部级单位。

12 月 20 日，国务院公布《中华人民共和国外资金融机构管理条例》，对外资金融机构的设立与登记、业务范围、监督管理、解散与清算、法律责任等方面作出具体规定。本条例自 2002 年 2 月 1 日起施行。

同日，国务院办公厅转发国家计委《关于“十五”期间加快发展服务业若干政策措施的意见》。

12 月 21 日，国务院关税税则委员会公布《关于 2002 年关税实施方案的通知》，决定自 2002 年 1 月 1 日起履行我国加入世界贸易组织承诺的 2002 年关税减让义务和我国加入曼谷协定承诺的关税减让义务，同时对暂定税率和行邮物品税率进行调整。

2002 年

1 月 22 日，WTO纺织品监督机构（TMB）举行了第 86 次会议，审议了中国提交的关于保留使用纺织品和服装进口过渡性保障措施的通知，与会成员对该通知没有异议。

1 月 23 日，财政部、国家税务总局发出《关于进一步推进出口货物实行免抵退税办法的通知》，指出生产企业自营或委托外贸企业代理出口自产货物，除另有规定外，增值税一律实行免、抵、退税管理办法。对生产企业出口非自产货物的管理办法另行规定。

2月1日，《中华人民共和国外资金融机构管理条例》和《中华人民共和国金融机构管理条例》正式开始实施。

2月11日，国务院印发《指导外商投资方向规定》，自2002年4月1日起施行。

2月21—25日，中共中央在中央党校举办省部级主要领导干部“国际形势与世贸组织”专题研究班。

4月12日，博鳌亚洲论坛首届年会在万泉河畔开幕。

4月29日，国务院办公厅转发公安部等9部门《关于为外国籍高层次人才和投资者提供入境及居留便利规定的通知》，要求各地区、各部门要站在战略高度，从国家大局出发，进一步解放思想，转变观念，加大吸引外国籍高层次人才和投资者来我国服务和投资工作的力度。各有关部门要密切配合，增强服务意识，改进工作方式，简化工作程序，提高工作效率，切实把有关政策落到实处。

6月13日，中国人民银行制定发布《外资金融机构驻华代表机构管理办法》，规范外资金融机构在我国常驻代表机构的管理。

9月23日，对外贸易经济合作部公布《对外贸易壁垒调查暂行规则》，并于2002年11月1日起施行。

10月27日，江泽民在亚太经合组织第10次领导人非正式会议上发表讲话。中国加入世界贸易组织，标志着中国的对外开放进入了新的发展阶段。中国将恪守承诺，进一步发展多层次、全方位、宽领域的对外开放，在更大范围内参与国际经济合作。中国将坚定不移地走适合自己国情的发展道路，坚持改革开放，把社会主义现代化建设不断推向前进。

11月1日，中国证监会、财政部、国家经贸委发出《关于向外商转让上市公司国有股和法人股有关问题的通知》。

11月4日，我国和东盟签署《中国与东盟全面经济合作框架协议》，决定到2010年建成中国—东盟自由贸易区。

11月5日，中国证监会、中国人民银行、国家外汇管理局发布《合格境外机构投资者境内证券投资管理暂行办法》规定，在经批准的投资额度内，合格境外机构投资者（QFII）可以投资在证券交易所挂牌交易的除境内上市外资股以外的股票、国债、可转换债券和企业债券等各类投资品种。这意味着我国证券市场正朝着资本开放迈出了可贵的第一步。

11月8—14日，党的第十六次全国代表大会在北京举行。

12月3日，在摩纳哥蒙特卡洛举行的国际展览局第132次成员国大会上，上海获得2010年世界博览会的举办权。

12月9—10日，中央经济工作会议召开，确定2003年经济工作的总体要求是坚持扩大内需的方针，继续实施积极的财政政策和稳健的货币政策，进一步深化改革，全面提高对外开放水平，加快经济结构的战略性调整，积极发展农业和农村经济，大力推进新型工业化，促进国民经济持续快速健康发展，实现速度和结构、质量、效益相统一。

12月10日，WTO总理事会完成了对我国的最终审议。

2003年

3月3日，国家外汇管理局发布《关于完善外商直接投资外汇管理工作有关问题的通知》，于2003年4月1日起正式实施。

3月7日，对外贸易经济合作部等4部门公布《外国投资者并购境内企业暂行规定》指出，外国投资者并购境内企业应遵守中国的法律、行政法规和部门规章，遵循公平合理、等价有偿、诚实信用的原则，不得造成过度集中、排除或限制竞争，不得扰乱社会经济秩序和损害社会公共利益。

3 月 25 日，中华人民共和国商务部正式挂牌成立，取代对外贸易经济合作部，实现内外贸管理合一。

5 月 31 日，中国银行业监督管理委员会公布《金融许可证管理办法》，并于 2003 年 7 月 1 日起施行。

7 月 30 日，商务部发出《关于调整进出口经营资格标准和核准程序的通知》，自 2003 年 9 月 1 日起，在放宽对企业注册资本金要求的同时，核准登记的权限也下放到地方。国内所有企业都可以获得贸易权并从事各项进出口业务。

9 月 8 日，商务部首次发布《2003 年中国外商投资报告》。

9 月 23 日，上海合作组织成员国总理在北京饭店举行会晤，批准《上海合作组织成员国多边经贸合作纲要》，标志着上海合作组织区域经济合作开始步入正轨。

10 月 5 日，中共中央、国务院印发《关于实施东北地区等老工业基地振兴战略的若干意见》，指出进一步扩大开放领域，大力优化投资环境，是振兴老工业基地的重要途径。

10 月 11—14 日，党的十六届三中全会召开，通过了《中共中央关于完善社会主义市场经济体制若干问题的决定》。

10 月 13 日，国务院印发《关于改革现行出口退税机制的决定》，并于 2004 年 1 月 1 日开始实施。

同日，国家税务总局发布《关于贯彻落实国务院关于改革现行出口退税机制的决定的通知》。

10月13日，国务院印发《关于改革现行出口退税机制的决定》，于2004年1月1日开始实施。

10月17日，中央政府与澳门特别行政区政府签署《内地与澳门关于建立更紧密经贸关系的安排》。

10月24日，中国银监会公布关于向外资金融机构进一步开放人民币业务的公告，自2003年12月1日起，将外资金融机构经营人民币业务的地域扩大到济南、福州、成都、重庆，并在已开放人民币业务的地域，允许外资金融机构向中国企业提供人民币服务。

11月2日，博鳌亚洲论坛2003年年会在海南省博鳌开幕。

11月23日，国务院公布《中华人民共和国进出口关税条例》，自2004年1月1日起施行。

11月27—29日，中共中央、国务院召开的中央经济工作会议指出，2004年经济工作的总体要求是以邓小平理论和“三个代表”重要思想为指导，坚持以人为本，树立全面、协调、可持续的发展观，按照稳定政策、适度调整，深化改革、扩大开放，把握全局、解决矛盾，统筹兼顾、协调发展的思路，做好各项工作。

12月5日，中国银监会发布《境外金融机构投资入股中资金融机构管理办法》，规范了境外金融机构投资入股中资金融机构的条件和程序。

12月8日，国务院批准设立上海外高桥保税物流园区，同时享受保税区、出口加工区相关政策和上海港的港航资源，封关面积1.03平方公里。外高桥保税物流园区是中国第一个保税物流园区。

2004年

1月1日，国家广播电影电视总局开始施行《外商投资电影院暂行规定》。

1月31日，国务院印发《关于推进资本市场改革开放和稳定发展的若干意见》，指出以扩大直接融资、完善现代市场体系、最大限度地发挥市场在资源配置中的基础性作用为目标，建设透明高效、结构合理、机制健全、功能完善、运行安全的资本市场。

2月2日，中国银监会批准汇丰银行上海分行、日本瑞穗实业银行上海分行、花旗银行上海分行、东亚银行上海分行向中资企业提供人民币服务。

3月31日，国务院发布修订的《中华人民共和国反倾销条例》《中华人民共和国反补贴条例》和《中华人民共和国保障措施条例》，自2004年6月1日起施行。

4月6日，十届全国人大常委会第八次会议表决通过了修订后的《对外贸易法》。新的外贸法在外贸经营者的范围上作了重大修改，大大降低了外贸经营权的门槛。规定自然人、法人和其他组织依法登记后，可以从事货物和技术的进出口贸易。

4月8日，海关总署等部门发布《设立出口加工区的审批标准和程序》。

4月16日，商务部发布《外商投资商业领域管理办法》，规定我国商业利用外资由试点转为正常开放，中外投资者可依法设立外商投资商业企业，从事商业流通领域的经营活动。

6月，福建、江西、湖南、广东、广西、海南、四川、贵州、云南9省区和香港、澳门特别行政区共同签署《泛珠三角区域合作框架协议》，着力实施自由贸易区战略。

7月16日，国务院发布《关于投资体制改革的决定》，标志着我国开始正式实施以核准制为主的对外投资管理体制。

10月9日，国家发展改革委发布《外商投资项目核准暂行管理办法》，把外资审批制转变为核准制，同时提高地方政府审批限额。

11月11日，国家外汇管理局发布《关于加强对外汇资金流入和结汇管理有关问题的通知》。

11月29日，中国—东盟在老挝万象签署《货物贸易协议》和《争端解决机制协议》，中国—东盟全面启动自由贸易区建设进程。

12月12日，我国政府决定自2005年起对部分纺织品加征出口税。2005年1月1日，全球纺织品配额体制将宣告结束，纺织品国际贸易将实现自由化。

12月20日，国家税务总局发布消息，经过运行了近1年的出口退税新机制的改革，2004年我国在出口退税额创历史之最，自2000年以来历年陈欠也已全部兑现。

2005年

1月1日，我国农产品关税降至WTO承诺的终点，由入世前的23.2%降至15.35%；取消了进口汽车配额许可证制度，对汽车产品实行自动进口许可管理，同时将进口汽车关税水平降到30%；截至该日，我国入世时所作的取消非关税措施的承诺全部兑现。

1月26日，赛富成长基金创业投资企业在天津成立，这是我国第一家非法人制中外合资创业投资基金。

2月18日，中国人民银行等四部委联合发布《国际开发机构人民币债券发行管理暂行办法》，允许合格国际开发机构在国内发行“熊猫债券”。

4月21日，国务院新闻办公室发表《中国知识产权保护的新进展》白皮书，这是1994年以来我国第二次发表关于知识产权保护的白皮书。

6月21日，国务院批准上海浦东新区进行社会主义市场经济综合配套改革试点，我国首个综合配套改革试验区成立。

6月22日，国务院下发《关于设立洋山保税港区的批复》，批准设立洋山保税港区，实行“区港一体”监管运作，是我国第一个保税港区。

6月30日，国务院办公厅印发《关于促进东北老工业基地进一步扩大对外开放的实施意见》，为实现东北地区等老工业基地振兴，提出鼓励外资参与国有企业改组改造，加快体制和机制创新；加强政策引导，推进重点行业和企业的技术进步；进一步扩大开放领域，着力提升服务业的发展水平；发挥区位优势，促进区域经济合作健康发展；营造良好的发展环境，为加快对外开放提供保障等，进一步扩大东北地区对外开放的政策措施。

7月21日，中国人民银行发布完善关于人民币汇率形成机制改革的公告，宣布自当日起，开始实行以市场供求为基础、参考一篮子货币进行调节、有管理的浮动汇率制度。

8月1日，国务院印发《关于完善中央与地方出口退税负担机制的通知》。对于新机制在运行中出现的一些新情况和新问题，提出调整中央与地方出口退税分担比例、规范地方出口退税分担办法、改进出口退税退库方式等政策措施。

10月8—11日，党的十六届五中全会召开，审议通过了《中共中央关于制定国民经济和社会发展第十一个五年规划的建议》。

10月15日，第七届20国集团财长和央行行长会议在北京举行。

11月18日，中国和智利签署《中华人民共和国政府和智利共和国政府自由贸易协定》，并于2006年10月1日实施，智利成为拉美国家中第一个和我国签订双边自由贸易协定的国家。

12月31日，商务部、中国证监会、国家税务总局、国家工商总局、国家外汇管理局联合发布《外国投资者对上市公司战略投资管理办法》。

2006年

1月，我国政府正式发表《中国对非洲政策文件》。这是我国政府首次发表对非洲政策文件，文件全面规划了新时期中非在政治、经济、文化、社会等各领域的友好合作。

3月14日，十届全国人大四次会议批准《中华人民共和国国民经济和社会发展第十一个五年规划纲要》。

3月20日，深圳市人大常委会公布《深圳经济特区改革创新促进条例》，以地方立法的形式，明确了深圳市改革工作机制。

5月26日，商务部发布《关于外商投资举办投资性公司的补充规定》，明确自2006年7月1日起，我国允许外国投资者通过其在中国注册的投资性公司战略投资国内上市公司。

5月26日，国务院印发《关于推进天津滨海新区开发开放有关问题的意见》。

6月6日，国家外汇管理局发出《关于调整部分境外投资外汇管理政策的通知》规定，境内投资者到境外投资所需外汇，可使用自有外汇、人民币购汇及国内外汇贷款。此规定自2006年7月1日起施行。

8月8日，商务部等6部门公布《关于外国投资者并购境内企业的规定》，要求外国投资者并购境内企业应遵守中国的法律、行政法规和规章，遵循公平合理、等价有偿、诚实信用的原则，不得造成过度集中、排除或限制竞争，不得扰乱社会经济秩序和损害社会公共利益，不得导致国有资产流失。本规定自2006年9月8日起施行。

8月31日，国务院下发《关于设立大连大窑湾保税港区的批复》。

10月15—30日，第100届中国出口商品交易会（广交会）成功举行。温家宝在开幕式暨庆祝大会上的讲话中指出，对外开放是中国实现现代化的必由之路。对外开放有利于中国的发展，中国的发展也有利于世界。在经济全球化深入发展和科学技术日新月异的新形势下，中国将坚定不移地实行对外开放政策。

10月27日，中国工商银行股份有限公司股票在香港联交所、上海证券交易所挂牌交易。中国工商银行是首家实现内地A股和香港H股同步上市的企业，标志着我国商业银行改革取得重要阶段性成果。

11月4—5日，中非合作论坛北京峰会举行。

11月11日，国务院公布《中华人民共和国外资银行管理条例》，自2006年12月11日起施行，对外资银行实行国民待遇。

11月14日，中国人民银行发布第三季度货币政策执行报告称，未来将进一步规范境外投资操作流程，积极推动合格境内机构投资者（QDII）开展境外投资业务。

12月11日，我国银行业全面对外开放，外资银行在我国境内从事人民币业务的地域和客户限制全面取消。

同日，我国加入世贸组织5年过渡期结束，《中华人民共和国外资银行管理条例》及《中华人民共和国外资银行管理条例实施细则》正式生效。根据该条例和实施细则的规定，从12月11日起，取消外资银行在中国境内经营人民币业务的地域和客户对象限制，在承诺和审慎监管的框架下，对外资银行实行国民待遇。

12月14—15日，首次中美战略经济对话在北京举行。

12月17日，国务院批准苏州工业园区开展具有保税港区综合保税功能的海关特殊监管区域试点，苏州工业园综合保税区规划总面积为5.28平方公里，是中国首个综合保税区。

12月18日，商务部和国家税务总局联合发布《中国鼓励引进技术目录》。

12月25日，中国人民银行公布《个人外汇管理办法》，对个人结汇和境内个人购汇实行年度总额管理。新的个人外汇政策鼓励藏汇于民，支持个人合理依法持有与使用外汇。

2007年

2月4日，我国在非洲建立的第一个经济贸易合作区——赞比亚中国经济贸易合作区正式揭牌。

3月16日，十届全国人大五次会议通过《中华人民共和国企业所得税法》，内资、外资企业开始适用统一的企业所得税税率。

3月19日，国务院印发《关于加快发展服务业的若干意见》，明确要加快发展服务业，提高服务业在三次产业结构中的比重，尽快使服务业成为国民经济的主导产业。

3月，中国银监会公布《中国银行业对外开放报告》，明确鼓励设立外资法人银行。

4月2日，首批获准改制为我国本地法人银行的外资银行东亚银行（中国）有限公司、汇丰银行（中国）有限公司、花旗银行（中国）有限公司和渣打银行（中国）有限公司正式开业。4家外资法人银行可向中国内地提供全面的人民币及外汇服务，包括针对内地居民开展人民币业务。

5月23日，商务部和国家外汇管理局发布《关于进一步加强、规范外商直接投资房地产业审批和监管的通知》，以此进一步遏制外资在我国内地的炒房行为。

6月18日，中国证监会发布《合格境内机构投资者境外证券投资管理试行办法》和相关通知，QDII制度开始实施。

6月19日，财政部和国家税务总局发布《关于调低部分商品出口退税率的通知》，对2800多种产品的出口退税率进行调整，自2007年7月1日起执行。

6月28日，国务院办公厅转发国家发改委《关于2007年深化经济体制改革工作的意见》，提出深化涉外经济体制改革，提高对外开放水平。

9月6—8日，首届夏季达沃斯论坛在辽宁大连举行。此后，论坛每年在天津、大连轮流举行。

9月24日，国务院正式批复批准同意设立洋浦保税港区。这是我国继上海洋山保税港区、天津东疆保税港区和大连大窑湾保税港区之后，设立的第四个保税港区，也是我国在华南地区设立的首个保税港区。洋浦保税港区规划建设面积9.2063平方公里。

9月29日，经国务院批准，中国投资有限责任公司成立。作为专门从事外汇资金投资业务的国有投资公司，其成立是我国外汇管理体制改革的标志性事件。公司注册资本金为2000亿美元。

10月15—21日，中国共产党第十七次全国代表大会在北京召开。党的十七大报告提出，要把“引进来”和“走出去”更好地结合起来，标志着中国对外直接投资进入新阶段。

10月31日，国务院批准发布《外商投资产业指导目录（2007年修订）》，自2007年12月1日起施行。

11月29日，我国向WTO正式递交《修改〈与贸易有关的知识产权协定〉议定书》的批准书，获得仿制和出口仿制专利药品的权利。

12月13日，经中国银监会批准，国内第一家外资村镇银行——湖北随州曾都汇丰村镇银行有限责任公司成立。这是由汇丰（香港）银行全额出资设立的股份制商业银行，主要为当地“三农”发展提供金融支持。

12月28日，我国政府签署了加入WTO《政府采购协议》（GPA）申请书。

2008年

2月24日，国务院正式批准设立宁波梅山保税港区。

2月27日，几内亚政府正式承认我国完全市场经济地位。至此，全世界已有77个国家承认我国完全市场经济地位。

3月10日，国务院批准设立天津滨海新区综合保税区。

3月13日，国务院公布《关于天津滨海新区综合配套改革试验总体方案的批复》，要求综合推进滨海新区的体制机制创新和对外开放。

3月19日，中国人民银行发布《2007年国际金融市场报告》提出，将完善合格境外机构投资者（QFII）制度，引导和规范境外长期资金进入境内资本市场。

4月7日，中国银监会宣布与美国证监会交换了商业银行代客境外理财业务监管合作信函，达成监管合作协议，我国的商业银行将能够代客投资于美国的股票市场以及经美国证监会认可的公募基金。

同日，《中华人民共和国政府和新西兰政府自由贸易协定》在北京正式签署。

4月12日，博鳌亚洲论坛2008年年会在海南博鳌开幕。改革开放是决定当代中国命运的关键抉择，也是13亿中国人民的共同抉择。中国人民将坚定不移地沿着改革开放的伟大道路走下去，继续为全面建设小康社会、进而基本实现现代化而奋斗，继续为人类和平与发展的崇高事业而奋斗。

5月21—23日，WTO对华第二次贸易政策审议于瑞士日内瓦WTO

总部举行。

6月12日，海协会会长陈云林与台湾海基会董事长江丙坤在京举行会谈。6月13日上午，陈云林和江丙坤在钓鱼台国宾馆签署了《海峡两岸包机会谈纪要》与《海峡两岸关于大陆居民赴台湾旅游协议》。

6月17—18日，第四次中美战略经济对话在美国举行。

7月1—3日，联合国秘书长潘基文对我国进行正式访问。

7月8日，国家发改委发布《关于进一步加强和规范外商投资项目管理的通知》，规定严格实行外商投资项目核准制。

8月1日，国务院第20次常务会议修订通过《中华人民共和国外汇管理条例》，并于8月5日开始实施。

10月7日，我国第八个保税港区——青岛前湾保税港区正式获得国务院批复建设。

10月17日，《中华人民共和国外国常驻新闻机构和外国记者采访条例》公布，并于当日起实施。据此，外国记者来华采访不再必须由我国国内接待陪同，外国记者赴开放地区采访，无须向地方外事部门申请。

10月24—25日，第七届亚欧首脑会议在京举行。会议发表《可持续发展北京宣言》。我国作为会议东道主发表了《主席声明》，反映会议在各个议题上的共识。

11月9日，国务院常务会议确定的扩大内需、促进经济增长十项措施公布。为落实这一重大举措，12日，国务院常务会议研究决定了4项实施措施，其中包括提高部分产品出口退税率，调整部分产品出口关税。

11月12日，国务院下发《关于同意设立重庆两路寸滩保税港区的批复》，保税港区规划面积8.37平方公里。

12月4—5日，第五次中美战略经济对话在北京举行。

12月18日，重庆两路寸滩保税港区正式挂牌，这是我国内陆地区首个保税港区。

12月23日，中共中央办公厅转发《中央人才工作协调小组关于实施海外高层次人才引进计划的意见》。

2009年

3月5日，商务部发布《关于进一步改进外商投资审批工作的通知》，提出继续深化外资审批管理体制改革，进一步扩大地方商务主管部门和国家级经济技术开发区外资审批管理权限。

3月16日，商务部发布《境外投资管理办法》。该办法仅保留了商务部对少数重大境外投资的核准权限，同时对外投资的核准程序也大大简化，绝大部分企业只需递交一张申请表即可在3个工作日内获得《企业境外投资证书》。

3月18日，商务部发出通报指出，可口可乐公司收购汇源公司案将对竞争产生不利影响，因此依法做出禁止此项收购的决定。这是自2008年8月中国反垄断法实施以来，首个未通过反垄断审查的案件。

3月27日，财政部、国家税务总局发布《关于提高轻纺电子信息等商品出口退税率的通知》，明确从2009年4月1日起提高纺织品、服装、轻工、电子信息、钢铁、有色金属、石化等商品的出口退税率。

4月1—2日，胡锦涛出席在伦敦举行的二十国集团领导人第二次金融峰会，并发表了题为《携手合作 同舟共济》的讲话。

4月26日，海协会会长陈云林与台湾海基会董事长江丙坤在南京紫金山庄举行会谈。这是“两会”恢复协商后领导人第三次会谈。双方签署了《海峡两岸金融合作协议》《海峡两岸空运补充协议》《海峡两岸共同打击犯罪及司法互助协议》等3项协议并就陆资赴台达成共识。随着这些协议和共识的落实，海峡两岸在隔绝60年后将真正全面实现直接“三通”。

5月16日，首届海峡论坛在福建厦门会展中心开幕。

5月26日，《深圳市综合配套改革总体方案》获国务院批准，深圳将在深化行政管理体制改革，全面深化经济体制改革，积极推进社会领域改革，完善自主创新体制机制，全面创新对外开放和区域合作的体制机制、创新外经贸发展方式，建立资源节约环境友好的体制机制等六个方面实现重点突破。

6月2日，我国首个内陆地区保税港区——重庆两路寸滩保税港区开建。

6月16日，中国、巴西、俄罗斯、印度“金砖四国”领导人在俄罗斯叶卡捷琳堡会晤。

7月1日，中国人民银行、财政部、商务部、海关总署、税务总局、中国银监会共同制定并公布《跨境贸易人民币结算试点管理办法》，规范试点企业和商业银行行为，促进跨境贸易便利化，并防范人民币跨境结算业务风险。

7月9日，南沙保税港区通过了由国家11部委组成的联合小组验收，成为广东首个保税港区。

9月14日，我国政府正式就美国限制我国轮胎进口的特殊保障措施启动了世贸组织争端解决程序。

9月16日，经国家海关总署、财政部、国家税务总局、国家外汇管理局联合验收，我国第一个在港区内设立的保税物流中心——营口港保税物流中心正式封关运营。

9月，国务院正式批复同意设立烟台保税港区。

10月27—31日，十一届全国人大常委会第十一次会议在北京举行。会议通过《中华人民共和国驻外外交人员法》。

12月20日，国务院正式批准昆山出口加工区为国家级综合保税区。

12月31日，《国务院关于推进海南国际旅游岛建设发展的若干意见》正式公布，标志着海南国际旅游岛建设正式上升为国家战略。

2010年

1月1日，降低鲜草莓等6个税目商品进口关税后，我国加入世界贸易组织承诺的关税减让义务全部履行完毕。

同日，按照《中国—东盟全面经济合作框架协议》的时间框架，中国—东盟自由贸易区全面启动。这标志着由中国和东盟10国组成的接近6万亿美元国民生产总值、4.5万亿美元贸易额的区域，开始步入零关税时代。

2月1日，商务部、中宣部、财政部、文化部、中国人民银行、海关总署、税务总局、广电总局、新闻出版总署、外汇管理局十个部门联合发布《关于进一步推进国家文化出口重点企业和重点项目相关工作的指导意见》，明确了《文化产品和服务出口指导目录》和《国家文化出口重点企业目录》《国家文化出口重点项目目录》的制定和调整程序，并从加大资金支持力度、实行税收优惠政策、提供金融支持、提高出口便利化水平等方面提出了保障措施。

4月9—11日，博鳌亚洲论坛2010年年会在海南举行，年会主题为“绿色复苏：亚洲可持续发展的现实选择”。论坛探讨了绿色增长时代的企业经营战略与实践、经济转型中的资本市场定位、亚洲领先世界的机遇、亚洲区域金融合作的创新思路等热点话题。来自32个国家和地区的2000多名政要、企业代表、专家学者出席了年会。

4月15日，国家发改委表示，中国将深化外商投资管理体制改革,《外商投资产业指导目录》中总投资3亿美元以下的鼓励类、允许类项目（除《政府核准的投资项目目录》规定需由国务院有关部门核准外），由地方政府有关部门核准。

4月30日，2010年上海世界博览会开幕式在上海世博文化中心隆重举行，胡锦涛出席开幕式并宣布上海世博会开幕，来自世界各地的领导人和贵宾出席了开幕式。5月1日，世博会正式开园。上海世博会由246个国家和国际组织参展，是有史以来规模最大的一届世博会。本届世博会主题是“城市，让生活更美好”。这是中国首次举办的综合性世界博览会。10月31日，上海世界博览会闭幕。

5月27日，国务院作出批复，同意将深圳经济特区范围扩大到深圳全市，将宝安、龙岗两区纳入特区范围，特区外扩从2010年7月1日起正式实施。这意味着中国最早设立的经济特区从原有的396平方公里扩大至1953平方公里。根据国务院的批复，特区范围扩大后，现有的特区管理线暂时保留，不再新设。

7月19日，中国人民银行与香港金管局签订关于人民币交易安排的《补充合作备忘录（四）》，并签署《香港银行人民币业务的清算协议》，标志着香港人民币业务的进一步发展。

9月6日，深圳经济特区建立30周年庆祝大会在深圳隆重举行。

9月9—12日，由联合国国际贸易中心、中国商务部等单位主办的“2010世界出口发展论坛”在重庆举办，世界贸易组织总干事拉米参会并发表重要演讲。这是该论坛首次在华举办。

10月1日，上海世界博览会中华人民共和国国家馆日仪式在上海世博中心隆重举行。上海世博会是世博史上第一次在发展中国家举行的全球盛会。

10月15—18日，党的十七届五中全会在北京举行。全会审议通过了《中共中央关于制定国民经济和社会发展第十二个五年规划的建议》。

12 月 10—12 日，中央经济工作会议在北京举行。会议提出加大改革攻坚力度，推动经济发展方式转变；坚持互利共赢的开放战略，拓展国际经济合作空间。

2011 年

1 月 6 日，中国人民银行发布《境外直接投资人民币结算试点管理办法》，规范银行业金融机构办理境外直接投资人民币结算业务，以便利境内机构以人民币开展境外直接投资。

2 月 3 日，国务院办公厅印发《关于建立外国投资者并购境内企业安全审查制度的通知》。

2 月 25 日，商务部发布《关于外商投资管理工作有关问题的通知》，下放部分外商投资审核管理权限，并取消了部分外商投资审批事项。

3 月 6 日，广东省人民政府和澳门特别行政区政府在北京签署《粤澳合作框架协议》。这标志着粤澳合作迈向新的里程，开启了“一国两制”下区域合作新篇章。

3 月 14 日，十一届全国人大四次会议审查了国务院提出的《中华人民共和国国民经济和社会发展第十二个五年规划纲要（草案）》，会议同意全国人大财政经济委员会的审查结果报告，决定批准这个规划纲要，并于 3 月 16 日发布。

3 月 19 日，我国首条中欧班列线路中欧班列（重庆）正式开通运营。

3 月 30 日，国家外汇管理局发布《关于进一步加强外汇业务管理有关问题的通知》，主要内容包括：一是进一步加强银行结售汇综合头寸管理，区分不同情况，压缩银行结售汇收付实现制负头寸下限；二是加强转口贸易外汇管理，将转口贸易收入纳入待核查账户管理；三是适当下调企业货物贸易项下预收货款和90天以上延期付款项下可收(付)汇额度的基础比例；四是进一步调低2011年度境内金融机构短期外债指标总规模，并适度调减存放同业、拆放同业规模较大银行的短期外债余额指标。

4月13日，中国人民银行公布的统计数据显示，截至2011年3月末，我国外汇储备余额为30447亿美元，首次突破3万亿美元关口。

4月14日，金砖国家领导人第三次会晤在海南省三亚市举行。这次会晤的主题是“展望未来、共享繁荣”。会晤期间，各国领导人围绕“展望未来、共享繁荣”的主题，就当前国际形势、国际经济金融问题、发展问题以及金砖国家合作深入交换了意见，达成了广泛共识，发表了《三亚宣言》。

4月14—16日，博鳌亚洲论坛2011年年会在海南博鳌举行。

4月27日，“2011年经济全球化与工会”国际论坛开幕式在北京举行。全国人大常委会委员长吴邦国出席并致辞。

5月6日，国务院批准并出台《国务院关于支持云南省加快建设面向西南开放重要桥头堡的意见》。

5月10日，国务院批复《天津北方国际航运中心核心功能区建设方案》。

5月30日，云南瑞丽国家重点开发开放试验区建设启动。

6月23日，经国务院批准，中国人民银行与俄罗斯联邦中央银行签订新的双边本币结算协定。协定签订后，中俄本币结算从边境贸易扩大到一般贸易，并扩大地域范围。协定规定两国经济活动主体可自行决定用自由兑换货币、人民币和卢布进行商品和服务的结算与支付。

8月24—26日，十一届全国人大常委会第二十二次会议在北京举行。会议通过全国人大常委会关于《中华人民共和国香港特别行政区基本法》第十三条第一款和第十九条的解释，通过了全国人大常委会关于批准《东南亚友好合作条约第三修改议定书》的决定。

9月5日，世界贸易组织上诉机构在日内瓦发布关于中美轮胎贸易纠纷案的裁决结果，判定美国对中国输美轮胎征收惩罚性关税符合世贸规则。

9月6—7日，首届亚太经合组织林业部长级会议在北京举行。胡锦涛出席开幕式并发表题为《加强区域合作实现绿色增长》的致辞。

9月7日，第十五届中国国际投资贸易洽谈会在厦门国际会展中心举行开馆式。

同日，温家宝主持召开国务院常务会议，听取蓬莱19-3油田溢油事故处理情况和渤海环境保护汇报，研究部署加强环境保护的重点工作。

10月12日，商务部发布《关于跨境人民币直接投资有关问题的通知》，规范合格境外机构投资者（QFII）来华开展直接投资。

10月13日，中国人民银行发布《外商直接投资人民币结算业务管理办法》，认可合格境外机构投资者（QFII）以人民币进行境内资本投资。

10月14日，第110届中国进出口商品交易会（广交会）开幕式暨中国加入世界贸易组织10周年论坛在广州隆重举行。广交会是中国历史最悠久、规模最大、商品种类最全、到会客商最多、成交效果最好的综合性国际贸易展会，一年分两届举行，成交总额占中国一般贸易出口总额的四分之一。

10月21日，第八届中国—东盟博览会在广西南宁国际会展中心隆重开幕。国务院总理温家宝出席开幕式，并宣布博览会开幕。

11月4—5日，第十届中国国际人才交流大会在深圳成功举办。参与大会的海内外机构超3000家，70多个国家和地区的2000多个海外代表参会。

11月10—11日，第11届世界自由贸易园区大会在上海浦东举行。会议期间，上海正式向外界表明要建立自由贸易区。

11月17日，国务院新闻办就中国加入世界贸易组织十周年情况举行发布会。

11月28日，中国外商投资企业协会第五次会员代表大会在京召开。王岐山在会见大会代表时强调，今年是中国加入世贸组织10周年，中国政府在降低关税、市场准入、平等对待内外资企业等方面，兑现了加入世贸组织时所作的承诺。我们将坚定不移地深化改革、扩大开放，不断完善相关法律法规，加强组织制度创新，加大知识产权保护力度，切实维护外资企业合法权益，营造更加公平、公正、透明的投资环境。

12月10日，中国、老挝、缅甸、泰国湄公河联合巡逻执法在西双版纳傣族自治州澜沧江景洪港关累码头正式启动，10艘商船跟随联合巡逻执法船一同起航出发，湄公河国际航运黄金水道全面恢复通航。

12月11日，中国加入世界贸易组织10周年高层论坛11日上午在人民大会堂举行。

12月12日，工信部与云南省人民政府在北京共同签署《加快建设我国面向西南开放重要桥头堡战略合作协议》，强化基础设施建设、优化区域布局，多措并举，把云南建设成为我国面向西南开放的重要桥头堡、沿边开放的试验区、实施“走出去”战略的先行区和西部重要的外向型特色优势产业基地。

2012年

1月16日，温家宝出席第五届世界未来能源峰会并发表重要演讲，阐述了中国政府未来能源发展战略。

3月22日，财政部表示，经国务院关税税则委员会第八次全体会议审议通过，并报国务院批准，自2012年4月1日起，我国将对液晶显示板等4个税目商品进口关税暂定税率进行调整。

3月29日，首届中国国际进口产品博览会在江苏省昆山市开幕，来自美国、加拿大、日本、德国等46个国家和地区的600余家企业参展，其中21家世界500强企业带来了一流的技术和产品。

4月12日，中国人民银行发布公告，决定扩大外汇市场人民币兑美元汇率浮动幅度。自2012年4月16日起，银行间即期外汇市场人民币兑美元交易价浮动幅度由千分之五扩大至百分之一。

4月15日，第111届中国进出口商品交易会（广交会）在广州琶洲展馆开幕。本届广交会展览总面积116万平方米，展位总数59434个，境内外参展企业共24644家，创历史新高。

4月20日，财政部发布《边境地区转移支付资金管理办法》。

4月26日，首次中国—中东欧国家领导人会晤在波兰华沙举行。此后，每年举行会晤，形成“16+1合作”平台。

5月3—4日，第四轮中美战略与经济对话在北京举行。

5月11日，中国·天津第十九届投资贸易洽谈会暨第八届PECC国际贸易投资博览会开幕，共吸引了来自26个国家和地区、国内18个省区市的60多个团组、8500多家企业参展，到会客商达5.5万人。

6月4日，国务院公布《对外劳务合作管理条例》，自2012年8月1日起施行。

6月20日，国务院新闻办公室发布《中国的稀土状况与政策》白皮书，指出中国希望其他稀土资源国积极地开发本国资源，拓展国际市场供应渠道，实现稀土供应多元化，扩大贸易规模，共同承担全球稀土供应的责任，满足世界经济持续发展的需求。

6 月 26—30 日，十一届全国人大常委会第二十七次会议在北京举行。会议通过《中华人民共和国出境入境管理法》，自 2013 年 7 月 1 日起施行。

7 月 3 日，《国务院关于支持深圳前海深港现代服务业合作区开发开放有关政策的批复》正式对外发布，批复明确指出，支持深圳前海实行比经济特区更加特殊的先行先试政策，内容涉及金融、财税、法制、人才、教育医疗以及电信等六方面共 22 条。

7 月 23 日，中国海洋石油有限公司宣布准备以 151 亿美元现金总对价，收购尼克森 100%流通的普通股和优先股。12 月 7 日，加拿大政府宣布，决定批准中海油的申请。这标志着中海油乃至中国企业完成迄今在海外最大宗收购案。

8 月 21 日，国家统计局发布《对外开放实现跨越式发展》报告。报告公布的数据显示，2011 年，我国货物进出口总额 36421 亿美元，比 2002 年增长 4.9 倍。其中，出口总额 18986 亿美元，增长 4.8 倍；进口总额 17435 亿美元，增长 4.9 倍。2003 年至 2011 年，货物进出口贸易年均增长 21.7%，其中，出口年均增长 21.6%，进口年均增长 21.8%。

9 月 8 日，胡锦涛出席亚太经合组织工商领导人峰会，并发表题为《深化互联互通实现持续发展》的主旨演讲。

9 月 11—13 日，世界经济论坛 2012 年新领军者年会（夏季达沃斯论坛）在天津举行。

9 月 12 日，温家宝主持召开国务院常务会议，研究确定促进外贸稳定增长的政策措施。

9 月 16 日，中国加工贸易产品博览会在广东省东莞市开幕，这是我国当时唯一直接服务于加工贸易转型升级的国家级博览会。

9 月 17 日，国务院日前批准了由中国人民银行、银监会、证监会、保监会、国家外汇管理局共同编制的《金融业发展和改革“十二五”规划》，从完善金融调控、优化组织体系、建设金融市场、深化金融改革、扩大对外开放、维护金融稳定、加强基础设施等7个方面，明确了“十二五”时期金融业发展和改革的重点任务。

9月18日，财政部、国家发展改革委联合发布《关于取消和免收进出口环节有关行政事业性收费的通知》，明确自2012年10月1日起，取消海关监管手续费。

9月21日，商务部发布《关于涉及外商投资企业股权出资的暂行规定》明确提出用作出资的股权应当权属清晰、权能完整、依法可以转让；股权企业是外商投资企业的，该企业应依法批准设立，符合外商投资产业政策。

10月15日—11月4日，第112届中国进出口商品交易会（广交会）在广州举行。

10月27日，国务院出台《关于促进海关特殊监管区域科学发展的指导意见》。

11月8—14日，党的十八大召开。大会通过的报告《坚定不移沿着中国特色社会主义道路前进，为全面建成小康社会而奋斗》，总结了过去5年和党的十六大以来10年的奋斗历程，确定了全面建成小康社会和全面深化改革开放的目标。党的十八大报告提出，全面提高开放型经济水平，强调适应经济全球化新形势，必须实行更加积极主动的开放战略，完善互利共赢、多元平衡、安全高效的开放型经济体系。加快“走出去”步伐，增强企业国际化经营能力，培育一批世界水平的跨国公司。

11月20日，中日韩自贸区谈判宣布启动，决定在2013年初举行第一轮谈判。

同日，东盟十国与中国、日本、韩国、印度、澳大利亚和新西兰在柬埔寨金边正式启动“区域全面经济伙伴关系”谈判。

11 月 21 日，李克强主持召开全国综合配套改革试点工作座谈会并作重要讲话。他强调，要深入学习和全面贯彻落实党的十八大精神，坚定不移、不失时机地深化改革开放，发挥好改革对推动科学发展的强大作用、对加快转变经济发展方式的关键作用，促进经济持续健康发展。

11 月 30 日，中共中央在中南海就当前经济形势和 2013 年经济工作召开党外人士座谈会，习近平总书记主持座谈会并发表讲话。

12 月 1 日，国务院印发《服务业发展“十二五”规划》。

12 月 7 日，中海油收购尼克森公司的申请获加拿大政府批准。该交易收购金额达 151 亿美元，为中海油乃至中国企业迄今完成的海外最大收购，同时也是加拿大自 2008 年爆发金融危机以来的最大金额外资收购案。

12 月 10 日，国务院关税税则委员会发布《2013 年关税实施方案》，自 2013 年 1 月 1 日起实施。

12 月 15—16 日，中央经济工作会议召开，会议强调全面深化经济体制改革，坚定不移扩大开放，要稳定和扩大国际市场份额，发挥进口对结构调整的支持作用，促进国际收支趋向平衡。要加强外商投资权益和知识产权保护，稳定利用外资规模，扩大对外投资。要继续推进多双边经贸合作，加快实施自由贸易区战略。

12 月 21 日，经国务院审批通过并由中国人民银行等十二部委联合发布的《福建省泉州市金融服务实体经济综合改革试验区总体方案》，标志着泉州市金融服务实体经济综合改革试验区的正式成立。

12 月 31 日，第十八届中共中央政治局就坚定不移推进改革开放进行第二次集体学习。

2013年

1月25日，国务院公布《能源发展“十二五”规划》提出，2015年能源消费总量控制目标为40亿吨标煤，其中石油对外依存度控制在61%以内。

3月22—30日，习近平主席对俄罗斯、坦桑尼亚、南非、刚果共和国进行国事访问，并出席在南非举行的金砖国家领导人第五次会晤。23日，在俄罗斯莫斯科国际关系学院发表演讲，倡导构建人类命运共同体，呼吁各国共同推动建立以合作共赢为核心的新型国际关系。25日，在坦桑尼亚尼雷尔国际会议中心发表演讲时首次提出“真实亲诚”的对非政策理念和正确义利观。

4月6—8日，博鳌亚洲论坛2013年年会在海南博鳌举行。本届年会以“革新、责任、合作：亚洲寻求共同发展”为主题。习近平主席出席年会开幕式，并发表题为《共同创造亚洲和世界的美好未来》的主旨演讲。

6月10日，首届中国—南亚博览会暨第21届中国昆明进出口商品交易会在云南昆明落下帷幕。5天会期，超过1200家境内外企业参展，近10万人次的境内外参展商和采购商到会，外经贸累计成交174.66亿美元。

7月3日，李克强主持召开国务院常务会议，讨论通过拟提请全国人大常委会审议的关于授权国务院在中国（上海）自由贸易试验区等国务院决定的试验区域内暂停实施有关法律规定的决定草案。

7月6日，我国和瑞士在北京正式签署中国—瑞士自由贸易协定。这是我国与欧洲大陆国家签署的首个自贸协定。

7月12日，国务院公布《中华人民共和国外国人入境出境管理条例》，自 2013 年 9 月 1 日起施行。

8 月 17 日，国务院正式批准设立中国（上海）自由贸易试验区。到 2020 年 8 月，自贸试验区试点由上海逐步扩大到 21 个省（自治区、直辖市）。

9 月 5 日，习近平主席在二十国集团领导人第八次峰会上发表《共同维护和发展开放型世界经济》的主旨讲话。

9 月 7 日、10 月 3 日，习近平主席分别在哈萨克斯坦纳扎尔巴耶夫大学、印度尼西亚国会发表演讲，先后提出共同建设“丝绸之路经济带”与“21 世纪海上丝绸之路”，即“一带一路”倡议。

9 月 9 日，商务部、国家统计局、国家外汇管理局联合发布《2012 年度中国对外直接投资统计公报》。2012 年，我国对外直接投资创下流量 878 亿美元的历史新高，同比增长 17.6%，首次成为世界三大对外投资国之一。

9 月 11—13 日，第七届夏季达沃斯论坛在大连市举行。

9 月 29 日，中国（上海）自由贸易试验区正式挂牌成立。

同日，上海市政府发布《中国（上海）自由贸易试验区外商投资准入特别管理措施（负面清单）（2013 年）》。这是中国第一次用负面清单管理外商对华投资。2021 年 12 月 27 日国家发展改革委和商务部发布的《自由贸易试验区外商投资准入特别管理措施（负面清单）（2021 年）》，清单条目已由 2013 年的 190 条减至 27 条。

10 月 2—8 日，习近平主席对印度尼西亚、马来西亚进行国事访问并出席在印尼巴厘岛举行的亚太经济合作组织（APEC）第二十一次领导人非正式会议。这次出访是我国新一届中央领导集体对东南亚和亚太方向开展的一次重大外交行动，目的是开创周边外交新局，推动亚太区域合作，促进地区发展繁荣。

10月21日，欧美同学会成立100周年庆祝大会召开。习近平总书记提出支持留学、鼓励回国、来去自由、发挥作用的留学人员工作方针。

10月24—25日，中共中央召开周边外交工作座谈会。习近平总书记发表重要讲话。这次会议的主要任务是，总结经验、研判形势、统一思想、开拓未来，确定今后5年至10年周边外交工作的战略目标、基本方针、总体布局，明确解决周边外交面临的重大问题的工作思路和实施方案。

11月9—12日，党的十八届三中全会召开。全会通过《关于全面深化改革若干重大问题的决定》，指出全面深化改革的总目标是完善和发展中国特色社会主义制度，推进国家治理体系和治理能力现代化；经济体制改革核心问题是处理好政府和市场的关系，使市场在资源配置中起决定性作用和更好发挥政府作用。

2013年，我国成为世界第一货物贸易大国，货物进出口总额为4.16万亿美元。

2014年

3月17日，国务院印发《关于加快发展对外文化贸易的意见》。

4月8日，我国首部自贸区仲裁规则《中国（上海）自由贸易试验区仲裁规则》在上海发布，自2014年5月1日起施行。

4月8—11日，博鳌亚洲论坛2014年年会举行。李克强出席论坛年会开幕式，并发表题为《共同开创亚洲发展新未来》的主旨演讲。

5月21日，亚洲相互协作与信任措施会议第四次峰会在上海举行。习近平主席主持并发表题为《积极树立亚洲安全观共创安全合作新局面》的主旨讲话，全面阐述共同、综合、合作、可持续的亚洲安全观。

5月22日，习近平总书记在上海召开外国专家座谈会的讲话中指出，中国要永远做一个学习大国。体现了中国是一个开放、包容的国家，表明中国重视建设学习型社会，重视科技和创新在经济转型升级进程中的作用，以及中国推动各国文明文化交流的意愿。

6月28日，和平共处五项原则发表60周年纪念大会在北京举行。

7月15日，在巴西举行的金砖国家领导人第六次会晤宣布，成立金砖国家新开发银行并将总部设在中国上海，建立金砖国家应急储备安排。

11月4日，习近平总书记主持召开中央财经领导小组第八次会议，研究丝绸之路经济带和21世纪海上丝绸之路规划、发起建立亚洲基础设施投资银行和设立丝路基金。

11月8日，加强互联互通伙伴关系对话会在北京举行。习近平主席主持会议并发表题为《联通引领发展 伙伴聚焦合作》的重要讲话。

11月19—21日，首届世界互联网大会在浙江乌镇举行。习近平主席致贺词祝贺会议召开。

12月2日，中共中央、国务院印发《丝绸之路经济带和21世纪海上丝绸之路建设战略规划》，对推进“一带一路”建设工作作出全面部署。2015年3月28日，经国务院授权，国家发展改革委、外交部、商务部联合发布《推动共建丝绸之路经济带和21世纪海上丝绸之路的愿景与行动》。

2015年

1月8—9日，中国—拉美和加勒比国家共同体论坛首届部长级会议在北京举行。8日，习近平主席出席开幕式并发表《共同谱写中拉全面合作伙伴关系新篇章》的讲话。会议通过《中拉论坛首届部长级会议北京宣言》《中国与拉美和加勒比国家合作规划（2015—2019）》等。

1月20—22日，李克强出席在瑞士达沃斯举行的世界经济论坛2015年年会，并对瑞士进行工作访问。21日，李克强在会上发表题为《维护和平稳定 推动结构改革 增强发展新动能》的特别致辞。

1月28日，国务院印发《关于加快发展服务贸易的若干意见》。

3月7日，国务院批复设立中国（杭州）跨境电子商务综合试验区。5月4日，国务院印发《关于大力发展电子商务加快培育经济新动力的意见》。2016年1月、2018年7月，国务院先后批复在天津、北京等34个城市设立跨境电子商务综合试验区。

4月20—24日，习近平主席对巴基斯坦进行国事访问并出席在印度尼西亚举行的亚非领导人会议和万隆会议60周年纪念活动。24日，在纪念大会上签署《2015万隆公报》。

5月13日，国务院印发《关于推进国际产能和装备制造合作的指导意见》。

8月11日，中国人民银行决定改革完善人民币兑美元汇率中间价报价机制，明确中间价报价参考前一天收盘价。2016年2月，形成“收盘汇率+一篮子货币汇率变化”的人民币兑美元汇率中间价形成机制。

9月17日，中共中央、国务院公布《关于构建开放型经济新体制的若干意见》。

9月22—28日，习近平对美国进行国事访问并出席联合国成立70周年系列峰会。25日，习近平主席同奥巴马举行会晤，双方同意继续努力构建中美新型大国关系。26日，习近平主席出席联合国发展峰会并发表题为《谋共同永续发展做合作共赢伙伴》的重要讲话。28日，习近平主席出席第七十届联合国大会一般性辩论并发表题为《携手构建合作共赢新伙伴 同心打造人类命运共同体》的重要讲话。

10月26—29日，党的十八届五中全会在北京举行。全会审议通过《中共中央关于制定国民经济和社会发展第十三个五年规划的建议》。习近平总书记在党的十八届五中全会第二次全体会议上阐述新发展理念。

11月27—28日，《〈内地与香港关于建立更紧密经贸关系的安排〉服务贸易协议》《〈内地与澳门关于建立更紧密经贸关系的安排〉服务贸易协议》分别签署。

11月29日—12月5日，习近平主席出席在法国巴黎举行的气候变化巴黎大会，对津巴布韦、南非进行国事访问并主持中非合作论坛约翰内斯堡峰会。11月30日，习近平主席在气候变化巴黎大会开幕式上发表题为《携手构建合作共赢、公平合理的气候变化治理机制》的讲话。12月4日，习近平主席出席中非合作论坛约翰内斯堡峰会开幕式并发表题为《开启中非合作共赢、共同发展的新时代》的致辞。

12月16日，习近平主席出席第二届世界互联网大会开幕式并发表主旨演讲。

12月25日，亚洲基础设施投资银行正式成立。意向创始成员国共有57个。

2016年

1月16—18日，亚投行开业仪式暨理事会和董事会成立大会在北京举行。

3月23日，澜沧江—湄公河合作首次领导人会议在海南三亚举行，正式启动澜湄合作机制。

4月22日，我国签署气候变化《巴黎协定》。

7月，国务院新闻办发表《中国坚持通过谈判解决中国与菲律宾在南海的有关争议》白皮书。

7月12日，外交部发布《中华人民共和国政府关于在南海的领土主权和海洋权益的声明》。

7月22日，我国同世界银行、国际货币基金组织、世界贸易组织、经济合作与发展组织、国际劳工组织、金融稳定理事会首次“1+6”圆桌对话会在北京举行。此后，每年举行一次“1+6”圆桌对话会。

9月3日，习近平主席出席在浙江杭州举行的二十国集团工商峰会开幕式并发表题为《中国发展新起点 全球增长新蓝图》的主旨演讲。

同日，《全国人民代表大会常务委员会关于修改〈中华人民共和国外资企业法〉等四部法律的决定》由十二届全国人大常委会第二十二次会议于2016年9月3日通过，自2016年10月1日起施行。

10月1日，人民币正式加入国际货币基金组织特别提款权货币篮子。

10月14—15日，“2016中国共产党与世界对话会”在重庆举行。刘云山出席开幕式并发表题为《为完善全球经济治理贡献政党智慧和力量》的主旨讲话。

12月3日，国务院印发《中国落实2030年可持续发展议程创新示范区建设方案》。

2017年

1月12日，国务院印发《关于扩大对外开放积极利用外资若干措施的通知》，对进一步做好利用外资工作作出部署。

1月17日，习近平主席出席达沃斯世界经济论坛2017年年会开幕式并发表题为《共担时代责任 共促全球发展》的主旨演讲。

3月1日，经中央网络安全和信息化领导小组批准，外交部和国家互联网信息办公室共同发布《网络空间国际合作战略》。

3月30日，国务院印发《全面深化中国（上海）自由贸易试验区改革开放方案》。

7月1日，全国海关通关一体化正式实施，企业可以在全国范围内任意一个海关完成相关海关手续。

8月8日，国务院印发《关于促进外资增长若干措施的通知》。

9月3—5日，金砖国家领导人第九次会晤在厦门举行。习近平主席主持金砖国家领导人第九次会晤和新兴市场国家与发展中国家对话会，并出席金砖国家工商论坛开幕式等有关活动。

10月18—24日，党的十九大在北京召开。大会通过题为《决胜全面建成小康社会，夺取新时代中国特色社会主义伟大胜利》的报告。

10月31日，国家发展改革委等28个部门联合发布《关于加强对外经济合作领域信用体系建设的指导意见》。

11月30日—12月3日，中国共产党与世界政党高层对话会在北京举行。12月1日，习近平主席出席对话会开幕式并发表题为《携手建设更加美好的世界》的主旨讲话。

2018年

4月10日，习近平主席出席博鳌亚洲论坛2018年年会开幕式并发表题为《开放共创繁荣　创新引领未来》的主旨演讲。

4月11日，中共中央、国务院印发《关于支持海南全面深化改革开放的指导意见》。

4月18日，国家移民管理局在公安部新闻发布会上通报，经国务院批准，自2018年5月1日起，在海南省实施59国人员入境旅游免签政策，免签入境时间停留为30天。

5月4日，国务院印发《进一步深化中国（广东）自由贸易试验区改革开放方案》《进一步深化中国（天津）自由贸易试验区改革开放方案》《进一步深化中国（福建）自由贸易试验区改革开放方案》。

5月15日，习近平主席主持召开中央外事工作委员会第一次会议并发表重要讲话，会议审议通过《中央外事工作委员会工作规则》等文件。

6月10日，国家外汇管理局印发《合格境外机构投资者境内证券投资外汇管理规定》，

同日，国务院发布《关于积极有效利用外资推动经济高质量发展若干措施的通知》。

6月28日，国务院新闻办公室发表《中国与世界贸易组织》白皮书。这是中国首次就这一问题发表白皮书。

7月10日，中国—阿拉伯国家合作论坛第八届部长级会议在北京举行。习近平主席出席开幕式并发表题为《携手推进新时代中阿战略伙伴关系》的重要讲话。

7月16日，第二十次中国欧盟领导人会晤在北京举行。中欧双方一致倡导多边主义，支持自由贸易，促进世界和平稳定与发展。

9月3—4日，中非合作论坛北京峰会举行。习近平主席主持峰会并在开幕式上发表题为《携手共命运 同心促发展》的主旨讲话。会议通过《关于构建更加紧密的中非命运共同体的北京宣言》和《中非合作论坛——北京行动计划（2019—2021年）》。

11月5—10日，首届中国国际进口博览会在上海举行。

12月10日，纪念《世界人权宣言》发表70周年座谈会在京举行。

12月18日，庆祝改革开放40周年大会召开。习近平总书记在会上发表重要讲话。

12月19日，亚洲基础设施投资银行在北京宣布其理事会已批准新一批6个意向成员加入，成员总数扩大到93个。

2019 年

1 月 1 日，习近平主席与美国总统特朗普互致贺信，热烈祝贺两国建交 40 周年。

3 月 15 日，十三届全国人大二次会议通过《中华人民共和国外商投资法》，自 2020 年 1 月 1 日起施行。《中华人民共和国中外合资经营企业法》《中华人民共和国外资企业法》《中华人民共和国中外合作经营企业法》同时废止。12 月 26 日，国务院公布《中华人民共和国外商投资法实施条例》。

3 月 25 日，习近平主席在巴黎爱丽舍宫同法国总统马克龙会谈。两国元首一致同意，承前启后，继往开来，在新的历史起点上打造更加坚实、稳固、富有活力的中法全面战略伙伴关系。

4 月 22 日，亚洲基础设施投资银行（亚投行）宣布，亚投行理事会已经批准科特迪瓦、几内亚、突尼斯和乌拉圭为新一批成员。至此，亚投行成员达到 97 个。

4 月 26 日，习近平总书记在北京国家会议中心出席第二届“一带一路”国际合作高峰论坛开幕式，并发表题为《齐心开创共建“一带一路”美好未来》的主旨演讲。

4 月 28 日，2019 年中国北京世界园艺博览会开幕式举行。习近平主席出席并发表题为《共谋绿色生活，共建美丽家园》的主旨演讲。

5 月 15—22 日，首届亚洲文明对话大会在北京召开。习近平主席在开幕式上发表题为《深化文明交流互鉴，共建亚洲命运共同体》的主旨演讲。

6 月 12—16 日，习近平主席应邀对吉尔吉斯斯坦、塔吉克斯坦进行国事访问，并出席在比什凯克举行的上海合作组织成员国元首理事会第十九次会议和在杜尚别举行的亚洲相互协作与信任措施会议第五次峰会。14日，习近平主席出席上合组织成员国元首理事会第十九次会议并发表题为《凝心聚力 务实笃行 共创上海合作组织美好明天》的重要讲话。15日，习近平主席出席亚信第五次峰会并发表题为《携手开创亚洲安全和发展新局面》的重要讲话。

6月17日，中国证监会和英国金融行为监管局发布联合公告，原则批准上海证券交易所和伦敦证券交易所开展沪伦通业务，沪伦通正式启动。

6月30日，国家发改委、商务部发布《外商投资准入特别管理措施（负面清单）（2019年版）》，清单条目由48条减至40条。

7月20日，国务院金融稳定发展委员会办公室对外宣布，为贯彻落实党中央、国务院关于进一步扩大对外开放的决策部署，按照“宜快不宜慢、宜早不宜迟”的原则，在深入研究评估的基础上，推出11条金融业对外开放措施。

7月27日，国务院印发《中国（上海）自由贸易试验区临港新片区总体方案》。

8月2日，国务院印发《中国（山东）、（江苏）、（广西）、（河北）、（云南）、（黑龙江）自由贸易试验区总体方案》。8月30日，山东、江苏、广西、河北、云南、黑龙江六省区的6个新设自由贸易试验区正式揭牌。

10月11日，2019中国国际数字经济博览会在石家庄开幕，习近平总书记致贺信。

10月22日，国务院公布《优化营商环境条例》，自2020年1月1日起施行。

10月31日，党的十九届四中全会通过《中共中央关于坚持和完善中国特色社会主义制度 推进国家治理体系和治理能力现代化若干重大问题的决定》。

11 月 4 日，第三次区域全面经济伙伴关系协定（RCEP）领导人会议在泰国曼谷举行。与会领导人在会后发表联合声明，宣布RCEP 15 个成员国结束全部文本谈判及实质上所有市场准入谈判，并将致力于确保明年签署协议。

11 月 5—10 日，第二届中国国际进口博览会在上海国家会展中心举办，习近平出席开幕式并发表题为《开放合作 命运与共》的主旨演讲。

11 月 19 日，中共中央、国务院印发《关于推进贸易高质量发展的指导意见》。

12 月 26 日，国务院公布《中华人民共和国外商投资法实施条例》，自 2020 年 1 月 1 日起施行。

2020 年

1 月 1 日，我国调整部分商品进口关税，对 850 余项商品实施低于最惠国税率的进口暂定税率。

4 月 10 日，习近平总书记主持召开中央财经委员会第七次会议，并以《国家中长期经济社会发展战略若干重大问题》为题发表重要讲话。

5 月 18 日，习近平主席参加第 73 届世界卫生大会视频会议开幕式，并发表题为《团结合作战胜疫情 共同构建人类卫生健康共同体》的致辞。

6 月 1 日，中共中央、国务院印发《海南自由贸易港建设总体方案》。

6 月 30 日，商务部办公厅、市场监管总局办公厅联合发出《关于进一步完善外商投资信息报告制度 加强和完善事中事后监管工作的通知》。

7月13日，国务院印发《关于促进国家高新技术产业开发区高质量发展的若干意见》。

8月25日，商务部修订出台《外商投资企业投诉工作办法》，自2020年10月1日起实施。

8月30日，国务院印发《中国（北京）、（湖南）、（安徽）自由贸易试验区总体方案》和《中国（浙江）自由贸易试验区扩展区域方案》。

9月22日，习近平主席在第七十五届联合国大会一般性辩论上发表重要讲话。

10月14日，深圳经济特区建立40周年庆祝大会在广东省深圳市隆重举行，习近平总书记出席大会并发表重要讲话。

10月25日，国务院办公厅发布《关于推进对外贸易创新发展的实施意见》。

10月26—29日，党的十九届五中全会召开。全会通过《关于制定国民经济和社会发展第十四个五年规划和二〇三五年远景目标的建议》。

11月4日，第三届中国国际进口博览会开幕式在上海举行，习近平总书记以视频方式发表主旨演讲。

11月11日，习近平主席在北京以视频方式出席亚太经合组织工商领导人峰会，并发表题为《坚持可持续发展 共建亚太命运共同体》的主旨演讲。

11月12日上午，浦东开发开放30周年庆祝大会在上海世博中心举行，习近平总书记出席大会并发表重要讲话。

11月15日，第四次区域全面经济伙伴关系协定（RCEP）领导人会议以视频方式举行，会后东盟十国和中国、日本、韩国、澳大利亚、新西兰共15个亚太国家正式签署《区域全面经济伙伴关系协定》。

11月20日，习近平主席在北京以视频方式出席亚太经合组织

（APEC）第二十七次领导人非正式会议，并发表题为《携手构建亚太命运共同体》的主旨演讲。

12 月 30 日，欧盟与中国就投资协定框架达成一致，中欧领导人共同宣布如期完成中欧投资协定谈判。

2021 年

1 月 25 日，习近平主席在北京以视频方式出席世界经济论坛“达沃斯议程”对话会，并发表题为《让多边主义的火炬照亮人类前行之路》的特别致辞。

1 月 31 日，中共中央办公厅、国务院办公厅印发的《建设高标准市场体系行动方案》。

3 月 11 日，十三届全国人大四次会议批准《中华人民共和国国民经济和社会发展第十四个五年规划和 2035 年远景目标纲要》。

3 月 16 日，国家发改委、市场监管总局等 13 部门公布《关于加快推动制造服务业高质量发展的意见》。

4 月 9 日，国务院批复同意在天津、上海、海南、重庆 4 省市开展服务业扩大开放综合试点。

4 月 15 日，我国向东盟秘书长正式交存《区域全面经济伙伴关系协定》（RCEP）核准书。这标志着我国正式完成RCEP核准程序。

4 月 22 日，习近平主席在北京以视频方式出席领导人气候峰会，并发表题为《共同构建人与自然生命共同体》的重要讲话。

5 月 7—10 日，以“开放中国，海南先行”为主题的首届中国国际消费品博览会在海南举办。

5 月 20 日，欧洲议会以压倒性的票数通过了冻结中欧投资协定的议案。

5月21日，习近平主席在北京以视频方式出席全球健康峰会，并发表题为《携手共建人类卫生健康共同体》的重要讲话。

6月10日，十三届全国人大常委会第二十九次会议通过《中华人民共和国海南自由贸易港法》，自公布之日起施行。

6月23日，“一带一路”亚太区域国际合作高级别会议以视频方式成功举行。习近平主席向“一带一路”亚太区域国际合作高级别会议发表书面致辞。

7月2日，国务院办公厅发布《关于加快发展外贸新业态新模式的意见》。

7月6日，以“为人民谋幸福：政党的责任”为主题的中国共产党与世界政党领导人峰会以视频连线方式举行，习近平主席出席会议并发表《加强政党合作 共谋人民幸福》的主旨讲话。

7月23日，商务部正式公布《海南自由贸易港跨境服务贸易特别管理措施（负面清单）（2021年版）》，自2021年8月26日起施行。

9月16日，商务部部长王文涛向《全面与进步跨太平洋伙伴关系协定》（CPTPP）保存方新西兰贸易与出口增长部部长奥康纳提交了中国正式申请加入CPTPP的书面信函。两国部长还举行了电话会议，就中方正式申请加入的有关后续工作进行了沟通。

10月12日，商务部公布《“十四五”利用外资发展规划》。

11月5—10日，第四届中国国际进口博览会在上海举办，习近平主席以视频方式出席开幕式并发表题为《让开放的春风温暖世界》的主旨演讲。

11月11日，党的十九届六中全会通过《中共中央关于党的百年奋斗重大成就和历史经验的决议》。

11月18日，商务部正式印发《“十四五”对外贸易高质量发展规划》。

11月19日，习近平总书记在北京出席第三次“一带一路”建设座谈会并发表重要讲话。

11月22日，习近平主席在北京以视频方式出席并主持中国—东盟建立对话关系30周年纪念峰会，并发表题为《命运与共 共建家园》的重要讲话。

12月27日，国家发改委、商务部正式发布《外商投资准入特别管理措施（负面清单）（2021年版）》。

2022年

1月1日，《区域全面经济伙伴关系协定》（RCEP）正式生效。为更好推动RCEP落地见效，1月27日，商务部等六部门联合印发了《关于高质量实施RCEP的指导意见》。

1月4日，国家外汇管理局开展跨境贸易投资高水平开放试点，开展合格境外有限合伙人（QFLP）和合格境内有限合伙人（QOLP）试点。

1月5日，中国和摩洛哥两国政府签署《中华人民共和国政府与摩洛哥王国政府关于共同推进“一带一路”建设的合作规划》。

1月10日，中国政府与尼加拉瓜共和国政府签署《关于共同推进丝绸之路经济带和21世纪海上丝绸之路建设的谅解备忘录》。截至1月14日，中国已与147个国家、32个国际组织签署200余份共建“一带一路”合作文件。

1月11日，国务院办公厅印发《关于做好跨周期调节进一步稳外贸的意见》，该意见表明要挖掘进出口潜力，保障外贸产业链、供应链稳定畅通。鼓励外贸企业与航运企业签订长期协议。增设一批跨境电子商务综合试验区。

1月17日，习近平主席出席2022年世界经济论坛视频会议并发表

《坚定信心，勇毅前行，共创后疫情时代美好世界》的演讲。

1月24日，中共中央对外联络部以视频方式举行中国同东南亚、南亚国家“一带一路”政党共商会议。

1月25日，中国同中亚五国建交30周年视频峰会举行。习近平主席主持并发表《携手共命运，一起向未来》的讲话，强调携手构建更加紧密的中国—中亚命运共同体。

2月4日，中俄两国元首在北京举行会谈，双方发表《中华人民共和国和俄罗斯联邦关于新时代国际关系和全球可持续发展的联合声明》，集中阐述了中俄在民主观、发展观、安全观、秩序观方面的共同立场。

2月5日，中国—东盟商务理事会与75家全国性行业商协会及有关行业合作委员会联合发起《共同推进RCEP区域工商界合作的中方工商界倡议》，愿与RCEP区域成员国工商界加强机制建设，组建RCEP产业合作委员会。

2月7日，苏州工业园区海关为维苏威高级陶瓷（中国）有限公司签发江苏自贸试验区首份出口韩国的RCEP原产地证书。

2月8日，国务院批复同意在27个城市和地区设立跨境电子商务综合试验区；9月1日，新增14家国家电子商务示范基地；9月28日，商务部等七部门新设8家市场采购贸易方式试点；11月3日，全国增设29个国家进口贸易促进创新示范区。

2月14日，财政部、海关总署、国家税务总局联合发布《关于调整海南自由贸易港自用生产设备“零关税”政策的通知》。

2月24日，俄罗斯总统普京在紧急直播中正式向乌克兰政府宣战。

3月1日，《中华人民共和国市场主体登记管理条例》实行。

3月25日，中共中央、国务院印发《关于加快建设全国统一大市场的意见》，提出加快建设高效规范、公平竞争、充分开放的全国统一大市场，全面推动我国市场由大到强转变。

3月28日，国家发展改革委等四部门日前联合印发《关于推进共建“一带一路”绿色发展的意见》提出，鼓励太阳能发电、风电等企业“走出去”，鼓励企业开展新能源产业、新能源汽车制造等领域投资合作。

3月30日，为完善《区域全面经济伙伴关系协定》（RCEP）自贸协定公共服务平台体系，更好地为对外贸易企业提供自贸伙伴贸易投资“一站式”解决方案，中国中西部地区首个RCEP贸易促进中心在重庆市渝中区正式揭牌。

3月31日，中国人民银行召开数字人民币研发试点工作座谈会，杭州、宁波、金华等6个城市获批数字人民币试点。

4月10—13日，习近平总书记在海南考察时强调，要坚决贯彻党中央决策部署，坚持稳中求进工作总基调，完整、准确、全面贯彻新发展理念，全面深化改革开放，坚持创新驱动发展，统筹疫情防控和经济社会发展，统筹发展和安全，解放思想、开拓创新，团结奋斗、攻坚克难，加快建设具有世界影响力的中国特色自由贸易港，让海南成为新时代中国改革开放的示范。

4月10日，中共中央、国务院印发《关于加快建设全国统一大市场的意见》，明确加快建立全国统一的市场制度规则，打破地方保护和市场分割，打通制约经济循环的关键堵点，促进商品要素资源在更大范围内畅通流动，加快建设高效规范、公平竞争、充分开放的全国统一大市场，全面推动我国市场由大到强转变，为建设高标准市场体系、构建高水平社会主义市场经济体制提供坚强支撑。

4月11日，河南保税物流中心园区首单跨境电商零售进口药品在“全球汇”线上平台完成实单交易，标志着国家跨境电商零售进口药品试点业务正式启动。

4 月 16 日，RCEP产业合作委员会在京成立，旨在落实RCEP协定和RCEP领导人联合声明，加强RCEP成员国有关工商会、行业协会及重点企业间的密切友好合作，发挥商协会在RCEP产业对接中的作用。

4 月 21 日，习近平主席以视频方式出席博鳌亚洲论坛 2022 年年会开幕式并发表题为《携手迎接挑战，合作开创未来》的主旨演讲，提出促进世界安危与共的全球安全倡议。

4 月 29 日，习近平总书记在中共中央政治局第三十八次集体学习时指出，要深化资本市场改革。要继续完善我国资本市场基础制度，更好发挥资本市场功能，为各类资本发展释放出更大空间。要健全产权保护制度，深入推进实施公平竞争政策，全面落实公平竞争审查制度，消除各种市场壁垒，使各类资本机会平等、公平进入、有序竞争。

5 月 9 日，习近平主席同德国总理朔尔茨举行视频会晤，指出当前形势下，中德尤其需要保持两国关系健康稳定发展，发挥好中德关系稳定性、建设性、引领性作用。

5 月 11 日，国际货币基金组织在特别提款权定值审查中上调人民币权重。

5 月 30 日，外交部发布《中国关于同太平洋岛国相互尊重、共同发展的立场文件》，指出中国和太平洋岛国同为发展中国家，在维护亚太地区和平稳定、促进国际公平正义、推动实现可持续韧性发展等方面拥有广泛共同利益。

6 月 17 日，第十二届WTO部长级会议MC12 结束，这是WTO近五年来，首次举行部长级会议，来自WTO164 个成员的 100 多名贸易部长级官员齐集日内瓦。

6 月 20 日，中国人民银行印发《关于支持外贸新业态跨境人民币结算的通知》，支持银行和支付机构更好服务外贸新业态发展，自2022年7月21日起实施。

6月23日，习近平主席主持金砖国家领导人第十四次会晤并发表《构建高质量伙伴关系，开启金砖合作新征程》的讲话，强调构建更加全面、紧密、务实、包容的高质量伙伴关系，开启金砖合作新征程。

6月24日，习近平主席在北京以视频方式主持全球发展高层对话会并发表题为《构建高质量伙伴关系 共创全球发展新时代》的重要讲话。俄罗斯、南非、阿根廷、印度等十八国领导人出席会议。

同日，十三届全国人大常委会第三十五次会议通过《关于修改〈中华人民共和国反垄断法〉的决定》。

7月12日，李克强在北京主持召开专家和企业家座谈会，强调改革开放是中国的基本国策。要深化改革，持续推进“放管服”改革，打造市场化法治化国际化营商环境，培育壮大市场主体，更大激发市场活力和社会创造力。

7月15日，市场监管总局发布《关于试点开展委托实施部分经营者集中案件反垄断审查的公告》。《中华人民共和国反垄断法》实施以来，国务院反垄断执法机构共审结经营者集中案件逾4500件，案件交易总金额超过50万亿元。

7月22日，中国证监会、国家发改委、全国工商联联合发布《关于推动债券市场更好支持民营企业改革发展的通知》。

8月18日，根据《数字经济伙伴关系协定》（DEPA）联合委员会的决定，中国加入DEPA工作组正式成立，全面推进中国加入DEPA的谈判。

8月26日，中国证监会、财政部与美国公众公司会计监督委员会（PCAOB）签署审计监管合作协议。协议针对中概股跨境审计监管合作机制做出了具体安排，涉及合作范围、合作形式、信息使用、特定数据保护等重要事项。

9月7日，海关总署关于印发《海关总署支持前海深港现代服务业合作区全面深化改革开放若干措施》的通知。

9月16日，习近平主席在上海合作组织成员国元首理事会第二十二次会议上发表《把握时代潮流，加强团结合作，共创美好未来》的讲话。

同日，第二届RCEP经贸合作工商高峰论坛暨高质量实施RCEP论坛在广西南宁举行。RCEP15个成员国的40家商会、协会共同发布《关于工商界携手高质量实施RCEP，推进更高水平区域经济一体化的南宁倡议》。

9月17日，第21次中国—东盟（10+1）经贸部长会议、第25次东盟—中日韩（10+3）经贸部长会议和第10次东亚峰会国家（10+8）经贸部长会议等东亚合作经贸部长系列会议举行。10+1会议通过《关于进一步深化中国—东盟经贸合作的工作计划》、《中国—东盟自贸协定实施进展报告》和《中国—东盟自贸区进一步升级（3.0版）联合可研报告》，并共同发表《中国—东盟经贸部长关于疫后经济复苏合作的联合声明》。10+3会议通过《10+3经济合作工作计划》和《〈关于缓解新冠肺炎疫情对经济影响的行动计划〉进展报告》。

9月17日，东南亚国家联盟成员国与澳大利亚、中国、日本、韩国和新西兰在柬埔寨暹粒召开RCEP生效后首次部长级会议。会议鼓励各方共同高水平履行RCEP义务，持续提升协定实施效果，推进RCEP机制建设，深化成员国间经贸合作，为各国工商界把握RCEP机遇、充分享受协定政策红利创造条件，为推进区域经济一体化、实现地区长期繁荣发展作出贡献。

9月21日，国务院印发《关于同意在天津、上海、海南、重庆暂时调整实施有关行政法规规定的批复》，同意在海南省暂时调整实施《民办非企业单位登记管理暂行条例》的有关规定，放宽外商捐资举办非营利性养老机构的民办非企业单位准入。

9月22—23日，二十国集团（G20）在印度尼西亚举行贸易、投资和工业部长会议。会议主要就世贸组织改革、多边贸易体制促进实现可持续发展、疫情应对、数字贸易与全球价值链、可持续投资、工业4.0等议题进行讨论。

10月26日，国家发改委、商务部发布《鼓励外商投资产业目录（2022年版）》。其中明确海南适用全国目录519条和海南省目录72条，共591条，海南自由贸易港鼓励外商投资产业目录进一步扩大。

10月31日，国务院办公厅发布《关于复制推广营商环境创新试点改革举措的通知》。

11月1日，《深圳经济特区外商投资条例》正式实施。

11月4日，习近平总书记以视频方式出席在上海举行的第五届中国国际进口博览会开幕式，并发表题为《共创开放繁荣的美好未来》的致辞。习近平主席指出，中国将推动各国各方共享制度型开放机遇，稳步扩大规则、规制、管理、标准等制度型开放，实施好新版《鼓励外商投资产业目录》，深化国家服务业扩大开放综合示范区建设；实施自由贸易试验区提升战略，加快建设海南自由贸易港，发挥好改革开放综合试验平台作用。

11月5日，第五届虹桥国际经济论坛发布《世界开放报告2022》。该报告显示，2012年至2020年，中国开放指数从0.7107提升至0.7507，排名从第47位提升至第39位。

11月8日，国家发改委印发《关于进一步完善政策环境加大力度支持民间投资发展的意见》。进一步加大政策支持力度，激发民间投资活力，促进实现高质量发展。

11月9日，习近平主席向2022年世界互联网大会乌镇峰会致贺信。习近平主席指出，当今时代，数字技术作为世界科技革命和产业变革的先导力量，日益融入经济社会发展各领域全过程，深刻改变着生产方式、生活方式和社会治理方式。面对数字化带来的机遇和挑战，国际社会应加强对话交流、深化务实合作，携手构建更加公平合理、开放包容、安全稳定、富有生机活力的网络空间。

11月16日，习近平主席出席二十国集团领导人第十七次峰会，发表题为《共迎时代挑战 共建美好未来》的讲话。峰会通过了《二十国集团领导人巴厘岛峰会宣言》。

11月24日，国务院发布《关于同意在廊坊等33个城市和地区设立跨境电子商务综合试验区的批复》。

12月1日，习近平主席在人民大会堂同欧洲理事会主席米歇尔举行会谈。习近平主席指出，中欧是维护世界和平的两大力量、促进共同发展的两大市场、推动人类进步的两大文明。中欧关系保持向前向上势头，坚持互利共赢，符合中欧和国际社会的共同利益。习近平主席就中欧关系发展提出四点看法：一是要秉持正确认知；二是要妥善管控分歧；三是要开展更高水平合作；四是要加强国际协调合作。

同日，中国政府与阿尔及利亚政府签署《中华人民共和国政府和阿尔及利亚民主人民共和国政府关于共同推进“一带一路”建设的合作规划》。

12月7日，国际能源署发布《2022年可再生能源报告》，指出受能源危机推动，各国可再生能源安装明显提速，未来五年全球装机增量有望接近此前五年增量的两倍。报告预计，2022年至2027年间，全球可再生能源发电装机容量将增加2400吉瓦，占全球电力增量的90%以上。到2025年初，可再生能源将超过煤炭成为全球第一大电力来源。

12月8日，中国政府与沙特政府签署了《中华人民共和国政府和沙特阿拉伯王国政府关于共建“一带一路”倡议与“2030愿景”对接实施方案》。

同日，上海市发布《关于进一步降低制度性交易成本更大激发市场主体活力的若干措施》。

12月9日，首届中国—海湾阿拉伯国家合作委员会峰会在利雅得举行。习近平主席发表题为《继往开来，携手奋进 共同开创中海关系美好未来》的主旨讲话。习近平主席强调，未来3~5年，中国愿同海合会国家在以下重点合作领域作出努力：构建能源立体合作新格局；推动金融投资合作新进展；拓展创新科技合作新领域；实现航天太空合作新突破；打造语言文化合作新亮点。

同日，李克强在安徽省黄山市同世界银行行长马尔帕斯、国际货币基金组织总裁格奥尔基耶娃、世界贸易组织总干事伊维拉、国际劳工组织总干事洪博、经合组织秘书长科尔曼、金融稳定理事会主席诺特举行第七次“1+6”圆桌对话会。

12月11日，首届全球数字贸易博览会在浙江杭州开幕，这是国内唯一以数字贸易为主题的国家级、全球性的专业博览会。

12月15日，习近平主席在第十五届中国—拉美企业家高峰会开幕式上发表书面致辞。习近平主席指出，中国将坚持对外开放的基本国策，坚定奉行互利共赢的开放战略，坚持经济全球化正确方向，推动建设开放型世界经济，更好惠及包括拉美和加勒比国家在内的各国人民。中拉关系已经进入平等、互利、创新、开放、惠民的新时代。高峰会发出《中国—拉美和加勒比工商界合作瓜亚基尔倡议》，号召中拉持续深化互联互通。

12 月 19 日，中国人民银行上海总部在中国（上海）自由贸易试验区启动本外币合一银行结算账户体系试点。中国工商银行、中国农业银行、中国银行、中国建设银行、招商银行上海分行等 5 家金融机构在中国（上海）自由贸易试验区的 242 个营业网点参与本次试点。

12 月 20 日，国务院发布《关于同意在沈阳等 6 个城市开展服务业扩大开放综合试点的批复》，杭州成为全省首个服务业扩大开放综合试点。

同日，中国、美国、欧盟等世贸组织主要谈判参加方正式启动《服务贸易国内规制参考文件》在世贸组织的生效程序。

图书在版编目（CIP）数据

对外开放 / 陈薇，张娟主编. — 北京：中国工人出版社，2024.1
ISBN 978-7-5008-8020-2
Ⅰ. ①对… Ⅱ. ①陈… ②张… Ⅲ. ①对外开放—史料—中国 Ⅳ. ①F125
中国国家版本馆CIP数据核字（2024）第005828号

对外开放

出 版 人	董 宽
责任编辑	左 鹏
责任校对	张 彦
责任印制	栾征宇
出版发行	中国工人出版社
地 址	北京市东城区鼓楼外大街 45 号 邮编：100120
网 址	http://www.wp-china.com
电 话	（010）62005043（总编室）
	（010）62005039（印制管理中心）
	（010）62382916（工会与劳动关系分社）
发行热线	（010）82029051 62383056
经 销	各地书店
印 刷	北京印刷集团有限责任公司
开 本	710 毫米 × 1000 毫米 1/16
印 张	43.75
字 数	510 千字
版 次	2024 年 6 月第 1 版 2024 年 6 月第 1 次印刷
定 价	126.00 元